解構
愛情

性愛、婚姻與外遇的自然史

海倫‧費雪 ｜著　何修瑜 ｜譯

ANATOMY OF LOVE:

A natural history of mating, marriage,
and why we stray

解構
愛情

性愛、婚姻與外遇的自然史

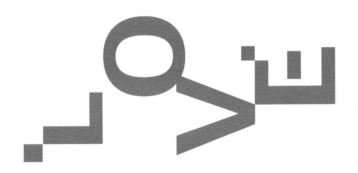

獻給世界各地的戀人
紀念瑞·卡羅

序言

向愛致敬

記者：你為什麼只寫兩性關係的題材？

諾拉‧艾芙倫*：還有什麼別的題材可寫嗎？

不久前我坐著卡車在新幾內亞高地旅行，在小貨車後座我和某位有三個太太的男子聊天。我問他，他希望有多少個太太。他摸著下巴，停頓了一下。我暗忖：他會說五個？十個？二十五個太太嗎？他傾身向前，小聲對我說：「零個。」

人類是一夫一妻制的物種。約85%的文化准許一個男人擁有數名妻子，但很少有男人真的打造一座後宮。一個男人必須有很多頭牛羊、許多土地與金錢，或其他打動人的財富，才能讓好幾名女人願意共事一夫。即便如此，擁有不止一名妻子還是很叫人頭疼。妻子之間會爭吵，有時甚至還會毒死彼此的孩子。我們的天性就是兩人為一組撫養小寶寶，同時這溫暖的窩附近還有許多幫手。

---

*為美國記者與劇作家，著名作品有《當哈利遇上莎莉》與《西雅圖夜未眠》等。

本書就是關於「愛」這個人類龐大情感的故事，以及人類基本生殖策略的所有副產品：我們如何求愛、如何選擇伴侶、如何結為夫妻；為何有些人出軌而有些人離婚；愛的動力是如何演化而來；我們為何演化出青少期，以及可以養育孩子的龐大家族網絡；為何男人不能更像女人、女人不能更像男人；性與愛是如何在犁發明之後產生巨大變化；以及在最後一章，我將以新的觀點審視未來的性。

當諾頓出版社邀我處理這本書的第二版時，我很開心說好，心裡想著這是我的榮幸，也是個輕鬆的工作。第一版花了我十年才完成；我想這次的修訂版應該十天就搞定了。於是我把書讀過一遍 —— 發現我必須將幾乎全部的內容更新。

因此我在新版中加入大量資料和想法，包括所有針對浪漫愛情、被拒絕的愛情以及長時間愛情所做的腦部斷層掃描實驗；關於性格生物學以及人為何與某人墜入情網而不是與另一人的新資料；關於不忠、愛情成癮、性選擇和伴侶的挑選等資訊；全球離婚模式的最新統計資料；我針對跨越生命歷程的道德觀所提出的理論；我的現代約會習慣假說 —— 我稱之為「緩慢的愛」；以及關於未來的性的大量資料，這是我與交友網站 Match.com [1] 合作時收集而來。我也增加了參考文獻（並保留部分原本的參考文獻）以及兩份我擬的問卷作為附錄。

記者大衛・格爾根曾經稱我為「美國最後的樂觀人士」。世上令人哀嘆的事情不少，但可喜可賀的事也滿多的，包括人類談情說愛的源源不絕的動力。科技正改變我們求愛的方式，但它不能改變愛的本身。浪漫的愛情與忠誠的關係來自人

類腦部最原始的區塊，靠近掌管口渴與飢餓的地方。柏拉圖在《饗宴》一書中說得很貼切：「愛之神居住於需要中。」愛是一種需要，一種渴望，一種衝動——這種衝動尋求生命最大的獎賞，也就是配偶。我們生來就注定要去愛。確實，如果人類這一物種要存活，往後的一百萬年我們還是必須墜入愛河，與對方結為終身伴侶。

本書追蹤這人類永恆熱情的軌跡。本書的結尾令人振奮。我堅信如果在人類演化過程中有哪個時候有機會快樂地結為伴侶，那就是現在。

向愛致敬

海倫・費雪

目　次

1

愛情遊戲

求偶

在愛的力量驅使之下，這世界上的碎片找出彼
此，因而形成完整的世界。

——德日進*

在一則軼事中，有一次偉大的英國遺傳學家霍爾丹的同事
對他說：「霍爾丹先生，根據你對自然的研究，請告訴我你對
上帝有什麼看法？」霍爾丹回答：「他對甲蟲情有獨鍾。」確
實如此，這世界上有超過三十萬種甲蟲。

我想加上一句，那就是上帝喜愛人類的交配遊戲，因為人
類行為中沒有其他面向是如此複雜、細膩或無所不在。雖然這
些性策略人人各有不同，人類求愛、羅曼史、愛情與婚姻的必
要劇碼有形形色色的設計圖，銘刻在人類的心版上，它是時
間、天擇與演化的產物。

---

*譯注：德日進（一八八一年～一九五五年），法國耶穌會神父，
曾長期在中國從事舊石器時代考古學研究。

這些性策略從男人與女人進入求愛範圍的那一刻——也就是我們調情的方式——開始。

肢體語言

德國動物行為學家艾畢斯費特[1]注意到女人調情時的奇妙模式。艾畢斯費特使用隱藏式鏡頭，因此攝影機朝向正前方時，他拍的其實是側面的照片。如此一來他就能對焦局部，拍攝到他附近的人不經意的面部表情。在薩摩亞、新幾內亞、法國、日本、非洲和亞馬遜叢林等地旅行時，他記錄了許多種調情的順序。回到德國慕尼黑附近的馬克斯・普朗克學會的行為生理學研究所之後，他仔細研究影片中每一場求愛過程中的每一個畫面。

影片中出現了女性調情的普遍模式。在亞馬遜叢林、巴黎的沙龍與新幾內亞高地這些相當不一樣的場所中，女性顯然以同樣一套表現方式向男性調情。

首先，女性會對她的仰慕者微笑，並且在睜大眼睛凝視他的同時迅速抖動一下眉毛。接著她垂下眼皮，頭偏向一邊，移開目光。她也會不時雙手掩面，躲在掌心後面發出緊張的咯咯笑聲。這一連串調情姿勢非常容易辨別，於是艾畢斯費特相信它是一種與生俱來、從遠古時期演化至今的女性求愛策略，以此向男性發出性和／或浪漫愛情的信號。

女性用的其他招數可能也同樣來自我們遠古的祖先。嬌

羞的眼神也是其中一種，女性會偏著頭，害羞地望向求愛對象。北美負鼠也這麼做，牠將頭轉向求愛對象，抬起大鼻子，盯著對方瞧。動物常為了吸引異性注意而擺動頭部。求愛的女性也常如此；她們聳起肩膀、彎曲著背，往一邊甩動頭髮。雌信天翁與雄信天翁一次又一次一起點頭、鞠躬並摩擦鳥喙，這時雌信天翁會擺動頭部，嘴巴一開一合。泥龜使勁伸長脖子，幾乎要碰到對方的嘴。女人不是唯一使用頭部調情的生物。[2]

男人也運用和其他物種類似的求偶戰術。走進老闆辦公室時，你是否看見他往椅子上一靠，雙手枕在頭後，手肘抬高，胸部往前挺？或許他從書桌後方站起來走向你，面帶微笑，弓著背，上半身朝你靠近？如果是，請你小心點。他或許正下意識宣告他對你的支配地位。如果你是女人，他就有可能是在對你求愛。

「挺胸」動作是動物王國中最基本的肢體語言 ——「雄赳赳氣昂昂」的一部分。占優勢的動物都會自吹自擂：鱈魚鼓脹頭部，伸出腹鰭；蛇、青蛙和蟾蜍會鼓起肚子；羚羊和變色龍轉向側面強調牠們的體型；麋鹿看著側面以展示鹿角；貓兒豎起毛；鴿子鼓起胸；龍蝦踮起腳尖，把張開的爪子伸長；大猩猩捶胸。男人則是會挺起胸膛。

遇上更具支配地位的動物時，其他動物大多會縮起身體。人類縮著肩膀，捲起腳趾，低下頭。狼夾著尾巴逃跑。服從對方的龍蝦放低身體。許多動物都會鞠躬。被欺負的鱈魚會朝下方捲起。蜥蜴上上下下扭動身體。表示恭敬態度的黑猩猩

不停快速點頭，靈長類動物學家稱之為「上下搖擺」。

在許多動物身上表現出「蹲低」和「裝腔作勢」的動作，往往在求偶時也看得到。還記得我在歐洲雜誌上看過一則漫畫。在第一格裡，有個穿泳褲的男人獨自站在空無一人的沙灘上，他垂頭喪氣、小腹突出、胸部凹陷。在第二格裡，一位迷人的美女經過這男人身邊；這時男人抬頭挺胸縮小腹。在最後一格裡，女人離開了，男人又回到之前那不中用的姿勢。我們常在男人和女人身上看見他們為了表現重要性、無防禦能力和可接近性時，鼓脹或縮小自己的身體。

性交凝視

凝視或許是一種最顯著的人類求偶策略。西方文化允許男女眼神交會，男人和女人時常熱切注視可能成為配偶的對方二至三秒，他們的瞳孔會放大——這是興味盎然的象徵。之後凝視者就垂下眼皮，望向其他地方。[3]

眼神交會顯然有立即效果。凝視啟動人類腦中原始的部分，喚起接近或逃跑這兩種基本情緒之一。你無法忽略其他人注視你的眼神，你必須回應。你或許可以面帶微笑，開始與對方交談。你也可以移開目光，朝門邊移動。但首先你或許會拉一拉耳垂、整一整毛衣、打個哈欠、推一下眼鏡或做些無意義的動作——「轉移注意力的動作」——以便緩解不安，同時決定該如何確認對方的邀請，是該逃避或者該留下來玩這場求偶

遊戲。

這動物行為學家稱之為「性交凝視」的眼神，或許已經深植於我們的演化心靈中。黑猩猩和其他靈長類以凝視威脅敵人；他們也會在打鬥之後注視對方，作為和解的方式。倭黑猩猩或稱巴諾布猿，也就是一般黑猩猩體型較小可能也較聰明的猿類近親，在性交前也會凝視彼此。聖地牙哥動物園裡住了幾隻這種非常近似人類的動物，公猩猩與母猩猩時常性交。但在性交即將開始前，雙方會花上一些時間深情款款注視對方。[4]

狒狒在交配過程中也會凝視對方。這些動物或許在大約早於二千五百萬年前就已經從人類的演化樹中分支出去，然而這求愛招數卻延續下來。人類學家芭芭拉·史莫慈提到肯亞艾布魯崖上的一場青春期狒狒求偶活動，「就像是看著單身酒吧裡的兩個情場新手」。[5]

這場戀情開始於某個傍晚，一隻母狒狒塔麗雅轉過頭來，發現一隻年輕的公狒狒艾力克斯正盯著她看。他們相隔4.5公尺。他立刻轉移目光。於是她也盯著他，直到他轉過頭望向她。然後她故意扭動腳趾頭。兩隻狒狒重複以上動作。每次她盯著他看，他就別開眼神；每次他盯著她看，她就玩腳趾頭。最後艾力克斯終於對上塔麗雅凝視他的目光──這是她「回應的凝視」。

他立刻把耳朵按在腦袋上，瞇起眼睛，開始咂嘴唇，這是狒狒社會中最友善的動作。塔麗雅一動也不動。接著她久久凝

視著他。在這長久的四目交接之後，艾力克斯才靠近她，而這時候塔麗雅開始幫他梳毛，兩隻狒狒從此展開一段友情與性關係。史莫慈在六年後回到肯亞研究狒狒友誼時，這段關係依舊十分緊密。

或許表現浪漫的最初器官不是心，也不是生殖器或腦，而是眼睛，因為凝視（或注視）往往令人類會心一笑。

「世上有愛的微笑／也有欺騙的微笑。」詩人威廉·布雷克寫道。事實上人類至少有十八種獨特的微笑，[6] 不過求愛時只會使用其中幾種。男人和女人在和經過身旁的熟人打招呼時露出的是閉著嘴的「簡單的微笑」嘴型。這表情是雙唇閉上但拉長，沒有露出牙齒，並且常伴隨著點頭致意的動作。對你露出這種微笑的人可能沒有要停下來進一步認識你。

人類的「上齒微笑」表現出對他人更強烈的興趣。這表情是露出上排牙齒，表現你的正面意圖。上齒微笑往往伴隨六分之一秒抖動眉毛，這時眉毛抬起，然後又快速放下。Eibl-Eibesfeldt 在歐洲人、峇里島人、亞馬遜人、印度人和南非叢林裡的人身上，都見過上齒微笑。根據他的描述，這種微笑是用來表示各類型友好的接觸，包括調情在內。黑猩猩和大猩猩玩耍時都會露出這種微笑。但牠們會露出下齒而非上齒，如此才能隱藏上排像短劍般有威脅作用的虎牙。

「張嘴微笑」是嘴唇完全往外拉，上齒和下齒全部露出，我們用常用這種微笑向異性搭訕。美國前總統卡特的笑容

就是絕佳範例。他用微笑擄獲我們的心、我們的選票和我們的民意；如果他把他的「超級微笑」搭配一整套調情動作，包括眼神覷覷、將頭偏向一邊、挺胸或凝視對方，那麼他毫無疑問是抱著性的意圖。

人類另一種露齒而笑——「緊張的社交笑容」，卻在求愛行動中扮演獨特的負面角色。這種微笑起源於哺乳動物被逼至絕境時露出全部牙齒的動作。某次我上電視時看到一個絕佳的例子。當時節目主持人遭到其他來賓言語攻擊。她不能冒犯來賓或離開攝影棚。所以她拉開雙唇，露出兩排咬緊的牙關。她就這樣一動也不動，保持這緊張的笑容。

黑猩猩遇到地位比他高的對象，也會露出牙齒，展現緊張的社交笑容。他們用它來表達結合恐懼、友好和平息對方怒氣的態度。我們人類在艱困的社交情境中也會露出緊張的社交笑容。因此如果一名可能的成為情人的對象咬著牙對你露齒而笑，你可以非常確定他或她心裡想的與其是對你求愛，不如說是怎麼想辦法撐過自我介紹。

世界共通的求愛信號

儘管人類和其他動物的求偶動作有明顯關連性，我們還是歷經一個多世紀的調查，才證明全世界人類確實有許多共通的非語言信號。達爾文是第一個對於人類面部表情與身體姿態的遺傳力感到好奇的人。為了證實所有男女使用相同動作與姿勢

表達人類基本情緒的這項懷疑，一八六七年，他對散布在遙遠的美洲、非洲、亞洲和澳洲的同事提出疑問。

針對當地土著，他提出的問題如下：「當男人在憤怒或面臨挑戰時，他是否會皺眉頭、挺直頭與身體、撐起肩膀並握緊拳頭？」「他在厭惡時是否嘴角下垂、上唇微翹，突然吐出一口氣？」「心情好時，他是否會雙眼發亮、眼睛周圍與下方的皮膚有點起皺，並且嘴角微微拉開？」[7]

對於達爾文的問題，世界各地的科學家、記者、傳教士和朋友都回答「是」，他於是深信，喜悅、悲傷、快樂、吃驚、恐懼以及某些其他情感，都會在所有人類共通的姿態模式中表現，而這些模式是承襲自共同的演化歷史。非語言信號也包括微笑。正如之後他在《人與動物的情緒表情》（暫譯）一書中寫道：「人類所有種族表現精神抖擻的表情顯然都一樣，很容易辨認。」

一百多年後，心理學家保羅‧艾克曼與同事確認了達爾文的想法，也就是全世界各式各樣的人都會露出同樣基本的面部表情。當他把美國人的臉孔照片拿給新幾內亞的佛爾部落成員、砂勞越的薩東村民、巴西人和日本人看，這些形形色色的男人與女人輕易就辨認出悲傷、驚訝、厭惡、恐懼、憤怒以及露齒而笑等不同表情。[8]

我們似乎生來就懂得微笑。有些嬰兒在出生後三十六小時就模仿母親的微笑，而所有小寶寶在差不多三個月大時就開始社交微笑。[9]即便天生眼盲和耳聾的孩子也會突然間露出燦爛的微笑，雖然他們從來沒在周遭人身上見過這種面部表情。

和微笑一樣，一連串調情動作、嬌羞的眼神、頭偏向一邊、挺胸以及凝視，或許都是人類用在某種情境中的劇碼，演化出這種種姿勢的目的就是為了吸引配偶。

～✤～

　　這些求愛信號是否屬於人類更大規模配對之舞中的一部分？

　　人類學家大衛‧吉文斯生物學家提摩西‧波伯提出以上問題。兩位科學家花了數百小時在美國雞尾酒酒吧裡觀察男女向彼此搭訕。吉文斯的觀察地點在西雅圖中央華盛頓大學校園周遭的酒吧。在農莊旅館的布雷斯酒吧裡，以及在紐澤西、紐約和加拿大東部其他酒吧裡，波伯一邊啜著啤酒，一邊盯著年輕單身女性瞧，並寫下筆記。兩位所做的科學偷窺行動發現這些求愛過程中有相同的一般模式。[10]

　　根據他們的調查，美國單身酒吧求愛有幾個階段，每個階段都有特定的攀升點。我將它們分成五個階段。第一個階段是「引起注意」。一進入酒吧，男女一般都會先建立領地——一張椅子、一個靠背的地方、靠近酒吧的位置、門邊或是舞池。一安頓好，他們就開始吸引他人注意。

　　每個人運用的策略不一。男人喜歡甩動肩膀、伸展、站直，並且交換兩腳重心做搖擺狀。他們也誇大身體動作。他們不是光用手腕攪拌飲料，而往往是用上整隻手臂，彷彿是在攪拌泥巴。他們用全身力氣開懷大笑——笑聲大得足以吸引周圍的人。因此簡單的動作都要加以美化與誇大。

此外男人也時常在走動時採用昂首闊步的姿態。東非草原上的雄狒狒在與可能的性伴侶相遇時，也會大搖大擺走路。公的大猩猩眼角瞥見母猩猩時，會邁開大步來回走動。如此招搖的步伐靈長類學家稱之為「緊迫盯人」。許多雄性動物也會精心裝扮。男人會撫平頭髮，調整衣服，收下巴，或者做些其他整理儀容的動作，以減輕緊張感，讓身體持續移動。

　　年長男人往往會利用不同的小道具，以昂貴珠寶、衣飾和其他意味著成功的配件宣傳他們的身價。但這些信號可以全數化約為一個基本的三段式訊息：「我在這裡；我很重要；我是無害的。」要同時傳達重要性和可親近性這兩種信號可真困難。然而男人成功了。女人經常追求男人。

　　「被人隨便瞄一眼，好過被人完全忽略。」美國性感女星梅・蕙絲曾經這麼說。女人很清楚這一點。女人也用許多男人會用的戰術，展開「引起注意」的階段：微笑、凝視、雙腳交換重心、搖擺身體、整理儀容、伸展四肢、四處移動，以便吸引他人目光。她們往往還加上一套女性化的動作。她們會用手指捲著捲髮、微偏著頭、眼神嬌羞、咯咯笑、抬起眉毛、咂舌、舔舐上唇、羞紅了臉，還會把臉遮住，這些都是為了發出「我在這裡」的信號。

　　有些女人求愛時也會用一種特殊的方式走路：她們將背彎曲，挺起胸部，扭腰擺臀。難怪許多女人愛穿高跟鞋──這奇異的習慣是凱薩琳・梅迪奇發明於十六世紀初，穿上高跟鞋的女性會不自然地彎曲背部、翹起臀部和挺起胸部，成為勾引異性的姿勢。尖細的鞋跟踩在地上發出的聲響也有助於引人注

意。

　　藉由踩著高跟鞋的腳步、噘起的嘴唇、眨動的雙眼、舞動的眉毛、向上翻的手掌、內八字站姿、晃動的身體、飄揚的裙擺和潔白閃亮的牙齒，女性向男性發出可以接近的信號。

理毛式交談

　　第二階段，也就是「認可」階段，從眼神交會開始。接著有可能成為情人的其中一方以微笑或微微移動身體，藉此認可對方採取的手段，於是雙方進入交談階段。[11] 交談有可能就是浪漫愛情的開始。

　　但這階段的風險遠不及下一個主要的攀升點：第三階段，交談。這隨性且往往毫無意義的對話正是所謂的「理毛式交談」。它十分獨特，因為男女發出的聲音往往更高、更輕柔，而且更像是在歌唱 —— 我們會用這種聲調向孩子表達關愛，或向需要我們照顧的人表達關心。

　　理毛式交談從善意的敘述句展開，例如「你喜不喜歡你的iPhone？」或「好吃嗎？」打破僵局的話題五花八門，但最好是從稱讚或問題起頭，因為這兩者都需要對方回應。此外，你怎麼說一件事比你說什麼事更要緊。這一點是關鍵。開口說話的那一刹那，語氣轉折和抑揚頓挫就已洩露你的意圖。音高而溫柔甜美的「你好」往往是性或浪漫情懷的跡象，然而清晰低沉、不帶情感或隨意的一聲「嗨」，卻鮮少讓雙方墜入愛河。

如果一位可能的伴侶對沒什麼好笑的事情哈哈大笑，她或他也可能是在調情。

有個重要的理由使得交談極具危險性。人的聲音就像是另一種簽名，不止洩露意圖，也會洩露你的身家背景、教育程度，以及能在瞬間吸引或趕跑可能伴侶的無形氣質。演員、演說家、外交家和習慣說謊的騙子都深知語調的力量，因此這些人時常調整他們的聲音。電影演員在拍攝調情戲時常常把聲音提高將近八度，發出甜美而流暢的音調。精明的騙子不會在電話這種完全依賴聲音的媒介裡扯謊，因為電話會放大細微的不一致處，語調也很容易辨認。大人從小就教我們控制表情，例如他們會說「快對奶奶笑一個」。但多數人都沒有意識到聲音的力量。

事實上，二〇一三年當我和交友網站 Match.com 合作，調查美國五千多名單身男女時，我們提出的問題之一是：「你是否用以下各項條件評斷可能的約會對象？」答案是肯定的：比例最高的是約會對象的文法（83%）；再來是他們的自信（78%），然後是對方的牙齒（76%）。從文法可以看出對方教養如何；從自信可以看出對方心智狀況是否穩定；從牙齒可以看出對方的年齡和健康狀況。難怪搭訕時對方的聲音這麼重要。擁有迷人的聲音還有個好處：聲音好聽的男女有較多性伴侶；[12] 有些人孩子也比較多。[13]

吉文斯和波伯看見許多原本可能發生的戀情，在對話開始之後立刻不知所蹤。[14] 但如果兩人能渡過這場感覺的衝擊，而且雙方都能積極聆聽彼此說話，他們往往能進入第四階段：碰

觸。[15]

❧

　　碰觸從有意的暗示開始——身體前傾；把手臂擱在桌上，靠近對方的手臂；兩人都站著時一隻腳移向對方；或撫摸自己的手臂，彷彿那是對方的手臂。然後高潮來了：一個人碰觸另一個人的肩膀、上臂、手腕或其他社交許可的身體部位。通常是女人先碰觸男人，以最不經意卻又是仔細盤算過的方式用手輕輕掠過對方身體。

　　這種碰觸看起來多麼微不足道但又是多麼重要。人類的皮膚宛如一片草地，每一片葉子都像神經末梢那樣敏感，最輕微的摩擦都能將那一刻記憶刻畫在腦海中。被碰觸的人立刻就注意到這訊息。如果他退縮，這次搭訕就宣告結束。如果他退後了，哪怕只有那麼一點，傳送訊息的一方可能再也不會試著去碰他。如果他忽略女方的主動碰觸，她或許會再試一次。但如果他微笑、身體前傾，或以刻意的碰觸作為回應，那麼他們可能已經克服了動物社群中我們所熟知的一大障礙。

　　大多數哺乳類動物在求偶時會撫摸對方。藍鯨用鰭摩擦彼此，雄蝴蝶在交尾時會撫摸並摩擦雌蝴蝶的腹部，海豚會輕咬彼此，狗則是舔舐伴侶。黑猩猩會親吻、擁抱、輕拍，並且和對方握手。哺乳類動物在交配前一般都會撫摸、理毛或用鼻子磨蹭伴侶。

　　我們稱碰觸為感官之首。這種說法千真萬確，因為每個人類文化都有一定的習俗，規範我們能在何時、何地以及如何碰

觸哪些人。雖然碰觸的規範形形色色不一而足，這種種碰觸遊戲都是人類求愛的基礎。因此如果伴侶們持續交談並且碰觸 —— 晃動、偏頭、摩擦、微笑、搖擺、調情 —— 他們通常可以到達求愛儀式的最後階段：肢體同步。

肢體同步

肢體同步是搭訕過程中最耐人尋味的步驟。這對可能成為情侶的男女愈來愈自在的同時，會以對方為支點旋轉，直到兩人肩膀對齊，身體正面相對。這朝向對方旋轉的動作或許從兩人交談之前或聊天的好幾小時前就開始了，但是過了一陣子之後，男女雙方開始一前一後地移動。首先是一些小動作。他拿起酒杯，她也拿起酒杯。然後兩人又不同步了。但漸漸地，他們會愈來愈模仿對方。他翹腳，她也翹腳；他身體向左傾，她也向左傾；他撫平頭髮，她也撫平頭髮。他們凝視著對方時，身體韻律也達到完美的協調。

這愛情、性與人類永無休止的繁殖節奏，可能隨時被打斷。但如果這兩人要延續人類生命，就必須找回彼此節奏，繼續這場配對之舞。達到完全肢體同步的伴侶，往往會相偕離開酒吧。

這五階段的搭訕方式是否適用於全世界男女？我們無從得知。當然並非世界上每個人都表現出和吉文斯與波伯在美國單身酒吧裡觀察到的行為模式。大多數社會中男女不會在酒吧

或俱樂部中見面。有些人甚至不會公開求愛；他們是相親結婚。有幾位人類學家曾研究其他文化中男女互動時的姿態、動作和表情。

然而有為數不少的相關證據顯示，求愛模式中的某些步驟適用於所有人。

例如在婆羅洲，杜順族女人時常偏著頭，凝視可能成為情人的男性。當她在宴會上拿米酒給他時，她會不經意地碰觸他的手。[16] 事實上，大多數旅人都知道，他們不必會說當地語言，就能成功向對方調情。凝視、微笑與溫柔的碰觸，在世界的每個角落似乎都能成為求愛的一部分。

有更多證據顯示，肢體同步是人類求愛過程中的普遍現象。幾乎在每個允許男女自由選擇情人的社會中，在派對或宴會上相遇的單身男女都會跳舞。只要是跳舞，就包含有韻律的姿勢和一前一後的肢體動作。

傳統的新幾內亞麥德帕人甚至將這樣的彼此模仿行為儀式化。未婚少女在父母家中的 *tanem het*，也就是類似交誼廳的房間裡，和未來的配偶見面。幾位從頭到腳裝扮華麗的少男少女雙雙對對坐在一起。「搖頭」宴會從男女歌唱開始。接著未來的伴侶們搖擺著頭，摩擦彼此前額和鼻子，重複向對方鞠躬，這一切都在規律的節奏中進行。對麥德帕人而言，男女同步就是和諧的狀態。他們相信，愈能配合對方動作時間點的男女，就愈適合彼此。[17]

肢體同步是許多社會互動的基礎，求愛只是其中之一。研究人類學的學生霍爾拿著攝影機到美國中西部一個兒童遊戲

場，他蹲在一輛廢棄的車子後面觀察並拍攝孩子下課時與彼此玩耍的動作。仔細研究連續的影像之後，霍爾注意到孩子以統一、同步的韻律移動身體。顯然所有孩子都在一種節奏中玩耍。此外，有個特別活潑的女孩在遊戲場裡跳來跳去──就是她定出大家的步調。所有孩子無意識地配合她的時間。[18]

我們稱之為互動性同步的這種人類模仿行為從嬰兒期就已開始。出生後的第二天，新生兒已經懂得將身體動作與人聲的韻律模式同步。在許多文化中，一群感到自在的人會形成一種韻律，這是已經公認的事實。在不同社會中的咖啡館、火車站、超市、雞尾酒派對和其他公共場所中拍攝的照片和慢動作影片，都可以看出人類這種適應彼此姿勢的傾向。

不止如此。把兩位朋友接上腦波儀，也就是量測腦波活動的儀器，產生的腦電圖顯示當兩個人進行和諧的對話時，他們的腦波也會同步。其實如果坐在餐桌前仔細觀察，你可以在和家人吃飯聊天時，以手的動作控制大家的對話。重音節通常能維持節奏。但即便沉默都有韻律性；一個人輕撫嘴唇時，另一人會伸手拿鹽罐──幾乎在同一時間。休息與省略音節、放低聲音、抬起手肘等，這些既代表生活的脈動，也是愛情的節奏。[19]

我們與彼此肢體同步的需求，反映出一種律動的模擬，這一點和許多動物相同。靈長類學家沃夫剛・科勒在一些不同時機進入黑猩猩研究中心的圍欄裡，他發現一群有公有母的黑猩猩圍著一根柱子「以約略近似的韻律」一起小跑步。科勒說，動物一起搖擺時會搖頭晃腦，前進時用同一隻腳先走。黑

猩猩在交配前凝視對方時，身體有時也會左右搖晃。

其實，動物求偶時最基本的要素就是律動。貓兒會繞圈圈；紅鹿會跳躍；吼猴的舌頭會做出有韻律的動作。刺魚會以「之」字形快速擺動。從熊到甲蟲，求偶的動物雙方都會舉行有韻律感的儀式，以表達牠們熱情的意圖。

跳舞是生物的天性。因此我認為我們可以合理假定，身體同步是人類求愛過程中普遍的階段：情人彼此吸引時，就會開始保持相同的節奏。

求愛的一連串訊息

人類的求偶方式和動物也有其他相似處。通常人會緩慢地向對方求愛。在求偶過程中小心翼翼，也是蜘蛛的特色。例如雄狼蛛必須進入又長又黑的雌狼蛛巢穴中，才能進行求偶，並與牠交配。雄狼蛛會緩慢前進。如果太過急躁，雌狼蛛就會大口吞了牠。

男人和女人在求愛初期如果太過急躁，下場也不大好。如果靠得太近、太快碰觸對方或話太多，你可能會被對方討厭。和求偶的狼蛛與狒狒以及許多其他生物一樣，人類會試圖理解對方的一連串訊息。在求愛儀式的每個重要時刻，伴侶雙方必須做出正確回應，否則求愛將以失敗告終。

在交換信號的過程中，波伯看出男女有趣的分工。在美國通常由女性開啟求愛的一連串行動 —— 先是微妙的非語言暗

示，如微微改變身體重心、露出微笑或凝視對方。波伯親眼見證，三分之二的搭訕都由女性主動。之後他訪問這些女人，她們都很明白自己誘導可能的情人進入交談，小心地一下子碰他這裡、一下子碰他那裡，然後進一步以嫵媚的眼神、問問題、稱讚和笑話引誘他。

從二○一○年開始，我每年與 Match.com 共同進行「單身美國人」研究，樣本是具有代表性的美國民眾（不是 Match.com 會員）。這些研究清楚顯示，今日美國女性無論年齡、種族、性傾向與居住區域為何，她們都會主動搭訕。[20] 確實，她們愈來愈公然這麼做。二○一二年，在二千七百多名男性中，有 65% 表示至少有一名女性曾經邀他出去（男性有 92% 不介意此事）。有更多女性很可能依舊用她們永遠不變的招數挑逗男士——歪著頭、撫摸頭髮、嬌羞的眼神、性感的凝望、彎著背挺起胸部、穿著暴露、腳踏高跟鞋，以及用柔美的語調和對方交談。

網路普及之後，女人加入更多勾引男人的陰謀。在我們所做的二○一三年「單身美國人」研究中，有 40% 的女性說，她們曾經傳送與性有關的直白簡訊或電子郵件；有 36% 的女性曾傳送性感照片；有 62% 的男性曾經收到女性傳來生動描述性事的文字；而有 61% 的男性曾收到情色照片。女性也在臉書和其他社群網站上展示大量引人遐想的照片、暗示性訊息以及可愛的表情符號和笑臉符號——這些往往是為了開啟求愛過程。

女性主動的現象當然不是只出現在美國。一九五○年

代，著名的跨文化性行為人類學家克拉蘭・福特和法蘭克・畢區證實，雖然大多數人認為男人在性事上理應採取主動，實際情況是，世界各地的女人也同樣積極展開性與浪漫戀情的關係。

奇怪的是，西方人還是一直執著於以下觀念，那就是男人是引誘者，而女人是在男人主動出擊之下順服而嬌羞的另一方。這種錯誤想法或許是過去長久以來農業社會的餘毒；當時在婚姻中女人是複雜的財產交易中的典當品，她們的價值取決於貞操。因此女孩受到嚴密監控，她們的性慾也被否定。然而在今天，西方女性重獲性的自由。從父母之命媒妁之言的婚約以及性的從屬者中解放之後，她們也時常成為追求者。

然而在這之後，如果要持續求愛過程，男性必須回應女性的主動追求。正如某個女人對波伯如此形容：「在某個時間點上，男人應該明白女人的暗示，然後從那裡開始接手。」

男人似乎能感覺到領導權已經轉移到他身上，也就是波伯所稱的「主導權轉移」。這通常發生在男女雙方一離開酒吧、俱樂部或派對之後。現在男性必須開始「採取行動」——攬住女方的肩膀，親吻她，誘使她產生性交的情緒。

有趣的是，男人這時候非常清楚自己的角色。當波伯請三十一位接受調查的男性描述搭訕過程時，除了三個人以外，其他人全都跳過由女人主導的開頭那部分。只有一個男人想得起誰先說話、誰在何時碰觸了誰或男女雙方如何對彼此表現出興

趣等等細節。但這三十一個男人全都長篇大論地談及自己的任務，包括他們如何開始親吻、撫摸並設法把女人弄上床。

這麼說來，到底誰是獵人，誰是獵物？誰是引誘者，誰又陶醉其中？顯然伴侶雙方都扮演了重要角色。如果其中一方遺漏了重要暗示，那麼搭訕遊戲就結束了。當雙方都接收到信號，也都做出正確回應，那麼拍子就會繼續打下去。但和其他在求偶過程中的動物相同，人類伴侶必須為了求愛成功而掌握正確的時機。

～～

奇特的是，美國單身酒吧很類似某種鳥類的單身俱樂部——也就是求偶場。求偶場是一個瑞典鳥類學專有名詞，用來形容公鳥和母鳥相遇和交配的一塊地方。在求偶場交配的鳥類並不多，艾草松雞是其中之一。三月初，公艾草松雞會出現在加州東部到蒙大拿與懷俄明州各地。在每年用來交配的空曠草原中特定的幾塊空地上，每隻公艾草松雞會建立一小塊「展示」的領域。每天日出後的幾小時，持續數週，牠們會在這裡宣傳自己——昂首闊步、整理羽毛、胸部充氣、發出轟隆隆的聲音，向經過的母鳥公開宣布牠的重要性。

在公艾草松雞安頓下來之後，母艾草松雞會移居到求偶場。首先母鳥會趾高氣昂地經過這些公鳥建立的領域邊界，並且勘查這些公鳥，或許要費時兩到三天。接著母鳥就在某個吸引牠的領域裡住下來。沒多久住在這裡的主人和客人開始求偶之舞，牠們適應彼此的韻律節奏，在交配前遊行一番，以展現

對彼此的愛意。

男女在雞尾酒派對、交友聯誼會、辦公室午餐會議、酒吧或俱樂部裡搔首弄姿，基本上和求偶場的跳躍有差別嗎？身為人類學家，我認為我們難以忽略以下事實，那就是人和艾草松雞都會建立展示領域，也都會為了追求對方而做出誇張的動作，他們在交配前也都會進行肢體同步。顯然大自然中有幾項求偶的基本規則。

晚餐約會

還有兩種比較顯而易見的普遍求愛特色：食物與歌唱。在西方，對可能成為彼此情人的男女而言，或許沒有那個儀式比一起吃飯更重要了。當然其中規則一直在改變，大多數人對於誰該付錢不是很清楚。但如果男人向女人求愛，大致上來說他還是應該買單；如果是這樣，女人直覺上幾乎就能知道她的男伴在追求她。事實上，沒有比提供食物希望藉此獲得性交甜頭更為常見的世界性求偶策略。一條魚、一塊肉、甜點和啤酒等等，都是男人獻給女人的美味佳餚。[21]

這策略不止有人類會用。櫛大蚊常常將捉到的芽蟲、長腳蜘蛛或家蠅放在森林地面上。當雄蚊擊倒一隻特別肥美多汁的獵物時，牠腹部的腺體會分泌出一種有氣味的液體隨風飄散，宣告狩獵成功。雌蚊往往會停下來享用大餐，但邊吃就邊交尾了。公鳥也會餵養未來的情人。公燕鷗時常帶隻小魚給牠

心儀的母燕鷗。公走鵑奉上的是小蜥蜴。住在東非坦干伊克湖邊的公黑猩猩拿出牠們獵捕後殺死的瞪羚、野兔或其他動物，發情期的母猩猩大啖禮物，然後與對方交配。[22]

「想掌握男人的心，要先掌握他的胃。」諺語如是說。或許如此。有些雌性哺乳類動物也會拿食物給情人吃，女人是其中之一。不過全世界在求愛時餵養男人的女性，頻率大大少於餵養女性的男性。[23] 有時候食物這招不切實際或不夠時髦，男人就改送女友香菸、珠寶、衣服、花或其他小但有價值的禮物以表心意，同時也是換取一場約會的小小誘餌。

動物「求偶餵食」的慣例或許早至恐龍時代就已開始，因為它有重要的繁殖功能。雄性提供食物給雌性，藉此展現獵捕與供應食物的能力，證明自己是有價值、有生產力的伴侶。

「如果音樂是愛情的糧食，請繼續演奏。」莎士比亞以優雅的筆調向最後一項原始的求愛誘惑「旋律」致敬。以唱歌或演奏樂器吸引伴侶，舉世皆然。美國西南方的印地安霍比族男人傳統上會唱一首複雜的情歌向女人求愛。西太平洋的薩摩亞族、美國西南方的奇里卡瓦族和位於現今華盛頓州東部的桑波伊族的男人也都是如此。阿帕契男人以笛子吹奏小夜曲，希望能引誘女孩；菲律賓呂宋島中部伊富高族的男女，則是以情人的豎琴在鍾愛的對方心中產生熱情。[24]

不過，最為音樂著迷的社會或許就是美國了。從青少年街頭巷尾隨身攜帶的 iPod，到幾乎所有公共場所無所不在、大

聲播放的音樂，只要有男女相聚的地方就有音樂。當你受邀到「他家」或「她家」吃晚餐時，可以確信的是你不止會吃到披薩或牛排；你也聽得到音樂。

可想而知，人類求愛的旋律在動物世界的歌聲中也找得到。只要在悶熱的夏日夜晚走到戶外聽一聽那些喧囂的聲音就明白。青蛙呱呱叫，蟋蟀唧唧叫，貓咪嚎叫，蟲子歌唱，刺蝟發出刺耳的嗚咽聲，鱷魚怒吼。在整個動物王國裡，雄性發情的聲音——從黑線鱈鼓脹的鰾到大象發出低沉的隆隆聲以及壁虎的啾啾聲——這些都是很有效的求偶信號。

數十年前，丹麥語言學家奧圖‧葉斯伯森甚至推測，早期人類求偶的聲音刺激了語言演化。他說：「語言誕生於人類求愛期間；在我的想像中，人最初出聲說的話是介於夜晚躺在磁磚上的小貓唱出的情話，和夜鶯悠揚的情歌。」[25] 這聽起來有些牽強附會。史前男女為何需要更進一步溝通或許有一些理由。但情歌就像國歌，絕對能激勵人心。

我喜歡這樣想：當「他」或「她」拿某個討人厭的政客說了個很棒的笑話，針對全球經濟做出犀利的評論，或愉快的談論最近一場戲劇演出或運動比賽——總之就是某一方說了什麼幽默或機智的話時，求愛就展開了。不過熱戀期或許是從微微偏著頭、一個凝望的目光、一次輕輕碰觸、一個溫柔的音節、高檔餐廳裡的一片烤牛肉，或搖擺舞姿中的輕聲語調裡開始。

於是我們的身體迫不及待向前，留下理智去思忖熱戀的感覺：「為何是他？」「為何是她？」

2

為何是他？為何是她？

愛的動力及對象的選擇

> 兩種個性的相遇就好像兩種化學物質接觸；如果
> 有反應，雙方都因此轉變。
>
> —— 榮格

「只要望著你片刻／我就發不出聲音／沒錯，我的舌頭打結，我全身上下／無形的火焰在這肉體之下流竄，令我感到刺痛。」這是一首描述熱戀的情詩開頭，作者是約二千五百年前住在希臘萊斯波斯島上的女詩人莎芙。

浪漫的愛、妄想的愛、熱情的愛、置身於愛中、一片痴心，隨你怎麼形容 —— 幾乎每個人都知道這種感覺。如此歡快，如此折磨人。那些無眠的夜與煩躁的日。在狂喜與掛念的情緒浪潮沖刷中，你在上班或上課時做著白日夢；忘記拿外套；開車時錯過轉彎的路口；一直檢查手機；或計畫著等一下該說些什麼 —— 你神魂顛倒，渴望著下一次與「他」或「她」相見。於是，當你倆再次相遇時，他最微小的動作都能讓你脈搏停止。她的笑聲讓你心蕩神馳。你們會冒愚蠢的

險，說些傻話，笑得太大聲，揭發黑暗的祕密，聊天聊一整夜，在曙光中散步，還會時常擁抱與親吻——在炙熱而扣人心弦的愛情中打滾、陶醉在至高無上的幸福中時，你們忘卻了整個世界。

雖然從基督的時代之前就有數不清的詩詞、歌曲、書籍、歌劇、戲劇、芭蕾舞、神話語傳說曾描述浪漫愛情故事，雖然有無數次男人或女人為了愛而拋棄家庭朋友、自殺或殺死對方，或衣帶漸寬，但直到最近之前，少有科學家重視這值得深入研究的熱情。

佛洛伊德將熱戀駁斥為某些人所謂的「受阻或延遲的性衝動」。英國性心理學家哈維洛克・艾利斯稱浪漫吸引力是「性加上友誼」，如此形容實在不大有說服力。許多人以為浪漫的熱情是神祕、不可捉摸、無法說明且甚至是神聖的體驗，挑戰自然法則與學術的檢視。

然而，時至今日學者已經著手收集熱戀的科學數據。

墜入愛河

浪漫的吸引力已經和一整套心理、行為與生理特徵有關連性。[1] 美國心理學家陶樂西・田諾夫注在她的著作《愛與痴迷》（暫譯）一書中收集大量數據，開始以現在已經成為經典的研究方式剖析這種痴狂的戀愛心態。[2]

田諾夫設計出大約兩百條關於浪漫愛情的陳述，並詢問康

乃狄克州橋港大學內與學校附近的四百名男女，請他們在問卷上回答「是」或「否」。還有另外數百人回答她所做的後續問卷。從這些回答以及他們的日記與其他私人敘述，田諾夫發現一整組「墜入愛河」的共通特性，她稱之為「痴迷」狀態。

首先，浪漫愛情最戲劇性的部分就是它的開端，也就是當另一個人開始對你產生特殊意義的那一刻。你開始密切注意他或她，這是科學家所稱的「突顯性」。它可以是你用全新角度看待的某個老朋友，或是個完全的陌生人。但正如田諾夫的某位受訪者所說：「我的人生徹底轉變。現在我有了新的重心，那就是瑪麗蓮。」

浪漫愛情於是以一種特殊模式發展下去，從「侵入性思維」開始。關於「戀愛對象」的思緒開始入侵你的腦袋。他說的某些事情迴盪在你耳中；你看到她的笑容、回想起他的一個評論、特殊的一刻、某句諷刺的話，並且細細品嚐。你思忖著你所愛的人對於你正在讀的書、你剛看過的電影或你在辦公室遇到的問題等等作何感想。兩人共度的每個短暫片刻都舉足輕重，值得一再回味。

起初這些侵入性的幻想不規則地出現在腦海中。但許多人都說，對彼此的迷戀愈來愈深之後，無論白天或夜晚，他們都會花上 85% 到 100% 的時間持續關注對方，將焦點放在這唯一一人身上。確實，隨著心情上的依戀，情人們失去了一些專注在其他事情上的能力，例如日常事務、工作和學業；他們變得很容易分心。[3]

此外，他們開始專注在心上人一些最微不足道的小事

上，並且在我們稱做「具體化」的過程中，將這些特徵放大。和理想化相較，具體化的特色在於熱戀中的人確實知道他或她的偶像有哪些缺點。事實上，田諾夫的所有受訪者都能列出情人的缺點。但他們只是拋開這些缺點，或說服自己這些缺點既獨一無二且迷人。正如喬叟所言：「愛是盲目的。」

在田諾夫這些熱戀中的受訪者的白日夢中，有三項最為壓倒性的感受：渴求、希望與不確定感。如果他們珍愛的人給予自己一點點正面回應，被愛沖昏頭的人會在好幾天的白日夢裡將這些珍貴片段重複播放。如果他或她斷然拒絕對方的求愛序曲，此人的不確定性可能就轉為絕望與倦怠（也就是所謂的失樂症）。他將神智恍惚，陷入憂思，直到情人將他遭遇到的挫折緣由解釋清楚，並且再次追求。

最能煽風點火的因素就是逆境和社會的阻礙；這些都能提高浪漫愛情的熱度與渴望，我將這現象稱之為「挫折吸引力」。[4] 情人被拆散時也會遭受分離焦慮之苦。而潛藏在一切不安與狂喜之下的，則是全然的恐懼。一名二十八歲的卡車司機如此總結大多數受訪者的感受。「我會變得神經兮兮，」他說，「這就好像我們說的怯場，彷彿像要站在一群觀眾面前。按電鈴時我手會發抖。打電話給她時，我好像可以聽見自己太陽穴跳動的聲音比電話鈴聲還大。」

浪漫愛情中另一個主要特點是精神極度活躍（輕躁症）。神魂顛倒的情侶描述，他們會顫抖、臉色蒼白、臉紅、全身虛弱、有嚴重的笨拙感和口吃，以及產生交感神經系統反應，包括流汗、心慌意亂、心跳加速，和／或是吃不下睡不著。

有些人甚至覺得他們失去了最基本的能力與技巧。十九世紀法國小說家斯湯達爾將這種感覺描述得十分傳神：「每次我讓麗愛諾爾勾著我的手臂時，都覺得自己快要昏倒了，我必須努力想著該怎麼好好走路。」[5]

　　害羞、期待、害怕被拒絕、渴望兩情相悅，以及想贏得這獨一無二對象芳心的強烈動機，也是熱戀男女的其他重要感受。情侶也很容易吃醋。有些人甚至無所不用其極去保護這剛萌芽的關係，也就是動物行為學家所謂的「保衛配偶」。[6]

　　田諾夫的受訪者尤其強調的是無助感，也就是對對方所產生非理性、非自願性、沒有計畫性與無法控制的迷戀。正如一名五十出頭的企業經理人如此寫下他的辦公室戀情：「我逐漸得出一個論點：愛蜜麗對我的吸引力是某種生物性、類似直覺的舉動，並不是我出於自願或有邏輯的掌控……是它牽著我的鼻子走。我拚命掙扎著想和它理論，想限制它對我的影響，想引導它（例如導向性關係）、否定它、享受它；是的，可惡！我想讓愛蜜麗回應我！我知道我和愛蜜麗絕對不可能共度一生，可是我對她的思念是一種迷戀。」[7]

　　看來浪漫愛情是情感的強烈呈現，讓情人像坐雲霄飛車般情緒忽高忽低，隨著那唯一一人搖擺不定，他的反覆無常毀了你周遭的一切──包括工作、家庭與朋友。

　　這非自願性的種種思緒、感受與動機，並不全然和性有關。接受田諾夫訪問的熱戀情侶渴望著與情人發生性關係。但是有更深的渴望超越了他們的情慾。他們希望情人能打電話、寫信給他們或邀他們出去約會，還有最重要的，是回應他

們的熱情。對熱戀中的男女而言，情感上的結合勝過對性的欲求。事實上，有 95% 的田諾夫女性受訪者與 91% 的男性受訪者否定以下陳述：「愛情中最棒的一件事就是性。」

此外，任何年齡的人都會湧現出這些情感。在針對四百三十七名美國人與四百零二名日本人所設計的愛情問卷並收集資料時（見小冊），[8] 我發現了這一點。四十五歲以上和二十五歲以下的受訪者，在 82% 的問題中看不出明顯的統計數字差異。

強烈的浪漫愛情一般最早發生在青春期。但即便是小小孩也能感受到愛情的衝擊或少男少女的一見鍾情。[9] 在我遇過被愛沖昏頭的人當中，年紀最小的是個兩歲小男孩。每當某個特別的小女孩在遊戲日到他家玩時，他就一直坐在她身邊撫摸她的頭髮；小女孩離開後的兩小時，他都處在沮喪的情緒中。她是特別的，他無法自拔。

我們為何與比爾而非雷、與蘇而非塞希莉墜入情網？為何是他？為何是她？十七世紀法國數學家與哲學家布萊茲·帕斯卡主張：「心自有其道理，理性卻對它一無所知。」不過學者倒能對這樣的情感風暴提供一些合理的解釋。

氣味的誘惑

有時候，熱戀或許能被我們最原始的特性之一所觸動，那就是嗅覺。每個人的味道都略微不同；和聲音、手或智力一

樣，我們都有屬於個人的「氣味印記」。嬰兒能辨認母親的味道，而長大後我們逐漸能鑑別一萬多種味道。[10] 因此，如果跟隨感官的自然引導，我們可能就會屈從於氣味的誘惑了。

許多動物都用氣味引誘伴侶，十九世紀法國博物學家法布爾已經很清楚解釋過這一點。法布爾找到一個美麗的皇帝蛾的蛹。他把牠帶到他鄉下的家中，放在他書房裡過了一夜。第二天早上，出現了一隻羽化的美麗雌蛾。法布爾把牠放進籠裡。令他訝異的是，當天晚上，有四十隻雄蛾從他打開的窗子飛進來，想向這隻雌蛾求愛；在接下來的幾晚，又有超過一百五十隻雄蛾出現。這隻雌蛾從牠膨脹的腹部滲出一種看不見的分泌物，那是費洛蒙，它的氣味吸引一公里內各處的雄蛾前來求愛。[11]

從法布爾做的實驗至今，科學家又發現了二百五十多種會散發引誘氣味的昆蟲以及其他許多種動物。有些氣味早已被世界各地的人如古希臘人、印度人和中國人當作香水用來迷倒心愛的人，例如來自俄國與加拿大海狸腺體裡的海狸香、東亞麝鹿身上像紅色果凍般的費洛蒙，也就是麝香，以及衣索比亞麝貓身上像蜂蜜般的分泌物：麝貓香。

不過人類的身體也會製造出效力強大的催情氣味。男女在腋下、乳暈和鼠蹊部都有頂泌腺，在青春期時啟動。頂泌腺和分布在身體大部分區域、製造無味液體的的外分泌腺不同，因為頂泌腺會分泌濃烈刺鼻的汗液。

詩人波特萊爾認為人的靈魂就住在這情色的汗液中。十九世紀法國小說家于斯曼曾經追隨在田間女性的身後，聞她們身

上的氣味。他寫道，女人的腋下「很容易讓男人釋放體內的獸性」。拿破崙也同意這種說法。據說他曾經寫過一封信給他的愛人約瑟芬，說：「明天傍晚我會抵達巴黎。別洗澡。」[12]

根據希臘和巴爾幹半島部分地區的傳統，有的男人會在慶典時把手帕夾在腋下，然後再把這氣味濃厚的禮物送給他們邀請共舞的女性，他們深信這麼做非常有用。事實上，在世界各地，汗一直被當成春藥的成分。在莎士比亞的年代，女人把蘋果夾在腋下，直到體味滲入這顆蘋果為止，然後她再把這顆「愛的蘋果」拿給愛人聞。有一個由美國加勒比海地區移民設計的食譜上寫著：「做一個肉餅。把肉餅浸在你的汗液中，煮熟後端給你想望的人吃。」[13]

不過男人的味道真能挑動女人的浪漫情感嗎？

或許如此。男人分泌出的新鮮汗液能增加女人的促黃體素，提高人們的性慾。而女人陰道液體的氣味，也就是所謂的促情素，能增進男人睪固酮的作用並引發男人的性慾 —— 尤其是女人在排卵期流出的促情素。在這氣味開始散發之後，性交中生殖器受到的刺激，促進大腦內與浪漫戀情有關的多巴胺循環，使我們增加墜入愛河的可能性。[14]

男人或女人的氣味，也能使雙方釋放出許多記憶。英國作家吉卜林的詩〈利區騰貝格〉，就以深刻的文學作品呈現出此種氣味的記憶；他寫道，被大雨淋濕的刺槐讓他有回到家的感覺。也難怪我們會記得秋天樹葉、聖誕樹、家裡養的狗，甚至

還有前男友或女友的氣味——以及隨之而來的種種情感。因此在對的時刻出現對的人類氣味，能觸動鮮活的愉快記憶，或許也能引發浪漫之愛最初那驚天動地的一刻。

氣味的效力

不過美國人、日本人還有許多其他國家的人都覺得體味很難聞；對大多數人而言，汗味更有可能讓他人敬而遠之，而不會吸引異性。有些科學家認為日本人長期的相親傳統使得他們特別受不了體味，因為男女被迫和他們不覺得有魅力的人成為親密伴侶。[15] 至於美國人為什麼恐懼自然的體味，我倒不清楚。或許是廣告商左右了我們，好販賣相關除臭產品。

但我們絕對喜歡伴侶使用的市售芳香用品。我們會買有香味的洗髮精、香噴噴的肥皂和刮鬍膏，還有價格昂貴的香水。於是，食物、新鮮空氣、香菸和辦公室與自家的味道，通通和自然的體味混在一起，成為一道氣味湯。這是我們的無聲標籤，人們會根據這標籤做出回應。在香水基金會的問卷調查中，男女雙方都認為氣味是性魅力重要的一環——他們在總分為十的評分中給了氣味八點四的高分。[16] 人類和皇帝蛾一樣覺得異性的氣味令人興奮。

各個文化對於出汗顯然有不同見解。氣候、衣服的種類、是否能每天洗澡、成長背景以及許多其他各式各樣社會條件，都影響人對氣味的喜好。目前學者尚未發現人類體味與渴

望浪漫愛情之間的清楚關連性。

不過我可以如此推論：初次遇到一個吸引你的人時，你或許也「喜歡他的味道」，這或許能使你更容易戀愛。接下來，一旦浪漫戀情開花結果，你心上人的味道就成為一種催情劑，持續刺激這場戀情。或許這就是有些女人喜歡抱著男朋友的 T 恤睡覺，以及十九世紀的男人往往把玩情人手帕的原因。

愛情地圖

人會迷戀某個「他」或「她」，其中一項更重要機制或許是所謂的「愛情地圖」。早在你迷上雷而不是比爾、蘇而不是賽希莉之前，你已經發展出一張心智地圖，無意識間為你尋找的理想伴侶列出一張特色清單。[17]

孩童在五到八歲之間（或更早）開始，根據對家人、朋友與過往經驗的反應繪製愛情地圖。例如，小時候你習慣家裡的吵鬧或安靜狀態，你母親聽你說話、責罵你或輕拍你的方式，以及你父親開玩笑、走路和說話的樣子；某些你親戚朋友的習性打動你的心，而想到其他人卻使你聯想到不開心的事情。這些回憶漸漸在你腦中成為模式，形成什麼讓你興奮、什麼又讓你倒胃口的潛意識模組。

長大之後，這份無意識的愛情地圖成形了，構成你理想情人的原型。於是在青少年時期，當你滿腦子都是性時，這份愛情地圖開始具體化，變得更特定，例如體型細節、年齡、興趣

和性情癖好、幽默感與個性。你在腦海中製作出一幅理想伴侶的圖畫，一種吸引你的設定，還有令你興奮不已的對話與情慾活動形式等等。

因此，早在真愛在教室裡、購物商場裡、辦公室和咖啡店裡或派對和其他場合中走向你的很久以前，你已經構築出理想對象的某些基本條件。於是當你真的看見某人符合這些因素時，你就與他墜入愛河，並且將你獨特的愛情地圖投射在他身上。但是你把他不符合條件的部分撇開，然後沉溺在自己構築的地圖中。

這些愛情地圖人人各有不同。有些人喜歡穿著上班套裝或醫師制服的人，有些人看到大胸部或小腳會興奮，還有些人特別愛聽對方活潑的笑聲。他的聲音、他笑起來的樣子、她的社交關係、他的耐性、她的自發性、他的幽默感、她的興趣、他的雄心壯志、她的配合度，以及他迷人的風采——形形色色顯而易見或是微不足道的潛意識成分全部交織在一起，使得某人比其他人更具吸引力。

我們都能列出幾項未來伴侶迷人之處，而在我們的無意識心靈深處還藏著更多情人特點。

以貌取人

然而，美國人對於情侶種類的喜好，確實顯示出某種特定模式。懷俄明大學針對一千零三十一名高加索人種大學生所做

的測驗中，男女對他們所謂的性感做出評分。[18] 他們的答案和我們的預期相去不遠。男人比較喜歡金髮藍眼和膚色淺的女人，而女人則喜歡膚色深的男人。不過還是有些讓人訝異的回答。很少男人會喜歡超大胸部，或太瘦以至於瘦得像男生體型的女人，而幾乎沒有女人受到肌肉男的吸引。其實兩性都喜歡中等身材——太矮、太高、太瘦、肌肉練得太好、膚色太深或太淺——這些極端體型選項都被剔除。

中庸之道勝出。其實心理學家最近才選出 32 張美國高加索女性的臉孔，並且用電腦將她們所有臉部特徵平均化，然後他們把這些合成影像拿給大學生看。在 94 張真正的女性臉孔中，只有 4 張臉孔比合成臉孔更迷人。[19]

你可能猜得到，世界上其他人和懷俄明大學高加索人種學生對於理想的性感形象並不相同。當歐洲人初次抵達非洲時，他們的金髮和白皮膚讓非洲人聯想到白化症患者，因此覺得這些歐洲人很醜陋。南非傳統的納馬族人特別喜歡垂吊的陰唇，因此母親們故意按摩女嬰的陰唇，好讓女兒的性器官在青春期時以迷人的形狀下垂。美國女人通常會節食以維持苗條身材，而波利維亞的西里歐諾族女性的習俗卻是一直吃以維持肥胖。

人類為了引來浪漫愛情而對身體做的美化方式簡直是不勝枚舉：拉長脖子、塑形頭部、矯正牙齒、穿鼻環、胸部疤痕、把皮膚曬成古銅色或「灼傷」，還有穿著簡直讓女人不能走路的高跟鞋、新幾內亞部族男性橘色葫蘆製成的 60 公分長「陰莖鞘」，以及伊莉莎白時代高貴紳士染成紫色的鬍子。真

的是情人眼裡才會出西施。

　　不過，即使各個文化對於容貌是否姣好與是否性感的標準不一，關於如何燃起浪漫愛情之火，全世界卻有些共通意見。世界上的男女都會被氣色好的人吸引。大家都喜歡接近他們眼裡看來乾淨的伴侶而大部分地區的男人都喜歡豐滿、臀部大的女性，她們不喜歡女人太瘦。[20]

　　外表很重要。

　　錢也很重要。

　　根據針對三十三個國家中的三十七個民族所做的研究，心理學家大衛・巴斯發現男性／女性在性偏好上的獨特差異。[21]從住在鄉村的祖魯族人到住在城市的巴西人，男人都受到年輕、長相對稱、有精神的女人吸引。而女人則喜歡擁有貨物、田產或錢財的男人。美國人也不例外。青少女對開著時髦轎車的男孩印象深刻，而較年長的女人喜歡有房子、土地或其他必需品的男人。因此遲鈍的有錢銀行家或許能比溫柔的詩人吸引更多女人。

　　這些男女的偏好或許與生俱來。和能生出有生命力後代的女人墜入情網，對男性而言是遺傳學上的優勢。年輕、皮膚白晰、明眸皓齒、頭髮有光澤、身體柔軟以及個性活潑，代表女性身體健康，這些對於遺傳上的未來至關重要。對女人而言，被一個有資源的男人看上也是一種生物學上的優勢，因為這種條件表示他有能力養活她和她將來的孩子。正如十六世紀

法國散文家蒙田的總結：「無論我們怎麼說，其實我們結婚不是為了自己；結婚同時是、甚至更是為了後代。」

你追我跑

但我們還是保留點神祕感吧。某種程度的不熟悉是熱戀的關鍵；一項針對以色列集體農場的經典研究顯示，人們幾乎從來不會迷戀上他們非常了解的人。[22]

白天當父母在農場工作時，嬰兒就留在同儕團體裡。在十歲之前，這些孩子常常玩一些與性有關的遊戲。但是進入青春期後，男孩和女孩和彼此相處時卻顯得壓抑而緊張。到了青少年階段，他們發展出緊密的手足情誼。幾乎沒有人和同儕團體中的異性結婚。在一項針對兩千七百六十九對集體農場的夫婦所做的研究中發現，只有十三對夫妻是和同儕團體裡的人結婚；而且這些夫妻中，一定有一方在六歲前就離開集體農場。

顯然在童年的某個關鍵時期，大多數人對他們時常見到的對象徹底失去性或浪漫戀情的渴望。

阻礙也會刺激瘋狂熱戀的發生。如果某人很難打敗，那反而會挑起你的興趣。事實上，這種征服感往往是浪漫戀情的重點所在，也就是所謂的羅蜜歐與茱麗葉效應。如果存在真正的阻礙，這些阻礙很可能讓戀情更為炙熱。[23]

難怪我們會愛上有婦之夫或有夫之婦、外國人，或愛上的人面前有著看似幾乎無法超越的障礙。然而大致上來說，在某

人最初撥動心弦的浪漫情感攀升為執迷不悟的熱戀之前，這樣的戀情還是必須有些許開花結果的可能性。

時機在浪漫戀情中也扮演很重要的角色。[24] 當一個人尋找冒險、渴望離家、孤單一人置身在陌生國度、正過渡到人生新的階段，或在財務與心理上正準備與他人共享或建立家庭時，他們更容易被打動。

於是近水樓臺先得月。正如美國意象主義詩人艾滋拉・龐德的形容：「啊！只要在她身邊，我就有了魔法。」時機對了，我們很容易被某個身邊的人吸引。

童年經驗當然也很重要。有些心理學家相信，我們與父母間如果有某些待解決問題，往往就會受到和父母類似的人吸引；或者這人可以提供類似母親對我們付出的情感；又或這個伴侶能反映童年朋友的優點和興趣。[25] 大多數人都喜歡能拓展我們的興趣、想法、經驗和自我認知的對象，這就叫做「自我擴展」。[26]

最後，我們往往受到同樣種族與社會背景、相同知識與教育水準的對象吸引，我們也會喜歡長得好看、和我們有相同價值觀與繁衍後代目標的人 [27] —— 人類學家稱之為「選擇性的動情」。

但是當你走進一個房間，裡面每個人都和你社會背景相同，就你的標準看來他們也都長得好看、和你的知識與教育水準雷同，社會目標和價值觀也大致類似，然而你也可以不跟其中任何一人墜入情網。為什麼？

這個問題引領我們探索生物學在伴侶選擇中扮演的角色。

「我們產生化學反應！」

人的個性由兩種基本類型的特徵組成：一是透過文化和經驗而來；二是生物學基礎，氣質特徵。氣質特徵來自遺傳，終其一生都相當穩定，並且連結到特定基因、賀爾蒙和／或神經傳導系統。確實，你的個性有 40% 到 60% 來自於生物影響，也就是你的天性。

因此，為了要知道各位讀者是否因為生物學而**自然**受到特定伴侶吸引，只要與任何腦部系統連結的任何個性特徵有關的學術報告，我都去找出來了。

我發現只有四種腦部化學物質系統顯然與某組特定的個性特徵有關連：多巴胺、血清素、睪固酮和雌激素／催產素。[28] 因此我設計了一份五十六個項目的問卷，量度各位讀者表現出與這四個腦部系統分別相連的個性特徵的程度多寡。（見小冊）

於是我把這份現在被稱做「費雪氣質量表」的問卷放在美國交友網站、Match.com 的子公司 Chemistry.com，以及其他三十九個國家的 Match.com 網站上。現在已經有一千四百萬人做過我這份問卷。同事和我也完成兩項腦部斷層掃描實驗，顯示這份問卷確實是量測這四種氣質面向。[29]

有趣的是，當我檢視 Chemistry.com 網站上十萬名男女的問卷得分時，我發現沒有兩個人的問卷答案是五十六題全部一樣的。我相當震驚；我從未遇到過兩個我看來長得一樣的人，即使是和我難以分辨的雙胞胎姊妹也和我不盡相同。但是

大自然有其模式，個性也是。對本書而言最重要的一點是，當我檢視 Chemistry.com 上這 28,128 位匿名男女如何選擇伴侶時，我看見一些大自然的設計。

大自然在我們選擇要愛上誰時，確實參了一腳。[30]

伴侶選擇的生物因素

有些男人和女人特別表現出和多巴胺系統有關連的個性特徵，他們往往吸引和自己相像的對象——同樣有好奇心、創造力、自發性、有活力、喜歡找尋新奇事物和心胸開放的人。這些人生來就自由自在。有些人想要一位能從沙發上跳起來和他們一起冒險的伴侶，不管是一起上山下海、去城市或去沙漠裡。還有人希望伴侶和他們一起去看電影、看芭蕾舞、看戲和看歌劇。有些人想探索大自然；還有些人渴望新點子或任何那一刻從腦海裡冒出來的事情。柏拉圖稱這種人為工匠。這種思考與行為風格我稱之為「好奇／精力充沛」，而我將這些男女賦予「探險者」的封號。

探險者常常會尋找其他探險者，也就是那些（生物上）和自己非常類似的伴侶。

主要表現出和血清素系統有關連的個性特徵的人，也會吸引和自己相似的人。這些男女比較傳統，個性平靜且小心翼翼。他們喜歡熟悉的事物，循規蹈矩、尊重權威，喜歡計畫、例行性事物和日程表。他們比較謙虛、有秩序和謹慎。柏

拉圖稱這些「社會支柱」為保護者，我則是把這種思考與行為風格稱為「謹慎的／社會的規範遵從」，並將這些男女稱做「建設者」。

他們會尋找和他一樣傳統的其他建設者。

起初探險者會受到探險者吸引，而建設者會喜歡其他建設者，然而最明顯表現與睪固酮和雌激素相關個性特徵的男女，往往會彼此吸引，也就是吸引和他們相反的人。

就拿高度表現出睪固酮的典型例子——史提夫‧賈伯斯——來說好了。從他的面貌就看得出來：他的高額頭、厚眉脊、高顴骨和輪廓分明的下巴，都是由充沛的男性賀爾蒙打造而成。但是睪固酮也會產生出許多個性特徵，尤其是空間感與數學能力，從很懂電腦和工程、音樂或是機械等都包括在內。這些男女也往往很有發明才能、是懷疑論者、個性嚴厲、喜歡公開競爭，他們也直接、有決斷力、意志堅強並且很有膽量。他們勇於嘗試。柏拉圖稱這些人為「理性者」；我賦予他們「分析性／意志堅強」的科學詞彙，我稱他們為「指揮者」。他們大部分是男性，不過前英國首相柴契爾夫人（以及美國的希拉蕊）也展現出許多這種特質。

無論性別為何，指揮者會追求個性相反的對象：高雌激素的人。我稱他們為「協商者」。

協商者表現出的主要性格特徵，和雌激素以及與雌激素密切相關的神經系統化學物催產素有關連。我創造了一個叫「網絡思維」[31]的詞來形容這些眼光遠大的人，他們用更加有脈絡、整體而長期的眼光來看待幾乎所有事情。他們說話很有

技巧，很懂得與人相處，也非常有想像力、會運用直覺、有同情心、值得信任並且懂得表達情緒。柏拉圖稱他們為哲學家國王，我則是把他們置於具有「社交專家／富同理心」的氣質面向上。這些人大多數是女性，雖然我疑心比爾‧柯林頓是高雌激素的男性。全世界都知道他喜歡說話。他社交技巧很高，他常用「你的痛苦我感同身受」這句話。在長達九百五十七頁的自傳中他寫道：「有綜合能力的心智非常重要。」這一切特徵都與雌激素有關。

然而無論男女，協商者特別受指揮者吸引。你一定看過這種組合：要不是滔滔不絕的迷人女性嫁給果決、寡言的宇宙超人型男人；或者體貼顧家又有耐心的男人和幹勁十足、咄咄逼人的女人一起生活。

當然，所有人都會表現出這四種氣質。然而在每個人身上有些氣質比其他氣質更常出現。此外，一個人基本的思考與行事風格，顯然在英國詩人勃朗寧將浪漫愛情形容為「初次巧妙而漫不經心的狂喜」狀態中，扮演重要的角色。[32]

舉世皆然的浪漫愛情

時機、阻礙、神祕感、社會背景、聰明才智、相貌與價值觀相似性、相匹配的愛情地圖、大致以生物學為基礎的思考與行事風格，或許甚至還有對的氣味：這種種因素使你很容易與他或她墜入情網。於是，當這個伴侶候選人偏著頭、微笑或凝

視著你，你就彷彿突然被愛神的箭射中了。

這樣強大的吸引力也不止是西方人的專利。

任職於十二世紀法國王后亞奎丹的艾莉諾宮廷中的安德烈神父，如此描述浪漫愛情：「愛是一種與生俱來的折磨，源自於看見異性的美麗，或對其有過多沉思，以至於擁抱對方成了他最渴望的事。」[33] 從那時開始，某些西方人於是相信，愛是吟遊詩人的發明物——那些十一至十三世紀法國騎士、詩人和喜好幻想的人，滔滔不絕訴說著愛情的反覆無常。

不過浪漫愛情不止發生在法國。印度闡述愛情的經典文學作品《慾經》作者伐蹉衍那是西元一世紀至六世紀間的人，他詳細描寫男女間的情愛。他甚至詳細指導男女如何求愛、擁抱、親吻、愛撫與性交。

儘管儒家強調的孝道長久以來深植在中國人心中，然而早在七世紀，就有故事中寫到苦惱的男女如何掙扎在對長者的順從與對戀人的熱情之間。[34] 在過去的日本，如果情侶發現自己被安排與其他人結婚，這對命運多舛的戀人有時會選擇殉情。

美國東部的切羅基族人相信，如果年輕男子在午夜唱歌給女孩聽，她將會無可自拔愛上他，深深被他吸引。西伯利亞東北部尤卡吉爾族女孩會在樺樹皮上寫情書。在峇里島，男人相信，如果將某種葉子刻上長著巨大陰莖的神，並讓女人吃下，女人就會愛上他。

即便否認「愛」或「墜入愛河」概念的人，實際行為也非如此。波里尼西亞的曼蓋亞族在性事上很隨意；但偶爾也會有

不被允許和女友結婚的絕望年輕男人自殺。新幾內亞高地的人邦邦人也不承認感覺到熱戀，但女孩有時會拒絕嫁給父親替她選擇的對象，然後和「真愛」私奔。非洲的蒂夫族沒有正式的愛情觀念，他們稱這種熱情為「瘋狂行為」。[35]

　　愛情的故事、神話、傳說、詩與歌、愛情靈藥、愛情符咒、愛人的口角、幽會、私奔和自殺，都是世界各地傳統社會生活中的一部分。事實上，在一份針對 168 個文化所做的調查中，人類學家威廉・楊科維亞克和愛德華・費雪在這些文化迥異的不同人當中發現，其中的 87% 有直接證據證明他們身上存在著浪漫愛情。[36] 同樣重要的是，他們沒有發現反面證據。人類學家在他們調查的其他社會中並沒有探究這個現象，這是民族誌疏忽的案例。

同性戀

　　浪漫愛情是如此強烈，它是最基本的人類天性，會發生在我們每一個人身上，無論愛戀的對象是異性或同性。可想而知，男同性戀與女同性戀也同樣會談戀愛。

　　如我之前提過的，我曾在二〇一〇年和二〇一四年之間收集具有代表性的美國人樣本本數據。這份樣本中的二萬五千多名男女包含各種種族、年齡與地區，有墜入情網的異性戀，也有同性戀。同性戀和異性戀一樣容易一見鍾情。他們也一樣渴望擁有穩定的戀情。[37]

在最近所做的腦部斷層掃描研究中，異性戀與同性戀男女躺在電腦斷層掃描儀中看著情人的照片。令人訝異的是，兩種性傾向的人，他們腦部與強烈浪漫情感相關的基本神經通路，都同樣表現得很活躍。[38]

這種瘋狂，這種痴迷，這種浪漫的吸引力，這種炙熱戀情，這種狂喜，是全人類皆然的特性。[39]

動物的吸引力

熱戀或許不僅是人類獨有的現象。[40]

我心中開始產生這個疑問，是聽到關於一隻飼養在家中的美國大猩猩托托的人類學觀點描述。在月經來時的大約三天內，托托經常發情。顯然她也會愛上人類男性。某個月是園丁，下一個月是司機或管家，她會以一種「絕對是害相思病無誤」的眼神凝望著這些男人。[41]

不過最有趣的痴戀故事還是另一種動物 —— 佛蒙特一隻愛上了母牛的麋鹿。[42] 這隻被愛沖昏頭的麋鹿追逐偶像長達七十六天，最後才放棄牠充滿性愛的「挑逗姿勢」。「沒有一個人能夠既明智又在談戀愛。」英國詩人羅伯特・海瑞克如是說。即便麋鹿也會犯錯。

充沛的精力、專注力、執著、獨占慾和一片痴心，這些特性在鳥類和獸類中也很常見。[43] 母獅子發情時，伴侶會對雙方極其溫柔。長頸鹿在交配前會輕輕愛撫對方。公狐狸在母狐狸

發情的那兩週對母狐狸用情至深，公狐狸會看著牠、亦步亦趨跟著牠、餵養牠、舔舐牠，並且在牠們築起巢穴、一起養育小狐狸之前保護牠。在母象發情期，公象和母象也會花好幾小時靠在一起，用象鼻撫摸對方。還有狒狒、黑猩猩和其他較高等的靈長類都對特定對象有名確的喜好，即便不是雌性發情期，雙方情誼依舊持續。

其實沒有哪隻野生的鳥類或哺乳類會跟任何一隻隨意出現的同類交配。牠們都有各自喜好。牠們受到某些同類吸引，而討厭其他同類，甚至在發情期也是如此。科學家深知這種選擇性，並給予它許多名稱，包括交配選擇、偏好性、性的優先性、個體偏好以及女性的性選擇。[44]

此外，大部分動物會立即形成這種選擇偏好。

一見鍾情

這種相遇片刻就傾慕對方的能力（或甚至在見面之前，例如在網路上）是否出於天性？達爾文相信這種吸引力是立即性的。他寫道，母鴨「顯然是一見鍾情的例子，因為她會含情脈脈地……在一隻新來的公鴨旁邊游來游去」。[45]

動物行為學暢銷書作者伊莉莎白·馬歇爾·湯瑪斯看見相同的熱情，她寫道：「從她第一眼看到他的那一刻起，她就愛慕著他。她只想在他身旁，將她的愛傾注在他身上，他走到哪她就跟到哪。聽到他的聲音她就會吠叫。」[46] 伊莉莎白的小哈

巴狗「紫羅蘭」愛上了她另一隻哈巴狗「賓果」。

　　靈長類學家碧露‧加爾地卡斯在描述一隻印尼婆羅洲丹戎普丁保護區的雄性紅毛猩猩時，說得也差不多：「從 TP 追求普希麗亞的樣子看來，她有無窮的性魅力。TP 立刻就被她迷得神魂顛倒。他的目光無法離開她，甚至連飯也不吃，就這樣被她的魔力徹底吸引。」[47]

　　這種磁鐵般的吸引力宛如一隻沉睡的貓；它會瞬間被喚醒——於是形成一見鍾情的現象。

　　一見鍾情或許在自然界也有一項重要的適應功能。

　　例如在交配季節，一隻雌松鼠必須繁衍後代。牠跟豪豬交配沒什麼勝算。但如果牠看見一隻健康有活力、非常有男子氣概的雄松鼠，牠就會把握機會。或許一見鍾情只不過是許多生物為了加速交配過程演化而來的天性。於是，在我們人類祖先身上，這立即的動物性吸引力演化為我們現在所謂的一見鍾情。

　　但自然界到底是如何創造出具體的熱戀感受？我們稱為愛的這東西到底是什麼？

大腦中的愛情迴路

　　一九九六年，我著手進行一項計畫，以便證實當一個人瘋狂墜入愛河時，大腦到底發生了什麼事。[48]

　　首先我計畫了一項實驗。我讓熱戀中的參加者進行兩項

不同任務，在此同時收集腦內活動的資料（利用功能性磁振造影，即 fMRI）：先是當他們凝視情人的照片時，再來是當他們看著某個不會產生正面或負面情緒的人的照片時。在凝視情人照片和沒有特殊感覺的照片之間，他們會進行一項引開注意力的活動。我把一個很大的數字投射在螢幕上（例如6,137），並且讓參加者從這個數字每隔七倒數。我的用意是藉此清除腦內在暴露於情人與暴露於中性刺激之間的強烈情緒。接著我會比對大腦在這三種狀況下發生的活動。

我的假設是什麼？最重要的一點，我猜想我會發現大腦中多巴胺網絡活動力提高。多巴胺是一種天然興奮劑，使大腦產生活力、愉悅感、渴望、專注力和動機，其中有許多都屬於浪漫愛情的核心特質。[49]

我也斷定，和多巴胺密切相關的神經化學物去甲腎上腺素或許也有助於狂熱戀情，因為這種神經傳導物質也能使人專注並產生動機，此外也讓身體產生某些戀愛時的反應，例如坐立不安、膝蓋發軟、口乾舌燥等。此外我認為血清素活動降低也會造成熱戀時不斷闖入腦海中的執著念頭。

最後，我預期會有許多其他神經化學系統參與其中，共同產生了浪漫愛情中常見的一連串情緒、動機、認知與行為等。[50]

但我敢打賭，一定是多巴胺。

於是，我和神經科學家露西・布朗、心理學家亞特・艾隆還有其他人，把十一名剛談戀愛的人送進腦部電腦斷層掃描儀裡，他們是快樂又瘋狂地墜入愛河的十名女性和七名男性，陷

入熱戀的平均時間是七點四個月。

我永遠不會忘記看見結果的那一刻。我站在愛因斯坦醫學院漆黑一片的實驗室裡。我覺得自己彷彿飛了起來。眼前掃描結果顯示腦部的腹側被蓋區（VTA）上有活動的斑點；腹側被蓋區是大腦底部附近的一個小工廠，它製造多巴胺，並且將這種天然興奮劑傳送到腦部許多區域。[51]

我們發現腦部許多其他區域也有活動，但是 VTA 特別重要。[52] 這個區域是大腦報償系統的一部分，也就是腦部產生想要、尋求、渴望、精力、專注與動機的迴路。

難怪情人能整晚談話與愛撫。難怪他們會如此健忘，如此頭暈目眩，如此樂觀，如此好交際，如此生氣蓬勃。天然「安非他命」就能讓他們亢奮。

男人感受到的熱情和女人一樣強烈。田諾夫寫道，她的八百多名受訪者中，男女感受到的熱情「比例大約相等」。我和我同事現在已經確認了這一點。在我們針對年輕快樂的情侶所做的功能性磁振造影研究中，男人在 VTA 和其他與浪漫愛情有關神經通路顯示的活躍程度和女性相同。

此外，當我同事在中國重做這項腦部斷層掃描實驗時，中國受試者的 VTA 和其他多巴胺通路（掌管「想要」的神經化學通路）一樣活躍。[53] 幾乎每個人都能感受到戀愛的熱情。

愛的本能……與生俱來的耽溺

事實上，VTA 的位置靠近與口渴和飢餓有關的原始腦區域，我於是明白浪漫愛情是人類的本能。[54] 我的電腦斷層掃描實驗夥伴露西‧布朗針對這個觀點加以補充，她說浪漫愛情是和渴望喝水同等重要的求生機制。

這種本能，這種求生機制，也是一種耽溺。再次分析資料時，我們發現伏隔核也有活動（這是未發表的資料）。伏隔核這個區域的某部分與獎勵系統有關，它受到多巴胺刺激，和所有成癮事物都脫不了關係，包括渴望海洛因、古柯鹼、酒精、安非他命、賭博、性和食物。

再者，我們並非唯一具有愛情化學變化基因的生物。當雌田鼠對雄田鼠表現出興趣時，在牠腦中獎勵系統的某部分，多巴胺增加了 50%。[55] 腦內多巴胺增加，使得母羊更有交配吸引力。[56] 因此，在許多鳥類和哺乳類身上必定也逐步演化出這種神經機制，好讓個體偏好並專注於某個特定的交配伴侶，從而保留寶貴的交配時間與精力。[57]

然而對大部分物種而言，這樣的吸引力是短暫的，只維持幾分鐘、幾小時、幾天或幾週。在人類身上，熱切的早期浪漫愛情卻能維持得更久。[58]

對愛無視

　　然而熱戀的感受各有不同。多巴胺（以及去甲腎上腺素與血清素）的基本活動每個人都不一樣，也因此可能改變每個人墜入愛河與維繫愛情的不同癖好。不過其他大腦系統也會影響戀情。

　　例如，說自己從未墜入愛河的人，有些就是因為罹患垂體機能減退症，這是一種嬰兒時期產生的腦垂體疾病，因而導致荷爾蒙失調，造成一個人「對愛無視」。這些男女過著正常的生活，有些人會為了找個伴而結婚；但是愛情的狂喜與心痛對他們來說就像是神話。此外，思覺失調症、帕金森式症和其他疾病都會改變多巴胺神經迴路。其實在本書最後一章「未來的性」中，我將會討論我提出的理論，也就是幾種提高血清素的抗憂鬱藥物如百憂解與樂復得，以及其他較新的血清素促進劑，會抑制多巴胺迴路，讓情緒變得遲鈍，因此有可能澆熄浪漫的熱情。[59]

　　你的過往經驗也會影響戀情。從孩提時代開始，你會對周遭環境的氣味產生好惡。你學會回應對某些特定幽默感有所反應。你習慣家裡和平的或激動的氛圍。你從生活經驗中建立起你的愛情地圖。於是在青少年時期，你從軍、離家上大學或在外流浪。這些以及其他許許多多文化事件，決定了你會愛上**誰**，你**何時**談戀愛，以及你在**哪裡**談戀愛。

　　不過當你找到那特別的對象時，是腦中的多巴胺與其他神經化學物質引導你在戀愛中**如何**感受。如前所述，文化性與生

物性與此息息相關。

愛情的詩、愛情的歌曲、愛情的魔法、愛情的神話與傳說，世界上最偉大的愛情歌劇、戲劇和芭蕾舞劇；關於愛情的小說、文章、部落格、電視劇和心理勵志書籍，為了榮耀至愛的情人而建造的宮殿和廟宇；甚至是網路上甜蜜訊息中的表情符號與貼圖，當我們的祖先逐漸發展掌管思考的大腦皮質時，這一切也隨之出現。

然而浪漫愛情的基本大腦機制深藏在心靈底層，也就是與渴求、尋找與動機相連的原始大腦區域。

但它是否能持續下去？

愛的迴路

「愛情在追求對方時最為強烈，擁有對方後則成為友情。」美國詩人愛默生相信，在某個時間點，最初的狂喜和迷戀會開始淡去。青少年的迷戀可能為期一週。因為某些阻礙——例如被海洋或對方的結婚戒指分隔——而不能時常見面的戀人，炙熱的戀情有時可以持續好幾年。

不過有些資料可提供熱戀狀態的一般長度。田諾夫測量從熱戀開始的那一刻，到對某人「沒有特殊好惡感」為止。她的結論如下：「最常見的間隔，也就是平均時間，大約在十八個月到三年之間。」

但是不同資料來源的數據也各有不同。一項研究指出，

血液中的血清素活動顯示，這種狂喜之情持續十二到十八個月。[60] 在二〇一二年我們針對全國 Match.com 單身男女調查中顯示，在超過五千名來自各年齡、社會背景與性傾向的男女中，有 29% 的人說這樣的熱情持續了兩到五年，8% 的人表示他們的熱戀持續六到十年，而有 18% 的人表示他們的熱戀期已超過十年。[61]

沒有人知道這種狂喜與執迷到底如何消退。我猜想要不是多巴胺神經迴路與相關神經化學物質已經習慣這些天然興奮劑，就是多巴胺與相關神經化學物質的產生與發送逐漸減少。正如心理醫師麥可・萊博維茨對此做的總結：「如果你希望你和你的長期伴侶處在依舊十分熱愛彼此的狀態，那麼你們必須要努力經營，因為某種程度來說你們違反了生物學的潮流。」[62]

當然，並非所有人都如此。我們都認識一些結婚許多年後依然與彼此在熱戀狀態的伴侶。一般人覺得難以置信。但在另一項由心理學家碧昂卡・阿切維多帶領的腦部斷層掃描實驗中，我們把十名女性、七名男性在內共十七名結婚時間很長的男女送進功能性磁振造影儀裡。[63] 他們平均結婚時間是二十一年，大多數已經有成年子女；每一位都告訴我們，他們還深愛著自己的配偶。

結果令人訝異：這些長時間在一起的情人的 VTA 與其他和早期熱戀相關的基本大腦區域，其活躍程度和才剛墜入愛河的年輕男女相同。

只有一項例外：墜入愛河不久的受試者，在與焦慮不安

情緒有關的腦中特定區域有反應，然而關係長久的情人卻沒有，取而代之的是腦中與平靜和抑制痛苦相關區域的活動。於是阿切維多與她的同事們相信，關係長久的情人能夠持續感受到浪漫愛情中的熱切、專注與性渴望。但是迷戀、陶醉的狂喜感卻消退了。[64]

「愛情像發燒；它來去完全不受意志控制。」斯湯達爾如此描寫浪漫戀情初期的狂熱。愛情潮水為何湧入、為何消退？人類的熱戀衝動，就像我們許多求偶動作，或許是大自然計畫的一部分——由時間、演化以及人類古老的結合模式，輕柔地編入腦中。

3

一夫一妻制是否出於天性？

人的結合……與背叛

人由兩部分組成；

首先是「自然」，其次是「藝術」。

　　　　　　——羅伯特・海瑞克*〈人論〉

　　當達爾文使用「適者生存」這個詞時，他指的不是你的姣好相貌或鉅額銀行存款；他是在數你有幾個小孩。如果你養的小孩又生了小孩，你就是自然界所謂的適者。你將基因傳給了下一代，那麼就生存這件事而言，你獲勝了。因此兩性在一場交配之舞中緊扣著對方，不斷調整腳步，以便配合對方。只有成雙成對，男女才能繁衍後代，傳遞人類生命的脈動。

　　這交配之舞，也就是人類最基本的繁衍策略，開始於很久很久以前，在世界初始，我們原始的祖先演化為兩性之時。

＊譯注：羅伯特・海瑞克，十七世紀英國抒情詩人。

為何有性？

　　不同物種以不同方式複製自身。有些動物，例如許多品種的鞭尾蜥蜴，已經完全廢除性交。這些小爬蟲類漫步在美國西南部半乾旱的叢林中。在繁殖季節，每隻蜥蜴產下八到十顆未受精卵，這些蛋將會孵化成為和牠們一模一樣的蜥蜴。這種無性生殖（或稱孤雌生殖）有它實用的一面。雖然牠們會和其他鞭尾蜥蜴做出交配的樣子，刺激產卵，卻不會花時間或力氣真正交配。牠們不必像麋鹿一樣頂著巨大的角，和其他想交配的公鹿打架，或像公孔雀用特立獨行的尾巴追求母孔雀。牠們不像那些在交配時容易受到攻擊的動物那樣引來略食者。最重要的是，牠們的基因不會與其他可能有劣質基因的鞭尾蜥蜴混和。牠們生出的後代**百分之百**帶有自己的基因。

　　兩性之間的愛情是否有其必要？住在沙漠裡草原地帶的鞭尾蜥蜴、某些蒲公英、黑莓、顫楊或無性生殖的野草等等就不需要。對這些物種而言，連交配都可省略。[1]

　　縱使無性生殖有進化論上的龐大優點，我們的祖先以及其他許許多多生物還是採取有性生殖的方式 —— 至少基於以下兩種理由。交配能在後代身上創造一項重要的價值：多樣性。柯利牧羊犬和獅子狗可能會生出完全不像爸媽的小狗。這可能有不良後果，有時候基因混和會產生不好的配對結果，不過重新組合就能創造出新的基因「性格」。有些會死，但有些會活下來，克服大自然不斷試圖剷除不良品種的努力。

　　生物學家對於人類原始祖先為何演化出有性生殖，也提出

一個更細膩的解釋：為了混淆敵人。[2] 這就是一般所知的「紅皇后假說」，典故出自英國作家路易斯・卡羅的書《鏡中奇緣》中的某個事件。

紅皇后抓住愛麗斯的手臂，兩人一起狂奔。然而當她們停下來時，卻停在和開始跑時完全一樣的地方。紅皇后對愛麗斯解釋這怪異的情況，她說：「你看，在這國度中，你必須盡全力不停奔跑，才能停留在同一地方。」翻譯成演化的思維，這表示不斷改變的生物在生物學上較不易受到殺死牠們的細菌、病毒和其他寄生蟲影響。因此演化出有性生殖是為了躲避細菌。[3]

但是為什麼要有男性和女性這兩性？人類原始祖先為什麼選擇一種任何個體都能與任何其他個體交換遺傳物質的繁殖策略？

細菌就會這麼做。他們聚在一起，交換 DNA。A 可以和 B 配對，B 可以和 C 配對，C 可以和 A 配對，所有細菌都可以和其他任何細菌配對；細菌沒有性的區別。[4] 然而人類遠祖（以及其他許多生物）和細菌不同，他們發展出兩種不同形式：女性 —— 她們有著大而遲緩、由大量營養素包圍的 DNA 組成的卵子；以及男性 —— 有著小而靈活、被除去一切只剩下基因的精子。

沒有人知道在原始的黏稠物質中如何演化出兩種性別。某種說法是，我們最初的祖先有點類似細菌，只不過是更大的多細胞生命形式，能製造包含它們一半 DNA 的性細胞（配子）。和細菌一樣，每一個個體都會製造出能與任何其他配子

結合的配子。但有些個體會散播被許多有營養的細胞質圍繞的大配子。其他則向前噴灑較小的性細胞，附帶的食物較少。還有些射出極微小的配子，並且幾乎完全沒有散發食物。

這些有性生物全都把性細胞射入海流中。然而當兩個小的配子結合時，它們營養不夠，難以存活。當兩個大的配子結合時，它們又過於笨重，也無法生存。只有當一個小巧輕盈、不受阻礙的配子，也就是最初的精子，和大而富含養分的配子，也就是最初的卵子結合時，這新的生物才能在初期不安全的狀態中活下來，於是漸漸發展出兩種不同性別，一種攜帶卵子，而另一種傳送精子。[5]

然而這個理論以及其他類似的假設有某些問題。[6]遺憾的是，沒有任何現存有機體能描繪出我們最初兩性祖先的生活方式。不過於某種原因，數十億年前，地球上演化出兩種互相需求的配子，兩性於是出現。在過去不斷變動的漫長歲月中，它們持續變化的子孫存活下來，並且繁衍後代。

人類祖先所忽略的生殖方式

令人納悶的是，這些原始的祖先為何沒有選擇草莓的性生活——它和小鞭尾蜥蜴一樣能無性生殖，但它們也能進行有性生殖。當草莓覺得安全，也就是所在的土地肥沃、環境沒有改變時，就會進行複製。何必用有性生殖那麼麻煩的方式？只有在沒有空間時，草莓才會不得不散布到未知的土地，開花並交

配。不過當這些拓荒草莓適應了環境之後，它們又開始複製。

　　蚯蚓有另一種性別。牠們同時是雄性和雌性，能自行受孕。但大多數雌雄同體的植物和動物都竭盡所能避免自體受精，因為這種過程兼具無性和有性生殖兩者的缺點。

　　以人類標準看來，最怪異的生殖形式或許發生在個體能從一種性別變為另一種性別的物種身上。其中有一種生活在澳洲大堡礁的魚類。這些學名為裂唇魚、俗稱清潔魚的礁石清道夫，以一隻雄魚與五或六隻雌魚為一群生活在一起。如果這一隻雄魚死去或消失，那麼魚群中地位最高的雌魚就會開始變性為雄魚。幾天之內，「她」就會變成「他」。

　　如果男人和女人都能自行複製，如果我們能同時是男性也是女性，或者如果我們在幾小時內就能從某一性完全轉變為另外一性，那麼或許人類就不必發展出求愛的凝視、調情的表情和四種基本思考與行為風格，或者演化出浪漫愛情的腦部生理學。但人類祖先和大多數其他現存物種相同，並沒有選擇草莓複製後代、蚯蚓雌雄同體或魚類跨性別的性生活方式。反之，我們演化為必須混和彼此基因、否則將被遺忘的男人和女人。

　　然而性交並不是你我確保基因未來的唯一方式。有性生殖的生物還有傳播 DNA 的另一個方法，也就是所謂親屬選擇的程序。[7] 這是源自於大自然的現實狀況：每個個體都與血親共有他或她的基因構造。孩子從母親處得到一半基因，從父親處

得到另一半。如果孩子有兄弟或姊妹，他和每一個兄弟姊妹都各有一半相同基因，而他和堂表兄弟姊妹有八分之一相同基因，諸如此類。因此如果一個男人或女人終生養育血親，他或她其實就是在幫助自己的 DNA。只要親屬存活，也就等於你存活——這也就是「總括生殖成就」的概念。[8]

難怪世界各地的人都比較偏袒自己的血親。

不過能確保我們繁衍後代的方式還是交配。事實上，人類所有和求愛與配對、結婚與離婚有關的儀式，都能視為男女為了複製自身而引誘彼此的腳本——也就是生物學家所稱的生殖策略。

這些配對遊戲是什麼？

男人有一些基本的選擇，女人也是。男女的選擇都十分簡潔，因為只靠數人頭就能分辨。男人可以一次和一名妻子形成一對一的伴侶——一妻制（monogyny，希臘文的 mono 是「一」的意思，而 gyny 是「女性」）；或者他可以同時有多名妻子——多妻制（polygyny，poly 是「多」的意思）。女性也有兩種類似的選擇：一夫制或多夫制。此外，一夫一妻制一詞指的是「一個伴侶」，沒有指定性別；而一夫多妻或一妻多夫制則指的是「數名配偶」，沒有指定性別。[9]最後一種是群體婚姻，也就是多夫多妻制——這種生殖策略是兩名或以上男性與兩名或以上女性擁有社會認可的婚配形式。

我之後將會談到，我們大致上是一夫一妻制的物種，我們

與另一名男女組成伴侶，共同撫養小孩。但是，在學術研究中，一夫一妻制並不必然暗示對配偶忠貞。而且，往往伴隨一夫一妻制以及其他生殖策略而來。[10]

自然界的花花公子

例如公紅翅黑鸝會在繁殖季看守大片沼澤區；幾隻母鳥進入一隻公鳥的領地，並且只與這隻公鳥交配——傳言如此。然而，科學家在繁殖季之前切除幾隻公鳥的輸精管。[11] 母鳥進入這些被閹割的公鳥領地，和牠們交配，然後在公鳥活動範圍築巢，看起來一切如常。

然而許多母鳥卻生出好幾窩鳥蛋，顯然這些母鳥沒有忠於牠們的伴侶。為了確認結果，科學家抽取三十一隻母紅翅黑鸝剛孵出雛鳥的血液樣本。在將近一半以上的鳥巢裡，都有一隻或一隻以上父親不是該領地地主的雛鳥。因此大多數母鳥都和不占有領地的公鳥或住在隔壁的公鳥交配。[12]

不貞在其他物種之間也是常見的現象。在八千多種鳥類中，有90%以上都實行單一伴侶制——也就是一夫一妻制，共同養育雛鳥。[13] 牠們不得不如此；非得有隻鳥一直坐在蛋上，如果不是伴侶帶食物回來，牠就會餓死。不過鳥類學家在一百多種鳥類中觀察到偶外交配的偷情現象。

只有3%的哺乳類以單一伴侶的方式養育後代，[14] 但是這些哺乳類也很風流。長臂猿是其中之一，他們是較稀有的猿猴

類，成雙成對住在中國、印度、印尼的某些雨林中以及東南亞的其他地區，包括蘇門答臘、婆羅洲和爪哇等島嶼上。人們一直以為長臂猿是貞潔的典範，其實不然。有些母猿養育的是沒有他們目前「配偶」基因的幼猿。[15]

確實，世界各地的沼澤、草原、森林裡，到處都是風流的動物。就算你沒發現紅翅黑鸝或長臂猿一夫一妻制中的偷情現象，也一定會注意到人類的風流成性。

就定義上來說，美國所有已婚男女都實行一夫一妻制；同時擁有許多配偶是違法行為。然而根據一些最近的估算，約有20%到40%美國已婚異性戀男性和20%到25%五美國已婚異性戀女性有婚外情。[16]美國目前正在約會的男女中，不忠於男女朋友的比例有70%。[17]而在最近針對美國單身男女所做的調查中，有60%的男性與53%的女性承認有「配偶偷獵」行為，也就是試圖引誘某人離開有承諾的一段感情，和自己建立關係。[18]配偶偷獵在其他三十個文化中也很常見。[19]

我們無從知道這些數字到底有多精確。但是沒人能否認不貞的狀況發生在全世界各地。

因此重點如下。單一伴侶制只是人類基本生殖策略的一部分；婚外性行為往往是我們**混和**或**雙重**配對策略的第二種附加成分。事實上，不忠的現象在一夫一妻制的鳥類和哺乳類動物間是如此普遍和持續進行，以至於現在科學家將一夫一妻制的物種稱做是實行**社會性一夫一妻制**，伴侶雙方表現出一連串與單一伴侶制相關的社會與生殖行為，卻不必然在同時表現出性行為的忠誠度。

然而，在開始探討人類通姦難以歸類的混亂狀況之前，我想檢視現有的人類配對模式——我們的婚姻制度。[20]

～❧～

或許不論性別，最值得注意的共通點，就是他們不怕麻煩地結婚。

然而婚姻可說是一種很普遍的文化；它在世界上幾乎每個社會裡都占主導地位。二〇〇九年，83% 的美國男人和 88.5% 的美國人在四十九歲之前結婚。[21] 今天在美國有 85% 到 90% 的男女有結婚的計畫。[22] 聯合國統計司已從九十七個工業和農業社會的教會帳簿、法庭紀錄、清單和結婚檔案裡，揀選出與婚姻有關的數據。在二〇〇〇年與二〇一一年間，90.2% 的女性和 88.9% 的男性會在四十九歲之前結婚。[23]

在尚未存在書面紀錄的地方，婚姻也是一種常態。對巴西的卡西納華印第安人而言，婚姻是很隨性的一件事。當一名青少女很想結婚並取得父親准許時，她就叫未來的丈夫在自己家人睡著後造訪她的吊床。他必須在黎明前離開。他會逐漸將自己的私人物品搬到女方家裡。但是直到女孩懷孕，或雙方關係至少持續一年，他們才會認真看待這椿婚姻。相反的是，印度教徒的父母有時會建議女兒丈夫人選，並在女兒同意下，精心計畫婚禮。他們會舉辦一些個別的婚禮儀式。接著，在婚姻圓滿完成後的很長一段時間，新郎新娘的家人會繼續根據雙方協議好的項目交換財產。

世界各地有各種不同的婚姻習俗。不過從亞洲大草原到西

太平洋珊瑚環礁，大部分男女都會找個配偶。事實上，在所有傳統社會中，婚姻是邁入成年關鍵性的一步；獨身男女並不常見。

男人和女人的婚姻策略是什麼？雖然我依然主張一夫一妻制也就是單一伴侶制是人類這種動物的特徵，毫無疑問的是，有些男女會採用其他方式的性與生殖腳本。男人是兩性中花樣比較多的，我們就先從男人開始說起。

妻妾成群

「男人結婚、女人也結婚，但男人是一夫多妻的。」*有一首歌謠這麼說。在853種有紀錄的人類文化中，只有16%規定必須實行一夫一妻制。[24] 工業化社會的文化都在其中。然而我們這些人卻是少數。在所有傳統社會中，有84%之多的文化准許男人同時擁有多於一名妻子——也就是採行一夫多妻制。

雖然人類學家竭盡所能長篇大論地描寫世界各地准許一夫多妻制的文化原因，我們其實可以用一個很簡單的自然法則加以解釋：一夫多妻制對男人的基因有極大益處。[25]

史上最成功的後宮建造者，應該算是摩洛哥的嗜血國王穆雷‧伊斯瑪儀。根據金氏世界紀錄，伊斯瑪儀和他的眾多妻

---

* 原文：Higamous, hogamous, men are polygamous。

子生下八百八十八個孩子。但即便是伊斯瑪儀也被人迎頭趕上。有些「辛勤」的中國皇帝後宮有上千妃子，在仔細安排下，她們在最有可能懷孕時輪流進入皇帝寢宮。然而這些享有特權的帝王們不是唯一能體驗後宮生活的男人。一夫多妻制在許多西非社會中也很常見，有大約25%較為年長的男人同時擁有二到三名妻子。

就西方標準看來，最多彩多姿的後宮例子就是住在澳洲北部海岸外約四十公里梅爾維爾島上的提維人。

在這由老人統治的地方，傳統習俗規定所有女人都要結婚，即使還沒懷孕也一樣。因此，在青春期少女第一次月經來潮之後，她會出現在灌木叢裡暫時隔離的地方，迎接他的父親和她未來的**女婿**。她一看到他們，就要躺在草地上假裝睡覺。她的父親小心翼翼地在她兩腿間放一根木製長矛，接著他把這儀式性的武器拿給他同伴，他會撫摸、親吻它，並且稱呼它為妻子。藉由這簡單的儀式，少女父親這名年約三十多歲的朋友，就已經和這名少女將來所有**未出世**的女兒結婚了。

由於男人都和未出世的女嬰有婚約，男孩們就必須等到四十五歲左右，才能和他們的青少女妻子做愛。年輕男人當然也有性生活；愛人們總是一起溜進樹叢裡。但年輕男人渴望婚姻帶來的聲望和權力。因此他們學會投機取巧，以各種承諾、食物和勞力，交換往後人生中的財富與未來妻子。之後，當他們的配偶愈來愈多，也生了許多孩子之後，這些男人就能控制他們女兒的未出世女兒，他們繼續將這些未出世的女嬰許配給他們的朋友，用來交換更多未來的妻子。[26] 到了七十歲生日時，

一名有錢又有名望的提維男士可能累積多達十名新娘，不過大部分男人根本沒那麼多就是了。

這是歐洲人到達島上之前，提維人實行的傳統婚姻制度。由於配偶間年齡差異很大，男女會各自結婚好幾次。年紀漸長的女人喜歡選擇年輕的新丈夫。男人和年紀較大的女人對於操縱婚姻協議所需的機智和討價還價樂在其中。提維人還說，大家都很享受多樣化的性生活。

大多數社會中的女性都試圖阻止丈夫娶年輕的妻子，雖然她們倒不排斥讓自己的妹妹共事一夫。除了老是爭風吃醋，男人的妻妾也往往必須與彼此爭奪丈夫提供的食物與其他資源。

然而，女人在某個關鍵時刻會願意加入妻妾群 —— 這破釜沉舟的時刻叫做一夫多妻門檻[27]。

這種情形發生在十九世紀末住在北美北部平原的黑腳印地安人身上。當時戰爭頻仍，死傷慘重，有資格娶妻的黑腳男性人數短缺，女人需要丈夫。同時，男人也需要更多妻子。從歐洲人那裡拿到的馬匹和槍枝，使得這些之前靠步行與弓箭的印地安人能殺死更多頭野牛。優秀的獵人需要更多雙手鞣製皮革 —— 獸皮是他們貿易實力的基礎。這種情況改變了原有的平衡；未婚女孩喜歡當有錢男人的小老婆，而不希望自己沒有丈夫或當窮人的大老婆。[28]

美國也有一夫多妻制。雖然這裡三妻四妾是違法的，有些摩門教徒男性還是會因為宗教理由娶好幾個太太。耶穌基督後

期聖徒教會由約瑟夫‧史密斯創立於一八三一年，他們的先人一開始認為男人應該不止娶一名妻子。雖然摩門教會在一八九〇年正式放棄一夫多妻制，有些虔誠的基本教義派摩門教徒還是採行重婚。不意外的是，許多一夫多妻的摩門教徒也都很有錢。[29]

如果在紐約、芝加哥或洛杉磯也准許一夫多妻制，身價五億的聖公會或天主教會男性或許也能吸引好幾個女人願意同時分享他的愛——以及他的現金。[30]

※

男人會用一夫多妻的方式散布他們的基因；而女人會加入妻妾群以便獲得資源，確保她們的幼兒能存活。**但是這些都不是有意識的動機**。如果你問一個男人他為什麼想娶第二個太太，他或許會說吸引他的是這女人的機智、她的商業敏感度、她的活力充沛或是她曼妙的大腿。如果你問一個女人她為什麼願意和別人「共用」一個男人，她或許會告訴你她愛他的外表或笑容，或者因為他會帶她去高級度假中心。

但不管人們提出哪種理由，一夫多妻制都能讓男人生更多小孩。在對的狀況下，有些女人（特別是大老婆）也能獲得生殖利益。因此，許久之前，享有三妻四妾的古代男人以及想得到一夫多妻生活的古代女人大幅存活下來。難怪只要有可能，就會出現一夫多妻制。

人類：一夫一妻制的靈長類

因為一夫多妻制對男人而言有基因上的優勢，也因為許多社會准許一夫多妻制，許多人類學家認為妻妾成群是人類這種動物的特徵。

我不同意。當然它是一種次要的**機會主義**生殖策略，但是在准許一夫多妻制的絕大多數社會中，只有大約 5% 到 10% 的男人真的同時有好幾名妻子。[31] 雖然一夫多妻制被廣泛討論，它實行的比例卻低得多。在世界上幾乎所有社會中的絕大部分男女都實行單一伴侶制，連續一夫一妻是最常見的配對模式。[32]

事實上，在調查兩百五十種文化之後，人類學家喬治・彼得・默鐸克總結他收集的數據，他說：「因此，採用數值優勢標準的公正觀察者，不得不將幾乎每一個已知人類社會描述為一夫一妻的社會，儘管絕大多數社會都偏好並頻繁出現一夫多妻制。」[33]

在今天，世界各地大多數男性一次只娶一名妻子。由於一夫多妻制時常與身分地位和財富有關連，在人類過往漫長的打獵與採集生活中累積財富是不可能的任務，因此一夫一妻制很有可能最為盛行。[34]

「男人結婚、女人也結婚，但女人是一夫一妻的。」＊女人也往往會尋找單一伴侶。所有在所謂一夫一妻制社會中的女

人，一次只有一個丈夫；她們從未一次有兩名配偶。在所謂一夫多妻制的社會中，一個女人一次也只和一個男人結婚，雖然或許這男人有其他妻子。因為全世界 99.5% 的文化中，女人一次只和一名男人結婚，因此我們可以得出如下結論，那就是一夫一妻制，也就是只有一名配偶，是女性最普遍而主要的婚姻模式。

這並非暗示女人閨房中從來沒出現過一群丈夫。一妻多夫制很少見，所有社會中只有 0.5% 准許一名女性同時和好幾個丈夫結婚。[35] 但這確實發生在某些特殊狀況下，例如女人很有錢時。

在歐洲人抵達之前，南阿拉斯加的特林吉特印地安人非常富有。一直到今天，他們都住在全世界其中一個魚獲最豐富的漁場的沿岸，也就是阿留申群島。在夏天的月分裡，特林吉特的男人會去捕鮭魚，並且在岸邊樹林裡用陷阱捕捉各式各樣的動物。夏天女人會和丈夫一起待在捕魚和打獵的帳棚裡，收集莓子和野生植物，以及樹木和貝殼等有價值的貿易物品。之後到了春天，男人和女人就會一起沿著海岸踏上長途跋涉的貿易旅程。

不過特林吉特人之間的商業基本上和歐洲人不同。女人是交易者。女人訂定商品價格、女人議價、女人成交，女人也把收益放進口袋。女人往往社會地位很高，[36] 有錢女人有兩個丈夫也時有所聞。

＊原文：Higamous, hogamous, women monogamous。

基於另一種不同的生態理由，喜馬拉雅山區傳統上也實行一妻多夫制。住在尼泊爾利米高地的西藏家庭一心想保持地產完整性；如果他們把擁有的土地分給子嗣，珍貴的地產將失去價值。此外，父母需要幾個兒子在田裡耕作、放牧牛與犛牛、山羊，以及替領主工作。因此如果一對夫婦養了幾個兒子，他們會勸說這些兒子共娶一名妻子。從女人的觀點看來，這就是一妻多夫制。

　　可想而知，這些丈夫們討厭彼此。兄弟們的年齡不同，二十二歲的妻子可能覺得十五歲的丈夫不成熟，而二十七歲的丈夫令她「性」致勃勃。年輕的兄弟們為了維護家人土地的完整性，只能忍受妻子在性事上的偏心。雖然周遭都是珠寶、地毯和馬匹，日子過得很好——不過憤怒卻在他們心中逐漸滋長。

　　基於充分的生物性理由，不但在人類中，在其他生物身上一妻多夫制也很少見。[37] 雌性鳥類和哺乳類一生中只能生育一定數量的後代。懷孕需要時間，而幼獸在斷奶前也往往需要更多照顧。母獸在兩次成功生產之間也有一定的間隔期。例如女人一生中就不能生下超過約二十五個孩子。這項紀錄由一名俄國女人創下：她懷孕二十七次，生下六十九個寶寶，其中大多數是多胞胎。不過這是異常現象。在採集與狩獵文化中，大多數女人不會生下多於五個嬰兒。[38] 一妻多夫制或許能讓女性生下的幼兒存活，但它不能讓女性生出多於有限數量的嬰兒。

　　對男人而言，一妻多夫制可能意味基因自殺。雄性哺乳類

動物不會經歷懷孕過程，牠們也不會分泌乳汁。因此所有男人都像古代中國皇帝一樣可以有後宮三千佳麗——如果他們有辦法弄來一整列大小老婆，還受得了跟眾妻妾的疲勞性事。因此，如果一個男人成為一個女人眾多丈夫之一，他的精子大部分都浪費掉了。

多夫多妻制

比一妻多夫制更少見的是多夫多妻制，這個字是希臘文「許多女性和男性」的意思。這種性交策略值得一提不是因為罕見，而是它能顯示人類配對一項最關鍵的重點。

實行群體婚姻制的部族數目，用一隻手的手指頭就數得出來。其中之一是北印度的傳統部族帕哈里人。當地娶妻是非常昂貴的一件事，因此兩兄弟有時候必須合資付「新娘費」給女孩的父親，女孩就同時嫁給兩兄弟。之後如果兄弟更加飛黃騰達，他們就會再買第二個新娘。顯然兩名妻子都會和兩名丈夫發生性關係。[39]

群體婚姻制也發生在美國延續數十年的性自由共產公社中。[40]最典型的例子是奧奈達公社。移居此地的人所發生的事充分說明人類配對遊戲中最關鍵的重點。

這個前衛公社是由宗教狂熱分子約翰・韓佛瑞・諾耶斯於一八三〇年代創立。諾耶斯是個大膽而且在性方面精力無窮的男人，他想創造一個基督徒的共產主義烏托邦。[41]一八四七

年，他的公社在紐約州的奧奈達市落腳，並持續運作到一八八一年。在全盛時期，公社內有五百名男女和孩童，他們製造金屬捕獸夾，賣到外面的世界。大家都住在叫做「大宅」的同一棟建築裡，這棟房子還在現址。每個成年男女都有自己的房間，但所有事物全部共享，包括他們帶來公社的孩子、衣物，以及性伴侶。

諾耶斯治理公社。對特定男女的浪漫愛情在公社裡被認為是自私可恥的行為。除非伴侶停經，男人禁止在女人體內射精，因此公社裡不會有孩子出生。每個人應該都能和彼此性交。

一八六八年，諾耶斯廢除生殖禁令，在他特准之下有幾名女性懷孕。接下來的幾年內，在公社出生的六十二個孩子中，諾耶斯和他的兒子是其中十二個孩子的父親。但公社成員間的摩擦愈來愈嚴重。年輕男子理應和年長女性發生性關係，然而諾耶斯卻先挑青少女下手。一八七九年，男人反叛諾耶斯，並指控他染指數名少女。他逃出公社，幾個月後這個公社就宣告解散。

奧奈達公社性實驗最有趣的一點是，雖然諾耶斯設下硬性規定，他卻一直無法阻止男人和女人墜入愛河，偷偷摸摸與彼此成為一對一的伴侶。男女雙方的吸引力，比他的教令更強大。事實上，西方社會中沒有任何一種群體婚姻實驗有辦法撐過幾年以上。正如美國人類學家瑪格麗特・米德所說：「不管誰創造了多少公社，家庭總會偷偷溜回來。」[42]

人類這種動物似乎在心理構造上傾向與單一伴侶結為連

理。

❧

一夫一妻制是自然現象嗎？

沒錯。

當然也有例外。只要有機會，男人常常選擇多數配偶，下意識進一步散播他們的基因。一夫多妻制也是自然現象，不過妻妾之間會爭吵，當女人能從中得到的資源多過不利條件時，她們就會加入妻妾行列。一妻多夫制同時也是自然現象，但是丈夫之間也會爭吵。簡而言之，無論男女都會被有錢人引誘，為此共事一夫／一妻。反之，猩猩、馬和許多其他動物總是形成妻妾群，對人類而言，多妻或多夫卻似乎是基於機會主義的、有選擇性的例外情形。

一夫一妻是一種法則。[43] 人類幾乎從來不必受到誘導就自動成雙成對。我們是自然而然這麼做。我們會調情，會求愛，會墜入愛河，會結婚。而且大多數人一次只會跟一個對象結婚。單一伴侶制是人類這種動物的正字標記。

父母之命媒妁之言的婚姻

這並非暗指所有妻子和丈夫在結婚的時候都與彼此熱戀。在許多傳統社會中，兒子或女兒的第一次婚姻都由父母安排。[44] 在婚姻是家庭對外結盟方式的地方 —— 例如歐洲與北美

洲的許多傳統農民，以及前工業化時代的印度人、中國人和日本人——年輕夫婦可能直到新婚之夜才和對方見面。不過雖然時至今日由父母安排的婚姻還是很普遍，父母在籌畫婚禮之前還是會徵詢男孩和女孩們的看法。

現代埃及人就是很好的例子。父母會安排子女和自己物色的對象見面。如果小兩口喜歡對方，父母才開始計畫婚禮。即便在紐約市，中國人、韓國人、俄籍猶太人、西印度群島的人和阿拉伯人等的傳統父母往往會將自己的兒子或女兒介紹給合適的對象，並鼓勵他們結婚。

有趣的是，許多在父母安排之下結婚的年輕人都會墜入愛河，看印度人就知道了。印度小孩被教導夫妻間的愛情是生命的精髓，因此男女雙方往往帶著熱情邁入婚姻生活，期待浪漫戀情開花結果。確實，印度夫妻之間也常產生戀情。印度人的解釋是：「我們先結婚，然後墜入愛河。」[45] 我並不驚訝。既然某一時刻的一個眼神就能啟動愛意，難怪這些被父母搓合的男女很快就產生浪漫關係。

我們到底是哪一種情形？基本的人類生殖策略是一夫一妻制，你只有一個配偶。此外，即便男女同時和多名配偶住在一起，也通常會比較喜歡其中一個伴侶。在性自由的公社裡，男女也會自然成雙成對。即便婚姻全由父母安排，愛苗也會滋長——就像巴金在小說《家》裡強而有力的描述。

巴金的故事發生在一九三〇年代中國某個傳統的家庭

裡。一個暴君似的老人的幾個年輕孫子擺盪在古老中國的孝道和現代個人主義價值之間，努力想讓生命更有意義。長孫接受了他的命運以及長輩安排的婚姻，但是他卻日夜渴望著他的最愛，他的愛人死於對他這份沒有報償的愛。這家人的丫鬟因為身分的關係不能嫁給自己所愛的老三，不想被許配給一個醜陋老男人的她於是投河自盡。這個最小的孫子在月光下無聲無息溜出了家門，在逐漸西化的中國中較為自由的城市裡實現自我。在此同時，一家之主的老人和他的妾在吃飯，她是他幾年前愛上的女人。

數百年來，中國傳統都在設法壓抑浪漫愛情。年輕人一直被灌輸命運、服從和聽天由命的觀念。全世界最痛苦的流行——有千年歷史的纏足風氣——把年輕妻子困在織布機前，不讓她逃離丈夫的屋子。然而今天，中國人已經擺脫父母之命、媒妁之言的傳統婚姻。他們會去買愛情小說、彈奏多情的曲調、約會、和他們根本不愛的伴侶離婚，並且自己選擇對象。他們稱之為「自由戀愛」。

求愛，墜入愛河，結為伴侶，是人的天性。然而，許多人似乎有兩種生殖策略：一夫一妻制和偷情。為何有些人在性事上不忠於誓言？

4
為何通姦？
風流的天性

> 我們可以在名義上把這些可愛的人兒稱為我們所
> 有，卻不能支配她們的愛憎喜惡！我寧願做一隻
> 蛤蟆，呼吸牢室中的濁氣，也不願占住了自己心
> 愛之物的一角，讓別人把它享用。
>
> ── 莎士比亞，《奧賽羅》

延伸至海中的礁岩山丘，將亞得里亞海南部沿岸平坦的義大利海灘分隔得支離破碎。就在巨大石塊後方有著淺水池和沙洲的隱蔽洞穴裡，二十世紀中期的義大利年輕男子色誘從度假旅館中、海灘上、酒吧和迪斯可舞廳裡釣到的外國女人。在這裡，青春期尾聲的男孩們失去童貞，他們磨練性交技巧，細數自己擄獲多少芳心，建立起義大利情人巧妙而熱情的聲望，他們終其一生都將培育這好情人的身分。

由於當地義大利女孩被家長嚴密監控，難以引誘，也因為這些村莊裡沒有妓女，結婚前的年輕男子只好依靠季節性遊客換來他們的性教育。不過到了中年之後，這些男人就進入了新

的性事聯絡網，這是與當地村莊婦女之間一種複雜的、半制度化的通姦體系。年復一年，每個情場高手逐漸懂得如何斟酌，並遵守所有人都明白的嚴格規矩。

路易絲·戴安娜以心理學家的角度描述，在這些散布在亞得里亞海中南部沿岸的小鎮上，偷情是一種規則而不是例外；幾乎每個男人都有他週間定期造訪的情人，要不就在近午時或傍晚稍早，這時候女人們的丈夫正在葡萄園裡、漁船上、小店裡工作，或出門去從事黑市交易。

一般來說，中上階層男性都和社會階級相同或較低的已婚女性作為長期通姦對象。有時候年輕男僕會去找地主的妻子，而有身分的男人偶爾也會和女僕或女廚子幽會。但最長久的關係發生在已婚男女之間；許多通姦持續好幾年，或甚至一輩子。

唯一禁忌是年紀較大的未婚女性和年輕的未婚男性之間的愛情遊戲，主要是因為年輕男人喜歡吹牛。大家受不了閒言閒語。在這些小村莊裡，家庭是社會的基本結構，耳語可能會讓通姦網絡曝光，嚴重擾亂社區凝聚力，摧毀家庭生活。因此雖然成年人的不忠很常見——而且小村莊沒有隱私，大多數人都知道——大家普遍遵守絕對靜默的規則。家庭生活絕對不可被破壞。

當一名從小在美國長大的退休義大利商人，在男性俱樂部裡評論一個他想引誘和他發生性關係的女人時，這共犯結構於是被打破。在場所有聽到的人立刻沉默不語。然後，這些男人一個接著一個站起來走出房間。正如戴安娜的描述：「這男人

犯了個大錯。沒有一個已婚男人會說他對其他女人感興趣。這是嚴格且牢不可破的禁忌。人生已經夠艱難的了，不要再將它稀有的消遣置於險境。」[1]

⌘

在大海另一邊的亞馬遜雨林，人們同樣渴望通姦，但是它的方式更為複雜。在巴西叢林裡的欣古河岸邊有個小村莊，村裡住著僅有一百六十人的傳統原住民奇庫魯族人，無論男女都在青春期開始不久後結婚。但有時候結婚不過幾個月，雙方就開始有了情人，也就是「阿荷伊斯」

阿荷伊斯請朋友幫他們安排約會。然後他們假裝去提水、洗澡、釣魚或照顧花園，信步離開聚落。情人們碰面後，溜到聚落遠處的森林空地。他們聊天，交換小禮物，然後性交。即便村裡年紀最大的奇庫魯男人和女人都常溜到村外，來個下午的約會，人類學家羅伯特・卡內羅這麼說。大多數村民同時有四個到十二個情人。

然而和住在義大利海邊的男性不同的是，奇庫魯人喜歡討論這些通姦。即便是小小孩都能七嘴八舌談論這些阿荷伊斯之間複雜的關係，就像是美國小孩在背英文字母。只有夫妻之間要避免談論彼此在外面的性冒險，主要是因為，一旦面對事實，配偶或許會感到不得不公開面對令人不快的一方，所有人都希望避免這種紛擾與尷尬場面。不過，假如某個女人炫耀她的情夫，或花太多時間在村外而忽略每天該做的家事，丈夫有時也會不高興，於是雙方就出現公開爭執。但是奇庫魯人認為

4　為何通姦？　93

性自由是常態；他們很少會因為通姦而受到報應。

　　許多民族誌研究已經證實全世界男女婚外性行為有多麼普遍，更遑論還有無數史實與小說中也有相關描述。[3] 雖然我們會調情、墜入情網並結婚，人類也常常不忠於配偶。因此這一章將探討人類的雙重生殖策略：如何進行各式各樣的祕密戀情，以及為何人會逐漸演變出偷情的傾向。

各式各樣的通姦

　　傳統的坦尚尼亞圖魯族人喜歡在少男成年禮儀式上的自由性愛。在慶典的第一天，婚外的情人們跳著模仿性交的舞蹈，並唱著讚美陰莖、陰道與男女交合的歌曲。圖魯族人說，如果這些舞蹈不夠「火熱」或不夠充滿性的熱情，慶典就算失敗。那天晚上情人們完成他們一整天所暗示的性事。[4]

　　借妻，也就是所謂的以妻待客，是因紐特人（為愛斯基摩人分支）的習俗。這種通姦源自於他們對親屬關係的概念。如果某個丈夫很想鞏固與他的獵人朋友間的關係，他就會提供妻子的性服務，但要先得到妻子的允許才可以。如果雙方都同意，她就和這位丈夫事業上的夥伴共度幾天或甚至幾週。女人也會對訪客和陌生人提供性服務，不過因紐特女性把通姦視為提供對方珍貴而永恆的親屬關係的方式，而非一種輕率的社交行為。[5]

　　公然提倡婚外性行為的習俗中最奇怪的一種，大概要算是

以下這個西方傳統。在幾個歐洲社會中，據說封建領主有權在家臣的新婚之夜染指他的新娘，這個習俗就是所謂的「初夜權」。歷史學家質疑，就算真有這種儀式，它是否普遍執行；不過顯然有些證據顯示，中世紀的蘇格蘭貴族確實會和他們臣民的新娘上床。[6]

問題來了：構成通姦的條件是什麼？

通姦有許多不同的定義。非洲的羅西族人不是只把通姦和性交劃上等號。羅西族人說如果一個男人陪著一名和他沒有親戚關係的已婚女人走在路上，或者如果他給她一杯啤酒或其他東西，他就是在通姦。這聽起來很牽強。不過美國人也並不總是只把性交和通姦連在一起。如果一名美國商人在一個國外的城市請他迷人的同事吃晚餐，然後做出除了性交以外的每一個性行為，他可能也認為自己在通姦，只少了性交。事實上，在一份由《時人》雜誌所做的民意測驗中，750 名回答問卷的人裡有 74% 相信，不一定要真的有性行為才叫做不忠。[7]

奈及利亞的科夫耶族人對通姦的定義十分不同。不滿意丈夫但又不想離婚的女人，可以找一個合法的情人，光明正大一起和她住在他先生的家園裡。科夫耶族的男人也獲准擁有同樣特權。沒有人認為這種婚外情是通姦。

牛津英語辭典將通姦定義為一名已婚者與不是自己配偶的另一人性交。今天美國心理學家已經將這定義擴大解釋，包括性事上的不忠（雙方有性交但沒有愛情）、愛情上的不忠（雙方有愛情但沒有性交）以及性交與愛情上的不忠。[8]

通姦的雙重標準

　　生活在前工業時代農業社會的人，也就是用犂（不是用鋤頭）耕種的那些人，例如傳統的日本人、中國人、印度人和前工業時代的歐洲人，不會贊同這個標題。在這些父權社會裡，通姦這個詞不常適用於男性；它往往被認為是一種女性的惡行。

　　農業社會對通姦的雙重性標準，與他們相信男性帶著家庭的「種」的想法密不可分。他的責任是複製並傳遞他的血脈。在亞洲大部分地區，社會鼓勵丈夫們娶妾。[9] 在中國，一個男人只能有一名合法妻子，然而他們卻往往可以把妾娶進家門，讓她們住在獨立的院落裡，給她們奢侈品和關愛。此外，這些女人比起現代西方的情婦更受尊重──大多是因為妾肩負一項重要任務，就是替夫家生下兒子。在中國，由於情婦的孩子身上流著父系的血，所有婚姻關係外出生的嬰孩都被認為擁有合法地位。

　　傳統中國或日本男人只有在和別人的妻子上床時，才會被貼上通姦的標籤。這麼做是一項禁忌。已婚女人的非法性行為冒犯了她的丈夫和他所有祖先。在中國，這些女人會被燒死。在印度如果有個男人引誘自己導師的妻子，他可能必須坐在燒燙的鐵板上，然後切下自己的陰莖。如果是一個日本男人通姦，他唯一可敬的處理方式就是自殺。在傳統亞洲農業社會，男人只准去找藝妓、奴隸和妾。和這些對象性交不算是通姦。

在傳統印度、中國和日本，女性的性權利完全是另一回事。女人的價值取決於以下兩件事：她能否以結婚時帶來的嫁妝增加丈夫的財產及聲譽，以及她的子宮能否培育丈夫的後代。因為女人人生的責任就是傳宗接代，因此她必須貞節，終其一生在性方面忠於丈夫。她必須鞏固父權，不能危及夫家的血脈。因此，身家清白的女孩通常在十四歲就被嫁掉，也就是在她可能委身於私下的追求者之前。然後她就會被夫家牢牢拴住，終生由夫家親屬看管。

女人嚴禁發生婚外性行為，不貞的女人不配活著。印度男人可以殺死通姦的配偶。在中國和日本，人們認為犯通姦罪的女人應該自殺。在這些傳統父系社會裡，與其他男人雜交的妻子會威脅丈夫的土地、財富、名聲和地位。丈夫的祖先和後代都蒙受風險。

對通姦的同樣雙重標準，也初次由西方文明源起的祖先在大約西元前一千八百年到一千一百年間的美索不達米亞古城鎮裡，以閃族語言記錄在幾個法典中。[10] 現存的法典裡記載著女性法律地位及她們的權利與義務。

和其他農業社會相同，早期住在底格里斯河與幼發拉底河河谷的人們認為，女人必須「守貞」。通姦的妻子必須被處死或切掉鼻子。同時，丈夫卻有權隨意和妓女私通；只有當男人找上另一個男人的妻子，或奪走同一輩人婚生女兒的童貞，他的拈花惹草才算有罪。這時候他必須付一大筆罰款或者被去勢

或處死。

不過和今天的美國相同，古代有好幾種關於性的規範同時並存。古代有些人會舉行慶祝繁殖力的儀式，人們預期在儀式中進行婚外性行為。對她們來說，性事帶有神聖的光環，能帶來繁殖力和權力。但在大多數情況下，在這西方文明的發源地，人們多半還是遵循嚴格的規範。而大家認為只有女性必須忠於配偶。在農業歷史最久的亞洲，男性通姦基本上等於非法入侵另一個男性的財產。此外，在其他古代農業社會中，人們不認為通姦是一樁冒犯上帝的罪行。

這種情況之後將有所改變。

「你們不可姦淫」

根據歷史學家弗恩・布爾魯的說法，西方歷史上最早將通姦與罪惡劃上等號的，是古代希伯來人。在流徙巴比倫時期之前，最早的猶太教有一套簡單的性行為規範；不道德的性行為只有寥寥數種。但是到了流徙巴比倫之後，約從西元前五一六年開始，直到羅馬人在西元後七十年摧毀耶路薩冷這段期間，猶太人的性愈來愈與上帝認同有關。之後摩西律法出現，這時規定女人在新婚之夜必須是處女，並且永遠在丈夫枕邊對他忠誠。不過男人可以嫖妓、納妾、和寡婦與女僕發生關係，唯一禁止的對象是已婚婦女。[11] 上帝說了：「你們不可姦淫。」

在接下來的塔木德時期，也就是基督教時代的前幾世

紀，希伯來人對性的態度就更明確。

據說上帝命令丈夫與妻子在安息日夜晚行房。規定中詳細列舉不同社會階級的最低性交義務。有錢有閒的人可以每晚與妻子性交；定居在同一城市、在當地工作的勞工應該每週性交兩次；到其他城市旅行的商人應該一週享受一次；趕駱駝的人只能每三十天進行一次婚姻中的性行為。而學者們應該在週五晚上履行夫妻義務。[12] 婚姻中的性是神聖而受到祝福，並且值得慶祝的事。

「甦醒吧，噢，北風！吹拂吧，噢，南風！吹入我的花園，將芳香的氣味向外吹送。讓我的愛人來到他的花園中，品嚐它最鮮美的果實。」這只是《所羅門之歌》其中一小段；這放縱喜悅的頌歌收錄在約西元一百年的希伯來聖經中，內容是歌頌丈夫與妻子間的愛情。妻子的頭髮、牙齒、嘴唇、臉頰、頸項和胸部，在上帝的面前都值得讚揚。[13] 猶太人將丈夫與妻子間的愛慕之情，比做以色列人民與上帝之間的愛。不過同性戀、獸姦、變裝癖、手淫，以及妻子與別的男人通姦或男人和已婚婦女通姦，都受到上帝譴責。

希伯來人對通姦的態度，對西方道德觀有極大影響，而古代希臘的奇風異俗也是如此。

沉迷於競賽的古希臘人，往往自稱是歷史上最早致力於運動競賽的人。一如希臘神祇的縱慾，希臘凡人也沒有兩樣。到了西元前第五世紀，尋歡作樂是最受歡迎的消遣——對男人而言。希臘男人認為自己優於女人。出身良好的女孩一進入青春期就被嫁給她們年紀兩倍大的男性，之後與其被當成妻子對

待，不如說是受到丈夫監禁，被關在家裡生男孩。丈夫唯一不可饒恕的性事惡行就是與其他男人的妻子上床，他可能因而被處死。

但是這些有性命危險的私通行為似乎不常發生。其實大多數古代雅典與斯巴達有身分地位的人，從諸多合法婚外求歡情事自娛。妾負責她們每天的需求。受過教育的交際花，也就是古希臘時代所謂的名妓，也能在家庭之外取悅他們。還有些男人，尤其是上層社會的男人，定期參加同性戀聚會，與少年約會。

早期基督徒對這些癖好很反感，但他們卻很珍視希臘人其他觀念。雖然希臘人一般而言會讚揚性事，有些人也非常擔心性是骯髒、褻瀆、不純潔的。[14] 早在西元前六百年，有些狂熱分子甚至開始崇尚禁慾主義與獨身主義，之後這些觀念由希伯來傳統的邊緣團體採納，接著一代又一代深入人心，影響早期基督教領導者，漸漸滲入西方男女的風俗習慣中。[15]

禁慾主義與獨身主義在古羅馬時代依然存在，但只是日常生活之外的陪襯。古代羅馬人是出了名的放蕩不羈。[16] 到了西元前一百年，許多羅馬人顯然把通姦看成某些美國人眼中的逃稅——他們有正當理由。

不過羅馬人也有清心寡慾的一面。許多人喜歡重提過去美好的日子。他們堅稱，當時羅馬還是個有高度道德完整性的小村莊，每個人都展現 *gravitas*，也就是尊嚴與責任感。道德感、自制與節慾，是羅馬人常見的人格內涵。[17] 雖然無論皇帝或平民百姓，也無論男女，在羅馬最光榮的時期都過著縱慾的

生活。這幾個世紀的某些哲學家和導師，還是持續倡導與散播自我否定一切肉體歡愉這鮮為人知的希臘哲學。

❧

這種希臘羅馬式禁慾傾向，混和希伯來人認為包括通姦在內的性活動在上帝眼裡都有罪的觀念，對早期基督教領導者很有吸引力。

針對耶穌在性行為這一主題上對眾人的教誨，各方有極為不同的解釋。或許耶穌非常重視婚姻關係內的性行為。但是馬可福音第十章第十一節中耶穌如此提到通姦：「凡休妻另娶的，就是犯姦淫，辜負他的妻子；妻子若離棄丈夫另嫁，也是犯姦淫了。」即便是離婚與再婚，也被視為放蕩的行為。

在耶穌之後的幾世紀，一些有影響力的基督教領導者的信仰，對任何形式的性行為都愈來愈不友善。有些人認為保羅或許曾經是在希伯來人傳統下對性採取肯定態度的猶太人，不過他當然也喜愛獨身。正如他在哥林多前書第七章第八至九節寫道：「我對著沒有嫁娶的和寡婦說，若他們常像我就好。倘若自己禁止不住，就可以嫁娶，與其慾火攻心，倒不如嫁娶為妙。」[18]

滾開吧，性。一直要到十一世紀以後，所有基督徒神職人員才正式被要求保持獨身。不過在早期基督教世界的幾個世代，性的節制愈來愈和上帝有關，而通姦則是逐漸成為罪惡，男女都一樣。

約當西元三五四年到四三〇年的聖奧古斯丁，將在基督教

世界傳播這些教義。年輕的奧古斯丁渴望皈依基督教，但他無法克服他對情婦的情慾以及對兒子奉獻他的父愛。在撰寫基督教神祕主義經典、也是他自己皈依的故事《懺悔錄》一書時，他時常對上帝祈禱，他說：「主啊，請賜給我貞潔和禁慾，但不是現在。」[19]

在他固執的母親莫妮卡命令之下，奧古斯丁最後趕走了情婦，以便迎娶一名門當戶對的合法妻子。但是這個婚一直沒結成。在等著結婚的兩年間，他又有了一名暫時的情婦。此舉使他來到生命的轉捩點。受到罪惡感的折磨，他放棄結婚計畫，皈依基督教，選擇過著禁慾的生活。沒多久之後，奧古斯丁就將性交視為污穢骯髒、將情慾視為可恥、所有性交相關的行為都是不自然的。[20]他稱獨身為最高的美德。丈夫與妻子間的性交應該只為了繁衍後代而存在。而通姦，無論男女，都是惡魔的化身。

從那時開始，認為通姦**無論對男女而言**都是違反道德的這種態度，一直主導西方人的習俗至今。

美國人的婚外情

然而這種道德規範沒有斷絕西方男女或任何其他社會男女對配偶不忠的行為。美國人也不例外。雖然我們美國人覺得拈花惹草是不道德的，雖然我們在幽會時有罪惡感，雖然通姦無可避免將危及家庭、朋友和生活種種層面，我們卻時時貪戀

婚外情。正如美國著名喜劇演員喬治・伯恩斯曾經如此總結道：「快樂，是擁有一個你至愛的、關心的、關係緊密交織的家庭——在另一個城市裡。」[21]

我們永遠不知道有多少美國人在通姦。一九二〇年代的精神病醫師吉伯特・漢彌頓是性研究方面的先驅，根據他的描述，在受訪的一百名男女中，男性中有 28 名、女性有 24 名曾經誤入歧途。[22]

在四〇年代末到五〇年代初，有名的金賽性學報告發現，在 6,427 名男性樣本中，有稍多於三分之一的丈夫不忠；而在 6,972 名已婚、離婚與寡居的美國女性樣本中，有 26% 曾經在四十歲之前涉及婚外性行為。[23]

數十年後這些數字沒有明顯改變——儘管美國對性的態度在六〇與七〇年代的「性革命」顛峰期有極大改變。莫頓・杭特在七〇年代所做的調查報告中，在 691 名男性中有 41%、740 名已婚中產階級白人女性中約有 25% 曾經外遇。[24] 然而有兩種新趨勢值得注意：兩性開始幽會的年齡都早於前幾十年；男女的雙重標準逐漸瓦解。儘管在一九五〇年代，二十五歲以下的妻子中只有 9% 找過情人，而在一九七〇年代，大約有 25% 的年輕妻子會這麼做。

通姦年齡在一九八〇年代繼續提早。一項針對一萬兩千名已婚人士的民調顯示，二十五歲以下男女之中有 25% 曾經不忠於配偶。[25]

今天這些統計數據沒有多大變化。根據芝加哥的全國民調中心的報告，約有 25% 的美國男人和 15% 的美國女人在婚

姻中的某個時間點曾經花心過。[26] 其他針對美國已婚伴侶的研究則指出，有 20% 到 40% 的異性戀已婚男人和 20% 到 25% 的異性戀已婚女人在這一生中曾有外遇[27]。還有其他研究指出，約有 30% 到 50% 的美國人是外遇者。[28] 在一連串最近的研究中，有 50% 參加研究的美國人說，他們試圖「偷吃」已婚者；有 80% 的參加者表示有人試圖引誘他們離開自己的伴侶，而有 25% 的人表示，自己的另一半被做出「配偶偷獵」行為的人搶走。[29]

「是誰睡過我的床？」在一則美國民間故事中，熊爸爸這樣問。不管是在今天或昨天，沒人知道美國外遇的情形到了什麼程度。畢竟這些人不像霍桑筆下小說《紅字》的女主角海斯特・白蘭那樣，胸前別著一個字母 A 表示他們偷情。而通姦很少會上法庭，人口普查員也查不出來。

不過有件事我很肯定：雖然在美國文化裡，不忠於配偶是一種禁忌，美國人卻還是會外遇。社會習俗、宗教教誨和親友都敦促我們將性和愛的精力投注在一個人身上。但是事實上卻有不少百分比的男男女女把他們的時間、活力與愛意分給不止一個伴侶。

美國人一點都不特別。

我讀過四十二種描述過去與現在不同種族的民族誌；每一個民族都通姦。有些男女住在廉價公寓裡，有些住在排屋或茅草屋裡。有些種米，有些經商。有些人有錢，有些人窮。有些

人信仰基督教、伊斯蘭教或佛教，其他人崇拜太陽神還有岩石和樹木裡的神。無論他們的傳統婚姻習俗是什麼，無論他們離婚的習俗是什麼，也不管他們文化的性道德是什麼，在這些社會中都有通姦者，即便通姦會被處以死刑。沒有哪個文化裡的人對通姦陌生；沒有哪個文化有哪種手段或規範能滅絕花心男女。的確，在一項針對五十三個社會（包括美國在內）所做的研究中，配偶偷獵──也就是積極試圖引誘已經有伴侶的人──發生在幾乎所有社會中。[30]

「友誼在所有事情上都能保持忠誠，在戀愛上卻靠不住。」莎士比亞寫道。正如老套的調情、微笑、浪漫愛情的腦部生理作用，以及人類尋找伴侶並養育子女的驅動力，外遇似乎是古老生殖遊戲的一部分。

男女為何花心？

「婚姻枷鎖如此沉重，要兩人合力才能扛起──有時候需要三個人。」王爾德曾經這麼說。輿論撻伐、在身上烙印、鞭打、流放、去勢、切掉鼻子和耳朵、削去腳跟、砍掉臀部和大腿的肉、離婚、遺棄、被石頭砸死、火刑、淹死、窒息而死、被射殺、被刀劍刺死：世界各地都對通姦的人施予酷刑。雖然有種種懲罰，令人訝異的是竟然還是有人想外遇。然而我們就是會如此。

被問到為何有婚外情時，這些人通常會說「為了情

慾」；「為了愛情」；或「我不知道」。有人為了彌補婚姻而想被捉姦；有人想用拈花惹草在家庭之外滿足自己的需要，以便改善婚姻狀況；有人想拿出軌當藉口離開配偶；有人想得到別人的注意；有人想獲得自主權；有人想覺得自己很特殊、被需要、更有男人味或女人味、更吸引人或更被別人了解；有人需要更多溝通、更多親密關係，或只想要更多的性；有人想解決性的問題；有人渴望轟轟烈烈的愛情、刺激或危險。有人想報復伴侶；有些男人把妻子捧得高高在上，卻喜歡跟地位低下的女人睡覺；有些人喜歡三角關係中的爭奪戰；還有人愈偷偷摸摸就愈性致高昂；有些外遇的人想證明自己還年輕貌美，想把握談戀愛的最後機會；有些人想找到完美情人；有些人是受困於父母安排、自己無法選擇的婚姻；有些人想得到外遇帶來的好處，包括美食美酒、奢華的禮物和旅遊等。而有些人只想和一個不一樣的人談戀愛。

剖析通姦

　　心理學家可以滔滔不絕說出一長串心理學、社會學和經濟學對通姦的影響力。[31]

　　其中最重要的就是男女對伴侶的滿意程度。當你認為自己的需要沒有被滿足，感覺不到伴侶對你的愛意支持，或認為性生活不夠好，你就更有可能出軌。對婚姻生活感到厭倦和無聊也容易讓人外遇。與配偶溝通不良，包括較少正面互動而較多

負面互動，也會導致性的背叛。[32] 覺得自己沒有伴侶也能過得很好的人，也會提升背叛的風險；但如果擔心失去財物、朋友和影響人際關係的人，外遇的可能性就會降低。

自我擴展的渴望也是一項重要因素。如果有人能擴展自己的興趣、目標和自我價值，我們就會受他吸引。[33] 剛在一起的情人花時間與彼此相處、訴說祕密、吐露願望和夢想，以及合併彼此擁有的資源、觀點和認同感時，自我擴展就開始了。但是當自我擴展的感覺消退時，一個人又會拚命追尋身心兩方面的冒險，因而導致通姦。

童年時期與父母關係穩固的男女，較有可能建立穩定的伴侶關係，也較不容易對彼此不忠；而與父母關係不穩固的人比較有可能花心。[34]

對於新經驗態度更開放的人，以及性格較不謹慎、較不友善和較為神經質的人，都更容易外遇。[35] 而伴侶較不友善或謹慎的人，也同樣容易不忠。[36] 至於伴侶和自己同樣態度開放、謹慎、友善且較不神經質的人，則是更有可能忠於彼此。[37] 在北美與南美、西歐、東歐和南歐，還有中東、非洲、大洋洲、南亞和東亞的人們身上，都找得到以上關連性。[38]

社會權力不平衡，也和外遇有關。說自己在吵架時比較常「可以稱心如意」的妻子，更可能有婚外情。認為自己比伴侶更被社會需要的男女更有可能犯下性的錯誤，在婚後欺騙對方。酗酒的人與臨床診斷患有憂鬱症的人，不忠的機率更高。此外有些男女是自戀狂，他們需要一個以上的情人來炫耀自己的美貌。

比丈夫教育程度高的美國女人更容易不忠。收入高的人也容易婚外情，而經濟上依靠伴侶的人比較不常偷情。在外面工作的人比較可能尋找性的冒險。而基於工作需要常與顧客有肢體接觸、與同事或客戶討論私人問題或工作時與同事獨處的那些人，婚外情的可能性也比較大。

配偶罹患慢性疾病、妻子性冷感或伴侶時常旅行，也會讓人更容易外遇。[39] 懷孕期間和生產後的幾個月，都是男性出軌的高風險時機。雖然你或許以為宗教信仰能阻止人偷腥，事實卻不然——一個人信仰的教派對他的出軌頻率並沒有影響。

金賽和同事們發現，藍領階級年輕人極常出軌，但卻在四十歲時降低偷情次數；然而白領階級、大學畢業的男性卻是在二十幾歲時較少偷情，然後到了五十歲時增加到幾乎每週幽會一次。另一方面，女人在三十歲中和四十出頭到達出軌巔峰期。今天，四十至四十五歲的已婚女性和五十五至六十五歲的已婚男性，外遇情形還是非常普遍；在這些年齡層以外的男女，不忠於配偶的機率比較低。

其中也有一些性別差異。女性和婚外情對象有更多的情感連結，她們比較希望能從外遇對象身上尋求親密感和自尊心。對女人而言，外遇的情感強度與頻率多寡，往往和他們對配偶的滿意程度相關。然而對男人而言，不忠程度較少取決於與他們的婚姻狀態。

在各式各樣的數據中，或許最揭發驚人真相的就是葛萊斯和萊特在一九八五年發表的統計結果：**在不忠於配偶的人之中，有 56% 的男人和 34% 的女人將他們的婚姻評定為「快**

樂」或「非常快樂」。

　　為何全世界男女在他們主要的伴侶關係中是**快樂的**，卻還要出軌——而且此舉可能會危及他們所擁有的一切，包括婚姻、孩子、社會地位、財富以及健康？

通姦的生物學

　　遺傳基因與神經科學的數據，對於很可能造成世界各地時常且持續發生的通姦行為背後的某些生物機制，提供了線索。

　　請回想一下田鼠的情形。這些小動物在青春期之後就立刻雙雙結為終身伴侶，一起養育幾窩小田鼠。田鼠的配對直接與牠們腦中的神經化學物質活動相關連。當田鼠一開始交配時，性交就啟動了雌鼠在伏隔核內的催產素受體和雄鼠在腹側蒼白球內的血管加壓素受體。於是腦內幾個區域——產生想望、追尋、專注力、活力、愉悅和動機的地方——釋放出受到刺激的多巴胺，驅使這些毛茸茸的小傢伙喜歡上某個特別的伴侶，開始成雙成對，表現出持久情感連結的行為。[40]

　　但是在血管加壓素系統中，特殊基因的特定差異，造成雄田鼠配對強度的**變化性**，[41] 包括雄鼠對伴侶忠誠的程度。[42]

　　田鼠體內的基因與通姦有關連？這和人類有什麼關係？關係可大了。人類的血管加壓素系統中有包含類似基因。最近科學家針對這種基因是否影響五百五十二名瑞典男性的婚配行為，進行深入調查。[43] 這些男人都是已婚或和某位伴侶生活至

少五年以上。

　　結果非常值得注意。在一份測量對伴侶情感強度的問卷中，有這種遺傳基因的男性，在「與對方結為伴侶的比例」項目得分顯然低得多。此外，分數與基因劑量*正相關。帶有兩份這種基因的男性在「與對方結為伴侶的比例」項目得分最低；帶有一份這種基因的男性表現出較高的親密感；而沒有這種基因的男性與伴侶的聯繫最緊密。帶有這種血管加壓素基因的男性在前一年也經歷更多婚姻危機，包括有離婚的危險。這些結果也還是與基因劑量正相關。最後，有一或兩份這種基因男性的伴侶，在問卷上測量婚姻滿意度項目的分數也明顯較低。這份研究沒有直接量測外遇，但從中可以看出其中一種生理機制有可能造成伴侶婚外情。

　　不過其他基因也很有可能與外遇有關。在最近一項針對一百八十一名年輕男女所做的研究中，生物學家賈斯汀・賈西亞和同事發現，多巴胺的某些特定基因，和與較高頻率非固定伴侶性交（多半是一夜情）以及與較高頻率性背叛之間有直接關係。[44]

汗味 T 恤實驗

　　有另一種生物系統可能造成外遇。在已經成為經典的

---

*基因劑量指一個基因體中某一特定基因的數目。

「汗味 T 恤」實驗中，女人嗅聞幾名不知名男性的 T 恤，然後選擇她們覺得最性感的 T 恤。有趣的是，被這些女性選出的 T 恤所有人，在免疫系統中某個特定區域的基因與她們自己的基因不同，這些基因就是主要組織相容性複合基因。[45] 或許是因為雙方在免疫系統中這部分的相似性，將導致生殖力與懷孕的併發症。[46]

更有說服力的是，在之後的一項調查中發現，女性如果嫁給和她們在免疫系統這部分有**類似**基因的男性，她們也更容易通姦。女人和伴侶有愈多這種共同基因，她也會有更多情人。[47]

大腦構造或許也是人類不忠的原因。

我之前主張，人類演化出三種引導配對與生殖的主要腦部運作系統：性慾、浪漫愛情以及依附感。[48] 這三種基本神經系統以形形色色多變的組合方式與彼此（並且與其他腦部運作系統）產生交互作用，提供指揮人類複雜生殖策略所需的一系列動機、情緒與行為。

然而，這三種腦部運作系統並非總是順暢地連結在一起。因此在對主要的伴侶表現出羈絆感的**同時**，對另一個人也產生強烈的浪漫愛情，**同時**又對其他人產生性慾。[49] 這三種神經系統中相當程度的生理獨立性，使得我們有辦法維持社會要求的一夫一妻制，但在**同時**又偷偷背叛伴侶。[50] 我們的大腦輕易就能通融出軌。

因為偷情在世界各地如此普遍，也因為它和廣泛的心理學、社會學和經濟學因素有關，也和愈來愈多生理系統有連結，人類的不忠傾向早在漫長的史前時代就已演化完成。

為何通姦？

從達爾文的觀點看來，很容易解釋男人為何天生喜歡找各式各樣的女人。如果古代男人只和一個女人生小孩，就基因上來說，他只能「複製」他自己。但如果他找上另一個女人，他就對下一代有雙倍貢獻。[51] 因此在漫長的歷史中，那些追求不同性交對象的男人，也往往有更多小孩。這些小孩活了下來，將男性基因構造 —— 無論那是什麼樣的基因 —— 傳遞到下一代，這些基因將尋找詩人拜倫筆下「全新的特徵」。

但是女人為什麼會演化出偷情？女人不能每次溜到情人床上去之後，就懷一個孩子；她只有在月經週期的某一段特定時間內才會懷孕。此外，女人懷胎九個月才能生小孩，而且她或許在之後的好幾個月或幾年都不會再懷孕。此外，古代女性很有可能需要一名伴侶，在她養育沒有能力照顧自己的幼兒時，保護她們母子並供給食物（正如我在接下來的章節所主張的論點）。因此人類學家一直以來都推斷，我們的女性祖先比較傾向在性事上忠於一名伴侶。這種習性延續到現代女性身上，造就她們對伴侶的忠貞。

難道男人生來就是花花公子，女人生來就過於縱容伴

侶？我懷疑演化使得女人和男人一樣會搞外遇，儘管理由不同。我可以想到以下四種理由。

妮莎是一名目前應該還生活在南非喀拉哈里沙漠的康恩族女性，她以優雅的方式說明了其中一項理由。人類學家瑪喬莉・蕭斯塔克在一九七〇年遇到妮莎時，她和第五任丈夫住在一個打獵與採集聚落裡。當蕭斯塔克詢問妮莎她為什麼找這麼多情夫時，妮莎回答：「女人必須要做很多種事情，她所到之處都應該有情人。如此一來假使她獨自前往某個地方，那裡就會有人給她麵包，有人給她肉類，有人給她其他食物。回到她的村莊時，她已經被這些男人照顧得很好。」[52] 妮莎在短短幾句話裡，就替女性喜歡有不同性交對象提出很好的適應性解釋──也就是生活上的輔助，最終能使她的幼兒存活機會大幅提升。

第二，古代女性可能將通姦當作是一種保險政策。如果一名「丈夫」死了或拋棄她，她或許就能招募其他男性幫忙做一些雙親該做的家庭瑣事。

第三，如果一名古代女性「嫁給」一名視力很差、脾氣不好又不支持這女人的窮獵人，或許她可以跟另一個男人──姑且稱他是好基因先生──生下更健康更迷人的後代，升級她的遺傳世系。

第四，如果一名古代女性和一長串男人生下後代，每個孩子都多少有些不同。這種基因多樣化結果，將提高她某些孩子在不可預期的動盪環境中存活的可能性。

只要史前時代女性可以選擇婚外情對象，她們就能爭取更

多資源，生命獲得保障，有更好的基因，而且未來的世系也就更多樣化的 DNA。[53] 因此能吸引好幾名情人的女性會活下來，並且歷經數世紀將腦中驅動現代女人出軌的東西代代相傳——無論那是腦中的哪種東西。

女性偷情的演化

或許女性的偷情，始於比男性更不受限的性能力。

女人很性感：到達高潮時，男性生殖器的血管射出血液，其他液體流回體腔；陰莖變軟，性交結束。大多數男人必須重頭開始，才能再次達到高潮。對女人而言，這時候性交才剛開始。女人的生殖器沒有將所有液體排出。如果她知道怎麼做，就能再次到達高潮，而且是一次又一次，如果她想要。有時候高潮接二連三快速發生，令人無法分辨，這就是持續的高潮。

這種女性以及其他靈長類與高度性能力相關的資料，使得人類學家莎拉・赫狄提出一項女性風流的原始肇因。[54] 赫狄指出，母猿和母猴進行大量非生殖目的的性交。例如在一隻母黑猩猩發情時，她會和鄰近地區除了她兒子以外的每一隻公黑猩猩性交。她不一定會懷孕。因此赫狄提出，母黑猩猩追求多樣化性對象有兩種演化上的目的：一是和可能試圖殺死她將來生出的黑猩猩小寶寶的公黑猩猩保持友好關係；二是混亂父子關係，因此聚落中的每一隻黑猩猩都對她之後生出的黑猩猩寶寶

表現出父親的樣子。

接著赫狄把這推論用在女性身上，她將女性高度性能力歸因於與複數伴侶性交的古老演化策略，藉此獲得額外的父權投入，以及防止所有雄性殺嬰的情形。

或許我們第一批住在樹林裡、設法和各種男性發生性關係的女性祖先，是為了和男性交朋友並且持續友誼。如此一來，當我們的祖先在四百萬年前被迫進入林地與大片草地，為了養育小孩演化出一夫一妻制時，女性就從公開雜交轉變為背地裡出軌，以便從情人身上獲得額外資源與更好或更多樣化的基因。

數百萬年來，通姦很可能對兩性的基因都有報償。雖然出差時和熟人上床的妻子，拉下床罩時當然不是想著她基因的未來；在聖誕派對過後，丈夫最不想看到的就是被他引誘然後搞大肚子的女同事。然而正是和情夫情婦偷腥這至高無上的幸福 —— 以及基因隨著搞七捻三而得來的好處 —— 以至於今天世界各地到處可見人類通姦的習性。

哪一種性別比較風流？

數十年以來的研究顯示，男人比較常有一夜情，以及短時間或長時間婚外情，以至於許多現代研究者相信男人比女人更

容易出軌。[55]

　　但是這些男人都找誰上床？

　　世上大多數人根本不同意男人都是西班牙情聖唐璜、而女人則是害羞又靦腆，在性事上處於被動角色的西方人觀點。大多數中東女性絕非如此。穆斯林社會中演變而來的蒙面習俗，部分原因就是伊斯蘭人認為女性十分具有誘惑力。陰蒂切除術（往往也包括大部分周圍組織）是幾個非洲文化的傳統，某種程度上就是為了控制女人的性慾。在基督教早期，撰寫猶太教經典《塔木德》的作家規定，時常與妻子性交是丈夫的責任，這大部分是因為她們認為女人的性慾比男人強。厄瓜多爾西邊的傳統凱雅帕印第安人認為女人很好色。此外傳統上來說，在西班牙安達魯西亞小鎮上那些不可一世而且風流成性的男人眼裡，女人不但危險、性慾強，而且性關係雜亂。

　　事實上，如果你問一九五〇年代的兩位性研究者克萊倫‧福特和法蘭克‧畢區，哪一種性別的人比較喜歡性對象多樣化，他們會回答：「在性事上沒有雙重標準且允許五花八門私通行為的社會中，女人就和男人一樣，逮到機會就私通。」[56]

世上最古老的行業

　　事實上，女人早就開始從事不止一種性產業，她們要不就是偷偷摸摸通姦，或者是公然雜交。對亞馬遜雨林的麥納庫人來說，村莊裡在性事上最活躍的，就是和許多伴侶幽會並收到

魚類、肉類或小飾品作為酬勞的女人。[57] 有些美國西南部的傳統納瓦霍女性選擇不婚；她們獨自居住，並取悅許許多多男性訪客以收取費用。[58] 許多傳統美國印地安部族女性陪伴男性去打獵，之後帶著肉類回來，這是滿足其中幾名獵人性需求換得的報酬。[59] 住在巴西中部城鎮卡內拉的未婚女孩如果想得到食物或某些服務，就要挑選一個未來的情人，請她哥哥去安排約會。許多這一類的幽會成為男女之間長期的生意關係。[60] 在傳統的墨西哥塔拉斯坎山脈，老鴇這行業十分興盛。這些老女人手底下有一大群隨召隨到的女孩。[61] 下薩哈拉的努佩族女人會在夜晚穿著華麗的服飾來到市場；她們販賣可樂果，但買主同時也可以買這些女人一晚。[62]

毫無疑問的是，在許多國家走投無路的窮苦婦女只為了錢而賣淫。但我在紐約曾訪問許多中產階級「性工作者」表示，她們也喜歡這行業的自由與性對象的多樣化。

並非只有人類女性才從事這種職業。在動物界裡，無拘無束的雌性也比比皆是。母的黑猩猩、其他哺乳類和許多雌鳥、昆蟲與爬蟲類也都會為了換取食物引誘雄性與牠們交配。在澳洲叢林裡的雄蟋蟀與其他雄性昆蟲獻給雌性昆蟲的食物叫做「求偶贈禮」。賣淫應該得到以下神聖的稱號：「世界上最古老的行業」。

這些資料不禁讓我們猜想，有些女人利用了情夫，並從中獲得甜頭，她們的貪婪飢渴與男人並無二致。確實，在今日社會，隨著對性的雙重標準逐漸消失，在開發中國家，四十歲以下男性和女性不忠的比率已經愈來愈趨近。[63]

一點小建議

「你們應該姦淫。」由於一名印刷工人在一八〇五年版《聖經》裡犯的排版錯誤,突然間這條戒律變成命令人們搞外遇。沒多久大家就稱這本聖經為「邪惡聖經」。[64] 但人類似乎飽受矛盾意念之苦。我們尋尋覓覓找到真愛,和他或她成了家。之後,如果這愛情魔咒逐漸消失,我們的心也會隨之迷惘。而很少有證據顯示女人這時會避開偷偷摸摸(有些是公然的)性冒險。男人和女人反而顯現出混和的生殖策略。我們用一夫一妻制**以及**通姦這兩種手段達到目的。王爾德替這窘境做出如下結論:「生命中有兩種巨大的悲劇,那就是失去所愛和贏得所愛。」

可悲可嘆,贏得所愛往往導致人類生殖策略的另一部分——離婚。

5
離婚藍圖
三四年之癢

她終其一生都是一名崇高的女性，

在教堂門口她已結了五次婚。

—— 喬叟，〈巴斯婦人的故事〉*

「噢，別哭！你如此珍愛一個人，他卻要離你而去。」沙菲雅是住在埃及西部沙漠的一名中年貝都因女性，她強忍住淚水，對人類學家麗拉·阿布－盧戈德吟誦這首詩。[1] 一年前，與她結婚將近二十年的丈夫，在她烘焙時走到她面前對她說：「我要休了你。」當時沙菲雅表現得很冷淡，無動於衷。她依舊假裝不在意，對人類學家說：「我不在乎他把我休了，反正我也沒喜歡過他。」但是沙菲雅掩飾了她的絕望。她只有在這首短詩裡透露她的受傷、渴望和深切的情感。

雖然貝都因人在歌曲和故事中傳達男女間的熱情，傳統上

---

*譯注：〈巴斯婦人的故事〉是英國中世紀作家喬叟《坎特伯里故事集》中的一篇。

他們卻認為浪漫戀情很可恥。在貝都因人的社會中，男女應該在家庭的命令下結婚。一個人只能對父母、兄弟姊妹和孩子表達深切的愛，但對配偶卻不必然如此。所以貝都因人很懼怕丈夫和妻子公開展現愛意。他們相信伴侶應該深愛彼此，然而可敬的人在性方面卻應該適度而節制。只有在短詩裡他們的熱情才會揭露。[2]

時至今日，這些游牧民族已經定居下來，他們放牧羊群、種植無花果和橄欖樹、從事走私或其他投機事業。不過他們還是謹守對愛情的古老習俗。

在鐵路和豐田卡車出現之前，他們的祖先越過北非沙漠，商隊從沙漠中的綠洲運送椰棗和其他貨物到尼羅河谷的市場上販賣。他們也帶來了阿拉伯部族的習俗——喜愛獨立、榮耀、勇氣、殷勤、好客，此外還有仇殺的習性，以及最重要的是對女人、美酒與歌謠的愛好。[3]沙菲雅的短詩正如所有讚美愛的歡愉與絕望的貝都因詩文，是向沙漠中那些去世已久的詩歌大師致敬。

「我要休了你；我要休了你；我要休了你。」這句話也來自前伊斯蘭時代。當時女性備受尊榮，她們也是有價值的財物。女孩受家庭保護；結婚後，女性成為配偶的財產，如果丈夫不滿意就會休妻。正如十一世紀傑出的知識分子與作家**安薩里**所形容，在古代阿拉伯社會裡，離婚相當容易。[4]丈夫只要宣布三次離婚聲明即可。

西元六世紀，先知穆罕默德以貝都因部落傳統為基礎建立伊斯蘭教。和推崇獨身的早期基督教先人不同，穆罕默德相信

性交是生命中最大的喜悅之一，而婚姻則能防範男女遠離不符合宗教規範的雜交行為。因此他堅持追隨者必須結婚。正如他向信眾宣布：「我節食，我也進食；我守夜，我也睡眠；我已婚。誰要不願意追隨我的聖訓，就不是我的信徒。」[5]伊斯蘭教裡沒有人獨身。

在現代社會，穆罕默德的影響力，造成科學家所稱伊斯蘭文化中的「性積極」態度。它是一個尊崇性、婚姻與男女之愛的宗教。然而西方社會有時卻被稱為「性消極」，因為美國人所信奉歷史悠久的宗教，訓誡人們須讚美獨身與修道院生活方式的美德。

穆罕默德也確立了其他傳統。雖然他將女人視為男人的附屬品——這其實是承襲自前伊斯蘭時代人們的信仰，他卻也引進一系列保護女人的社會、道德與律法規章，以及配偶雙方詳盡的權利與義務。其中的準則包括：男人最多只能娶四名妻子，他必須連續幾晚輪流在她們房裡過夜。最重要的是，丈夫必須負責所有妻子的衣食生活，不能有所偏袒。

妻子也有責任，主要是養育孩子、煮飯及服從丈夫。在伊斯蘭教中，婚姻基於合法的合約。與神聖不可毀壞的基督教婚姻不同，穆斯林的婚禮誓約是可以破除的。先知的命令是來自真主。

今天大多數伊斯蘭世界中依然存在這些傳統的離婚程序，不過在某些地方離婚變得較為困難。穆斯林最能接受的還

是符合先知命令的離婚方式（*talaq*）。這種離婚方式，可以用兩種略為不同但都被准許的方式進行。其中一種是「非常合乎體統的離婚」（*talaq ahsan*）只有一句話：「我要休了你，我要休了你，我要休了你。」當妻子不再有月經，同時三個月沒有和丈夫性交時，丈夫可以這麼宣布。如果在這三個月的等待期間夫妻恢復性交，丈夫可以收回他的話。

伊斯蘭律法中還有其他一連串離婚的規定——包括妻子離開丈夫較為合適的時機，以及伴侶雙方如何能以通情達理的方式離婚——因為穆罕默德希望男女之間能和諧相處，無論他們是在一起或分離。正如可蘭經中有這樣一條命令：「那麼，等時候到了，好好地把她們帶回去，或者好好地和她們分開。」[6]

不過丈夫離開時，沙菲雅還是很悲傷。

分離

我們都有各自的煩惱。但或許這些事情裡最困難的就是離開配偶。我們有辦法把這件事做好嗎？

我覺得不大可能。不過人們的確發明了許多正式的方法結束一段婚姻。在某些社會有協議離婚的特殊法庭或委員會。有些時候村子裡的長老會聽取離婚案件。多數時候離婚被視為由雙方以及雙方家庭處理的私人事務。[7]離婚可以是把一張吊床從這家的壁爐前移到另一家壁爐前那麼容易，它也可以驚動一整個社區——在印度就曾發生這種事。

《紐約時報》曾經報導過一名年輕印度女孩恆嘉的離婚案。她逃離結婚五年的丈夫，因為他痛毆她。[8] 第二天有五百個人聚集在村莊附近的田野裡，聽取這對夫妻和各自親屬回答他們這一種姓中最受尊敬的長者提出的問題。然而當恆嘉指控他丈夫的父親和叔父想對她不軌時，雙方起了爭執。你來我往的污辱言詞導致兩方人馬拿起長棍，沒多久就有幾個男人被棍子打倒在地，鮮血直流。一直到消息傳出，警察趕到，這場騷動才平息。離婚程序進行的同時，泥牆後方各家惡毒的言語還是繼續流傳。

　　無論雙方多麼憤怒或無動於衷，也不管是鬧得滿城風雨或只有最低限度的騷動，不容爭辯的是，離婚絕對是人類生活狀況之一。世界上幾乎每個地方都准許人們離婚，然而古印加人卻不准許。羅馬天主教教會則是不准許離婚後再婚。在有些文化裡，要離婚非常困難。[9]

　　不過從西伯利亞凍原到亞馬遜雨林，各地的人承認離婚雖然令人遺憾，有時候也有其必要。人們針對離婚有特殊的社會或法律程序。他們確實也離成了。此外，不像許多西方人，傳統社會的人們不認為離婚是道德問題。西伯利亞的蒙古人總結了全世界對離婚的普遍態度：「如果兩個人無法和諧共處，他們最好分開。」[10]

　　常有人問我：「哪一種性別較常離開對方？」

　　我們永遠無法得知。法律和習俗往往會指定某一方開始離婚程序。但到底是哪一方最先開始情緒上、肢體上和法律上的分離，卻難以估算。畢竟在所有的爭吵和眼淚都已結束之

後，有時甚至當事人都不確定是誰先離開誰。

為什麼要離婚？

激烈的爭吵、遲鈍的議論言詞、缺乏幽默感、看太多電視、沒有傾聽能力、酗酒、忽略性事 —— 男女提出的離婚理由五花八門，就和他們一開始結婚的動機一樣多。但在一些共同的狀況下，全世界的人都會選擇放棄一段關係。

蓄意通姦排名第一。在一項針對一百六十個社會的研究中，人類學家蘿拉・貝齊格確認了一件事：公然出軌，尤其是妻子這一方，是想解除婚姻的配偶最常提出的理由。不孕和無法生殖是第二項理由。行為殘暴，尤其是丈夫這一方，是全世界離婚原因的第三名。接下來是一連串對配偶個性上和行為上的控訴。壞脾氣、嫉妒、愛講話、嘮叨、不尊重另一半、妻子懶惰、丈夫不支持妻子、忽略性事、吵架、缺席，還有跟情人跑了，這些都只是其中一些說法而已。[11]

我並不驚訝通姦和不孕／無生殖能力名列前茅。達爾文理論認為人類結婚的最主要原因是生育後代。毫無疑問，許多人結婚是為了得到一名有經濟能力的配偶，或是為了養兒防老；還有些人結婚是為了鞏固與親族、朋友或敵人間的聯繫；而今天許多人結婚是為了得到愛的保證。但正如貝齊格證明，達爾文說得沒錯：離婚的主要理由與性和生殖大有關係。[12]

應該再補充一句，大部分還在生育年齡的離婚者都會再婚，或找另一個伴。[13] 沒錯，大多數人還是會這麼做。

今天許多男女選擇離婚後與他人同居或形成某種正式的伴侶關係，而不會再婚。然而，美國人口普查局的蘿絲‧科瑞德說，「大多數人在初次離婚後會再婚。」[14] 有許多研究指出，離婚和再婚也是常見的跨文化現象。

縱然夢碎了，只剩下惡言相向的爭吵回憶；儘管我們終究會明白婚姻或一段同居關係可以是那麼的令人惱怒、無趣和痛苦，大多數離婚後的人還是會再次墜入愛河，或者再婚，或者與新伴侶共築新的人生。我們似乎對下一任愛人永遠樂觀。

十八世紀初，編撰《英語字典》的山繆‧強生將婚姻定義為希望贏過經驗的一場勝利。美國人則是開玩笑說有「七年之癢」。人類學家將這種習性稱之為「連續一夫一妻制」。隨你怎麼稱呼，人類擺盪在離婚與形成另一段伴侶關係之間，這是全世界普遍的現象。它呈現出幾項令人訝異的共同模式。

有錢真好

首先，在一個社會中，如果男女都擁有土地、動物、現金、資訊和其他有價值的商品或資源，雙方也都有權對直系血親以外的人分配或交換自己的私人財富，那麼這地方的離婚率就很高。如果你在紐約市擁有一間銀行；如果你在澳洲內陸沙漠擁有當地唯一水窪的所有權；或者如果你把穀物拿到奈及利

亞的市場上去，然後帶著你可以保存、投資、販賣、以物易物或贈送的財富回家，那麼你就是很有錢。

當男人和女人在經濟上不用依賴彼此也能活下去，不好的婚姻就能結束——而且往往如此。

住在喀拉哈里沙漠裡的康恩族就是經濟獨立的最佳例子。這地方的男女往往不止結一次婚。[15] 而且我認為這絕非偶然，因為康恩族女性擁有經濟能力與社會地位。

雖然康恩族很快便接受了西方價值觀和二十一世紀的科技，他們的高離婚率卻不是新現象。當人類學家在一九六〇年代記錄他們的生活方式時，約十人到三十人的一小群康恩人住在一起。當天氣改變，毒辣的十月太陽吸乾地面的水，許多群人就會聚集在永久的水窪周圍，成為較大的聚落。不過即便當康恩人散布在叢林間，男女也會定期往來各聚落，形成有數百名親屬的流動網絡。

康恩族的女人通勤去工作。不是每天早上，但也要每兩三天，當家裡主要糧食存量逐漸減少時，妻子就會出門採集。媽媽們用背巾把襁褓中的嬰兒抱在懷裡，把年紀較大的孩子留給親友照顧之後，就會和一群女人一起朝叢林前進。

每一次採集遠征都是全新的經驗。有時候女人會帶著猴麵包樹果肉、野生洋蔥、西瓜和甜的孟剛果樹堅果。其他日子裡她們會採集酸的李子、馬拉馬豆、葉菜和水生植物的根。蜂蜜、毛毛蟲、陸龜和鳥蛋也都可以吃。女人也經常帶回有價值的資訊。從她走路時發現的動物腳印，就能辨別何時有哪種野獸經過，有多少頭，以及牠們往哪裡去。

康恩族男人一週打獵兩到三天，尋找鴿子或沙雞、跳兔、豪豬、羚羊，甚至還有長頸鹿。有時候丈夫帶回來的肉只夠餵飽妻子和孩子們；有時候一群男人會擊倒一頭大得能分給打獵的同伴以及親戚朋友的野獸。肉類是美味佳餚，因此一名好獵人備受尊崇。但男人四天中只會有一天帶肉回家。

結果是，幾乎每天晚餐桌上的食物中，有50%（有時會多出許多）都由女人帶回家。女人也掌握沙漠中水源地的部分擁有權──這種情形也像是擁有當地的銀行。在能生育的年紀，能生養孩子的女性地位很高。年長的女性往往擔任巫師以及部落事務中的領導人物。

因此康恩女性權力很大。

當丈夫和妻子發現他們在婚姻中漸行漸遠時，任何一方就會收拾幾樣隨身物品，出發到另一個營地去。

為什麼？因為他們能夠這麼做。康恩夫妻在分開前常常會吵上好幾個月。他們對彼此惡言相向，淚水灑在沙漠的黃沙上，鄰居也難免被捲入。但最不開心的關係終將結束。一九七〇年代，在331對伴侶中，有134名康恩婦女向社會學家南茜・豪威爾說，她們的婚姻以離婚收場。[16]有些康恩女性前後嫁了五個丈夫。財富會帶來權力。

許多文化中都可見經濟獨立與離婚率之間的關係。[17]例如在西非的約魯巴族，傳統上複雜的市場交易機制由女人掌控。他們種植作物，每週將農產品拿到市場上去──市場完全

由女人經營。結果約魯巴女人不止帶日常必需品回家，也帶了錢和奢侈品，以及屬於自己的財富。在所有約魯巴婚姻關係中，有高達 46% 的配偶離婚。[18]

漢薩人住在坦尚尼亞奧杜威峽谷四周的草原上。雖然峽谷地區既乾燥又都是岩石，倒是有許多根莖類植物、莓和體型小的禽類；在雨季裡，夫妻時常在早晨分別離開營地出外採集。接著在旱季，聚落的人聚集在永久水窪周圍，男人獵捕大型禽類，所有人一起跳舞、賭博、閒聊，分享獵物。但漢薩族男女不用依賴彼此提供晚餐，而他們的婚姻也反映出這種獨立精神。在一九六〇年代，他們的離婚率約比美國高五倍。[19]

個人的經濟自主能力使得男女有分開的自由。對我來說，最能生動描述兩者關連性的就是美國西南部的納瓦霍人——那是因為我在一九六八年有幾個月的時間和他們住在一起。

為了到納瓦霍人住的地方，我開上了新墨西哥州蓋洛普鎮外的舊路 66 號公路，向西開約四十五分鐘，轉往北邊開上一條兩旁長滿叢林和鼠尾草的寬泥土路，繼續往前開，經過松泉貿易站，過了一間廢棄的霍根木屋（hogan，一種有七面牆的小木屋）和一棵大松樹，然後爬上一座長滿野花的小丘。我們的木屋到了。木屋裡有取暖用的圓桶形火爐、用來煎麵包、咖啡和羊肉湯的瓦斯爐、兩張大黃銅床、一張很破舊的餐桌還有三盞煤油燈，我們常在晚上坐在這三盞燈旁聊天。這是個常見的可愛小屋子，前門面東，附近的松樹林裡存放著兩大桶珍貴的水，一座橘色的峽谷在我們廣大的院子前方蜿蜒展開。

我的納瓦霍「母親」負責打理日常生活。她收集紅扁萼花和其他野花，將羊毛梳理、染色，編織成納瓦霍毛毯，以供應五口之家的開銷。她也擁有周圍的土地。納瓦霍人是母系社會，孩子透過母系家族追溯其血統，因此女人擁有相當多的財產。女人同時也是在納瓦霍人的生活中扮演重要角色的醫療診斷者。她們檢視生病的人，診斷出疾病，然後做出適當的納瓦霍治療方式。因此女人聲望很高，她們會參加聚落的大小事。而每三人之中就有一人會離婚。[20]

「結婚不是為了讓一個人的下半輩子過得更痛苦。」加拿大東部的密克馬克族有一句話是這麼說的。[21] 世界上大部分人都同意這句話。在夫妻**有辦法**離開彼此的地方，婚姻生活不愉快的男女往往會離婚。一般而言他們都會再婚。

在雙方必須依賴彼此才能勉強餬口的地方，離婚率就低得多。

在前工業時代的歐洲與其他還用犁耕作的社會裡，如印度與中國部分地區，經濟獨立與低離婚率之間的關係最為明顯。[22] 有些人考察出基督教歐洲過去的低離婚率是宗教原因造成，這個理由可以理解。耶穌禁止人離婚。[23] 如我之前提過，到了十一世紀，基督教婚姻已經成為一種莊嚴的誓約，大多數基督徒都不可能離婚。

不過文化往往與自然法則互補，前工業時代歐洲的低離婚率也歸因於無可避免的環境現實：以農耕為生的伴侶必須依賴彼此才能活下去。[24] 生活在農場裡的女人要靠丈夫搬石頭、砍樹和犁田。丈夫則需要妻子播種、除草、摘採、準備和儲藏蔬

菜。他們必須一起在田裡工作。

更重要的是，如果有誰想脫離這場婚姻，他必定是兩手空空離開。任何一方都不能從田裡挖出一半的麥子帶走。農夫與農婦根植於土地上，與對方緊緊聯繫在一起，並受到穩固的親屬網絡束縛。在這樣的自然環境之下，離婚並不實際。

難怪在前工業時期的歐洲各處、高加索山脈的產糧區和分布在環太平洋各地的農村中，離婚並不常見。

職業婦女

工業革命改變了男女之間的經濟關係，離婚率於是增加（見第十六章）。

美國就是一個很好的例子。在原本以農業為主的美國，當穀倉遠處出現了工廠時，男女開始離開農場工作，他們帶回家的只有鈔票——這是可移動和可分配的財產。在十九世紀的大多數時間，女性多半還是待在家裡。不過到了二十世紀早期，美國中產階級女性開始大量加入勞動人口，因而擁有經濟自主權。

隨著工業革命來臨，美國離婚率開始攀升，之後緩慢但穩定成長，這一點並非偶然。比起拋棄幫他的花園除草、幫他的母牛擠奶的妻子，不開心的丈夫會更早離開帶支票回家的妻子。而比起必須依靠丈夫提供每天晚餐的妻子，有薪水的女人往往更不能容忍婚姻中的絕望。

今天美國幾乎有一半婚姻都以離婚告終。[25] 許多觀察家都發現，女人有照顧家庭之外的工作，而且她們能掌控自己的錢，是離婚率升高的主因。[26]

在西方歷史中，之前就已經出現過離婚率升高與女性經濟獨立並存的現象。在耶穌基督出現的前幾世紀，當羅馬人打贏幾場對外戰爭時，貿易壟斷帶來羅馬前所未有的財富。羅馬出現城市中產階級。富裕的羅馬貴族不大想將大筆嫁妝交到女婿手上。因此他們在西元前一世紀通過一連串新的婚姻法，讓中產階級女性更能控制她們的財富——以及她們的未來。就在財務更獨立的一群女性在古羅馬崛起時，離婚也像傳染病一樣蔓延開來。[27]

婚姻的牽絆

「你只需要愛。」披頭四唱道。其實可不是這樣。除了經濟自主之外，還有許多其他文化因素與婚姻的穩定與否有關。

例如在美國，過去種族、社經與宗教背景不同的夫妻離婚率較高。[28] 現在情況已經改變了。

在一份針對四百五十九名底特律女性所做的研究中，社會學家馬丁・懷特發現，這些因素對一份關係的命運沒有太大影響。反之，個性相似，有共同的嗜好、興趣與信仰，從事相同的休閒活動，還有共同的朋友，從這些因素都可預期伴侶將擁有穩定的婚姻。有趣的是，懷特還做出以下結論：「如果

你們在成熟的年齡結婚；如果你們深愛對方；如果你們是白人，而且來自關係親密、充滿愛的家庭，都更能維繫兩人的婚姻。」[29] 沒有這些特點的伴侶，離婚機率會大得多。

心理學家表示，缺乏彈性的人會使婚姻關係不穩定。治療師說，將兩人結合在一起的某些束縛如果比將兩人拉開的力量還大，夫妻就比較能在一起。伴侶如何調整自己適應對方、如何達成協議、如何吵架、如何聆並說服對方，也會影響婚姻成敗。沒有妥協餘地的婚姻也更有可能瓦解。人類學家說明，當男性人口多於女性人口，或女性人口缺乏時，妻子成為稀有商品，夫妻也比較不會分開。[30] 而年紀輕輕就結婚的伴侶往往容易離婚。[31]

關於我們對離婚的理解，人類學家又加上一項跨文化的觀點。[32] 在例如納瓦霍這樣的母系文化裡，離婚很常見，或許是因為妻子擁有資源，她的孩子成為她那一氏族的成員，而她的丈夫對自己姊妹的孩子比對他自己的孩子更有責任感。於是夫妻只不過是彼此的夥伴，而不是必要的經濟伴侶。

在某些地方，丈夫必須付給未來伴侶的家人一筆「新娘費」以獲得娶她為妻的特權，這時離婚率往往較低，因為如果離婚，這些貨品必須還給對方。同族結婚，也就是和自己社群或部族內的對象結婚，婚姻關係也會比較長久，因為共同的親友與義務，更容易將夫婦交織在共同的人際網絡裡。[33]

一夫多妻制對離婚有一種奇妙的作用。如果男人有許多名妻子，女人就會常為了吸引唯一丈夫的注意力而爭吵，也會爭奪資源。爭風吃醋導致與對方攤牌並離婚。更重要的是，擁有

許多妻子的男人少了一個妻子也不會怎麼樣，然而只有一個太太的男人在拋棄這唯一替他煮飯的女人之前必須好好想清楚。事實上，自從接觸西方人的習俗之後，穆斯林社會的離婚率已經逐漸下降；[34] 西方人傳統的一夫一妻觀念正影響伊斯蘭的家庭生活。

「世界上每一個社會裡的人們，都會因為龐大的社群壓力而留在婚姻關係中。」人類學家瑪格麗特‧米德曾經說過。[35] 她說得沒錯。在許多傳統社會中的離婚率，就和在美國一樣高。[36]

這一點好像很奇怪，畢竟在對彼此微笑、凝視，感受到令人目眩神迷的愛慕之情，彼此交換祕密和私人的笑話，在床上的恩愛時光，與家人和朋友共度的日日夜夜，一起擁有的孩子與掙得的財產，以及作為一個共同體，夫妻日復一日、年復一年、每分每秒所累積的歡笑、愛與掙扎這一切又一切多采多姿的經歷之後，男人和女人怎麼還能離開這段豐富的婚姻關係？

或許這焦躁不安的心是受到埋藏在人類心靈中的潮水，是人類在陰暗的過去中，在幾萬年來的每日交配中演化而成的深沉生殖力。

七年之癢？

　　為了洞悉離婚的本質，我去查了聯合國人口年鑑。這份從一九四七年開始的年鑑，記錄了芬蘭、俄國、埃及、南非、汶萊、委內瑞拉和美國等等文化迥異國家的人口普查員詢問當地居民有關離婚的問題。

　　從這些聯合國統計司截至二〇一二年為止大約每十年所收集的數據中，我篩選出三個問題的答案：受訪者離婚時已結婚多少年？離婚時受訪者幾歲？離婚時有多少小孩？

　　答案浮現出三種值得注意的模式。

　　這三種模式宣告了離婚中演化力的作用。

　　最令人訝異的是，離婚通常發生在婚姻初期，在婚禮舉行後的三到四年到達顛峰期。當婚姻持續愈久，離婚機率也逐年漸減。[37]

　　在本書第一版中，當我把這些從一九四七年到一九八九年間所有可取得資料年分的離婚尖峰期（以統計學家的形式）做成一張總表時，很明顯看出根本沒有七年之癢這件事，反而表上出現的是三到四年之癢。為了這本增訂版，我分析由聯合國在二〇〇三年到二〇一一年間針對八十個社會所收集的離婚數據。這大致上的模式依舊不變。[38]（見書末附錄）

　　雖然社會已發生巨大變遷，三到四年離婚尖峰期在過去六十年間沒有實質的改變。確實，就連莎士比亞也在結婚三四年之後離開他在斯特拉福特的妻子安，到倫敦追尋職業生涯。[39]

然而在這三到四年的離婚尖峰期之中，還是有個別差異。例如在埃及與其他穆斯林國家，最常離婚的時期是婚後頭幾個月——離三到四年還差得遠。就算在最近收集的二〇〇三年到二〇一一年間的離婚資料中，這基本的穆斯林模式還是維持不變。[40]

然而這些差異並不令人驚訝。在許多穆斯林文化中，如果新娘無法融入新家的生活，新郎的家庭應該要把這個新媳婦送還給她的雙親——而且動作要快。此外，如果一名穆斯林丈夫在圓房之前拆散雙方關係，根據古蘭經，他可以不用支付婚禮費用的一半。[41]因此社會壓力和經濟動機都能讓已婚埃及人和其他穆斯林男女很快就想離婚。最後這些聯合國的數據裡還包括「可撤銷的離婚」，也就是只需要少許賠償金的臨時法令。可撤銷的離婚讓雙方的分離又快又容易，婚姻也因此變得很短暫。[42]

在過去幾十年間，美國離婚尖峰期一直停留在三到四年以下，觀察這個變動情形也十分有趣。在某幾年，例如一九七七年，離婚尖峰時期約在結婚第四年。[43]但在其他年分，離婚尖峰期卻更早，約在婚禮後的第二年和第三年間。[44]為什麼？

美國人離婚尖峰期和美國逐年攀升的離婚率完全沒有關係。離婚率在一九六〇和一九八〇年間成長一倍，然而在這二十多年間，夫妻卻在結婚第二年左右離婚。

有愈來愈多情侶住在一起的事實，無法解釋美國人為何很

快就離婚。男女沒有結婚而同居的人數在一九七〇年代幾乎是之前的三倍，然而男女依舊和彼此在一起的時間長短卻沒有改變。[45]

或許這種早期離婚現象是因為許多年輕美國人深信要找到靈魂伴侶——也就是找到和自己完全契合的人。因此如果男女雙方不滿意這樣的配對，他們在熱情消退之後就立刻從關係中脫身。

❧

聯合國的數據還有其他問題——因為人們結婚和離婚的時間有很大差異。[46]

在某些社會中，伴侶會花數月求愛；而有些社會中他們會很快就結婚。準備婚禮所花的時間，一個人忍受糟糕婚姻多少個月或多少年，還有得到離婚裁決所花的時間長短，都有個人與文化的差異。

於是，在現實生活中，人們的關係在有合法紀錄之前就開始，而在合法廢止之前就已結束。

我們無法量度所有偏離聯合國收集數據的變數。但本書的焦點是：基於結婚與離婚相關的大量文化因素和個人變因，我們可能會有理由認為明顯的離婚模式並不存在。簡而言之，只要有任何模式出現，我們都會覺得很尋常。

不過，儘管有各式各樣的結婚習俗，世界各地對離婚也有數不清的各種看法以及不同的離婚程序，男女拋棄對方卻有著大致相同的模式。

其中有些人是銀行家，有些人是園丁，有些人從事漁牧業，或以貿易為生。有些人受過大學教育，有些人不會讀寫。這些八十多種不同文化的數百萬男女說著不同的語言，從事不同的貿易活動，穿著不同的衣服，身上攜帶不同的貨幣，口中唸著不同的禱告詞，懼怕不同的惡魔，並且懷有不同的希望和夢想。然而，他們離婚的時間點卻都集中在婚後的三到四年。

這個跨文化的離婚模式和離婚率沒有關係。無論離婚率高低的社會與文化，離婚發生的時間都相同。

「真是愈來愈稀奇古怪了！」*路易斯・卡羅在《愛麗斯夢遊仙境》中如此寫道。婚姻存在著一種跨文化的衰變模式。

人類結為夫妻的這種模式甚至深植在西方神話中。十二世紀在歐洲各地旅行的吟遊詩人將領主與貴婦、騎士與平民齊聚一堂，聆聽宿命的史詩傳奇〈崔斯坦與伊索德〉── 這是西方第一部羅曼史。「閣下，」一名吟遊詩人說了，「如果您想聽一則關於愛情與死亡的震撼故事，以下是崔斯坦與皇后伊索德的故事，講述他們相愛時是如何充滿狂喜又痛徹心扉，以及有一天他們如何一起因那愛情死去 ── 死在彼此身邊。」[47]

＊譯注：原文 "Curiouser and curiouser" 是作者路易斯・卡羅為了強調愛麗斯在驚訝之餘說出不合文法的英文所創造出的一句話。正確的說法應該是 "more and more curious"。之後英語世界的人常用這句話來形容事情愈來愈離奇。

正如丹尼·德－胡吉蒙對這則故事的形容：它是「我們最為複雜的騷動情緒的一種原型」。他不知道自己的觀察有多敏銳。故事開始時，一位年輕的騎士和一位美麗的皇后共飲一瓶據說能讓人萌生愛意**大約三年的**愛情靈藥。

在數年的愛情與婚約之後，我們是否就很容易分手？或許這三四年之癢是人類注定如此的藍圖，是原始的生理設計。

離婚是年輕人的專利

在一九四六與一九六四年間，約有七千六百萬名美國人出生。這就是二次世界大戰後出生率激增的嬰兒潮。今天這些人的年紀大約從五十一歲到六十九歲都有。因為他們見到同輩人離婚，就假設婚姻破裂最常發生在中年。

並非如此。年輕人離婚人數遠大於中年或老年人。[48] 今天，有 10% 的美國女人在四十歲時已經有過三個或更多丈夫。[49] 此外，在二十五歲前離婚的女人當中，有 80% 會在三十五歲前再婚；而在二十五歲之後離婚的女人當中，有 44% 會在四十歲前再婚。二十五歲之後離婚的男人，則有 55% 會在四十歲前再婚。同樣有趣的是，過了生育期之後，今天的美國人只有三分之一會離婚。[50]

在聯合國年鑑裡有紀錄的六十八個社會的離婚年紀數據中，離婚的人也是年輕人居多。女人的離婚尖峰期是二十五歲到二十九歲，男人是三十到三十四歲。隨著人年齡漸增，離婚

頻率也愈來愈低。

這一點似乎很奇怪。為什麼夫妻不會年紀愈大或在兒女離家上大學或工作之後，覺得對方無趣或對婚姻感到厭煩？不會。二十八九歲和三十出頭男女的離婚率驚人地頻繁 —— **因為這時候是他們生養子女的黃金年代**。

帶著幼兒離婚

出現在聯合國數據中的第三個模式是「帶著幼兒離婚」。[51]在一九九八年到二〇〇七年之間，67 個社會裡有紀錄的數百萬人中，43% 的離婚者沒有須撫養的孩子；29% 有一個須撫養的孩子；18% 有兩個孩子；而 5% 有三個孩子。有四個或以上幼兒的夫妻很少會分手。因此，夫妻養育的孩子愈多，他們就愈不可能離婚。

我可以從進化論的觀點理解為什麼沒有孩子的夫妻會分手：如此雙方都能再次配對，或許就能繼續生兒育女，以確保他們基因的未來。此外，我也可以理解為什麼有三或四個孩子的夫妻能維持婚姻：他們繼續養育下一代，在遺傳學上是合理的行為。此外，或許正因為這些夫妻婚姻生活美滿，努力經營家庭生活，他們才會有許多孩子。

但是為什麼離婚者中四分之一有一個須撫養的孩子，而20% 有兩個須撫養的孩子？這是很值得注意的現象：許多男女顯然在有一或兩個孩子之後放棄了彼此，去找尋新的愛情與

配偶。

　　美國人的情形最符合這全球性的模式。美國人口普查局的蘿絲‧柯瑞德在二○○六年的報告中說，自一九五○年以來，第一次離婚之後再婚的平均間隔期是三到四年，而且之後的每年都維持如此。此外，約有 60% 的再婚男女年紀為二十五到四十四歲。有 50% 的女性和 47% 的男性再婚時已經有一或兩個小孩。[52]

離婚藍圖

　　簡而言之，婚姻有幾個一般的衰退模式。離婚率在夫妻婚後三到四年時到達尖峰期。在配偶雙方二十八九歲到三十出頭時，也就是在他們的生殖期高峰時，離婚危機最高。有一個或兩個孩子的夫婦中也有許多人離婚。離婚男女在依然年輕時會找到新伴侶，往往在三四年內。[53] 然後他們會再婚，或以同居等其他形式的穩定伴侶關係在一起，而且往往會再生孩子。事實上，現今有兩個以上孩子的美國媽媽，其中有 28% 的女性跟不止一個男性生下孩子。[54]

　　在聯合國沒有收集數據的一些文化中，連續一夫一妻制，也就是和一個以上伴侶生養後代的情形，也十分普遍。

　　在亞馬遜河上游、太平洋環礁群、澳洲沙漠以及其他世界

上偏遠的角落，男女也會離開彼此。然而少有科學家或人口統計調查員詢問這些偏僻地區的人們他們的婚姻持續多久，離婚時幾歲，或他們當時有幾個小孩。但是僅有的少數資料也顯示這些地區有大致相同的離婚模式。

一直生活在委內瑞拉叢林中的亞諾馬米人中，幾乎所有嬰兒都和他們的生母住在一起，其中大多數嬰兒也都和生父在一起。但是親生父母同住的比例在這些嬰兒到了五歲時大幅降低，不是因為雙親之一死亡，而是這些配偶離婚。[55]

南非詹姆森堡的納哥尼人離婚高峰期也是在結婚後的第四和第五年。[56]

全世界的人都會告訴你，小孩出生後婚姻會更穩固。[57] 例如在傳統的日本農村，在小孩出生之前，村裡的記錄者甚至不會記下一對夫婦的婚姻。[58]

安達曼群島的人在夫妻成為父母之前，不會認為一段婚姻已經圓滿。[59] 而奈及利亞的蒂夫人在嬰兒鞏固了夫婦的婚姻之前，都將夫妻關係稱之為「試婚」。[60]

然而孩子的誕生並不必然能造就一輩子的婚姻。[61] 我猜想巴西東部的阿維可瑪人是這傳統潮流的最佳寫照。在這裡，通常「一對夫妻帶著幾個孩子住在一起，直到死去……但是夫妻在生出許多小孩之前就分開的情況卻也很常見」。[62] 這正是我們在聯合國數據中所見到的模式。

當然也有例外。奈及利亞卡努里族的穆斯林離婚尖峰期在婚後頭一年之前。人類學家羅納德·科恩認為，離婚尖峰期會在早期發生，是因為「年輕女孩往往不想和在父母逼迫下與之

結婚的第一任丈夫在一起」。[63] 有趣的是，康恩人也在婚後幾個月就離婚，他們的第一次婚姻也由父母安排。[64]

即便上述情形也與聯合國的統計樣本一致，雖然它是例外，不是規則。正如各位所記得的，埃及和其他穆斯林國家的數據中，離婚高峰期也出現在結婚滿一年之後。這些國家由父母安排初次婚姻的比例很高。經由安排的婚姻顯然促使人們更快從婚姻中抽身。

各式各樣文化習俗使人類偏離與彼此結合的模式。女性經濟自主、都市主義、世俗主義和父母安排的婚姻只是其中一小部分。雖然受到這些因素的影響，人類還是有一些一般的配對模式：從西伯利亞西部到南美最南端，所有人都會結婚；而其中有許多人離開彼此。許多人在婚後第三年或第四年分道揚鑣，許多人在生殖期高峰離婚，許多人在生了一個孩子後離婚，許多人找到新伴侶，再次墜入愛河，又生了更多孩子——這一切都發生在他們的生殖期。

人類是否打算廢除單一伴侶制？或許。

我們並不是一串 DNA 所控制的傀儡。我們已經演化出巨大的大腦皮質，並以此權衡得失，做出選擇，指揮行為。然而，經過十年、二十年、一個世紀乃至於一千年之後，幾乎所有人類都還是繼續演出這些古老的腳本——昂首闊步、搔首弄姿、挑逗調情、求愛、被愛沖昏頭，然後擄獲對方的心。於是兩人共築愛巢，養育子女。接著有人花心，有人離開。

再來，大多數人懷抱著希望重新求愛、墜入愛河，再重來一次。人類這種永遠樂觀的動物在生殖期間似乎永不停歇，時候到了才會安定下來。為什麼？

我認為，答案就在我們奧妙的過去，「當時高貴的野蠻人還在原始樹林中奔跑」。

6

「高貴的野蠻人
在原始樹林中奔跑」

樹棲的日子

我和大自然最早創造的人一樣自由

就在基本的奴役法則開始之前

當時高貴的野蠻人還在原始樹林中奔跑

—— 約翰・德萊頓，《格拉納達之征服》

桃花心木、熱帶常綠樹、月桂樹、野梨樹、荔枝樹、芒果樹、橡膠樹、沒藥樹、黑檀木 —— 一望無際的樹木從非洲東岸延伸至大西洋岸。[1]二千一百萬年前的非洲赤道地帶還是一整片密密麻麻的樹林，其間偶爾有林間空地、水池、沼澤和小溪流，甚至還有更開闊的林地和綠草如茵的平原，零星散布在這些樹林間。從東非維多利亞湖東邊、隸屬肯亞的魯辛加島以及

＊譯注：約翰・德萊頓為英國一六六八年的桂冠詩人，他所創作的
《格拉納達之征服》成為英國復辟時期的「英雄劇」最著名作
品。

附近考古現場挖掘出的種子、水果與堅果化石，可推斷東非過去曾是平靜無風的林地。[2]

陽光穿透茂密樹葉形成的天幕，灑下幽暗的光線，蝴蝶在其間飛舞。鼯鼠從一根樹枝滑翔到另一根樹枝，蝙蝠垂掛在黑暗的岩石縫隙間。犀牛、大象、疣豬、玃狐狼、長著獠牙的鹿的古老親戚，以及其他生活在森林裡的生物，都以蕨類植物為食物。還有金毛鼯鼠、象鼩、倉鼠、刺蝟、老鼠、沙鼠和許多其他種類的小動物，在潮濕的森林地面上捕食昆蟲的幼蟲、蚯蚓、香草植物和莓子。當時的溫度比現在稍高，幾乎每個午後，大雨都會下在熱氣蒸騰的叢林裡，傾倒在林冠上層，提供湖泊與溪流新鮮的水源。

人類遠古時代的親戚就在這大片樹林間遊蕩。

他們有一長串科學名稱，但是這些舊大陸的猿、猴與人類祖先，常被集體稱為「**前人科**」（prehominid）動物。最早的前人科動物生存在二千兩百萬年前到七百萬年前的東非，有許多牙齒與骨頭化石在這裡出土。他們有類似猿與猴子的特徵，雖然其中有些比較像猴子，而有些則是更具有猿類的特性。[3] 此外，有些前人科動物大小像現代家貓，然而有些卻大如現代黑猩猩。

他們之中沒有一隻像人類。但在將來的某一天，我們的祖先和現今的大猿類就會從這些有親屬關係的生物中出現。

我們很難判定這些公的與母的前人科動物如何度過白天與夜晚。或許有些就和猴子一樣在粗壯的樹枝上奔跑，從一根樹枝跳躍到另一根樹枝，在相鄰的空中道路間攀爬遊走。或許有

些吊在樹枝上搖晃。

其間的分別對人類演化而言其實相當重要，因為他們移動方式差異很大。

當猿類和人類的祖先放棄了在主要粗大樹枝上的生活，改為吊掛在較小的樹枝上時，他們已演化出今日人類的基本骨架。一開始，我們的祖先最先失去的是尾巴。這優雅的附屬肢體在當時的作用就像雜技演員手裡的平衡桿，它是一種完美的設計，以便讓他們快速行走在樹枝上時增強身體穩定性。

但是當人類和猿類的祖先開始吊在樹枝上搖晃時，尾巴就成了大自然可以拋棄的行李。

這些生物採用其他適合在樹枝上晃蕩的流線型特徵，特別是在肩膀、手臂和軀幹上的調整。如果你輕輕抓起家裡貓咪的前腳，可以看到牠的頭部懸在腳掌後；貓咪無法從牠的兩腳中間往外看。接著去遊戲場上找個攀爬架，吊在上面。你會注意到你的肩膀不會虛脫；你吊在攀爬架上時可以從兩手手肘間往外看。人類的鎖骨、背後的肩胛骨位置、胸骨、寬而扁的胸廓和縮小的腰椎都經過演化，以便將身體從上方吊掛著，而不是從下方支撐。

同樣特別的是，人類和所有猿類的手腕都能扭轉一百八十度。我們的祖先在很久以前就獲得上述手臂及上半身解剖學特點，以便能吊掛在粗樹枝上，在樹枝下方擺盪，以樹上的果實與花朵為食物。

這些改變到底發生在何時，數十年來備受爭論。但這些前人科動物確實生活在樹上。從遺留下來的許多下巴和牙齒判

斷，顯然這些動物花了許多時間採集水果。[4]他們有向前伸出的鼻子、銳利的犬齒和突出的前齒。他們採集水果當食物，將水果去皮或剝殼。他們必定是從形如鬱金香花的鳳梨科或其他植物，或從岩石裂縫中喝每天落下的雨水。當然他們也會和同伴聊天，為了爭取地位和食物爾虞我詐，並且把身體塞進粗大的枝枒間睡覺。

叢林裡的愛情

當然，前人科動物也會性交。或許在交配前，他們連嗅聞、撫摸對方以及幫對方理毛，都感到春心蕩漾。但是這些人類古早的近親不可能把性當成家常便飯。

為什麼？因為除了女人以外，所有靈長類雌性都有發情期。有些種類的母猴子按季節發情，其他猴子和所有猿類都有月經週期。但是在持續約二十八天到四十五天以上的循環週期之間，他們會有一到二十一天不等的發情期，差異依靈長類不同種類與不同個體而定。

從狒狒身上可以看到靈長類常見的性模式。他們的性生活或許能說明二千一百萬年前我們的前人科親戚有關性交的二三事。

發情期開始，母狒狒體味改變，外陰部周圍的「性皮膚」腫脹，像信號旗般宣告他的繁殖能力。他開始展現自己，翹起屁股，回頭一瞥，蹲低，然後轉身走向公狒狒，邀

請對方性交。然而當發情狀態逐漸退去時，母狒狒往往拒絕性交，直到下個月再次發情為止。母狒狒懷孕時通常不會性交。分娩之後到嬰兒斷奶之前——大約五到二十一個月——她們不會再發情或定期性交。因此母狒狒能性交的時間大約只有成年後的二十五分之一。[5]

人類靈長類祖先的性交大概不會比狒狒更活躍。

從幾種猿類的性生活中也能確認這一點。「一般」母黑猩猩發情期持續約十到十四天；母大猩猩發情期是一到四天；紅毛猩猩的發情期約在月經週期內的五六天。[6]雖然這些人類的野獸近親絕大多數都在雌性的發情期交配，其他時候她們確實也會與雄性性交。[7]但在懷孕時，紅毛猩猩的月經週期停止，也不再定期性交。直到母紅毛猩猩讓年幼的猩猩斷奶後，才會再次發情。黑猩猩和大猩猩的這段產後停止性交時期會持續三到四年，而紅毛猩猩則更久。[8]只有侏儒黑猩猩（也被稱做倭黑猩猩）性交更頻繁。但因為這些猿類展現出不平常的性慾模式，他們或許不夠資格作為二千一百萬年前可供參考的前人科的生活形態典範。[9]

確實，我們生活在樹林間的祖先或許就像一般的靈長類，性行為按週期發生。有些女性比其他女性更性感，就和今天的某些猿類和女性一樣。有些發情期更長，有些更受雄性歡迎，但性交一般而言會受限於發情期。在雌性發情時，平靜的日子可能會變得狂歡不已，雄性在樹枝間拚命爭取交配的殊榮。但是雌性也必須在懷孕期間冷靜下來，在幼兒斷奶之前避免性交。

然而即便是一般的靈長類也有例外，這一點使得我又再提出幾項關於我們毛茸茸的祖先性生活內容的推測。由於社會動亂刺激許多物種的雌性在非發情期間性交，很有可能一名新領袖、群體裡的新成員或如肉類等特別的食物，引發雌性在非發情期性交。[10] 雌性或許是利用性來獲得佳餚，或與雄性交友。

女性偶爾也會在懷孕或哺乳時偷嚐少許性滋味。恆河猴以及黑猩猩與大猩猩，有時會在懷孕的頭幾個月或在嬰兒斷奶前性交。[11] 因此我們可以合理推斷人類祖先也會如此。[12] 既然母的大猩猩、黑猩猩與其他靈長類也有同性戀現象，我們的女性祖先一定曾爬到彼此身上或按摩彼此，尋求性刺激。[13] 最後，當雌性不被雄性接受時，雄性偶爾也會逼迫雌性與他們性交。[14]

關於這些人類遠古親戚的性行為或交配制度，我們只能夠說，環境大幅變遷迫使其中有些前人科動物朝著人性──以及人類對調情、戀愛、結婚和某些男女的不忠習氣、離婚與再次尋找配偶的興趣，演進了一點點。

這一切都從地底翻騰的熱流開始。

大海中的騷動

三千多萬年前，非洲和阿拉伯半島是一整塊大陸，比今天的位置略微偏南。[15] 在這塊大陸北邊是一片海洋，叫做特提斯洋＊，它從西邊的大西洋延伸到東邊的太平洋，連接全世界水

域。這裡是地球的加熱器。底部的熱水從特提斯洋流經全世界，加熱海潮和海風，以溫暖的海浪浸潤全世界的海岸，讓溫熱的雨水落在森林裡。[16]

這個火爐即將消失。

非洲－阿拉伯板塊受到地底熱流的拉動往北移。到大約二千一百萬年前，這個板塊被擠壓到中東，形成伊拉克與伊朗境內的札格洛斯山脈、土耳其境內的托魯斯山脈和俄國邊境的高加索山脈。沒多久就形成了一條從非洲到歐亞大陸的巨大長廊，連接遠古代世界的廣大森林地帶。[17]

這時特提斯洋被擠壓到面積只剩原來的一半。它的西部將成為地中海，溫暖的鹹水依舊湧入大西洋。但是之後形成印度洋的特提斯洋東部，就不再有熱帶洋流注入。大西洋和印度洋被隔開，溫暖的洋流不再流經整個地球，溫暖遠古時代世界的叢林。[18]

從新生代之初，哺乳類取代六千五百萬年前的恐龍時，全世界溫度就開始下降。現在溫度再次驟降，南極的山頂形成冰帽，整個赤道的土地開始變乾。

地球愈來愈冷。

進一步的氣候變遷衝擊東非。之前地球板塊的擠壓留下兩條深而長的裂口，這兩條平行裂縫由今天的北衣索比亞南部延伸五千公里，貫穿馬拉威。但是在非洲－阿拉伯大陸往北漂移的同時，這兩條裂縫持續分離。裂縫間的地面往下沉，形成我

＊譯注：特提斯洋又名古地中海，為中生代時期的海洋。

們今天所知的東非景象——在山脈綿延的兩側高地之間的連續谷地。[19]

這時來自赤道非洲的雲，在上升到西部裂谷上方之前帶來溫暖的濕氣，而來自印度洋的信風在上升到東部裂谷上方之前帶來雨水。東非大裂谷區成為「雨影」地帶*。在霧氣遮蔽早晨陽光的地方，空氣清新而乾燥。

沒多久，季節就標示了出生和死亡不間斷的循環。二千一百萬年前，季風依舊在每年十月到四月間橫掃印度洋，但直到五月，許多熱帶植物卻還在沉睡中。無花果樹、洋槐、芒果和野生桃樹不再結果，或開出整年都綻放的花朵；柔嫩的花蕾、新葉和嫩芽只有在雨季才冒出頭。[20]

熱騰騰的雨水每天午後浸潤東非土地的景象已成過去式。

更糟的是，火山開始噴出熔岩。有些早在二千一百萬年前就開始噴發。但是到了一千六百萬年前，在現今肯亞境內的廷德雷特與季辛格里火山以及現今烏干達境內的葉樂雷、納帕克、摩洛托、卡達姆、艾爾剛等火山湧出一條又一條岩漿，噴出一朵朵火山灰雲，波及火山下方的動植物。[21]

地球溫度下降，雨影效應再加上當地活躍的火山，東非熱帶雨林面積開始縮減——全世界叢林也更加稀疏。

有兩個逐漸擴大的生態棲位†取代這些樹木：林地和草

---

* 譯注：雨影指山坡地背風面乾燥少雨的現象。
† 譯注：生態棲位：指在一個生態環境中每一個物種適合的棲地以及該物種的習性的總稱。

原。[22] 在湖邊與河岸，樹木依舊茂密生長。但在隆起的地面，小溪變成更細小的河流之處，林地四處蔓延。單層樹木向外延伸，僅以樹枝彼此相觸。樹下是綠草鋪成的大道。在水更加稀少的地方，在樹枝形成的屋頂下奮力求生的小草與草本植物開始綿延無數公里，形成樹木稀疏的草原。[23]

到了一千六百萬到一千四百萬年前，前人科生存的樹木繁茂、可提供充分保護的生態環境已經到了盡頭。

災難統治世界。

機會同樣也隨之而來。

大約在這時候，許多森林動物逐漸消失。馬和其他動物遠古體型較小的祖先從縮小的歐亞大陸森林遷移到非洲。還有許多其他物種從林間空地出現，聚集成更大的群體，在林地與草地上演化為新的物種。這些移居的動物中包括現代犀牛與長頸鹿的祖先、鴕鳥、各式各樣的羚羊，以及其他在現今坦尚尼亞塞倫蓋蒂平原成群結隊遊蕩吃草的草食性動物。牠們的掠食者也同時演化，包括獅子、印度豹與其他肉食動物的前身，以及胡狼與鬣狗——後者是遠古時代世界的清道夫。[24]

海洋中的騷動、連接至歐亞大陸的新陸地、季節性、逐漸稀疏的森林頂篷與不斷擴張的林地與草原，將對我們的祖先產生巨大影響。例如，肯定因為離開非洲的新路途出現，許多動物逐漸移動到法國、西班牙、義大利、匈牙利、希臘和斯洛伐克，然後再到土耳其、印度、中國和亞洲其他地方，而其他留

在非洲的動物就在縮減的森林、更開放的林地和蔓生的草地上活動。

同樣重要的是，許多這些早期的探險家顯現出現存猿類的獨特肢體特徵，甚至有幾項人類最初祖先（那些與你我血脈相連的猿類）的特色。[25]

他們就是一般所知的人科，是人類和大猿的祖先：紅毛猩猩、大猩猩和兩種黑猩猩——一般的黑猩猩和倭黑猩猩。人類最初的祖先就出現在這些猿類之中。[26]

你可以選擇朋友，卻擺脫不了和親戚的血緣關係。因此雖然今天非洲的猿類已演化了幾百萬年（這些人科動物有幾項猴類和猿類的特性），由於現代非洲猿類和人類有緊密的親緣關係，他們是重建一千四百萬年到八百萬年間前人類祖先生活的最佳原型——就在人類祖先最早的世系出現在東非林地與森林裡之前；也或許就在原始的一夫一妻、通姦、離婚與再婚模式開始演化之前。

大猩猩的策略

大猩猩以一夫多妻制的方式生活在一起。今天，這些害羞而有趣的動物還漫步在剛果、烏干達與盧安達境內沉睡的維隆加火山區內。一九八五年在叢林中被人殺害之前，人類學家戴安·弗西費時十八年研究了三十五群這裡的大猩猩，記錄他們的日常生活。

每一個大猩猩妻妾群都由一隻成年的公銀背大猩猩（這名稱的由來是因為這些猩猩的背脊上布滿銀色的毛）帶領，他至少有兩隻「妻子」。通常還會有一隻黑背（未成年）或較年輕但已成年的雄性，占據大猩猩群中較低的位置，他也有兩隻較年輕的妻子。在非洲中心地帶深處的迷霧叢林間，一隻領袖、一隻較年輕的公猩猩、他們的妻子和一群吵吵鬧鬧的小猩猩，一起漫遊在長滿苔蘚的苦蘇樹林裡，採集薊類和野芹。

母的大猩猩在九到十一歲間開始性交。在每個月一到四天發情期時，母猩猩開始和大猩猩群中地位最高但不是她父親或兄弟的公猩猩交配。[27] 她朝他翹起屁股，望向他棕色的雙眼，然後斷然背對著他，有韻律地以外陰部摩擦他，或坐在他膝蓋上面對面與他性交。在這過程中，她一直發出輕柔高亢而帶有挑逗的呼喊聲。[28]

然而如果沒有合格的「丈夫」，她就會離開自己出生的大猩猩群，加入另一個有適合交配的公猩猩團體。如果那裡目前也沒有對象，她就加入一隻單身漢大猩猩，和他同行。然而如果她的配偶不能在幾個月內吸引第二隻母猩猩，她就會拋棄愛人，和其他妻妾群同行。母的大猩猩不能容忍一夫一妻制；她們想要的是一夫多妻的生活。

年輕的公猩猩也會彈性移動。如果在一個有一隻以上年輕成年母猩猩的群體中，一隻到達青春期的黑背大猩猩往往會留在原生的大猩猩群裡和母猩猩養育後代。但如果他的大猩猩群裡沒有已達青春期的母猩猩，或她們全都是他的姊妹，他要不就換到另一個大猩猩群裡，或者當個獨行俠單身漢，以便吸引

年輕母猩猩，組成自己的妻妾群。

　　大猩猩這種的遷徙性能防止近親相姦。事實上，弗西只見過一個近親相姦的例子：一隻銀背大猩猩與他的女兒交配。奇妙的是，在母猩猩生產後的幾個月，她的家人就殺了這隻幼獸。從這些大猩猩排泄物中找到的骨頭碎片顯示，小嬰兒一部分屍體被他們吃下肚了。[29]

　　建立妻妾群之後，丈夫和妻子們的關係就穩定下來；通常他們終生都是伴侶。他們在破曉後做日光浴，並且在有節奏的工作與玩耍的循環中，向前移動。偶爾會有一隻母的大猩猩離開配偶，去找另一個伴，這就是連續的一夫多妻制。[30] 但這種情形很少見。

　　不過，這些大猩猩倒不一定忠於伴侶。發情中的母猩猩只和她的丈夫交配，而且他會打斷她和其他公猩猩正要開始的好戲。然而一旦懷孕，母猩猩常會與其他位階低的公猩猩交配——就當著她丈夫的面。除非他們兩打得太火熱，做丈夫的不會打斷太太的約會。大猩猩們容許通姦。

　　八百萬年前，人類住在樹上的祖先是否也會和大猩猩一樣，由雄性帶著妻妾群一起旅行？雄性與雌性是否也是終身伴侶，偶爾會和其他團體的成員性交？或許。

　　不過人類的「性趣」與生殖習性，和大猩猩還是有主要的差異。大猩猩總是公開性交，而在隱蔽處性交卻是人類的正字標記。更重要的是，公的大猩猩**總是**會建立妻妾群，男人卻非如此。正如各位所知，絕大多數男性一次只有一名妻子。母猩猩和女性的共通點更少。雖然女人也會加入妻妾群，她們卻通

常和其他女性爭風吃醋，有時還會殺掉彼此的孩子。在人類一夫多妻制的婚姻中，嫉妒心無所不在。

此外女人也並不生來就具有妻妾成群的性情。

不過人類與大猩猩最大的區別，在於男女之間關係的長短。幾乎毫無例外，公與母的大猩猩會是終身伴侶。然而人類卻往往會換新的伴侶，有時候還會換好幾次。對我們而言，長久的婚姻得花費心力去經營。

原始部落理論

達爾文、佛洛伊德、恩格斯和其他許多思想家都曾假設，我們最早的祖先以「原始部落」的形式住在一起——男女會在任何時候和他們喜歡的任何人性交。[31] 正如羅馬哲學家盧克萊修斯在西元一世紀時寫道：「人類住在原野中的那段日子裡比現在的人更強悍，因為孕育他們的土地也較嚴酷……他們度過了無數日出日落的日子，像野獸那樣到處漫遊。而維納斯也加入許多森林裡的情人們；出於共同的慾望，或男人瘋狂的支配力或狂暴的色慾，或因為女人橡實、梨子或樹莓的賄賂，因而聚在一起。」[32]

或許盧克萊修斯說得沒錯。黑猩猩和倭黑猩猩以群居的形式住在一起，性作為一種賄賂方式是稀鬆平常的事。此外，基因數據指出，這些非洲猿類是與我們關係最近的親戚；確實，我們和他們在基因上的關係，就好像家犬與狼的關係。直

到約八百到五百萬年前我們的祖先分離之前，人類和黑猩猩一直有著共同的遺傳。[33] 因此藉由檢視他們的生活，我們可以推測出人類過去生活的某些基本事物。

⟋⟍

今天在環繞剛果河的幾個布滿沼澤的叢林裡還有倭黑猩猩。他們在這裡表演雜耍 —— 雙臂吊在樹上、跳躍、在空中遨翔，像走鋼索的特技演員一樣用後肢走路 —— 而且常在離地三十公尺高的樹上。不過他們大部分時間都在森林的地面上移動，四肢著地在林間漫步，尋找多汁的水果、種子、嫩芽、樹葉、蜂蜜和毛蟲，挖香菇或從農夫那兒偷甘蔗和鳳梨。[34]

他們也吃肉。有幾次人類學家看見公猩猩在跟蹤飛鼠 —— 但沒有成功。在其他例子中，公猩猩會安靜地抓住並殺死森林裡的羚羊或小鹿，分食牠們的肉。倭黑猩猩還會在小溪旁的泥地裡挖洞存放魚類，打壞蟻窩，吃掉住在裡面的蟻群。[35] 或許我們的人科祖先也會獵捕動物，採集其他蛋白質食物，補充以水果與堅果為主食的餐點。

倭黑猩猩組成有公有母有幼獸的群體一起旅行。有些猩猩群比較小，由兩到八隻猩猩組成相當穩定的團體。不過有時也會見到十五到三十隻，甚至多達一百隻倭黑猩猩聚在一起進食、休息或睡覺。依食物供應量而定，單獨的猩猩會來去不同猩猩群間，因而連結成由好幾十隻猩猩組成的關係緊密的部落。這就是原始部落。

性幾乎是每天打發時間的休閒活動。母猩猩每個月有一次

長時間的發情期，幾乎占月經週期的四分之三。但是如同之前提過的，性事不僅限於發情時。母猩猩在月經週期的大部分時間都會與公猩猩性交——這種性交模式和女性很類似。[36]

母猩猩也很常賄賂公猩猩同伴。倭黑猩猩會走到正在吃甘蔗的公猩猩面前，坐在他身邊像人類一樣乞求他（雙掌朝上）；然後她會可憐兮兮地看著眼前的美食，再望向他。他感覺到她的視線。他把食物給她時，她會翹起臀部與他性交，之後再帶著甘蔗離開。她們也會去懇求另一隻母猩猩；她會信步走向同伴，爬到她的臂彎裡，跟她面對面，用腳環抱住對方的腰，將外陰部在同伴身上摩擦，然後才接受甘蔗。公猩猩之間也會發生男同性戀間吸吮陰莖的舉動。[37]

倭黑猩猩用性交緩和緊張氣氛，在進食時促使對方分享食物，降低旅途中的壓力，並且在不安的重逢時確認彼此友誼。倭黑猩猩的策略顯然是「做愛不作戰」。

我們的祖先是否也是如此？

倭黑猩猩的許多性交習慣在人類身上也看得到，無論是在紐約、巴黎、莫斯科和香港的街上、酒吧、餐廳和公寓門後方。在性交前倭黑猩猩常會凝視著對方。正如我之前所提過的，這種性交凝視也是人類性交過程的主要步驟。倭黑猩猩還會手挽著手，親吻彼此的手和腳，並且一邊擁抱一邊久久把舌頭深進對方嘴裡進行法式親吻。[38]

聖地牙哥動物園的倭黑猩猩性交時，有70%的時間會採取傳教士體位（男女面對面，男上女下），不過這或許是因為牠們有平坦乾燥的地面可躺。[39] 在非洲森林裡，人類學家觀察

到的一百零六次性交中，有四十四次倭黑猩猩面對彼此；其餘時候則是公猩猩由母猩猩後方進入。[40] 不過倭黑猩猩喜歡採取各式各樣的姿勢。母猩猩會坐在公猩猩膝頭與他性交，也會面對面趴在他身上，或伴侶站著而她蹲著，雙方也會站著或吊在樹上性交。有時雙方在交配時會玩弄彼此的性器官。他們也常在「做愛」時凝視彼此。

與我們關係最近、住在樹上的那些祖先，在交配前或許也會親吻和擁抱；或許他們也會在深情款款注視對方時，面對面性交。[41]

因為倭黑猩猩似乎是最聰明的猿類，也因為他們有許多和人類相似的肢體特徵，而且這些猩猩性交頻繁而且行為有趣，有些人類學家推測，黑猩猩很像非洲人科的原型，也就是我們住在樹上的「最近共同祖先」*。[42]

然而，倭黑猩猩的性行為中呈現出幾項與人類基本的差異。一來倭黑猩猩並不像人類一樣，結為關係長久的一對一伴侶。二來他們也不會像人類夫妻那樣養育孩子。公猩猩也很在乎猩猩寶寶，[43] 但是一夫一妻制並非他們的生活形態，雜交才是。

因此，人類的拈花惹草最有可能是一種前人類的行為模式。

---

*最近共同祖先：演化生物學名詞，指的是不同物種擁有共同起源的最近期祖先。

黑猩猩的生活方式

正如黑猩猩的雜交性行為，黑猩猩的學名 *Pan trolodytes* 就是以大自然的精靈——古希臘神祇潘命名。一九六〇年，珍古德開始在坦尚尼亞的貢貝溪保護區研究這些動物，她觀察到某些值得注意的行為，有助於我們具體想像在約八百萬年前人類住在樹上的祖先，可能過著什麼樣的生活。

這些住坦干依喀湖畔的黑猩猩以十五到十八隻為一個群體，每一群的生活範圍是十二到三十平方公里。他們的「家」各有不同，有些是比較茂密的森林，有些是比較開闊的林帶，還有些是偶有稀疏樹木的綿延大草原。因為食物分散且不均勻，黑猩猩必須以小而暫時的團體一起行動。

公猩猩以四或五隻為一組一起移動。兩隻或兩隻以上帶著嬰兒的母猩猩有時會與彼此結伴個幾小時，組成「育兒團」。他們也常獨自晃蕩或和一個或多個朋友結伴，組成公母都有的小團體。團體成員很彈性，來來去去。但如果某個猩猩群中的成員發現了長滿無花果、嫩芽或其他珍饈時，他們會在森林間發出短而嘹亮的叫聲，或用拳頭敲打樹木。於是所有人都能過來集合，享用大餐。

母猩猩在月經週期中間的發情期，往往持續十到十六天，而她們的性行為模式，是我們遠古祖先可能生活方式的另一個模型。[44]

當母猩猩發情時，外陰部周圍的皮膚會腫脹得像粉紅色的巨大花朵，這就是參與公猩猩活動的門票。她往往會加入一個

只有公猩猩的團體，並且開始引誘除了她的兒子與兄弟以外的所有公猩猩。多達八隻公猩猩可能排著隊等候所謂的「機會主義交配」。所有公猩猩會在兩分鐘內完事；插入、抽動和射精通常只要花十到十五秒的時間。[45]

比較強勢的追求者或許會試圖霸占發情的母猩猩，這叫做「占有慾交配」。公猩猩會熱烈凝視著母猩猩以吸引她的注意，他雙腿大開，展示直挺挺的陰莖，舔舐它，左右搖擺，伸出雙臂招呼她，在她面前昂首闊步，或執意尾隨她。[46] 有一隻公猩猩整晚睡在雨中，等著一隻在休息的發情母猩猩起床。當一隻公猩猩成功吸引母猩猩到他身邊時，他緊緊跟在她身邊，想阻止她和其他公猩猩交配。有時候幾隻公猩猩甚至彼此追逐，對其他追求者發動攻擊。

但這些對立行為將花掉公猩猩寶貴的時間——有時候就在這幾分鐘內母猩猩就能和多達三隻別的仰慕者性交。

母的黑猩猩性慾很強。某次在貢貝溪保護區中最性感的一隻母猩猩芙蘿光是在一天內就性交多達數十次。青春期母猩猩有時候相當貪得無厭，她們甚至會去擰沒興趣的公猩猩軟綿綿的陰莖。有些母猩猩顯然也會手淫。此外，母猩猩有時候很挑剔。她們喜歡那些替自己理毛或拿食物來討好的公猩猩——這些猩猩在雄性階級中不一定最有權勢。[47] 母猩猩會斷然拒絕某些追求者，也會和其他追求者形成長久的情誼，更常與他們性交。公猩猩會避免與母親和姊妹等近親性交。[48]

此外，母的黑猩猩喜歡性冒險。貢貝溪的青春期的母猩猩常在發情期離開自己出生的猩猩群，到附近的團體裡尋找公猩

猩，這種習性往往一直持續到成年。當鄰近的公猩猩看見不熟悉的母猩猩走過來，他們會檢查她陰部周圍象徵發情、腫大的粉紅色性皮膚。於是他們會與她性交，而不攻擊她。這些青春期的母猩猩和人類青少年一樣，常常離家尋找伴侶。有些母猩猩會回來，而有些就永遠移居到另一個猩猩群。

人科的女性祖先是否也性慾旺盛？她們是否會在發情期加入只有男性的猩猩群，與這些單身漢性交，有時也會手淫，或和特定公猩猩交朋友？或許。

她們或許也會與公猩猩建立較長期的伴侶關係。

約會

有時候發情的母黑猩猩和會單獨和一隻公黑猩猩消失在其他猩猩看不到也聽不見的地方去性交，也就俗稱的「狩獵之旅」。[49] 這種幽會往往由公猩猩主動發起。毛與陰莖豎立的公猩猩向母猩猩示意，他左右搖晃，揮舞樹枝，熱切注視著他可能的情人。當母猩猩走向他時，他回頭走開，希望她會跟上。這些動作愈來愈迫切，直到她答應他的召喚。有時公猩猩甚至還會攻擊母猩猩，直到她默默接受為止。

這就是一夫一妻制的蛛絲馬跡——最後以私下性交告終。他們的幽會往往持續數天，有些持續數週。「狩獵之旅」有傳宗接代的好處。在一九七〇年代貢貝溪畔所做的紀錄中，十四隻懷孕的母猩猩裡至少有半數都是在與單一伴侶旅行

時受孕。[50]

　　或許人類在樹林裡的祖先偶爾也會結為短期伴侶，消失在林子裡面對面性交，擁抱、撫摸、親吻彼此的臉頰、手和身體，給對方吃點水果，並且在這些風流韻事之後生下後代。

　　但和倭黑猩猩一樣，這些黑猩猩和你我有根本上的不同。母的黑猩猩明顯已經懷孕之後，她開始獨自遊蕩，或加入其他帶著嬰兒的母猩猩。即將分娩時，她會定居在一個小範圍的「家」裡。有些母猩猩會在猩猩群中央找塊地方；有些會在鄰近區域住下。她在這裡生下小猩猩，並**獨自**養育他。

　　黑猩猩不會形成伴侶，一起養育幼兒。他們不知道誰是父親。

಄

　　然而黑猩猩展現的許多社交習性將在我們的祖先身上萌芽，之後的人類處處可見這些行為。其中之一就是戰爭。

　　貢貝溪的公黑猩猩會捍衛邊境。三到四隻成年公黑猩猩一起出發。有時他們大聲呼叫，或許為了嚇走外人；通常他們會默默偵察。他們會停下來站著，從長草間往外望，掃視鄰近地區。有些公猩猩會檢視被丟棄的食物，檢查陌生巢穴，或聆聽是否有其他黑猩猩偷偷入侵。遇到鄰近的黑猩猩時，他們會出於緊張而撒尿或排便，並碰觸彼此以求安心；然後他們發出示威的呼叫聲，然後集體向前衝。有些黑猩猩會揮舞樹枝，有些會拍打地面，有些會向敵人丟擲或滾動石頭。接著雙方撤退。[51]

在一九七四年發生的一次經典事件中，爆發了一場黑猩猩戰爭。在一九七○年代初，來自大團體中、由七隻公猩猩和三隻母猩猩組成的一小群黑猩猩開始旅行，他們主要在卡薩喀拉社群的領土南部一帶活動；到了一九七二年，這些移民建立另一個獨立的社群，觀察者以南邊河谷名稱命名，稱他們為卡哈瑪社群。卡薩喀拉的公猩猩不時會遇見卡拉馬社群黑猩猩在新的邊境上呼喊、拍打樹幹並且很不友善地拖著樹枝，之後雙方才會撤退。

然而在一九七四年，五隻卡薩喀拉公黑猩猩潛入南邊領土深處突擊一隻公黑猩猩，把他打倒。根據珍古德對這次事件的描述，一隻卡薩喀拉公猩猩抓住受害者，其他黑猩猩打他、踢他，用拳頭揍他，再跳到他身上。最後有一隻公猩猩後腳站立，對著戰場尖叫，又對敵人丟石頭，但他沒打中。在十分鐘的混戰之後，戰士們拋下那隻流血、骨折的公猩猩。[52]

在接下來的三年裡，又有五隻卡哈瑪的公猩猩和一隻母猩猩遭遇同樣命運。到了一九七七年，卡薩喀拉的公猩猩已經消滅了他們大部分鄰居；剩下的都消失了。卡薩喀拉族群很快就將領土沿坦干伊克湖沿岸往南推進。[53]

八百萬年前，我們在樹上生活的祖先是否開始向彼此宣戰？這一點相當可信。

他們或許也開始為了吃肉而狩獵。[54] 黑猩猩獵人都是成年猩猩，而且幾乎清一色是公猩猩。被獵捕的動物通常是幼小的

狒狒、猴子、非洲羚羊或假面野豬。有時候公猩猩會隨意抓住在附近樹上漫不經心吃著東西的猴子，就這樣把牠撕成碎片，這就是「機會主義的狩獵」。但有計畫的、團隊合作的群體狩獵遠征也很常見。黑猩猩在狩獵時總是保持安靜。他們只以獵人的眼神、凌亂的毛、頭部偏向一邊和彼此示意的動作、堅定的步伐或彼此交換的眼神，才看出狩獵追逐已經開始。接著一群公黑猩猩就一起包圍獵物。

黑猩猩一旦抓住獵物，一場激烈的戰爭於是展開。每個黑猩猩獵人都大聲叫喊，拿著肉撤退，幾分鐘後所有聽見風聲的猩猩都聚攏過來，圍在那些擁有戰利品的獵人身邊。有些黑猩猩手掌朝上乞討，有些則是盯著獵人或他的肉瞧；也有些黑猩猩從樹葉縫隙中撿到樹上掉下來的肉屑。然後每隻猩猩都坐下來大快朵頤，悠閒地在蛋白質裡補充些樹葉──這可說是最原始的牛排配沙拉晚餐。有時候一打黑猩猩要花上一整天時間才能吃完不到九公斤的動物屍體，這也頗像是美國的一頓節日晚餐。

黑猩猩也會為了奪肉類而打架。場面有時變得很火爆，但位階高不表示能拿到大份的肉。在黑猩猩社交生活的這方面，屬下不一定會聽從領導者，重要的反而是年紀；性的吸引力也很有影響力，發情中的母猩猩往往得到更多塊肉。[55]

預先規劃、群體打獵、合作與分享──這些狩獵技能將由我們的祖先發揚光大。但黑猩猩缺乏人類狩獵的一項關鍵技

能：使用武器。不過黑猩猩確實偶爾也會這麼做。

　　某次一群貢貝溪的公黑猩猩包圍了四隻成年假面野豬，黑猩猩獵人們試圖孤立某隻小豬。終於一隻年長黑猩猩丟出一顆香瓜大小的石頭，擊中一隻成豬。豬群四散奔逃，只剩下那隻小豬。黑猩猩獵人立刻抓住牠，把牠大卸八塊後吞進肚子裡。[56] 公黑猩猩也會做出類似長茅的投擲物，用來丟擲大意的獵物。

　　但黑猩猩與彼此敵對時更常使用武器。[57] 他們會在樹上朝下方的黑猩猩丟樹枝、用小樹鞭打敵人、後腳站立揮舞木棍、丟擲石頭與樹枝，朝對手進攻時還會拖著圓木或滾動石頭。

　　或許當我們住在樹上的祖先沒有追求發情期女性時，他們也會作戰、打獵或用樹枝和石頭攻擊彼此。很有可能他們也會花上許多時間試圖讓天下太平。[58]

　　公猩猩製作的工具以武器居多，但母猩猩製作和使用的工具卻更多，尤其當她們在採集昆蟲時。[59] 母猩猩會用手指打開地底下的蟻窩，插入一根細長樹枝去撈螞蟻。就在螞蟻蜂擁至洞口時，母猩猩讓這些到處亂爬的小螞蟻爬到嘴唇上，再吸進嘴裡，然後趁螞蟻咬她們的舌頭之前拚命嚼，把螞蟻吃掉。她們也會用長草根去「釣」白蟻窩通道裡的螞蟻。黑猩猩也用石頭敲開堅果和外殼堅硬的水果，用樹葉掃去身上的塵土，用小樹枝剔牙齒，用大葉子搧走蒼蠅，為了吸取枝枒裡的水分而咀

嚼樹葉，以及拿棍子和石頭丟貓、蛇和其他黑猩猩。[60]

那些生活在在樹上、與我們關係最近的親戚，或許也很常使用工具。

看牙與行醫或許也來自我們樹上的祖先。在貢貝溪，剛成為「牙醫」的貝兒用小樹枝清理一隻年輕公猩猩的牙齒，他嘴巴張得老大。有一次她成功進行了一場拔牙手術 —— 她的病人躺著不動，頭往後仰，張大了嘴，於是她拔出一顆蛀牙。[61] 在中央華盛頓大學的靈長類研究中心裡，一隻年輕的公黑猩猩用一根小樹枝清理他同伴的腳瘡。[62] 黑猩猩也會在幫彼此理毛時拔掉疥瘡。

黑猩猩並非總會遺棄垂死的同伴。一隻貢貝溪的母猩猩被一群公猩猩攻擊之後，她的女兒在母親殘破的身體邊坐了幾小時，趕走她身邊的蒼蠅，直到她死去為止。不過這隻小猩猩沒有留下樹葉、樹枝或石頭紀念母親。只有大象會「埋葬」同伴，把樹枝放在死去大象的頭和肩膀上。[63]

我們住在樹上的祖先或許也很懂得禮儀。現在的黑猩猩會送樹葉和樹枝給位階高的黑猩猩當禮物，也會對他們鞠躬。他們和這些猩猩保持友好關係，一起旅行。他們會握手，會撫摸別的黑猩猩，藉此安慰對方，還會像足球隊員一樣拍拍彼此的屁股。他們會咬緊牙齒、拉開嘴唇，做出像人類一樣緊張兮兮的社交笑容。他們會�’嘴、繃著臉，也會大發雷霆。他們常替對方理毛，把彼此毛上的草和塵土挑掉 —— 很像是我們把別人毛衣身上的毛球摘掉。

高貴的野蠻人

　　人類在樹上的最後親戚是否像黑猩猩一樣過著集體生活？[64] 他們是否聚集在一起保護生活邊界，對鄰人宣戰，就像今日人類耗費心力作戰？牠們是否用樹枝沾螞蟻，為了吃肉合力獵捕動物，並分享戰利品？這些似乎都有可能。

　　有些人可能就是早期的醫師，而有些人是戰士。他們或許會惡作劇，把水或葉子倒在沒注意的同伴頭上──因為現在的黑猩猩最喜歡搞笑和對彼此惡作劇。有些我們的祖先一定也會比較嚴肅但有些比較有創意；有些害羞，有些勇敢；有些可愛，有些自我中心；有些有耐心，有些賊頭賊腦；有些好奇，有些頑固，有些小家子氣──正如所有人類和猿類都可能有的個性。

　　他們一定也有家庭觀念。黑猩猩、大猩猩和所有較高等的靈長類定期與母親和兄弟姊妹往來。他們或許害怕大多數陌生猩猩，與同儕發生口角，對位階高的猩猩鞠躬，親吻性伴侶，手挽著手走路，會握手和握腳。他們毫無疑問能以臉部表情、呵呵笑、喘氣和喝叱聲傳達喜好、愉悅、不滿和許多其他情緒。當然他們也會花許多時間坐在森林地面上，輕拍、撫摸、擁抱彼此，從彼此身上挑掉樹葉和塵土，與嬰兒、朋友和情人玩耍。

　　或許他們也會和配偶為了進行私下性交而在森林裡消失幾天或幾週。或許有些猩猩甚至在他們的這場狩獵探險活動結束後感到哀傷，或依舊對這名暫時的愛人充滿熱情。八百萬年前

的孩子們在母親和母親的女性朋友保護下長大。

　　當時尚未演化出「父親」、「先生」和「妻子」。

地猿

　　然而在六百萬年前，非洲出現了某個新的物種。他們之中有些在肯亞林地裡交錯的寬闊帶狀草原上漫遊，[65] 有些住在查德的樹林裡。還有些到了四百四十萬年前，有超過三十五個這樣的個體，生活在今天衣索比亞緩慢流動的河水周遭的森林中。

　　他們或許是一般人眼中所以為類人猿和人類之間的「過渡動物」，也就是最先從與我們關係最近的表親—— 黑猩猩—— 分離出來，開始朝人類演化的生物。我們有他們的骨頭。他們有許多科學名稱，但是其中大多物物種都屬於地猿（*Ardipithecus ramidus*）。

　　在此向大家介紹雅蒂（Ardi），她就是人類古老的親屬之一。

　　Ardi 這個字的意思是衣索比亞阿法州部落語言的「地面」或「地板」；*ramid* 的意思是「根」。雅蒂大部分的骸骨遺留在現今阿拉米斯，也就是衣索比亞東非大裂谷地帶的中阿瓦什遺址（以阿瓦什河命名）。[66] 她站立的高度是一百五十公分，重約五十公斤；從牙齒構造看來，她吃許多植物、堅果和小型哺乳類。她遊走在當地漫生的朴樹、無花果樹和棕櫚樹間，與

猴子、羚羊、犀牛、熊、水獺、蝙蝠、松鼠、鬣狗、孔雀、昆蟲與各式各樣的植物生活在一起──以上這些動植物留下超過十五萬件化石遺跡碎片。

不過雅蒂是個特別的女人。她的腳趾相當大且向外翻，能讓她抓住粗樹枝。這種像猿類的特徵，與之後所有較接近你我世系的人科排列整齊的腳趾相當不同。然而她的腳的其他特徵能讓她直立行走。

這是類人猿朝人類演化的一大步。她的骨盆上半部也改變了。在地面上直立行走時，她不會像猩猩那樣左右晃動。然而她的骨盆下半部還是和猿類一樣附著用來爬樹的大塊結實肌肉。她甚至還有像猴子的手部特徵，手指很長，手掌短而靈活。雖然她的頭骨和脊椎已經為了能兩腿走路而改變特徵，腦部卻不比黑猩猩大。

不過雅蒂和她的男性與女性朋友們也有一項出色的人類特徵：犬齒縮小。此外，地猿的骸骨中找不到兩性身型不同的重要證據。[67] 這些特徵是人類出現浪漫愛情與單一伴侶制的最初跡象。[68]

至少人類學家歐文・洛夫喬伊如此推斷。洛夫喬伊根據以下學界長久接受的事實，作為一夫一妻或單一伴侶制早期演化的假設基礎：群居的雄性靈長類用他們又大又尖、像短劍一樣的犬齒和其他雄性爭奪生育的機會。因此他提議，因為公地猿的犬齒變小，他們已經不再需要為了爭奪與母猿性交而打鬥。反之，他們已經開始與母猿結為配偶，養育後代，形成一夫一妻制──這是人類的正字標記。洛夫喬伊主張，一夫一妻

制的演化與靈長類直立行走的演化同時發生。

　　雅蒂是一個複雜難解的女孩。並不是所有人都同意她和她的同伴已經從黑猩猩的祖先分離出來，[69] 也不是所有人都相信雅蒂和一名情人配對，共同養育幼子。但雅蒂和她的夥伴們必定有許多時間在森林裡的地面上活動，甚至在更開闊的樹林間小心翼翼地行走。或許她最勇敢的同伴還曾經聚集在開闊的草地邊緣，然後衝進這充滿危險的空曠地帶，收集獅子狩獵後的殘羹剩菜，然後再迅速撤退到森林或林地的樹林間享用，不受掠食者干擾。

　　我們的祖先已經開始有更長的時間在地面上活動。

　　經過漫長的年代，我們已無法知道成為化石的雅蒂曾經在想些什麼。但舞台已經架設完成，演員蓄勢待發。我們最初像人類的親戚，沒多久就會從雅蒂的世系中出現，並且發展出既渴望獻身給一個人，又渴望拈花惹草的雙重個性，這種特色將會銘刻在他們的後代身上，直到今日。

7
離開伊甸園
一夫一妻制的起源

鳥獸由雙親共同照料，

母親哺育牠，父親保衛牠；

幼兒離開父母，在地上或空中遊蕩，

他不再受到母親本能的保護，也不再受到照顧；

親子離散，鳥獸必須尋找另一個懷抱，

將會有另一份愛，另一次歷程。

無助的人需要更長遠的關照；

這更長遠的關照將彼此結為更持久的群體。

—— 亞歷山大·波普，《論人》*

　　此時是約三百六十萬年前的東非，雨季剛開始。幾週以來，薩迪曼火山定期噴出朵朵灰色的火山灰雲，每天在下方的

---

*譯注：亞歷山大·波普為英國十八世紀前期的著名詩人。《論人》出版於一七三三至一七三四年間，是一部以雙韻體寫成的詩作，也就是兩兩押韻形成對句。

林地與平原上鋪了一層灰。每天下午，陣雨打濕了火山灰；而在涼爽的傍晚，火山灰變硬，於是落下的雨滴與洋槐葉的印子，和經過的羚羊、長頸鹿、犀牛、大象、豬、珍珠雞、狒狒、野兔、昆蟲、鬣狗、劍齒貓和人類幾位遠古親戚的腳印，都印在乾的火山灰上。[1]

有三個靈長類原始人——這些人顯然在人類家系圖上某一條分支上——曾經小心翼翼地走過火山灰，因而替後人留下了他們的腳印。其中最大的腳印走過火山灰時，每一步下沉五公分。在這些大腳印旁邊是較小的人類腳印，或許是女人，她站立時稍微高於一百二十公分。因為還有第三對腳印壓在最大的腳印上，人類學家推斷出有另一個較矮小的原始人跟在後面，小心地踩在領導者的腳印上。這三對腳印朝著北邊一個小峽谷前進，或許要到小溪旁的樹林裡紮營，因為腳印又往前二十三公尺，來到峽谷邊緣，之後突然消失。

一九七八年，非洲古人類學的老前輩路易斯・李奇的妻子、本身也是知名考古學家的瑪麗・李奇（兩位現在都已不在人世）以及她的考古團隊在被侵蝕的遠古時代地質層中發現這些露出的腳印。[2] 自從一九七〇年代中開始，瑪麗・李奇一直在挖掘位於坦尚尼亞北部一個叫做拉多里的考古現場；這名稱來自當地的馬賽族人，他們稱鋪滿這地區的紅色百合花為拉多里。在一九七八年的現場挖掘季節，她找到這些屬於人類過去的印記。

到底這些生物是在散步、邁開大步或小心謹慎地走著，或甚至他們是走在一起或在不同時間前進，學者都無法藉由分析

這些足跡進行清楚的判定。但毋庸置疑的是他們確實在這個峽谷附近生活、也死在這裡。瑪麗‧李奇在其他現場挖掘季節挖到其他原始人的化石——有超過二十二人的頭骨與下巴碎片以及單獨的牙齒;在三百八十萬年前到三百五十萬年前,這些原始人曾經在薩迪曼火山下方的林地間活動。[3]

露西在天上戴著鑽石

他們還有同伴。在北方,衣索比亞阿法爾州的哈達爾河畔住著露西。人類學家唐納德‧約翰森和考古隊員在一九七四年挖出許多露西的骸骨。

以披頭四一首歌的歌名〈露西在天上戴著鑽石〉命名的露西*站立時的高度約一公尺,重約二十七公斤,她沿著一座淺湖邊緣覓食,那裡現在已是綿延起伏、長滿樹林與草地的衣索比亞鄉間。她飽受關節炎之苦,死於二十歲出頭,當時大約是三百二十萬年前。[4]

約翰森的考古團隊挖掘出露西約 40% 的骨骼。雖然她的腳趾和手指都是彎曲的,而且比我們的長,表示露西有可能長時間待在樹上,不過從她的臀部、膝蓋、腳踝和腳部,都能肯定她以兩腳而非四腳站立。[5]第二年,約翰森又挖出了可能是

---

* 挖掘工作進行時,考古隊正在聽這首歌,於是一時興起將出土的化石命名為「露西」。

露西朋友的骨頭，包括至少有十三個原始人的部分骨骼，這些人在許久之前就曾經漫步在衣索比亞的林地間。從那時開始，考古學家又挖出更多骨骼。

我們無法得知這些在拉多里和哈達爾的「人」到底是誰。研究原始人腳印的學者就是一般所知的生痕學家，他們和許多其他人類學家都認為，像露西這種原始人的腳有可能在拉多里留下腳印。因此他們把這些所有原始人都歸類於早期的同一人種——人科的分支「阿法南方古猿」，所有人類學家都相信他們是從猿類的祖先分離出來，很接近我們人類家系圖的起源的某一支系。

這些生物或許看起來有點像現在的黑猩猩，他們的大腦稍大（但不超過我們人類的三分之一），眉脊粗大，黑眼睛、黑皮膚、薄嘴唇，沒有下巴，下頜突出，長著暴牙。他們的頭骨、下頜和骨骼的細節都令人想到猿類。[6] 此外，從出土的舌骨，也就是構成喉頭的一塊骨頭看來，他們和黑猩猩一樣，只能發出嘶吼和吠叫聲。[7] 這些原始人不能用人類的語言說話。

不過他們的身體有許多人類特徵。最重要的是他們能用兩條腿直立走路，而不是用四條腿。

這些原始人是從哪裡來的？他們的祖先如何走上人類演化之路？

嚴酷的考驗

「樹林中有兩條岔路，而我 —— 我選擇了少有人跡的那一條，之後的一切都大不相同。」羅伯特·佛洛斯特捕捉了生命中之後的一切不可避免因此改變的那一刻。這樣的時刻也發生在人類演化過程中，在這個時期，我們最初的祖先踏上遠離他們樹棲親戚的道路，再也無法回頭，開始朝通往現代人類社會生活的路上前進。

沉默的化石記錄了這場人類的誕生。

不過數世紀以來，神學家、哲學家與科學家從蛛絲馬跡中，編織出人類的遺傳理論。以下是我的版本。它源自於各種學科的科學數據，包括我們所知在古老非洲大陸各地蓬勃生長的動植物；現代猿類和猴子的生活方式；其他一夫一妻制動物如狐狸與旅鶇的交配習性，現代依舊以狩獵與採集維生的人的生活方式，以及我已在前幾章提過的人類浪漫愛情、依附感與遺棄彼此的種種現象。

以下是針對人類連續一夫一妻制，也就是人類會墜入情網、與彼此形成一對一伴侶，以及在三到四年後離開這段關係（往往在養育唯一一個孩子之後）然後再一次墜入情網，形成新的關係這種習性的起源，所提出的假說。

時間來到大約四百萬到六百萬年前，就假設是四百萬年前好了 —— 就在四百四十萬年前的雅蒂漫遊在樹林裡之後，一直

到三百六十萬年前和露西同一時代的原始人在薩迪曼山腳留下他們的骸骨和腳印之前的這段時間。

在藍綠色的淺湖與緩慢的河流邊，森林裡的樹和爬藤遮蔽了水岸。但水岸遠處的桃花心木和長綠樹愈來愈稀疏。此處林地蔓生，林地上樹木的枝枒勉強能彼此碰觸，草地遍布在樹幹間。在林地以外，越過東非連綿的山丘，大片草地向前展開。

各種遠古時代的大象、鴕鳥、玀狓、瞪羚、斑馬、牛羚、非洲羚羊、大羚羊、水牛，甚至還有始祖馬（從亞洲遷徙而來）都在這片開闊的草原上昂首闊步。他們的敵人——遠古時代的獅子、印度豹和野生的狗——尾隨在後。無論是破曉或黃昏，從白天到夜晚，這些肉食動物從草食動物群中偷走虛弱幼小的動物。接下來就輪到禿鷹、鬣狗、胡狼和其他食腐動物撿拾掉落的肉屑。[8]

人類最初的祖先因為森林面積縮小，被迫進入這片開闊的林地中。起初他們或許只有在很難找到森林裡的水果和嫩芽的乾旱季節才進入林地冒險，但飢餓與生存競爭必定迫使他們更進一步。當較茂密的森林裡的樹枝都被摘得光禿禿時，最多或許可達三十人的整個群體，愛好冒險或心懷恐懼的男女老幼，都聚集在這些枝幹下方。

或許有三到四個有親戚關係的女性，一起出發去尋找白蟻或螞蟻窩。到達一叢腰果樹叢從或有大片種子的地方，她們會發出喊叫聲，呼喚沒那麼大膽的同伴到這片比較空曠的土地上。很有可能有一小群男性徹底搜尋林地，尋找新鮮的肉類，抓剛孵出的小鳥、齧齒、小羚羊，甚至是大意的狒狒等任

何看起來能吃的東西，連死去的動物也不放過。

　　人類是拾荒者。現在人類學家相信，我們的祖先為了生活，不惜從樹上下來收集腐肉。[9]

偷竊肉類的人

　　人類學家蓋瑞·塔內爾測試了這項假說；他利用叢林謀生技能，設法得知數百萬年前我們的祖先是否能藉由機會主義狩獵和搜刮剩肉存活下來。[10]塔內爾把帳棚搭在東非的塞倫蓋提平原上，他選擇肯亞西南邊一塊六平方公里大的地方。他和九隻獅子共享那塊草地。重點是，他必須從獅子的晚餐中找到吃的，而不是變成獅子的晚餐。

　　夜晚塔內爾睡在兩座高聳的懸崖下方，就在一大群當地狒狒睡覺的樹林間。在那隻最大的獅子晚上來拜訪塔內爾，在他帳棚旁邊做記號時，這些鄰居們會警告他。整個晚上以及清晨，塔內爾仔細聆聽，如此他就能聽出每晚獅子在哪裡大開殺戒。然後到了早上九點獅子們睡著之後他就出發，依照一條特定的路線尋找肉類。

　　塔內爾總能找到可供食用的蛋白質 —— 一隻粗心大意的疣豬、一隻跛腳的南非大羚羊、三隻睡著的蝙蝠、幾隻吃太飽的禿鷹、即將乾涸的池子裡的十隻鯰魚、很小的峽谷裡的一隻三腳蜥蜴或是一隻野牛的屍體、牛羚，或是獅子或印度豹幾小時前殺死的葛氏瞪羚。塔內爾找到的這些動物他一口都沒吃，但

是他得到結論，只要有一顆磨尖的石頭和一根尖銳的樹枝，還有一個負責搜尋的人和幫忙支解切開肉類的夥伴，這些食物供應十個人都綽綽有餘——只要他們遠離與人類爭奪肉類的主要對象鬣狗的領域。

⤳

和塔內爾一樣，現代坦尚尼亞的哈札人有時也在旱季撿拾掠食者剩餘的肉。他們聆聽夜晚獅子的呼號，觀看禿鷹飛翔。第二天早上他們找到被殺的獵物，把肉移走，趕跑肉食動物，然後用專門的工具取下肉。

人類最初住在地面上的祖先當然沒有像哈札人那麼巧妙的工具。但被豢養的黑猩猩會把樹枝削尖變成矛；有些黑猩猩甚至會用力敲掉石頭邊緣，做成銳利的刀鋒。因此或許一夥原始人中最聰明的那個偶爾會用削尖的樹枝擊倒一隻小哺乳動物，然後再用銳利的石頭將動物支解。[11]

他們可以搜刮到相當數量的肉。獅子和印度豹往往吃不完他們的大餐。豹把肉吊在樹上，不會注意看守。[12]或許我們的祖先會等到最後一隻獅子和豹搖搖晃晃去睡覺之後，才偷偷溜到屍體旁，打破頭骨、收集腦漿、剝下外皮和筋腱，收成剩下的肉。有時候他們或許還會丟石頭嚇走吃到一半的肉食動物，這短短的時間剛好夠他們衝過去，抓一些肉之後逃走。

不過我們最初的祖先當然還是以蔬菜水果以及種子、根、球莖與根莖類植物為主食。[13]在湖邊與河邊，莎草、睡蓮和香蒲——稱得上是一間碳水化合物超市——這些植物一定很

容易採集。[14] 只要用一根樹枝和一塊石頭，我們最初的祖先就能吃到種類豐富的水果、堅果和莓子。

但是他們的晚餐一定時常被打斷。在較為開闊的鄉間，吃東西不可能不被發現。吃要花時間。大型貓科動物，靈長類最原始的敵人，就在視線所及之處。森林裡樹枝提供的安全掩護此時已不存在。

因此，和塔內爾一樣，我們最初的人科祖先或許停留在視線較好的短草地，將樹木和懸崖盡收眼底，避免到獅子打盹的長草地、灌木叢和森林邊緣。他們或許也密切注意當地的狒狒群。狒狒一緊張，他們就會更警覺。如果獅子突然出現，狒狒就會集合起來背對背，用後腳站立，揮舞手臂和樹枝，丟擲石頭並且大聲尖叫。

雙足步行的演化

為了適應地面的生活，原始人做出最後一項調整 —— 這項調整將永遠改變人類的歷史進程以及在地球上的生活方式。在某個時間點，我們的祖先開始將他們能採集與搜刮到的食物拿起來抱在臂彎裡帶走，然後運到樹叢裡或懸崖邊，總之找個不被掠食者打擾的地方。塔內爾確信，他們絕對不會在動物屍體旁逗留，或把食物搬到他們睡覺的地方，而是把收集到的食物「外帶」享用。

為了時常使用雙手，就必須直立行走 —— 用兩隻腳而非四

隻腳走路。

———❧———

「只有人變成以雙足行走的動物。」達爾文在一八七一年寫道。[15] 今天人類學家相信,最初的人科採取雙足步行的方式,以便採集和搜刮食物,並且把食物帶到安全的地方好好享用。此外,只要帶著一根削尖的樹枝,他們就能從土裡挖開樹根和塊莖。帶著石頭,他們就能驚動疣豬、小羚羊或狒狒。帶著樹枝,他們就能嚇跑正在吃東西的胡狼或禿鷹。只要能用手拿,他們就能把肉類和蔬菜搬運到懸崖上或樹上等安全的地方。

能以雙足行走之後,他們也演化出更有效率的步行姿態,以便能進行緩慢的長距離移動——也就是自然的人類步伐。現在他們的頭可以抬高,能清楚看見食物和掠食者。當這些遠古先人開始用手搬東西時,他們也能開始用嘴巴發出更複雜的聲音,警告朋友或發出信號,傳達計畫。

我們的祖先這時經歷了多麼了不起的轉變!

以雙足行走之後,他們演化出大的腳趾,這些腳趾不再外翻,彼此平行。他們還從腳跟到腳趾間演化出足弓,以及蹠骨球(足弓與腳趾間的腳前掌);這兩個弧形的作用就和彈跳床一樣,使人能拉開步伐,每走一步就能往上彈起,推動身體向前。有了屁股上強壯的新肌肉,變得寬而扁平的骨盆,以及在臀部下方成一直線的膝蓋和健壯的踝骨,他們走路時不再搖搖晃晃,當身體往前傾時幾乎能不費吹灰之力就保持平衡。他們

和今天的我們走得一樣穩。

能夠雙足行走、採集和攜帶食物之後，露西的曾曾曾祖母的祖先，在林地和草地上找到了適合他們的角落。

依我的推測，雙足行走將啟動一場性革命。

一夫一妻制的起點

當我們的祖先一直在樹上生活時，做母親的必須用四隻腳走路，新生兒就攀在母親的肚子上。等到嬰兒大一點之後，母親走動時他就爬在她背上，孩子不會影響母親的行動。

但是在適應大多數時間在地面上度過的生活之後，母親必須時常直立行走。這時她們必須把嬰兒抱在懷裡，而不是背在背上。

原始人女性如何能帶著樹枝和石頭、跳起來抓野兔、衝向蜥蜴或丟石頭把獅子從牠獵殺的的動物屍體旁趕走 —— 同時身上還抱著嬰兒？她又如何能坐在危險開闊的地面上挖植物的根、採集蔬菜或釣螞蟻，同時還能保護她的孩子？在森林裡，孩子能在樹上玩耍。在林地的地面上，孩子必須被她抱在懷裡，不時關注，否則就會進到獅子的肚子裡。

更糟的是，母親承受的重量並不對稱。她必須把嬰兒抱在一邊的臀部上。喬安娜・華生已經證明，負載不對稱的重量，例如小孩，比負載平均分配的貨物需要耗費更多精力。[16]

因此我建議，當我們的祖先開始時常以雙足行走之後，母

親們跨越了所謂「一夫一妻制門檻」。在把嬰兒帶著走時，她們需要更多的保護和更多食物，否則她們的後代將無法存活。

丈夫與父親角色的演化時機已經成熟。[17]

父親的身分

自然界中單一伴侶的配對很少見。尼羅鱷、美國蟾蜍、雀鯛、海星蝦、木蠹、糞金龜、天牛和某些沙漠中的鼠婦都是一夫一妻制。而鳥類中有 90% 都是成雙成對。

但只有約 3% 的哺乳類與單一伴侶形成長期關係。其中包括某些麝鼠、某些蝙蝠、亞洲小爪水獺、海狸、鹿鼠、侏儒、山羚、葦羚、犬羚以及其他幾種羚羊，長臂猿和大長臂猿、某些海豹、幾種南美洲的猴子和所有野生的犬類：狐狸、狼、郊狼、胡狼、南美的鬃狼以及日本的狸貓，都會以「丈夫」與「妻子」身分形成單一伴侶，共同養育後代。[18]

一夫一妻制在哺乳類動物中很少見，因為當雄性能與許多雌性性交、將基因傳給更多後代時，只和單一雌性在一起通常對雄性基因沒有益處。因此多數哺乳類動物，如大猩猩，就會試圖組成一夫多妻制的家庭。

他們藉由幾種方式達到目的。如果一隻公猩猩能保衛他的資產，例如最適合進食或生育的地方，幾隻母猩猩就會聚集到他的地盤上。又例如公黑斑羚會與彼此競爭成群母黑斑羚漫遊其上的豐沛草地。如果各處資源分配平均，無須捍衛或爭奪土

地，那麼雄性或許就會試圖依附一群一起行動的雌性，成為她們的保鑣，對抗入侵的雄性，獅子正是如此。當一隻雄性動物無論如何無法獨自擁有妻妾群時，他或許就會占據一大塊領土，隨意與幾隻地盤上的雌性交配——挺像是挨家挨戶送牛奶的小販。紅毛猩猩就是這麼做。

因此必須要在一種非常特殊的情況下，雄性才會和**單一**配偶交配，並且幫助她養育後代。

就算從雌性的觀點來看，她們通常也不會採取一對一伴侶的配對方式。雄性帶來的麻煩多於他的價值。許多雌性動物寧可和同為雌性親戚在一起，然後和外來雄性訪客交配；母象就是如此。如果雌性需要雄性保護，她們何不與有公有母的群體一起行動，然後和其中幾隻雄性交配？這是母黑猩猩常會採用的策略。

在額外津貼超過花費之前，必須有許多比例正確的生態與生物條件，才能讓一夫一妻制成為某一物種雌雄雙方最好的（或者是唯一的）選擇。

赤狐和黃鶺鴒的一夫一妻生活，就是這些條件適當組合的例子。研究以上生物的性生活，提供了我在研究人類一夫一妻制、離婚與再婚（連續一夫一妻制）時的最重要線索。[19]

狐狸的愛情

母赤狐生出來的小赤狐寶寶極度柔弱、發育不全，這種特

徵叫做「晚熟性」。[20] 剛出生的小赤狐又瞎又聾。母赤狐不止生出幼弱的小赤狐，而且往往一胎有多達五隻。而且不像老鼠有充沛的奶水，可以把新生兒留在窩裡睡覺，自己到別處搜索食物，母赤狐奶水中的脂肪和蛋白質含量都很低，因此她必須持續哺乳好幾週。她不能離開小赤狐自己出去覓食。

這真是一個生態學的謎團。如果沒有配偶帶食物回來給母赤狐，照顧無助幼兒的母赤狐就會餓死。

然而一夫一妻制也很適合公赤狐。在這些公赤狐生活的地區，資源分散在各處。在正常情況下，公赤狐無法得到一塊食物豐饒且適合生育的地方，使得兩隻母赤狐願意同時住在牠的土地上，共享配偶。但是公赤狐可以帶著一隻母赤狐，並且在牠發情期時不讓別的公赤狐接近（父權的確認），並在一小塊家園中協助她撫養晚熟的小赤狐。[21]

一夫一妻制對公母赤狐都有好處，於是牠們結為單一配偶，養育後代。但是線索來了：赤狐並非終生相守。

在二月，母赤狐開始跳求偶舞。通常會有幾隻追求者跟在牠腳邊。在發情期到達高峰時，有一隻公赤狐成為牠的配偶。牠們舔舐彼此的臉，並肩走著，在牠們的領域裡做記號，然後在冬天逐漸遠離時共築幾個巢穴。接著，在春天生產的母赤狐花幾乎三週的時間哺育小赤狐，而她的「丈夫」每天晚上帶著一隻老鼠、一條魚或是一些其他美食回來。在生氣蓬勃的夏季白天與夜晚，狐狸爸媽守衛著狐狸窩，訓練小狐狸，替這狼吞虎嚥的一家人獵捕食物。但是隨著夏天過去，赤狐爸爸也愈來愈少回巢。到了八月，赤狐媽媽的性情也改變

了；她把小赤狐趕出巢穴，自己也離開那裡。

赤狐的單一伴侶制只持續到生育季節結束為止。[22]

✍

生育季節期間的一夫一妻制，也是鳥類常見的現象。

多數鳥類在與狐狸相同的季節形成一對一伴侶。就食物與生育地點的品質來說，地域差異一般而言差異並不大。以黃鷗鷸為例，牠們很少能取得一塊特別講究的家園，並吸引幾隻雌鳥到牠的領地。但是牠可以捍衛一小塊地方，協助單一一隻配偶養育她的（也是他的）小鳥。雌黃鷗鷸需要他的幫助。牠們下的幾顆蛋需要雌鳥孵化，接著小鳥需要餵養和保護。鳥爸媽必須與這些小鳥在一起。既然小黃鷗鷸不需要吸奶頭，鳥爸爸一樣有資格哺育牠們。

在以上這些以及其他狀況下，其結果是黃鷗鷸形成單一伴侶，養育小鳥。[23]

但是線索又來了：和赤狐一樣，黃鷗鷸不會終生相守。牠們在春天配對，在懶洋洋的夏季月分裡養育一窩或更多小鳥。然而等最後一隻羽翼豐滿的小鳥在八月飛走之後，公鳥與母鳥就分開，加入鳥群。鳥類學家尤金・莫頓估計，在所有一夫一妻制鳥類中，至少有 50% 的公鳥與母鳥只有在生育季節形成單一配偶，時間長到足以將小鳥養大為止。[24] 接下來的那一年，一對配偶或許回到同一個地點再次交配；更常發生的是其中一隻死亡或消失，而另一隻於是更換配偶。

一夫一妻制開始與結束的演化理論

我們最初的人科祖先和赤狐與黃鸝鶲有幾個共同點。人類剛出現時，我們的祖先靠著以雙足行走、採集與搜刮肉類存活下來；堅果、莓子、水果和肉類散布在整片草地各處。光是一個四處遊蕩的男性無法採集食物或防守足以吸引數名妻妾的資源。他也不能獨占養育後代的最佳地點，因為我們的祖先在休息時性交，然後繼續往前走；根本沒有養育後代的最佳地點。即便有個男性可以吸引一群跟隨他的女人，他要怎麼保護她們？就算獅群沒有跟蹤他這一大堆「太太」，許多單身漢也能躲在後面把她們偷走。在正常情況下，一夫多妻制行不通。

但是一個男性可以走在一個單獨的女性身邊（他們處在有許多男女的群體中），在她發情期護衛她不讓其他男人接近，協助她養育幼子，這就是一夫一妻制。

女性的困境使一夫一妻制對她們而言更有說服力。我們最初的女性祖先生下的孩子不可能像今天的女性那樣，生下亟需照料保護的小寶寶，或是一胎生下好幾個嬰兒。猿類也不會一次生一窩會從樹枝上翻下來的小寶寶。不過正如之前提到的，當我們的祖先站起來用兩腳走路時，幼兒成了女性的負擔。她們需要幫助，需要有人提供食物和保護，至少在孩子斷奶前。

因此當單一伴侶制成為女性**唯一**選項，對男性而言也是一個可行的選擇時，大腦於是演化出熱烈戀情與以及依戀伴侶的迴路。

三四年之癢

但是為什麼這些早期的單一伴侶關係必須永遠持續？或許和赤狐與鴝鶇一樣，一旦母親不需要一直把嬰兒帶在身邊或日夜哺育嬰兒時，她對提供保護的人就不再那麼依賴。

她最初的「丈夫」也不再那麼依賴她了。為了護衛基因的未來，他都有義務保護他的後代，直到團體中的其他人開始幫忙他執行這項任務。然而等到他的孩子脫離嬰兒期，他就可以離開。**遠古時代的情侶們或許不需要在孩子過了嬰兒期之後還維持單一伴侶制，除非有第二個嬰兒誕生。**

以下就是本書的中心論點：在狩獵與採集的社會裡，人類的生育間隔期往往是三到四年。[25]

在傳統的康恩族裡，母親把嬰兒緊貼著自己，白天夜晚定時餵奶，嬰兒需要就餵，把胸部當安撫奶嘴。由於身體持續與孩子接觸以及奶頭受到刺激，還有大量運動以及低脂飲食，排卵受到抑制，懷孕能力延後約三年。因此康恩女人大約每四年生產一次。持續親餵的傳統澳洲原住民[26]和新幾內亞的甘吉人[27]，一般生產的間隔是四年。亞馬遜叢林裡的亞諾馬米人[28]、愛斯基摩的納斯利克人[29]、尼泊爾錫金的絨巴人[30]和新幾內亞的達尼人[31]的嬰兒，斷奶時間一般都在三到四年。

有許多因素影響嬰兒的出生間隔。但是這些數據暗示四年的出生間隔期是我們長久演化的過去年歲中常見的模式，其原因是時常運動、體重輕以及從早到晚持續哺乳的習慣。[32]因而現代全球的離婚高峰期是結婚後的三到四年，符合人類傳統上

生育的間隔期——也是三到四年。

﹏

因此，以下是我的理論。就像狐狸、鵂鶹和許多只在生育季節交配的單一伴侶動物，人類的單一伴侶制一開始的演化只夠維持到將一個孩子養到脫離嬰兒期為止，也就是前三到四年，除非母親懷了第二個孩子。

當然這個模式一定有個別差異。有些伴侶們在交配後數月或數年都沒有懷孕。往往因為一個寶寶死於嬰兒期，使得女性必須回到原本的週期，延長雙方關係。有些伴侶們就算不孕也還是在一起，因為他們喜歡彼此，或因為身邊沒有其他人可配對。必定有許多因素影響原始單一伴侶制的時間長度。

但是十年、百年、千年過去，隨著時間推移，那些最初的人科祖先與配偶在一起的時間至少久到能讓一個孩子活三到四年，活過他人生最脆弱的階段。這就是天擇下一夫一妻制的開始以及結束。

七年之癢經過修正後變成三四年之癢，其實是人類的生殖週期，或許它也是一種生物現象。

殺嬰模式

連續配對或許也是一種適應行為。

當被問到為何她每一場婚姻都宣告失敗時，人類學家瑪格

麗特・米德回答：「我結了三次婚，沒有一次是是失敗的。」米德就是我父親口中那種性格堅毅的人。不過許多人都理想化了終生廝守的婚姻。從達爾文的觀點來看，百萬年前的連續配對有其優點。

最重要的一點，就是基因多樣性。遠古男女和數個伴侶生育，因此他們能產生更多樣化的孩子，這些孩子各有不同的天分與才能。如此在那樣危機四伏的環境中，才能有更多後代在大自然不斷將不良血統淘汰時存活下來。

同樣重要的是，在第二次配對時，男性可以選擇更能生下健康寶寶的年輕女性；[33] 而女性則是有機會選擇更能提供保護和支持的配偶。[34]

今天這些模式依然隨處可見。男女往往和第一個伴侶生下一個小孩，和第二個伴侶又生下更多小孩。男人還是和年輕女人再婚，而女人還是會和她們認為更能照顧自己、支持自己的男人再婚。這一切配對循環可能導致社會的混亂，然而從達爾文的觀點看來，和不止一個對象生小孩，有遺傳學的理由。

但是拋棄自己所生的後代然後再次配對，或許還要承擔做為繼父的責任，這對男性而言是否有基因優勢？同樣地，就繁衍的角度來看，遠古時代女性把小孩交到一個突然冒出來的「繼父」手上，是否有道理？進化論說，拋棄自己的 DNA 去養育另一個人的後代，不符合適應性。

我認為，這些問題的答案很簡單。在現代社會中，繼父母養育孩子的情形大幅增加。今天的西方父母大多靠自己撫養孩子，而且教育費和娛樂費都很高。孩子想要 iPhone、電腦，也

要上大學。於是繼父母的角色從經濟的觀點看來十分不利。

然而在史前時代，斷奶後的孩子很快就加入混齡遊戲團體，年紀較大的手足、祖父母和其他部落成員都會幫忙養育孩子。**孤立的**核心家庭並不存在。托兒不用花錢，教育費和娛樂費也很低。因此在遠古時代，身為繼父母（在孩子渡過了嬰兒期之後）花費的心力要比現在少得多。事實上，繼父母在今天的傳統社會中也很常見，或許正是上述原因造成。

原始人父母離婚，對孩子或許也不會造成嚴重的創傷，只要繼父在孩子進入遊戲團體，加入部落活動之後出現。然而，繼父如果在孩子還在吸奶時就出現，出於另一個大自然的嚴酷現實，後果可能不堪設想。獅群就是最好的例子。

當某隻公獅子征服獅群，趕走之前的領導者之後，牠會殺掉所有獅子寶寶。從進化論的觀點看來，養育不是牠所生的後代，這件事沒有利益可言。獅群中的母獅子在獅子寶寶死後會迅速進入發情期，這個新的領袖就能和牠們交配，因此這些公獅子就會養育有自己 DNA 的小獅子。[35]

現代社會中也同樣有這種嚇人的殺嬰模式。在今天的美國與加拿大，有些繼父會殺死還在襁褓中的繼子。然而在繼子過了四歲之後，殺嬰率就降低了。[36] 這就是遠古時代女性在孩子學會走路並且加入部落活動之後，更覺得能自由選擇另一個伴侶的原因。

愛你的鄰居

　　原始人的「離婚」和「再婚」或許也有文化上的優點。人類學之父愛德華・泰勒在一八八九年說道:「在文化較低的部落中,人們只知道用一種結盟的手段,那就是通婚。」[37] 他如此形容:「不通婚,就被殺。」

　　今天有許多新幾內亞、非洲、亞馬遜叢林和其他地方的以耕作為生的人,為了建立與維持友好關係而讓孩子和其他地方的人結婚。但這些人的第一段婚姻往往沒有維持太久。[38] 而且離婚時顯然也沒有人非常不開心,婚約受到尊崇,長輩之間的盟約更加鞏固,離婚的兒女也毫髮無傷回到原部落。他們沒有生下孩子,因此父母沒有抱孫子,但他們很高興看到兒女回家。

　　如果以上這些態度有一絲一毫曾經在約四百萬年前盛行,何不「結婚」一次以上?每一次新的婚姻關係都能使社交網絡延伸到附近的部落裡。

　　顯然我們最初的祖先在拋棄彼此時沒有想到他們的DNA;人們大多還不大在意他們的性與生殖行為對基因造成的後果。但在約四百萬年前,在露西的那個時代,奉行連續一夫一妻制的遠古男女能因此生下更多存活的後代,因而將連續配對的這種偏好在越過漫長的歲月之後,遺傳給你我。

幫手父母

我並不是暗示我們最初的祖先會隨意拋棄伴侶。「離婚」這件事必定和今天一樣會釀成災禍。世界各地的人在分手前都會吵架；有些人會殺人或自殺；孩子會感到困惑、害怕，或被迫離開父母；親戚間會大打出手；有時候整個社群都被捲入。即便是人類以外的其他靈長類，社會秩序的重新排列往往會導致嚴重的對抗。

我也不是暗示原始人的孩子到了三四歲就能獨立，無論是就身體或情緒上的發育而言。但是現代仍在狩獵與採集的部落裡，孩子就在大約這個年紀加入混齡遊戲團體。較年長手足、親戚和朋友，以及幾乎社群裡的所有人，也都再照顧孩子時扮演更重要的角色。在其他物種裡，這些較年長的手足被稱做「巢裡的幫手」。然而如果是人類，幫忙照顧孩子的成人親友叫做「**幫手父母**」。在許許多多動物以及所有人類部落文化裡都看得到的「**幫手父母**」，也存在於史前人類中。

最後，我的意思並不是所有史前男性與女性都會在孩子脫離嬰兒期進入幼兒期的時候拋棄彼此。事實上，現代離婚數據顯示，在幾種顯著的情況下，存在著持續終生的一夫一妻例子，這些情況毫無疑問也使得我們的祖先相守一生。

與長期而穩定的人類單一伴侶有關連性情況之一，就是漸增的年齡。如果各位還記得，在世界各地，離婚率在三十四歲

後持續下降。或許四百萬年前，年紀較大的伴侶為了互相扶持而一直在一起，成為祖父母後還可以替子女帶孫子。這些是現代人往往會做出的選擇。

第二，在聯合國的例子中，有三或四個幼兒的夫妻最能終生維持一夫一妻，這情形在傳統社會中也很常見。[39] 因此你和伴侶生的孩子愈多，你們倆愈有可能廝守終生。這種傾向，可能也源自於早期生下許多後代的父母，無法拋棄這樣一個大家庭。他們何必如此？如果父母雙方相處融洽，雙方的關係有助於養育好幾個孩子，那麼這對伴侶共度一生，就有基因上的優勢。

第三，終生一夫一妻的發生有環境因素。各位或許還記得，在男女在經濟上必須依賴對方的社會中，人們較不常離婚，最顯著的例子就是還需要犁田的農業社會。在放牧社會中，以及在男人負責大部分粗重勞力工作而且掌控家中重要資源、而女人必須仰賴這些資源過活的其他社會中，離婚率也很低。

因此如果在人類起源之初，兩性中任何一方完全依賴另一方提供的資源時，終生一夫一妻的情況或許是常態。

然而我懷疑終生一夫一妻制會是一般狀況。我們最初的祖先很有可能組成一個小團體四處遊走，成員包括四五對配偶、他們的孩子以及其他單身親友。肉類是共享的奢侈品。女性是有效率的採集者。雙薪家庭是常態，遠古女性和男性一樣有經濟能力。因此當伴侶們陷入一場爭吵不斷的「婚姻」中時，男方或女方就會邁開大步出走，加入其他團體。

在漫長的史前時代，連續一夫一妻制或許才是最常見的生殖策略。

特殊友誼

連續一夫一妻制的演進過程如何，我們只能加以猜測。人類最早的祖先或許住在很類似現代黑猩猩的群體裡。[40] 幾乎每一隻黑猩猩都能與任何異性交配，除了與母親和手足。接著一夫一妻制漸漸出現。東非狒狒的生活形態，就是單一配偶制是如何在這些靈長類群體中演變而來的絕佳範例。[41]

東非狒狒以大約六十隻為一群在東非草原上移動。每一群東非狒狒由幾個以母狒狒為中心的家庭組成，每個家庭由一隻帶頭的母狒狒領導，她身邊圍繞著她的孩子，往往還有她的姊妹和姊妹的孩子。和許多小城鎮裡的人類家庭一樣，一個母系家族主導當地的社交生活，另一個家庭居於第二位，諸如此類。所有人都知道彼此是誰。

但大多數兒子會在青春期離開家，加入附近的狒狒群。公狒狒常和一隻特定的母狒狒建立起「特殊友誼」，藉此進入一個新群體。

例如，雷是一隻年輕、健康又好看的公狒狒。人類學家雪麗‧斯特魯姆剛開始在「泵房幫」狒狒群勢力範圍邊緣蹲下來觀察，青春期的雷就出現在周邊。之前。雷在這群猩猩活動範圍邊緣待了幾個月，一直獨來獨往。不過他逐漸和一隻地位低

的母狒狒娜歐蜜做了朋友。每天雷都更靠近娜歐蜜，直到他們終於肩並肩坐在一起吃東西，而且每天晚上都在彼此附近睡覺。透過娜歐蜜，雷和其他母狒狒也成為朋友，漸漸他就受到這個狒狒群的歡迎。

這種「特殊友誼」還有其他好處。[42] 在每個月發情高峰期，母狒狒只會和一個伴侶交往，這隻公狒狒往往就是她的「特殊朋友」。其他公狒狒會跟著這一對情侶，騷擾他們，想辦法偷走「新娘」。但如果這兩隻狒狒是彼此的特殊朋友，母狒狒往往會黏著她的「情人」，使得其他公狒狒很難乘虛而入。如果她的「特殊朋友」捉住一隻躲在草叢裡的瞪羚寶寶，她可以最先開動。他的警戒態度也提供母狒狒一個「緩衝地帶」，在這區域裡她可以放輕鬆，和她的孩子玩耍，以及好好吃飯不受打擾。

身為「特殊朋友」的公狒狒也有好處。陪伴母狒狒，也使他成為母狒狒幼子的社會性父親。他會背著他們、替他們理毛、把他們抱在懷裡，也會保護他們。但是他也會利用他們。如果有另一隻公狒狒威脅他，他就一把抓來一隻狒狒寶寶抱在胸前，如此對方會立刻停止攻擊。對狒狒來說，「特殊朋友」是互惠的隊友，雙方有恩必報。

我們的祖先或許從樹上下來的很久之前，就已經有「特殊朋友」了。正如各位還記得，黑猩猩有時候會和對象進行「狩獵之旅」。但是在用雙腳行走之後，女性不得不帶著幼小的孩子穿過危險空曠的平地，因此她們需要男性提供保護與食物，雙方的友誼於是轉變為更深刻而長期的關係，這就是人類

形成單一伴侶的開端。

✥

我們遠古的親戚如何遇見「伴侶」或「配偶」，這一點很容易解釋。四或五個女人、她們的孩子以及「特殊朋友」一起行動，因為這是一群大得足夠能保護自己，但又小得能快速移動的團體。[43] 這些團體的活動範圍很有可能互相重疊。因此某個團體錯過的食物，會被下一個在附近遊蕩的團體採集。

無論公母，許多靈長類動物會在青春期離開自己出生的團體，因此有可能當不同團體相遇時，青少年們偶爾會換到其他團體居住。在四百萬年前的非洲林地裡，原始人很可能在由數個關係鬆散的團體所組成的大網絡中長大。青少年就和這個大團體裡的人成為「特殊朋友」，然後發展出一對一的關係。

女人或許會被友善、體貼和願意分享食物的男人吸引，而男人或許會被來自地位高的家庭的性感女人吸引。在女人發情期時，她的伴侶無疑會試圖護衛她，不讓其他男性向她獻殷勤，雖然他的阻止不一定有效。男人和女人只要有機會，或許就會和其他情人溜走。不過伴侶們會在林地樹下的草地上漫步，一起採集並分享食物，也會一起保護與養育他們的孩子，**至少讓他度過嬰兒期。**

然後在某個早晨，如果這段關係變得無趣或有壓力，男人或許人就會離開原本的團體，在不同團體中和新的「特殊朋友」一起旅行。

混合式生殖策略

大腦中是否演化出用進廢退的情感模式？從某些鳥類和哺乳類動物的連續一夫一妻生活方式、非人類靈長類的行為模式、狩獵與採集社會中人類的日常生活以及現代在世界各地的結婚與離婚模式，都不由得讓我猜測，到了三百二十萬年前，露西已經採用人類基本的混合式生殖策略：連續一夫一妻制，以及某些人暗中進行的通姦。

這種混合式生殖策略分成幾部分。沒有小孩的年輕伴侶們往往形成短期的一對一配對，之後拋棄彼此，接著再次配對。有一或兩個小孩的伴侶們會在一起久一點，至少久到一起養育孩子度過嬰兒期；然後會有許多人「離婚」，再次選擇新伴侶。有三或四個孩子的伴侶們往往維繫更長期的關係。上了年紀的伴侶通常會一直在一起。有些男女在這過程中偷情。

並不是每個人都照著這樣的生殖策略腳本演出；還是有許多人不是如此。但因為這些模式出現在全世界，它們很可能是隨著人類基因演化而來。

在電影《非洲女王號》裡，凱薩琳‧赫本對亨弗萊‧鮑嘉發表以下評論：「奧耐特先生，人生在世，是為了克服天性。」我們是否能克服天性？

當然可以。現代人的婚姻模式，就是集體文化與個體個性戰勝人類天性的明證。所有美國人的婚姻中，有一半以上都能

持續一輩子；許多婚姻裡的伴侶都忠於配偶。全世界有許許
多多人只結婚一次，棄絕通姦的念頭。有些男人有好幾個妻
子，有些女人有好幾個丈夫，有些人甚至選擇獨身或不生子女
（基因的死亡）。人是一種非常有彈性的生物。

不過我們都會傾聽內心的聲音。

在連續一夫一妻制與祕密通姦的演化過程中，男女出現
依戀、拋棄與不可自拔等強烈情感。這些形形色色的愛情形
式，將占據我們的人生。

8

霸道的愛

愛的依附與成癮的演化

只有在愛情中，我們對痛苦毫無抵抗能力。

—— 佛洛伊德

看見她的笑容，聽見她的聲音，看她走路的樣子，憶起甜蜜或詼諧的片刻 —— 只要稍稍想到心愛的人，就會有一股愉悅的的浪潮流經大腦。美國詩人羅伯特·羅威爾寫道：「這旋風，這狂暴的愛慾。」羅威爾不過是成千上萬曾經感受到將人吞噬的浪漫愛情風暴的其中之一。熱情之前，人人平等；愛使詩人與總統、學者與技師處於相同的等待、希望、苦惱與極樂等言語難以表達的狀態。

然而，大腦無法永遠承受這種躍躍欲試的狀態。有些人在這不安的狀態下只維持了幾週或幾個月。如果一對情侶的關係遇到嚴重的障礙，例如兩人隔著一座海洋或隔著彼此的配偶，有時他們可以好幾年都維持這種狂喜。在針對結婚平均二十一年的夫妻所做的腦部電腦斷層掃描研究中，我們已經證明浪漫愛情有時能持續數十年。

但是戀愛初期這令人愉快的強烈情感往往之後會開始消退。就在興奮與新鮮感沉澱之後，深沉而平靜、合而為一的情感隨之萌發。心理學家依蓮·哈特菲爾德將這種情感稱之為「友伴之愛」，她的定義是：「和一個人生與你緊緊纏繞的人快樂共處的感覺。」[1] 我相信這種友伴之愛由特定的大腦機制產生，也就是依附感的機制。

　　浪漫的愛和依附感，世上的男女很容易辨認出這兩種愛。肯亞的泰塔人說，愛有兩種形式：一是無法抗拒的渴望，像是「一種病」；二是對某人深刻持久的依戀。[2] 巴西人說：「愛情誕生自一個眼神，成熟自一個微笑。」[3] 對韓國人來說，韓文的 *sarang* 這個字很接近西方人浪漫愛情的概念，而 *chong* 這個字比較像是長久的依附感。

　　世界各地都見得到上述愛情的進程。美國第二任總統的妻子艾碧蓋兒·亞當斯在一七九三年寫信給丈夫約翰：「歲月將炙熱的戀情冷卻，但取而代之的卻是深植於心中的友誼與柔情。」[4] 我之前提到住在喀拉哈里沙漠的康恩族女人妮莎，也生動解釋了這種進程的曲線，她說：「兩個人一開始在一起時，他們熱情如火。過了一陣子，熱情逐漸冷卻，本來就會這樣。他們還是愛著對方，但是以一種不同的方式——他們的愛溫暖而值得信賴。」[5]

　　雖然有這樣一般常見的愛情進程，我在其他章節曾提出的三種大腦配對機制——性慾、浪漫愛情與依附感——其實能以

任何順序引發。有些人先有性，才墜入愛河。有些人瘋狂愛上剛認識的對方，幾週後才有性。有些人甚至在工作場合或社交圈中先與朋友建立深厚的依附情誼，之後才瘋狂墜入愛河，然後發生性關係。

然而一般來說，性慾和熱烈的戀情會先被挑起，接著是深深的依附感，心理學家西奧多・里克稱之為溫暖的「落日餘暉」。

西方人喜歡浪漫戀情。西方人的電影、戲劇、歌劇、芭蕾舞、歌曲和詩，都在讚頌愛情，古希臘人稱之為「來自諸神的瘋狂」。我們也陶醉在性衝動之中。但我認為羈絆之情——滿足、共享，以及對方是宇宙間唯一的感覺——是這三種基本驅動力之最。當你們手牽著手走路，當你們晚上並肩坐在一起看書或看電視，當你們看電影時一起大笑或挽著手臂走在公園或海灘上，你覺得兩人的靈魂合而為一。這世界宛如天堂。

或許三百二十萬年前，在今天衣索比亞境內一座藍綠色的淺湖邊，躺在與她有長久關係的「特殊朋友」身邊時，露西也曾感受到如置身天堂般的寧靜。我這麼說是因為伴侶們的依附感深深交織在哺乳類的腦中。大腦的依附機制或許和人類許久之前的單一伴侶制一起演化而來。

友伴之愛

現代對人類依附情感的心理學研究始於英國精神病學家約翰·鮑比[6]以及美國心理學家瑪麗·安斯沃斯[7]。他們提出，為了使幼兒存活，靈長類演化出一種與生俱來的依附系統，目的是讓嬰兒產生動機，從通常是母親擔任的靈長類照顧者身上尋求慰藉與安全感。

在這之後，學者又進一步研究與人類成人和其他生物的依附系統相關的行為、感情和生理機制[8]此外，研究者還提出，這些依附迴路終其一生都有作用，目的是作為伴侶雙方養育後代的情緒承諾基礎[9]。

今天我們知道某些「友伴之愛」的神經迴路基礎。但是為理解這種大腦迴路系統產生對愛人的依附感，我必須再次向各位介紹前面章節提到的美國中西部小動物：草原田鼠。

滿足荷爾蒙

各位是否還記得第二章提到過，這些棕灰色像老鼠一樣的齧齒類動物會被特定伴侶吸引──現在學者最常將這種動物間的吸引力，與哺乳類大腦中的多巴胺相連。

然而與大多數哺乳類不同的是，被異性吸引的草原田鼠之後會與對方結為單一伴侶並養育後代；約有 90% 草原田鼠終生維持一夫一妻關係。今天科學家已經在雄田鼠身上找出這種

依附行為的主要原因。當雄田鼠在雌田鼠體內射精時,雄田鼠大腦內特定區域的血管加壓素活動增加,引發一系列反應,包括熱衷於結伴與照顧幼兒。[10]

那麼血管加壓素是使雄田鼠產生依附感的天然雞尾酒嗎?

或許如此。當科學家在實驗室中的雄田鼠大腦內注射血管加壓素時,牠們立刻開始捍衛自己的交配與育兒的領域,不讓其他雄田鼠入侵。被帶到雌田鼠面前的雄田鼠,瞬間產生占有慾。[11]而且當科學家阻斷雄田鼠大腦內製造的血管加壓素時,雄田鼠卻成了花花公子;牠和雌田鼠性交後馬上拋棄了她,再去找別的雌田鼠交配。

更值得注意的是,當神經科學家賴瑞·楊和同事修改無害的病毒,讓病毒攜帶血管加壓素受體的基因碼,然後將病毒注射到另一種田鼠——草地田鼠(這種田鼠不會與異性結為單一伴侶)的身上時,牠們也會開始和當時的性交伴侶產生牢固的依附感。[12]這項實驗對本書最重要的啟發是:有血管加壓素相關基因的男性,也較能與伴侶形成穩定的關係。[13]

看來父親的本能中至少包含一種生理組成元素:血管加壓素。我猜想,在三百二十萬年前,當露西和她的「特殊朋友」擁抱彼此的時候,這個神經迴路已經在荷爾蒙中演化完成。

～

「我愛你日日夜夜,如同在陽光與蠟燭下那樣不言自明的

日常需要。」英國女詩人白朗寧如此寫道。很少有詩人描寫依附感，或許因為這種與對方合而為一的感受，很難驅策詩人在最深的夜裡從溫暖的床上爬起來，寫下如此狂喜的詩句。白朗寧的詩句是例外，她的情詩能喚起人最深刻的依附情感。在寫下這些情詩的同時，她的腦中或許充滿另一種化學物質；現在研究者已經將這種化學物質與依附感相連，那就是催產素。這種神經化學物質與血管加壓素密切相關，而且在自然界中也同樣無所不在。[14]

催產素與血管加壓素相同，也在下視丘製造。但和血管加壓素不同的是，催產素是由雌性哺乳類（包括女性）在生產過程中所分泌。它促使子宮收縮，刺激乳腺製造乳汁。但是催產素也會刺激母親與嬰兒間產生聯繫。現在有愈來愈多數據指出，催產素也能製造與偏愛的配對伴侶之間的依附感。[15]

你絕對曾經感受到這些「抱抱化學物質」，學者有時會這樣稱呼血管加壓素和催產素。在高潮時，男人和女人的腦中催產素活動非常旺盛。[16] 這兩種「滿足荷爾蒙」無疑能在與愛人發生甜蜜的性關係之後，產生融合、親密與依附感。

愛之網

因此我相信，為了指引人類的社交與繁衍，我們演化出這三種強有力的大腦系統。**性衝動**使我們產生動機，尋找各類交配對象。**浪漫愛情**驅使我們將交配的精力一次專注在一個對象

身上。而深刻的**依附感**使我們和這個特別對象相伴，至少直到將一名嬰兒養大、活過嬰兒期為止。

每一種基本的驅動力都能製造出各自不同的行為、感情、希望和夢想。每一種驅動力也都與不同的神經傳導化學物質相關。性慾主要和睪固酮（男性荷爾蒙）有關，男女腦中都有。浪漫的愛與天然興奮劑多巴胺相關，或許也和去甲腎上腺素和血清素有關。而深刻的依附情感主要由神經肽、催產素和血管加壓素產生。

以上這三項都是在人類大腦中活動的**生存機制**。

因此我容我提議，在我們的祖先從非洲快速消失的樹上下到地面、用兩腳走路，與異性結為單一配偶並互助合作共同養育無助的幼兒至少渡過嬰兒期後不久，性慾、浪漫愛情和依附情感的大腦系統就立刻在人類腦中成形。

大約在三百二十萬年前，露西也墜入愛河。她渴望與伴侶發生性關係，對伴侶熱情洋溢，也產生深刻的依附感。這是一首由喜悅、興奮與寧靜感受組成的交響曲 —— 有時甚至是不和諧的噪音。

但是這些大腦系統的演化很有可能在露西的生活中導致災難，一如今日，原因來自大自然的把戲之一：這三種大腦系統的連結有時並不完善。確實，在你對長期相處的伴侶感受到深刻依附之情的**同時**，對辦公室裡的同事或社交圈裡的某個人產生了浪漫愛情，**同時**又對其他人產生性衝動。晚上躺在床上

時，你甚至會從一種感情擺盪到另一種感情，這時候就像有一個委員會在你的腦中開會。

沒錯，人在情緒上顯然是不完整的，這複雜的線路使我們陷入癱瘓，造成獨占、嫉妒、拋棄、憤怒和成癮的種種情緒。我猜測這一切都是原始而無所不在的現象，是從遠古以前雅蒂與露西的年代，經過漫長的歲月留給我們的遺產。

嫉妒

「綠眼睛的怪獸嘲弄著牠正在吃的那塊肉。」莎士比亞將嫉妒形容得如此生動 —— 這人類強烈的苦惱情緒，結合了對伴侶的占有及懷疑。在一段關係中，嫉妒任何時候都可能冒出來。當你為愛瘋狂、當你緊緊依偎著對方、當你在拈花惹草、當你被對方拒絕，甚至當你走出一段關係之後，綠眼睛的怪獸都在召喚你。

針對美國男女所做的心理學測驗顯示，無論男性與女性，都沒有比對方更善妒，只不過兩性處理嫉妒的方式不相同。女人一般來說比較願意為了修補一段有污點的關係，假裝若無其事；女人也比較會嘗試誘使對方討論或努力想辦法了解狀況。男人會去挑戰對手，或讓自己看起來更重要，或不斷向愛人獻上禮物和讚美的言詞。男人在嫉妒時也更容易離開伴侶。男性與女性任何一方只要感到自己有所不足、沒有安全感或過度依賴對方，就容易產生懷疑與占有的情緒。

綠眼睛的怪獸可能會帶來危險。威廉‧楊科維亞克與戴安‧哈德格瑞夫從六十六個文化中收集的紀錄裡發現，有88%的男性和64%的女性在覺得遭到背叛時會使用肢體暴力；沒錯，今天美國男性的嫉妒心是導致配偶自殺的主要原因。[17]

嫉妒不是西方人的專利。[18]澳洲阿納姆地區一名男性原住民表達得很貼切：「我們雍古人很善妒，而且自從我們還是住在叢林裡的氏族時就一直如此。我們吃妻子或丈夫的醋，害怕他或她看著其他人。如果丈夫有好幾個妻子他會更嫉妒，而妻子們又嫉妒彼此……絕對沒錯，嫉妒是我們的天性。」[19]

嫉妒這回事在動物界早有先例，因為許多物種的雄性與雌性都會有占有的行為。事實上，這種占有慾在鳥類和哺乳類中十分常見，因此動物學家稱它為「保衛配偶」。[20]

保衛配偶

例如公長臂猿會將其他公猿趕出家庭活動的領域，而母長臂猿也會趕走其他母猿。某一次，一隻在坦尚尼亞貢貝溪保留區的母黑猩猩「熱情」，誘惑一隻年輕的公猩猩。他忽視她性感的姿勢，開始和她的女兒潘性交。盛怒之下，「熱情」衝過去，用力甩了他一巴掌。[21]

還有一個更有說服力的例子能證明這種占有慾，那就是山藍鴝的行為。在「容忍通姦」的實驗中，人類學家大衛‧巴拉什打斷一對才剛開始建造鳥巢的山藍鴝一年一度的求偶儀

式。在雄鳥出去覓食時，巴拉什在距離他們家一公尺的地方放了一隻填充玩具公鳥。真正的公山藍鴝回到家開始大叫、盤旋，還用喙去啄那隻假鳥。但是他也攻擊牠的「太太」，去拔她生長在翅膀末端重要的初級飛羽。於是她逃走了。兩天後一隻「新太太」搬進巢裡。[22]

一隻打翻醋罈子的公知更鳥會對母鳥家暴？

唉，他的占有慾其實有基因上的道理。任何物種嫉妒的雄性都會拚了命地保衛伴侶；因此嫉妒的雄性比較有可能生下後代，傳播他的 DNA。另一方面來說，趕走其他雌性的雌性動物，能受到更多來自配偶的保護與資源，這對自己和對後代而言都有加分作用。嫉妒有助於抑制雌性的不忠，以免被雄性拋棄——這就是天擇挑選出大腦內任何能製造嫉妒怒意的化學物質。血管加壓素很有可能和嫉妒有關連，因為它能刺激雄性草原田鼠捍衛配偶。[23]

人類對性的渴望、對浪漫的喜愛、與配偶緊密相依的感覺、想獨占對方的嫉妒心、在長期關係中感到的不安以及對下一個愛人的永遠樂觀——種種炙熱的情感拉扯著我們。從一種情緒到另一種情緒時，我們就好像一隻風箏在天空中陡然往上攀升又毫無預警猛地墜落。但是所有萬花筒般的情緒其實都與我們祖先**連續**一夫一妻制的習性相連，或許沒有哪一種比被情人遣走更痛苦。拋棄，導致愛情成癮。

成癮的愛

「當我們想在報紙上讀到有關愛情的豐功偉業時，要翻到哪一版？答案是謀殺的那一版。」英國劇作家蕭伯納深知浪漫愛情與依附感的強大力量。我主張兩者都是一種成癮現象：當關係順利時，就是美妙的成癮；當關係破裂時，就是可怕的負面成癮。此外，在很久很久以前，早在三百二十萬年前露西和親友們在東非草地上漫遊時，就已演化出成癮的愛。

以浪漫愛情為例。即便是一對快樂的情侶，也會表現出所有成癮特性。首先，沉溺在愛情中的男女渴望與至愛的人在情緒上與身體上合而為一。這種渴望是所有成癮的主要成分。想到對方時，情人心頭湧上一股愉悅感，這就是一種「中毒」。日漸著迷的情侶愈來愈想設法與鍾愛的人交流，這就是研究上癮行為的文獻中所稱的「增強化」。他們也過分執著地想著至愛的人，這種侵入性思考是藥物依賴的基本表現。情侶們也會扭曲現實，為了配合對方而改變他們對事情的優先順序和日常習慣，而且常做一些不適宜、危險或極端的事情，只為了能與這特別的人聯繫或打動對方。一個人的個性甚至也因此改變，也就是所謂的「情感障礙」。確實如此，許多痴迷的男女願意為了心愛的人犧牲生命，死不足惜。和得不到毒品而飽受成癮之苦的人相同，與彼此分開的情侶飽受「分離焦慮」。

然而被情人拒絕，才是麻煩的開始。大多數被拋棄的男女經歷常見的「藥物戒斷」徵兆，包括抗議、哭泣不止、昏睡、焦慮、睡眠障礙（睡太多或太少）、食慾不振或暴飲

暴食、易怒和長期感到寂寞。情侶也會像成癮者一樣故態復萌。在一段關係結束了許久之後，相關的事件、人物、地點、歌曲或其他與舊情人有關的蛛絲馬跡，都能勾起回憶。這一切又激起了新一輪的渴望、侵入性思考、失控的呼喚和寫信給對方或出現在對方面前，希望能讓戀情死灰復燃。

浪漫愛情時常令人聯想到一連串和所有成癮行為有關的特徵，因此有幾位心理學家相信浪漫愛情有可能成為一種癮。[24]

我認為浪漫愛情正是一種成癮的表現。正如我之前提過，當一個人的愛情是兩情相悅、無害且合宜時，就是正面成癮；而當一個人的愛情是不適當的、有害的、得不到回報的以及正式被對方拒絕時，就是一場災難性的負面成癮。[25]

快樂戀情的正面成癮

「如果某個想法不夠荒謬，它就沒什麼可期待的了。」據說愛因斯坦曾經這麼表示。無論是學者或是一般人，都很少將浪漫愛情當成一種上癮行為，因為他們相信所有的癮都是病態而且有害的。[26] 然而數據並不支持這種概念。

神經科學家安德烈亞斯・巴特斯和塞米爾・札奇比較了兩種人的腦部：愉快地談著戀愛的受試者，以及注射了古柯鹼或類鴉片藥物的受試者，這些人大腦報償系統中的許多相同區域都有反應。此外，當我的同事重新分析我們對十七名幸福相愛的男女所做的研究數據時，我們發現伏隔核有反應。伏隔核是

大腦中對海洛因、古柯鹼、尼古丁、酒精、安非他命、類鴉片藥物，甚至賭博、性與食物等所有成癮行為有關連的區域。

深愛對方且快樂的男女，對彼此成癮。因此我負責腦部電腦斷層掃描的夥伴露西·布朗提出，浪漫愛情是一種「天然的上癮」，是幾乎所有人類都曾感受到的「正常的改變狀態」。[27]

我要提出的論點只有一個，那就是掌管浪漫愛情的腦部迴路從露西的時代就已演化──為了促使我們的祖先把配對的精力放在特定伴侶身上，因而保留時間和力氣，用在性交和生殖上，並且引起對伴侶的依附感，接著就能共同養育後代，以便確保他們 DNA 的將來。[28]

但是浪漫愛情可能造成生活中的災難──尤其是在我們被甩的時候。

被拒絕大腦中的負面成癮

為了解更多與被拒絕的愛有關的神經系統，我和同事們利用功能性磁振造影研究不久前才被情人拋棄的十名女性與五名男性。[29] 他們從被拒絕到接受研究的平均時間是六十三天。所有受試者的「熱戀量表」[30] 分數都很高，這是一份用來測量感情強度的自評問卷。所有人都說，他們在走路時，85% 以上的時間都在想著拒絕他們的那個人。而且所有受試者都渴望拋棄他們的對象能夠回頭。

研究結果十分驚人。

在腦部報償系統中有好幾個區域都發生反應。其中包括與強烈**浪漫愛情**有關的腹側被蓋區；與深刻**依附感**有關的腹側蒼白球；與肢體**疼痛**、**焦慮與壓力**有關的島葉和前扣帶迴；以及與**衡量得失**，還有渴望、**上癮**有關的伏隔核與眼窩額葉皮質（或前額葉皮質）。[31] 和我們這一節最相關的是，在這些腦部區域中的幾處反應區，與渴望古柯鹼和其他毒品有關連性。[32]

簡單來說，正如我們的腦部電腦斷層掃描數據顯示，被情人拋棄的男女，還是瘋狂愛著對方，而且也依戀著對方。他們的身心都感到痛苦。他們和滾輪裡的老鼠一樣，拚命反覆想著他們所失去的。他們渴望與拒絕自己的愛人復合，這就是成癮。

很少人能從愛情中全身而退。在美國某個社區學院，有93%的人說自己曾被熱戀的愛人一腳踢開，而有95%的人說他們曾經拒絕過與自己十分相愛的人。[33] 這或許只是第一次。許多人在往後的人生中可能還會再次被拋棄。

這種拋棄與恢復的輪迴有一個固定模式。在第一階段也就是**抗議期**，被拋棄的人執迷不悟想挽回對方的愛。接著**順從／絕望期**開始，被拋棄的人放棄希望，陷入絕望情緒。[34] 這兩種情緒都與大腦中的多巴胺相連。我猜想無論是抗議或絕望，在露西與他人相愛，或許也失去愛情時，就已經深植在人科動物的心智中，那是很久很久以前的事了。

抗議期

「我的希望愈渺茫，我的愛情就愈炙熱。」兩千多年前，羅馬詩人特倫斯非常精確地捕捉了這個感受。情人在戀情中遭遇阻礙，他們的熱情就會升溫，我稱之為「挫折吸引力」。[35] 逆境加強浪漫愛情的感覺，這個現象根植在大腦中。報償來到的時間延後時，大腦多巴胺系統的神經元就繼續活動[36]，讓一個人持續感受強烈的浪漫愛情。成癮開始。

壓力提升這種多巴胺的反應。哺乳類一感受到嚴重的壓力，就會產生主要多巴胺和正腎上腺素活動增加、主要血清素減少的生理反應，也就是「壓力反應」。[37]

被拒絕的情人也飽受「挫折攻擊」之苦，心理學家稱之為「被拋棄的憤怒」。[38] 即便對方離開時展現充分的同情心，而且親切仁慈地克盡作為朋友和父親或母親的職責，許多被拋棄的人還是會擺盪在心碎與憤怒的情緒之間，這是與神經作用有關的另一個反應。主要的憤怒系統與期待報償的前額葉皮質有密切的連結。[39] 因此當一個人發覺預期中的報償處於險境，甚至無法獲得，前額葉皮質裡的這些區域就為刺激杏仁核，引發憤怒，讓心臟感到有壓力，血壓升高，抑制免疫系統。[40]

無法實現的期待造成的憤怒反應，在其他哺乳類身上也很明顯。例如被撫摸的貓咪會愉快地呼嚕呼嚕叫。當這愉悅的刺激被收回時，貓咪可能會咬人。

沒錯，浪漫的熱情和被拋棄的憤怒有許多共同點。兩者都與身體和心智的喚起有關；兩者都能產生強迫性思考、注意力

集中、動機以及目標導向的行為；而兩者也都能導致強烈的渴望——不是渴望與對方結合，就是渴望報復拒絕自己的情人。[41]

此外，浪漫愛情的感覺與憤怒的感覺可以同時並存。在對一百二十四名交往中的情侶所做的研究中，布魯斯・艾力斯和尼爾・馬拉穆斯表示，浪漫愛情和「憤怒／難過」的情緒，對不同種類的訊息有不同反應。情人們憤怒／難過的程度會根據破壞目標的事件而提高或降低，例如伴侶不忠、缺乏情緒上的承諾，或被對方拒絕。浪漫愛情的感覺起伏也會反映在提升情人們目標的事件上，例如與親友相處時伴侶可見的社會性支持，或伴侶直接宣告愛情和忠誠。因此，浪漫愛情和憤怒／難過可以同時發生，使得一個人因被拒絕而造成的上癮更為強烈。

我們一定從祖先承襲了這種抗議反應，因為它來自於哺乳動物基本的機制；當任何種類的社會依附被打斷時，機制就會啟動。[42] 例如把小狗從母狗身邊帶開，單獨放在廚房地板上時，牠立刻開始走來走去，在地板上不停地跳，吠叫和嗚咽表示抗議。孤獨的老鼠寶寶會不停發出超聲波叫聲；大腦受到的刺激太強，牠們幾乎無法睡覺。[43] 發出抗議的目的在於增強被拋棄動物的警覺性，刺激牠們反抗，尋找對方，並尋求幫助。

抗議、壓力反應、挫折吸引力、被拋棄的憤怒、渴望和戒斷症狀，這些在全世界感情犯罪事件中都扮演重要的角色。[44] 正如所有成癮行為，浪漫愛情也會造成暴力事件。

順從／絕望期

然而，被拋棄的人逐漸放棄了。他或她不再追求舊情人，這時就進入被拒絕的第二個階段，順從／絕望期。[45]

在這個階段，被拒絕的人陷入無精打采、沮喪、憂鬱和絕望情緒中，[46] 也就是所謂的絕望反應。[47] 針對一百一十四名在過去八週內被伴侶拒絕的男女所做的研究中，有 40% 的人經歷臨床上可量測的沮喪情緒。[48] 有些心碎的戀人甚至因為沮喪而死於心臟病或中風。[49] 其中還有些人自殺。

當然大多數被拒絕的人在抗議階段也曾經歷這種悲傷，但在一切希望都消失之後，悲傷情緒會逐漸攀升。

這份絕望之情與一些大腦網絡有關。不過多巴胺迴路還是最有可能牽涉其中。當被拒絕的人漸漸相信報償永遠不會到來時，在大腦獎賞系統中製造多巴胺的細胞會**降低**活動，[50] 使人沒有活力、意志消沉和沮喪。[51] 短期壓力提高多巴胺和正腎上腺素的製造，然而長期壓力卻抑制這些神經化學物質的活動，反而造成沮喪。[52]

❧

大自然是否做得太過分了？

抗議、壓力、憤怒、順從和絕望：被拒絕後產生的災難性反應似乎非常沒有生產力。被拒絕的男女浪費寶貴的求偶光陰和新陳代謝的精力。他們失去重要的經濟和金融資源。他們的社交關係岌岌可危。他們的日常例行事務和習慣都因而改

變。他們或許失去財產，甚至失去孩子。他們的快樂和自尊都受損。[53] 被拒絕的情人們或許失去再次生殖的重要機會，甚至失去幫助他們養育幼兒、擔任父親或母親角色的伴侶，因而危及他們基因的未來。浪漫愛情被拒於門外，造成社會、心理、經濟和基因的後果。

我們為何不能乾脆繼續好好生活下去？

因為我們或許能夠適應這些抗議和絕望感。

會演化出抗議的反應，或許是使人產生動機去引誘情人恢復關係；演化出被拋棄的憤怒，或許反而是為了疏遠對方（沒有人會喜歡生氣的人），迫使這個失望的人不得不開始尋找新對象；而演化出絕望感，或許是讓被拒絕的人對親友傳送出清楚、誠實的求助訊息。[54] 至於沮喪感則是讓被拒絕的人有時間休息，計畫未來。適度沮喪的人確實能更清楚評估自己和他人。[55]

我們所繼承的強烈情感和行為，是為了更新或離開一段失敗的感情。這兩種策略最終還是能達成我們的生殖目標。[56] 他們或許在三百萬年前就已經存在，與人類去愛和再次去愛的的慾望同時發生。

放下愛情

離了婚的社會學家羅伯特・衛斯開始在「失伴父母組織」以及「離異討論會」這兩個自助團體裡研究離異的影

響。透過和參與這兩個團體的一百五十個人之間的討論，他開始看見更多分離的模式，[57] 並獲得能將心理學因素加入「放下愛情」這個現象的數據。

首先他指出，被拒絕的男女都十分震驚，這往往是被愛人拋棄之後的第一階段。雖然經歷所有痛苦的失望、無法兌現的承諾、惡言相向的爭吵以及令人難受的羞辱，伴侶還是會在家裡；去到其他地方都只是流離失所。如果一段關係突然間結束，被拒絕的一方往往數天或長達數週都以否定的態度回應。

然而到最後，現實還是來到了。「他」或「她」離開了。

於是，**轉換階段**開始。這一心理學狀態似乎橫跨抗議期和順從期。被拋棄的人度日如年。日常生活中的許多例行事物憑空消失；簡直不知道該怎麼填滿所有空白。抗議、憤怒、慌張、後悔、自我懷疑以及耗盡心力的悲傷，擊垮了被拒絕的這個人。有些人感到很愉快或得到自由。但這份喜悅並不持久。心情不停擺盪；早晨做的決定，下午就消失了。有些人尋求酒精、毒品、運動或朋友的慰藉，有些人依賴精神科醫師、心理治療師或心理勵志書籍。有些人做出荒謬的妥協，或接受了懼怕失去對方的恐怖打擊。就像海洛因成癮患者，他們與伴侶間有著「化學般的連結」。[58]

他們開始強迫性地回顧這段關係。被拒絕的人花好幾小時把舊回憶在腦海中倒帶，播放那些宜人的傍晚和感動的時刻、爭吵與沉默、笑話與惡劣的批評，他們不停尋找他或她為何離開的線索。然後漸漸地，這些飽受折磨的人逐漸在腦中形成一套誰對誰做了什麼的解釋。他們鎖定最糟糕的羞辱，主題

與關鍵事件主導了這內心獨白。然而最後，他們編出一套有頭有尾有中段的情節。這說詞有點類似一份車禍的敘述。他們的知覺被混淆。不過上述過程很重要。一旦成形，這些人就能處理和修改這則故事，並且最終丟掉它。

有時候這個心理轉換的階段會持續一年。任何挫折，例如與對方和解失敗或被新情人拒絕，都能把這受苦的人拖回悲痛的情緒中。但是在建立起有條有理的生活方式之後，他或她就邁入**恢復階段**。這被拋棄的人需要一個新的自我認同、一些自尊、新朋友、新興趣和一些恢復能力。「過去」逐漸將他們鬆綁。現在他或他可以繼續好好過日子了。

不過在衛斯的研究中，有個深具啟發性的發現。他注意到這整個被拒絕以及恢復的過程通常要花二到四年的時間，「平均值比較接近四年，不是兩年。」「四」這個數字又出現了。我們往往不止和單一伴侶在一起三到四年，而且也往往在離開他們之後花三到四年時間恢復。

人類似乎被來去如潮水般有其內在節奏的情感驅動。自從我們的祖先最初從非洲樹上下到地面時，這情感的韻律就已經出現，並且在兩性關係中形成與自然生育週期同步的節拍，時間是三到四年。或許大腦中的多巴胺、血管加壓素、雌激素和其他神經化學物質引導了我們的情感節奏，在我們墜入愛河時它們的釋放量增加，在我們開始有深刻依附感和廣大的融合感時產生改變，最終我們會變得麻木無感或不堪負荷，以至於感到冷淡或不安，這些感受逐漸侵蝕了我們的愛情，導致與情人分離──分離的痛苦能引發所有成癮現象的源頭，那就是對伴

侶的成癮。

當然我們每個人都是獨一無二的個體。在童年時期和父母有安全依附感的人、可以輕鬆結交新朋友的人、比較有自信的人和擁有其他細微的心理學優勢的人，或許能更快從被拒絕的關係中復原。我們會受愛情成癮之苦，或許只是方式不同。

浪漫的成癮者

各位曾經在第二章讀到，我主張人類已經演化出四種廣泛、基本的思考與行為方式，每一種都與以下四個主要大腦系統之一有關連：多巴胺、血清素、睪固酮和雌激素。這只是我的推測，但我猜各有不同認知與行為風格的男女，或許或多或少傾向以同樣方式處理痛苦以及對愛上癮的渴望。

探險者，他們主要表現出大腦內和多巴胺系統有關連的個性特徵，較有可能成為**浪漫的成癮者**。這些男女喜歡新奇的事物，他們尋求刺激和冒險，無論是在臥房裡、在運動項目上、在旅行中、在知識的追求上、改變生活方式或服用毒品。許多探險者都怕無聊；他們往往行事衝動、想法有彈性、好奇心強、點子多、不排斥新經驗，也很有創意。此外，雖然有強烈的浪漫情感，這些探險者可能更難對伴侶做出長久承諾。當他們在一段長期關係中，也更容易待不住，更容易不忠於伴侶，更有可能拋棄伴侶，尋找多巴胺作祟下的新戀情——這就是浪漫的成癮者。

依附的成癮者

建設者，也就是主要表現出大腦內和血清素系統有關連的個性特徵的人，較容易成為**依附的成癮者**。這些男女遵守社會規範。他們往往遵守規則、喜歡做計畫並且按照計畫表行事。他們保守而小心翼翼，也常常帶有宗教傾向。他們喜歡熟悉的地方、做熟悉的事情。他們願意犧牲自己的需要去遵守規則，融入社交團體和整個社會。建設者認真看待婚姻責任。因此我認為這些男女可能絕大多數都比較有可能在彼此感情早已結束之後許久，還繼續留在婚姻關係中，因為無論有多痛苦和寂寞，他們不願意打破誓言。

暴力的成癮者

表現出更多睪固酮作用的人，我稱之為**指揮者**。這些人被拒絕時更有可能產生暴力行為。這些男女喜歡採取行動。他們也比較沒有同理心，比較不會以言語表達沮喪情緒，以及較缺乏社交技能。因此他們較可能是跟蹤狂，或展現衝動的肢體暴力，包括自殺或殺人。許多數據都支持我的理論：男人比女人更可能跟蹤拒絕自己的伴侶，以及毆打她或殺了她。[59] 男人在被拒絕之後，也更容易自殺。[60]

絕望的成癮者

協商者，也就是主要表現出雌激素和催產素有關連的個性特徵的人，可能絕大多數較容易陷入病態的反覆思考、罹患憂鬱症和試圖自殺——也就是我所稱的**絕望的成癮者**。我主張這是因為這些男女（大部分是女性）往往個性和善、能言善道、直覺敏銳、有同情心、值得信任、喜歡照顧人，而且執著於建立社交關係。他們也情感豐富、能反省自己，而且記性很好。因此協商者或許容易對伴侶過於執著，他們一直喚起情感的幽靈，使自己再次心靈受創。如此反覆思考極有可能導致憂鬱症和企圖自殺。

有些數據支持我的理論。被拒絕的女性表示，她們有更嚴重的憂鬱感，以及更長期性的緊張和反覆思慮。[61] 女性也更有可能不停談論她們的創傷。[62]

動物的愛

是否只有人類在慾望驅使下去追求彼此、愛上彼此、離開彼此，然後又再次戀愛？或是踢著地面、鼻腔中裝滿一隻接受他的母馬的氣味而與她交配的公馬，也感受到同樣的熱情？公狐狸把一隻美味的死老鼠推到狐狸洞裡的母狐狸面前時，他是否也依戀著她？在秋天拋棄鳥巢的鴝鳥們，是否很高興與伴侶離異？當下一個交配季節開始時，許多動物是否興致勃勃地開

始尋找新伴侶？在數百萬年以來，是否有數不清的動物感受到那股吸引力帶來的狂喜、與彼此相伴的和平、被拋棄的憤怒，以及與新伴侶跳著交配舞蹈時重新出現的熱情？

許多科學家相信，人類基本的情緒與動機來自特定的大腦系統，這些大腦網絡來自哺乳動物的祖先、甚至來自鳥類的祖先。[63] 例如，所有鳥類和哺乳類在大腦深處都有下視丘。這小小的工廠在操縱性行為上扮演重要的角色。在過去七千萬年間它的改變極小，而且各種哺乳類的下視丘都非常類似。[64] 動物也能感受到情慾。

大腦的邊緣系統在憤怒、恐懼、愉悅的感受上扮演重要的角色，它是爬蟲類基本的腦部構造。但是它在鳥類和哺乳類的腦中也很發達。較高等的動物能產生暴怒、恐懼和喜悅。[65]

人類大腦中與受到吸引和依戀感有關的多巴胺、血管加壓素和催產素系統，在草原田鼠和人類身上的作用類似。人類和草原田鼠在血管加壓素系統中有類似基因，[66] 這表示有相關的生物系統作用在人類依附情感上。

最驚人的事實是：在地球上，沒有一種野生或放養的動物會和任一個出現在眼前的動物性交。某些對象吸引牠們，另一些則否。[67] 我稱之為動物的魅力或求愛吸引力，[68] 我相信動物也在某些特定對象身上感受到這深刻的吸引力（儘管時間往往非常短暫），這也就是我們所稱的浪漫愛情。

當其他動物「談戀愛」時，甚至會表現出與人相同的行為，包括活力增加、注意力集中、痴迷地追隨、舔舐、輕拍、依偎和其他親暱的姿勢，獨占性的配偶保衛，以及有得到

喜歡的伴侶或留住對方的強烈動機，時間至少足以確保能懷孕或讓後代存活。[69] 比方說，正如各位已經知道的小哈巴狗「紫羅蘭」對另一隻哈巴狗「賓果」情有獨鍾，還有婆羅洲丹戎普丁保護區的雄性紅毛猩猩 TP 瘋狂愛上另一隻紅毛猩猩普希麗亞。還有綠頭鴨，達爾文這麼提到：「牠們會愛憐地在新來的鴨子周圍游動……主動示愛。」

其他動物也會對配偶展現依附的情感，牠們在樹木、草地間或泥土裡共築愛巢，餵彼此食物，輕拍、舔舐、親吻彼此，盡量在彼此附近，分擔身為父母的日常瑣事。

或許世界上所有的鳥類和哺乳類，都受到於行經不同神經系統的幾種化學物質的控制，這些物質左右吸引力的來來去去、依附和離異，為的就是符合生物的繁殖週期。

如果動物懂得愛，露西當然也懂。

露西或許和各個社群在旱季開始時的聚會上遇見的男孩們調情，然後她喜歡上某一個給他肉吃的男孩。在叢林間她或許躺在他身旁，他們親吻擁抱，開心得整晚不睡。當她和他的「特殊朋友」在平原間漫遊，尋找瓜類、堅果或莓子時，她一定欣喜若狂。當他們蜷縮在一起時，露西或許也感受到溫暖的依戀。

但如果露西的伴侶和其他人去收集肉類，回來時懷疑她花心，他或許會憤怒不已，用棍子、石頭和拳頭攻擊對手。如果露西逮到她的伴侶和另一個女人在一起，她或許會發出尖叫，去咬這兩個人，然後設法把這女人從群體中趕走。或許因為從早到晚都在一起，露西覺得無聊了，當她偷偷溜到林地裡

去親吻另一個男孩時會非常興奮。或許當她和她的伴侶在某天早晨分開，分別加入不同的團體時，她甚至會感到哀傷。接著她會再次墜入愛河。

和露西一樣，那些感受到熱烈戀情的人能和「特殊朋友」形成更穩固的伴侶關係。而那些維繫依附感的時間久到能將雙方的孩子養大，渡過嬰兒期的人，就能留下自己的 DNA。偶爾偷溜出去找其他情人的男人，就能散播更多自己的基因，而多情風流的女人，則是能替孩子爭取到更多資源。離開一個伴侶，尋找另一個伴侶的人，就有各種不同的小寶寶。這些充滿熱情的人生下的孩子存活率大得多，他們將大腦中與浪漫愛情、依附感、在長期關係中的不安定感以及再次去愛的動力的種種化學物質，遺傳給你和我。

真是令人難以置信的情節。對性的慾望、對浪漫愛情的熱烈投入、親密而深切的依附感、對風流韻事的暗自渴望、被拋棄時的折磨與成癮行為、尋找新伴侶的希望 —— 露西的孩子的孩子的孩子……會把這些人類主要的心靈狀態，經由時間、機會和不同情況遺傳給你和我。從這演化的歷史中，將出現人心靈永恆的掙扎 —— 結為伴侶的慾望、風流、離婚和再次結為伴侶。

西方人崇尚愛情。我們將愛情化為象徵、研究它、將它理想化、讚揚它、懼怕它、嫉妒它、為它生也為它死。愛情對許多人來說都有許多意義。但如果愛情對每個地方的每個人而言

都一樣，而且只和大腦通路中住在神經末端的微小分子有關的話，那麼愛情也只是原始而未開化的。

這種大腦化學物質產生的結果令人訝異。「丈夫」、「父親」、「妻子」、核心家庭，還有我們形形色色的求愛習俗、人類對婚姻的禮讚、離婚程序、對通姦的各種懲罰、性行為的文化風俗以及家庭暴力的模式：無數習俗和制度，都是數百萬年前從我們的祖先與彼此結為伴侶和拆散關係的單純慾望萌芽而來。

我們倔強又翻騰的性情，也將創造出人類的性結構以及某些絕妙的求偶策略，以便將未來伴侶吸引到這張誘人的網中。

9

女為悅己者容

誘惑的渴望

我們為何要被釘在性的十字架上？

我們為何不圓滿離開人世，

結束時一如我們開始時，

就像他開始時，毫無疑問

完全是獨自一人？

——D. H. 勞倫斯*，〈烏龜的呼喊〉

　　鮮紅色的鼻子、深紅色的胸膛、胖胖的屁股，條紋、圓點和花斑，頭頂上的一簇毛、冠狀物、鬃毛、角以及沒有毛的皮膚，這些都是天然的飾品。性感的動物就像是裝飾華麗的聖誕樹，琳瑯滿目。我們人類自己的行頭也很不錯，例如大的陰莖、鬍子、肉感的胸部、紅豔豐滿的嘴唇、女人在性交時的連續接受性，以及其他迷人的性別特徵。

---

*譯注：英國二十世紀初極具爭議性的英國作家，代表作品為《查泰萊夫人的情人》。

在自然界中看到的這些裝飾品讓達爾文十分惱怒。孔雀如此笨重的扇狀尾羽有什麼用？在他看來這些特徵十分累贅，是毫無必要的障礙物，妨害生存。更糟的是，它們摧毀了他「所有的演化都有其目的」的理論。[1]正如他在信中對兒子抱怨道：「每次當我盯著孔雀尾巴的羽毛時，它那樣子都讓我作嘔。」[2]

性選擇

然而一段時間之後，達爾文逐漸相信這一切花俏裝飾品的演化都為了一個必要的目的：求偶 —— 無論是為了打跑求愛的競爭者，或是吸引更多更好的交配對象。

例如，假設濃密的鬃毛能讓公獅子對其他雄性更具威脅性，或者更能吸引異性，那麼有濃密鬃毛的公獅子就能更頻繁生育，擁有更多幼獸，並將這原本不需要的特徵遺傳給後代。同樣的道理，如果又大又強壯的海象能在短暫的交配季節趕走弱小的海象，進而吸引一群母海象，那麼大而強壯的公海象就能更頻繁交配，並且把這些看來似乎無用的特徵傳遞給後代。

於是，透過無數與競爭者的戰鬥和華麗的求偶表演，藉此吸引未來伴侶的目光，公鹿演化出鹿角，孔雀演化出亮麗的尾羽，而海象則是以巨大的身型和過胖的體重取勝。

因此在《人類的由來及性選擇》一書中，達爾文詳述天擇

概念的必然結果：性的選擇。[3]

～✦～

　　達爾文非常清楚性選擇不能說明所有性別間的差異。但是誰會和誰交配與生育的永恆奮鬥，卻是人類為何演化出較怪異的性武器的唯一解釋，包括男性的陰莖。

　　就粗細和長度而言，人類與我們的靈長類近親相比，擁有最大的陰莖，而這個別的特色或許是透過不同性選擇演化而來。

　　男性演化出粗大陰莖，或許只是因為露西的女性祖先與她們的女性朋友喜歡粗大的陰莖。粗大的陰莖能使陰道從裡到外的第三層肌肉擴張，拉動陰蒂包皮，產生摩擦，使女性更容易達到高潮。高潮時女性的子宮頸就能將精子吸入子宮，有利於受孕。因此在露西的時代，有粗大陰莖的男性或許能有更多「特殊朋友」和更多額外的情人。這些男性也能有更多孩子。這就是男性演化出粗大陰莖的原因。

　　正如達爾文解釋女性的這種喜好：「向女性展現魅力的力量，有時候比在戰爭中征服其他男性的力量更重要。」

精子戰爭

　　男性陰莖不但粗大而且也很長，伸長時平均約有十二公分，比起人類體積三倍大的大猩猩還長。大猩猩的陰莖比較

小，顯然是因為他們有穩定的妻妾群，不需要互相比較陰莖大小。公猩猩的體積比母猩猩大兩倍，他們用巨大的體型威嚇競爭者；這些公猩猩要展示的並不是長陰莖。於是，大猩猩直立的陰莖平均只有約一又三到五公分長。[4]

至於黑猩猩，卻常常張開兩腿，展示伸直的陰莖，並且用手指輕彈陰莖，同時凝視著未來可能的伴侶。顯著、特殊的陰莖（儘管平均也只有八公分長）有助於宣揚公猩猩的獨特性與性活力，也可能因此吸引母猩猩。或許我們的男性祖先也曾企圖展示陰莖以吸引女性。

人類演化出長的陰莖或許有第二個理由——這是一種叫做「精子競爭」的性選擇形式。學者提出精子競爭理論，最先是為了解釋昆蟲的交配策略。[5]大多數雌性昆蟲都會雜交：牠們和好幾個伴侶交配，然後牠們要不是把每一隻雄蟲的精子排出來，就是儲存幾天、幾個月甚至幾年。因此雄蟲是以精子在雌蟲的生殖道中與彼此競爭。

例如，一隻雄豆娘在射精前用牠的陰莖將前一隻追求者的精子舀出來。雄蟲也會設法稀釋競爭者的精子或把這些精子推出雌蟲體外。有些雄蟲在交配之後會在雌蟲生殖器開口中插入交配栓*；而其他雄蟲則是守住雌蟲，直到雌蟲產卵為止。[6]人類較長的陰莖或許也是精子競爭的結果，其目的是把這些游泳健將放在靠近子宮頸的地方，讓精子贏在起跑點。[7]

＊譯注：交配栓是一種雄蟲用來阻塞雌蟲生殖器開口的膠狀物，以防止其他雄蟲射精。

有趣的是，在比較各種靈長類的身型與陰莖長度比例的研究中，艾倫·狄克森注意到陰莖大小一般來說與居住團體的規模有關。因此住在有一些雄性和一些雌性的大社群裡的雄性靈長類陰莖較大，而住在只有單一雄性團體裡的靈長類，相對於體型，其陰莖較小。人類在我們的猿類近親之間算是例外。但是如果與樣本範圍大得多的靈長類相比，從人類陰莖大小可看出我們是從單一雄性的團體演化而來。[8]

人類陰莖是早期單一伴侶制的產物嗎？或許吧。

男人有普通大小的睪丸，這一點更能看出人類早期一夫一妻制的演化。

藉由研究黑猩猩和大猩猩的睪丸大小，或許最容易理解這個特色。相較於身體比例而言，公黑猩猩的睪丸很大，科學家認為牠們演化出這些製造精子的工廠，是因為母黑猩猩的雜交習性。公黑猩猩必須儲存許多精子，才能贏過其他雄性。以量取勝很重要。然而大猩猩的睪丸卻較小，很有可能是因為他們不常性交，而且雄性之間少有競爭。[9]

男性普通大小的睪丸或許是人類雙重生殖策略的結果。藉由連續一夫一妻制和祕密偷情，我們的男性祖先比起大猩猩更加受到精子競爭的影響，但這影響又遠不及和我們親戚關係最近的黑猩猩。[10]

另一個暗示早期一夫一妻制演化的因素是，男人睪丸製造的精子數少於黑猩猩。此外，人類精子的品質較差，有許多不

正常的精子。而男人的精子儲藏庫也較小。[11] 黑猩猩和其他雜交或一夫多妻制的動物無法承擔精子用完的後果。他們也絕對不能送出品質不佳的精子，導致精子與其他雄性在雌性陰道中持續發生的戰爭中落敗。但是一夫一妻制的動物可以有較少、品質較差的精子，精子存量也可以較少。

事實上，在漫長的一夫一妻制演化歷史中，男人為何有如此數量的精子？或許遠古時代女性喜歡男人陰莖的形狀和大小，而且不小心也選擇了有垂掛在旁邊裝滿精子的陰莖附加物的男性。[12]

雄性與彼此競爭；雌性做出選擇。科學家往往強調性選擇的兩個面向，因為大自然中的雄性較有可能與彼此爭奪繁殖的特權，而雌性較有可能仔細挑選牠們的情人。[13]

這項推論有遺傳學上的道理。對許多物種的雌性而言，生殖的代價很高。雌性孕育胚胎，把胎兒帶在身上數天、數週或數月，而且往往大部分時間靠自己養育嬰兒。雌性能製造的後代數目也很有限。無論是卵生或胎生，生養每個孩子都要花時間。因此雌性的優勢是對伴侶精挑細選；她沒有太多生產機會。

對大多數物種的雄性而言，生殖的代價低得多。雄性不過是捐獻精子。更重要的是，雄性比雌性能夠更頻繁孕育後代——只要牠們能打敗其他追求者，吸引雌性，並且承受性交的疲勞。因此對象相對隨意的性交是雄的生殖優勢。於是大多數

物種的雄性投入更多時間與代謝能量在求偶上，這叫做「交配努力」，而哺乳類雌性投資更多時間與代謝能量在餵食、安撫和養育嬰兒，這叫做「育兒努力」。

由於雙親所做的不同投資，雄性一般而言會與彼此競爭雌性，而雌性一般而言會挑選雄性。

但是大自然中也看得到性選擇的另一個形式──雄性選擇與彼此競爭繁殖機會的雌性。只要走進任何一間酒吧、俱樂部或某個派對，都能看到女人爭妍鬥豔，而男人等著挑選她們。正如美國評論家孟肯所下的結論：「當女人親吻彼此時，總讓我想起職業拳擊手握手的畫面。」

事實上，有幾個女性重要特徵或許是造成遠古時代女性與彼此競爭而遠古時代男性選擇女性的結果。女性最顯眼的特徵大概就屬永遠在增大中的乳房了。

為何演化出乳房？

動物行為學家德斯蒙德・莫里斯在一九六〇年代提出，當我們的祖先變成以雙腳行走時，最初著重於美化臀部作為性感象徵，轉而演變為美化乳房與頭部。[14] 因此女人為了模仿陰唇而演化出外翻的嘴唇，以及為了模仿豐滿的臀部而演化出肉感的乳房。遠古時代男性受到擁有這些性感象徵女性的吸引。因此有鼓脹乳房的女性能生下更多後代──於是將這項特徵代代相傳。

不過科學家對此提出幾項不同的假設。或許乳房的演化是為了要發出「具有排卵潛力」的信號。因為在生殖高峰年齡的女性比起孩童或停經女性的乳房更性感，遠古時代男性或許將乳房鼓脹視為多產的象徵，因此大多與大胸部的女人交配。[15]

另一個理論是，雌性靈長類的乳房只有在哺乳時才會腫脹，因此或許乳房的演化是為了宣傳女性生育並餵養嬰兒的能力[16]；這是好媽媽的象徵。或者也可能是一種欺騙的幌子，讓男性以為女性擅長生育。[17]

最無趣的提議是，乳房的功用主要是儲藏脂肪，有助於懷孕與哺乳，如果食物稀少時乳房可以提供乳汁。[18]

這些理論都有遺傳上的道理。

但乳房實在是個很差的設計。這兩塊乳腺周圍的突起物位置很不好，不但在女人跑步時會晃得很痛，當女人彎下腰採集食物時孩會往前垂，擋住視線。而且有時候還會讓吸奶的嬰兒嗆到。此外，乳房（無論大小）都會因碰觸而敏感。只要稍微碰一下，女人的乳頭都會變硬。撫弄胸部會刺激性慾，對許多女人來說都是如此。

因此我不希望完全忽略莫里斯所提出乳房性目的的原始理論：遠古時代男性或許就因為莫里斯提出的，以及其他有關乳房的適應性目的，喜歡上女性身上這柔軟附加物，而更常與在性事上更有反應、胸部更雄偉的女性生育後代──他們在某種程度上選擇了這個幾乎是全世界普遍的女性身體裝飾。

就在我們早期祖先使盡渾身解數爭取重要的配偶以及祕密情人時，人類其他基本的性徵也隨之出現。

男人有鬍子，而女人臉部皮膚光滑；男人在青春期變聲，而女人還是維持甜美的聲調。為何如此？

關於臉上的毛髮，達爾文寫道：「像猿猴般的雄性祖先長出鬍子，作為一種吸引異性或讓其興奮的裝飾……」[19]但是鬍子演化出幾種目的。首先鬍子讓臉看起來更顯重要，更威武。他們可以藉此把細微的臉部表情隱藏在鬍子底下，讓男人看起來面無表情，較不脆弱。因此鬍子能加深對方印象，甚至能嚇走其他雄性。不過鬍子的生長來自於睪固酮的刺激，在男孩轉變為男人時出現。因此男人的鬍子看在遠古時代女人的眼裡，一定是強壯、成熟和男子氣概的象徵。而女性光滑的臉龐或許象徵年輕，並且更容易展現女人的情緒與性方面的興趣。

男人低沉的聲音也和睪固酮有關，並且象徵性的成熟，因此男人粗啞的音調可能是男人可以威脅其他男性並吸引女性的另一項特徵。而或許女性甜美的聲音和小孩子一樣，對男性不會產生威脅。確實如此，達爾文把女性的高音比為樂器，做出如下結論：「我們或許可以推斷，她們一開始獲得這種音樂般的能力，是為了吸引異性。」[20]

無論出於何種原因，在露西的時代，某些男性和女性比其他人生育了更多孩子，他們選擇了特殊的身體裝飾──粗大而長的陰莖、不斷脹大的胸部、男人的鬍子和低沉的聲音以及女人甜美的音調。

我們確實是「裸猿」。人類身上毛髮變少的原因可能是性選擇的另一種結果——至少是部分結果。事實上我們的毛髮沒有掉落；我們的毛囊數目和猿類相同。但是人類的毛髮沒有長得那麼粗。

　　要解釋我們毛髮細小的這個特色如何演化而來，必須要費盡一番唇舌。最經典的解釋是，它的演化是修改身體加熱和冷卻系統的一部分。

　　跑步會滿身大汗。許多人相信，為了能讓我們狩獵、搜刮肉類和採集蔬果的祖先在尋找食物時能跑得更遠，隔熱的毛髮被身體的脂肪和汗腺取代，因此在太熱時，汗腺能分泌出冷卻的液體，布滿裸露的胸部和四肢。此外有人主張，我們的祖先毛髮變細是為了降低寄生蟲感染的頻率。還有些人認為，我們的毛髮稀疏，或許是與人類生下來就發育特別不成熟的這種特色，同時演化而來。[21]

　　但是這些毛髮生長特色或許也有性吸引力的目的。由於覆蓋的毛髮十分稀疏，鼠蹊部周圍和胸部看得更清楚、更暴露，碰觸時也更敏感。女人在嘴唇和胸部周圍也演化出較少毛髮，這一點並不是巧合——刺激這兩處可以輕易造成女性的高潮。

　　我們的祖先在某些地方留住毛髮，在某些地方失去毛髮，但原因都是為了刺激性慾。腋下和跨下的毛髮留有汗水和性的香氣，這些氣味能刺激許多人的性慾。

正如鬍子、低沉的聲音、平滑的下巴和高昂的聲音，某些人類毛髮在青春期長出來 —— 這時就是「性交季節」的開始。因此最簡單的解釋是，這所有特徵的演化有幾項原因，其中一項就是，當人科祖先首次從非洲面積逐漸縮減的森林中出現，並成雙成對交配和養育嬰兒時，藉此讓伴侶和情人驚豔。

小蠻腰

沒有人知道我們的女性祖先何時開始呈現曼妙的身材。不過今天全世界男人都深受這種體態的吸引 —— 已經有研究明確證明這個事實。

心理學家戴凡卓・辛格將許多畫著年輕女性的線條畫展示在一群美國男人面前，問他們哪一些女性的體態最吸引他們。[22] 大多人選出的畫中女性，腰圍都是臀圍的 70%。這項實驗在英國、德國、澳洲、印度、烏干達和幾個其他地方又再次進行。得到的反應不一，但許多參與者都喜歡同樣的腰臀比例。

之後，在一項針對來自各大洲藝術作品（有些作品年代早至三萬二千年前）的研究中，辛格發現，作品中大部分女人也被描繪為同樣的腰臀比例。[23] 有趣的是，《花花公子》雜誌摺頁中的女郎腰臀比例也相同，現今的超級名模也是一樣。即便是一九六〇年代瘦削的超級名模崔姬，腰與臀的比例不多不少，同樣是完美的 0.7。

大自然為何如此竭盡全力製造曲線玲瓏的女性？又為何全世界的男人都欣賞女人這特定數字的腰臀比？

最有可能的就是出於演化原因。辛格表示，腰臀比例約零點七的女性較有可能生寶寶。她們身上的脂肪含量恰當，而且長在恰當的地方——這是和睪固酮有關的身體雌激素濃度很高的緣故。腰臀比偏離這數字過多的女性會發現自己很難懷孕；她們是高齡產婦，而且流產的例子較多。[24] 蛋型、西洋梨型、瘦竹竿型等其他不同身型的女性，也更長罹患慢性疾病，如糖尿病、高血壓、心臟病、某些癌症和血液循環方面的毛病。她們也更容易罹患各種人格障礙症。

因此辛格建立以下理論：男性受到特定腰臀比例女性吸引，是一種對能生育的健康女性一種天生的偏愛。事實上，因為這種偏愛如此深植於男性心靈中，男性無論老少都表現出種喜好，甚至連沒興趣當爸爸的男人都是如此。

而如果男人追求腰枝纖細的女性體格，那麼女人追求的則是倒三角形的男人。這就是男性的肩臀比；全世界女性都會覺得肩膀寬而臀部窄的男人更有吸引力——這是男性睪固酮濃度較高，身體較強壯的象徵。沒錯，小蠻腰少女和倒三角形少男更容易發生性關係，他們也能擁有更多性伴侶。[25]

對稱

我們繼承的另一個性誘惑物是身體和臉部的對稱。男女

都會尋找比例勻稱的配偶。二千五百多年前，亞里斯多德提到，肢體的美有某些普遍性的標準。他相信，其中之一就是身體的比例——對稱。

對稱就是美，對全世界的昆蟲、鳥類、哺乳類漢人類而言都是如此。[26] 雌蠍蛉會尋找翅膀對稱的配偶。家燕喜歡尾巴比例勻稱的伴侶。猴子特別偏好牙齒對稱的異性。無論是在新幾內亞或在紐約，你（或者幾乎是任何人）都能挑出你周遭的俊男美女。即使才兩個月大的嬰兒，注視比較對稱的臉龐時間也會比較久。[27] 我們都會對對稱有所反應。[28]

「美即真，真即是美。」十九世紀浪漫派英國詩人濟慈在〈希臘古甕之歌〉中寫道。濟慈的文字讓許多人感到困惑。但事實證明，對稱之美確實道出一個基本真相。有著平衡而比例勻稱的耳朵、眼睛、牙齒和下巴，有著對稱的手肘、膝蓋和胸部的動物更能驅趕導致身體不對稱的細菌、病毒和其他微小的掠食者。事實上，對稱的人有較強的免疫系統。因此，呈現出對稱外型的動物和人類等於在宣告他們戰勝疾病的優勢基因能力。[29]

因此人類受到肢體對稱的對象吸引，顯然是一種原始的生物設計，目的是引導我們選擇基因強壯的交配伴侶。[30]

大自然不做冒險的事：大腦天生就為美麗的臉龐有反應。科學家讓二十一到三十五歲異性戀男性注視長相迷人的女性臉部並記錄他們的大腦活動，這時大腦的腹側被蓋區亮了起來。[31] 這是大腦產生「想要」的區域。難怪對稱的女人往往有更多追求者可供挑選。其結果是，貌美的女人往往能嫁給地位

高的男人。[32]

　　長相身材極其對稱的男人，也能獲得生殖上的額外好處。他們比那些不勻稱的朋友早四年與女人性交；他們也有更多性伴侶和婚外情。[33] 此外，女人和對稱的男人在一起也更常達到高潮。[34]

　　以下就是他們長相身材對稱得到的回報：女人在排卵時喜歡對稱男人的氣味，[35] 而當排卵的女人和比例勻稱的男人達到高潮時，她收縮的陰道就能吸收更多精子，[36] 有利於這男人的DNA。臉部非常對稱的男人，精液的品質也更好，[37] 適合製造小寶寶。

　　因為對稱的樣貌能使男女在交配遊戲中擴大選擇，女人為此竭盡心力。她們用蜜粉讓臉頰兩邊更相似。她們用眼影和睫毛膏讓雙眼看起來更一致。她們也用口紅讓上下嘴唇顏色一樣。她們藉由整型手術、運動、皮帶、胸罩和緊身牛仔褲與襯衫塑造體態，創造出男人喜歡的對稱比例。

　　大自然也會幫忙。科學家發現，女人在每個月排卵期時手和耳朵更對稱。[38] 女人的乳房在排卵期時也更對稱。[39] 此外，年輕男女往往比較對稱。過了生育年紀之後，我們就能接受較不平衡的身型比例。

接吻的「特效」

　　學界往往認為，接吻是人類接近伴侶的另一種大自然策畫

的計謀，讓異性爆發情慾，贏得交配遊戲。

但是在最近的研究中顯示，88 個文化中僅有 40%，男女會以情色的方式接吻 ── 也就是碰觸嘴唇的時間久到能交換唾液，[40] 而其中大多數都是複雜的農業或工業社會。事實上，在和西方接觸之前，索馬利亞人、印度錫金邦的絨巴人和南美玻利維亞的西里歐諾人，據說並不知道有接吻這件事；同時南非的聰加人和其他傳統民族覺得親吻很噁心。[41] 情色的吻並不是一種普遍的人類特性，因此許多人認為接吻並沒有演化成為了引誘或配對的機制。

但是這個議題還有其他層面。接吻能加深伴侶關係。西方社會中的男女說，接吻能使他們在情緒上更接近彼此。

他們說得沒錯。接吻長期伴侶能夠提高催產素活性。催產素是大腦中與信任感、依附感和情緒結合有關的化學物質。接吻也能降低壓力荷爾蒙，促成這種種依附情感。接吻甚至能提升脈搏和血壓，放大瞳孔，加深呼吸，這些都是可能驅使你和愛人性交的性反應。如各位所知，高潮同時大腦會釋放催產素，產生更多依附感。

人們說你能為孩子做的最好的事，就是愛你的伴侶。或許當親吻強化一個人對伴侶的依附感時，它也會巧妙地增進此人的生殖與養育能力。

但是親吻或許也是一個直接的引誘工具。唾液中有性慾荷爾蒙 ── 睪固酮。[42] 男人似乎比女人更喜歡潮濕的吻。[43] 因此他們或許下意識想將這性感的化學物質注入對方口中，招引可能的愛人上床。女人的氣息和唾液在月經週期間會改變。因此

男人或許能以他潮濕的吻掌握女人受孕的信號。[44] 藉由這些方法，親吻或許已演化為性誘惑的適應方式，因此也有助於單一伴侶配對和生殖。

好的初吻甚至能挑起浪漫戀情。任何新奇的事物都能啟動大腦內的多巴胺系統。正如各位所知，多巴胺和浪漫戀情有關。因此如果初吻令人興奮，它或許就能促使你跨越門檻，墜入愛河，邁向配對過程的第一步。

因此我猜想親吻確實是一種生物機制，它的演化是為了啟動並維持單一伴侶關係。但是當我們的祖先開始創造性的禮儀規則時，這個承襲自前人的機制在某些社會中被改變。

不過親吻很危險。只要藉由這小小的動作，你就能知道未來情人的許多訊息。你可以非常清楚的看見、聞到、嚐到、聽到和感覺到他們。十二對腦神經中的五對立刻接收到這些感官傳來的訊息並運送到腦部。訊息在腦中釋放，給你關於這個人的第一手訊息，如健康、飲食習慣和抽菸習慣，以及心智狀態等。一個吻不止是一個吻。

事實上，初吻可能是一場災難。在最近一份針對 58 名男性和 122 名女性所做的研究中，有 59% 的男性和 66% 的女性說，他們在初吻後就結束一段戀情。[45] 這真可說是死亡之吻。

當然，不是所有人都接吻。但是在男女覺得接吻很噁心的文化裡，他們還是時常輕拍、吸吮或撫摸愛人的臉龐，其他雄性和雌性動物也會如此。狗會舔彼此的臉和嘴，鼴鼠會摩擦鼻

子，大象會把象鼻子放在彼此的嘴上，信天翁會輕敲彼此的嘴喙。與我們關係最近的親戚大猩猩會摟著彼此親吻，而且他們的吻是舌頭深入對方嘴中的「法式接吻」。

人類情色接吻方式，可能是不同動物以不同方式並且為了不同目的而表現出種種求偶技能中的一小部分。而他們的目的之一，就是為了知道，或許更進一步加深未來伴侶對自己的印象。

在人類所有性裝飾和性的習性中，對男女而言最驚人也最令人愉悅的就是以下三種奇異的特性：女人能與男人面對面性交；女人強烈但變幻莫測的高潮；以及女人任何時候都能性交的驚人能力。這些女性的誘惑力已經讓男人為之瘋狂，就算沒有好幾千年，至少也持續了好幾世紀。

露西是否與男性面對面性交？

我認為是的。所有現代女性的陰道都是向前傾斜，而不是像其他靈長類那樣往後。由於陰道的傾斜角度，面對面性交對女人來說比較舒服。事實上，採用這個姿勢時，男人的恥骨摩擦女人的陰蒂，能讓性交過程極為刺激。

難怪面對面的傳教士姿勢在大多數文化中是最普遍的姿勢，不過也有許多變化形式。[46] 亞馬遜叢林的奇庫魯族人睡在吊在家族火堆周圍樹上的單人吊床上，因此情侶沒有什麼隱私，而且一個不小心兩人就會掉進夜晚的火堆裡。因為這種種不便，配偶和戀人們會在地面往往潮濕又凹凸不平的森林裡做

愛，於是女人無法躺在地上，只好蹲著往後仰，手臂和腳都彎曲，設法讓臀部和背離地。不過做愛時她還是看著對方。

人類還發明了許多其他性交姿勢。但是全世界藝術作品中描繪的都是面對面性交；它或許是人類的正字標記。

如果露西有傾斜的陰道，也喜歡面對面性交，她的伴侶就能看見她的臉，對她輕聲細語，明白她表情的細微差別。面對面性交更能增加雙方的親密感與溝通理解。因此我推測人類向前傾斜的陰道是性選擇演化的結果。[47] 和我們有著搖擺、敏感乳房的女性祖先一樣，那些有著傾斜陰道、做愛時與男性面對面的女性祖先，與她們的「特殊朋友」形成更緊密的關係，而且生下更多幼兒 —— 然後將這些特徵遺傳給現代女性。

女性的高潮

另一個大多數女人令人讚嘆的特徵，就是高潮的能力。

有些科學家不相信女性高潮是一種為了生殖目的而演化出的適應特性。他們推測高潮對男人而言很重要，是因為陰道肌肉收縮能將精子推進陰道內。然而女人的卵子每個月會自然從卵巢排出，無論她的性反應如何。此外，每個女人「去了」的時間、位置和對象都非常不同，然而男人的性反應卻相當一致，這點也可看出女性的高潮並不是必要的生殖手段。[48] 最重要的是，時常高潮的女性孩子數目並不比沒有高潮的女性來得多。[49] 有高潮的女性終生擁有的性伴侶沒有比較多，她們也沒

有其他已知的生殖報酬。[50]

因此，許多人主張女性高潮在過去並不是生物上的選擇。

有人甚至拿女性的高潮與男性乳頭相比。他們認為女性的高潮是無用的特徵，但在演化過程中卻硬是被留了下來，因為它對男性祖先生殖力有相當的重要性；他們的結論是，女性的高潮完全不是一種適應性。[51]

᎐᎒᎒᎓

等等。陰蒂並非和男性乳頭一樣，只是一塊沒有活力的組織；它是一叢相當敏感的神經，是引發高潮的重要角色。女人的高潮是一趟旅程，是一種意識的轉變，它先攀升至混亂，然後從中引發出平靜、溫柔和依附感的另一種現實。當然，對伴侶的依附能強化雙方的聯繫感，因此也使他們的幼兒更有存活的可能。

女性的高潮也象徵另一件事：滿足。男人喜歡女人達到高潮，因為他們能藉此確認伴侶對他們很滿意，或許就比較不會去尋找其他性伴侶。因此女性高潮的目的或許也是製造伴侶對的她的依附感。[52] 此外，令科學家不解的女性的高潮可能是為了刺激女性更常與伴侶性交，進一步加強雙方的依附感。

事實上，女性和在性事上溫柔細心而且有長期承諾的伴侶在一起，更容易達到高潮。例如比起祕密情人或隨意釣上的一夜情對象，女人更常在與丈夫性交時達到高潮。與陌生人性交的娼妓較少達到高潮，而錢付得多、比較溫柔的常客，更能讓應召女郎達到高潮。或許高潮的演化來自女性喜歡更體貼而有

耐心的真命天子，不喜歡傲慢而沒耐性的大老粗。

女性的高潮也有利於她的真命天子讓她受孕。高潮能使子宮有節奏地收縮，就能將精子經由子宮頸吸到子宮裡。[53] 高潮也能讓女性在之後放鬆，想要維持躺平的姿勢，如此就能把精子留在陰道裡。其實在性交過後讓女人達到高潮的男人，會有更多精子留在女人的陰道裡。[54]

因此我還是堅守並不普遍的看法，也就是女性高潮的演化有其遺傳目的：為了促使女性與適合而非不適合的男人性交，進而找到健康溫柔而有生殖力的伴侶，並與他維持一對一關係。[55] 簡而言之，女性高潮會許不是為了製造**更多**後代，但卻是為了指引女性選擇身體與心理更適合的伴侶，幫助她們在穩定的關係中養育後代，如此就能大幅提升孩子存活的機率。

事實上，或許我們的祖先在從樹上下來的許久之前，就已演化出女性的高潮。所有雌性靈長類和高等哺乳類動物都有陰蒂。黑猩猩的陰蒂比女人的還大，無論是相對或絕對大小。一旦雌性開始感到興奮，就會在狂熱中交配——這表示母的大猩猩可以高潮數次。許多雌性哺乳類在交配時也會感覺到一些身體上的改變，包括血壓、呼吸、心跳速度、肌肉張力和荷爾蒙分泌；她們也會發出獨特的語調。這些特徵都很類似女人在高潮時的性反應。[56] 因此其他雌性動物也很可能會有高潮。[57]

露西可能也從雅蒂和她的其他住在樹上的祖先那裡遺傳到性高潮，然後將這極樂現象傳遞給我們。

她是要還是不要呢？

在女人擁有的性策略中，最讓科學家著迷、同時也讓男人和女人都樂在其中的，就是女性只要願意隨時都能性交的驚人能力。正如各位還記得，對所有其他雄性與雌性動物而言，性不是隨時可得。為什麼？因為有性生殖的雌性有發情期，不在發情期時的雌性基本上拒絕接受雄性交配。

不過當然也有例外情形，[58] 女人就是這例外中的極端。女人在整個月經週期間時常可以，也的確與男人性交；女人在懷孕的大部分時期都能性交；在生產完身體復原之後，女人可以也可以馬上恢復性交 —— 這或許是在孩子斷奶前的幾個月或幾年前。

有人批評，女性持續處在準備性交狀態的說法，只是老男人的恐懼和少男的願望。不過這不是重點。如果女人想要，她能就能在她喜歡的任何時間性交。

美國已婚女性每週平均性交一到三次，視年齡而定。[59] 在許多文化中，女人據說能每天或每晚做愛，除非是在戰爭或宗教儀式期間，或者有其他當地習俗介入。[60] 性行為也不會隨著停經或年老而停止。[61] 這並不是說女人隨時性慾高漲。但是女性已經沒有發情期，因而能在任何時間、地點與情況下性交。

學者提出幾個理論解釋女人為何「失去發情期」。[62] 最經典的解釋是，我們的女性祖先為了鞏固與男性伴侶的關係而失

去發情期。有了能在任何時候性交的能力，女性較能永遠得到「特殊朋友」的關注。

許多鳥類和某些哺乳類也是一夫一妻制，但是只有女人擁有這種持續性交的能力。對於女性這種驚人的特性，必定有更豐富的解釋。

或許通姦行為是一種解釋。如果祕密的性能提供露西與她的女性同伴更多保護與支持，那麼只要機會來臨時能與祕密情人性交，就是她們的優勢。偷情的人必須把握時機。如果你的「特殊朋友」出外偵察覓食，而他的兄長和你一起去採集堅果，你就不能等到發情期：你必須立刻行動。

持續的性接受能力讓女性追求她們基本的生殖策略：和單一伴侶維持關係，同時又獲得與其他情人額外的性交機會。

於是露西每個月的性接受期長了一點點，比方說，或許不是十天而是二十天，如此她就能與「特殊朋友」和祕密情人維持更長時間的性關係，從他們身上獲得更多保護與更多他們收集而來的肉類。她能存活，她的幼兒也能存活。女人時間愈來愈長的性接受期就這樣演化出來。[63]

此外，這些更能在懷孕期以及生下孩子之後立刻恢復性交的女性，就更有可能收到額外的好處，存活機率也高得多，因此她們賦予現代女性持續性交能力的特徵。

沉默排卵

持續性交能力這奇異的特徵是如此偉大，它必定是幾種不同的環境與生殖力累積的結果。但女人到底是失去了發情期，或者是得到了永久的發情期？

她們失去了發情期。女人幾乎沒有任何排卵徵兆。在卵子從卵巢中排出之後，子宮頸上的黏液變得濕滑平順而有延展性。有些女人會有痙攣的感覺。還有些女人這時會輕微出血。有些人頭髮異常油膩，乳房敏感，或者比平常更有精神。排卵時女人的體溫會升高將近一度，直到下一次月經來潮時才恢復正常。當身體電壓升高，女人身上也帶有了更多電荷。[64] 除此之外，排卵期的到來無聲無息。

不像其他雌性靈長類，女人在月經週期中間也不會特別性致勃勃；前者在發情期時生殖器會明顯腫大，並且會以誘人的氣味和持續的求偶姿勢炫耀排卵。[65] 然而大部分女性甚至不知道自己在排卵。事實上，女人必須時常性交才能懷孕，如果不想生孩子時，又必須小心翼翼。對女人來說，排卵是一件隱密的事。

「沉默排卵」是多麼危險而又不便！它導致無數不想懷孕的女性受孕。不過我們很容易推測出在露西生活的年代，沉默排卵有哪些好處。

如果露西的伴侶不知道她何時排卵，為了生下孩子，他就必須與她時常性交。沉默排卵讓露西的「特殊朋友」時時在她身旁，提供保護與肉類作為她的獎賞。情人們也不知道她何時

排卵，因此她也能得到他們的關注。與雌性靈長類性交的雄性靈長類也會關切她們的幼兒，情人們也都會寵愛她們的孩子。

沉默排卵讓女性更能滿足她們對男性的需求。

而男性則是獲得更多性交機會。失去發情期的女性可以持續性交。固定伴侶關係之外的女性情人也能持續與對象性交。在沉默排卵的情況下，「丈夫」不必擊退其他追求者，因為他的「妻子」從來沒有發情的表示。沉默排卵讓一切維持和平。[66]

然而在這女性絕佳特徵的所有獲益之中，最讓人吃驚的就是選擇。從其他動物都有的排卵週期中解放出來，並且擁有持續性慾的露西，終於能更加仔細地**選擇**情人。

母的大猩猩確實有自己比較喜歡的性伴侶，而且有時也會在關鍵時刻走開或拒絕擺出交配姿勢，藉此避免與她們不喜歡的公猩猩性交，然而母猩猩卻無法隱瞞她們的性接受能力，也無法假裝疲倦或頭痛，或者以冷淡或污辱態度把追求者趕跑。她們在發情期受制於身體化學物質，必須與公猩猩性交。「發情期」estrus 來自於希臘文，意思是「牛蠅」。

從每個月的荷爾蒙分泌解放出來之後，女性祖先更能以大腦皮質控制性慾。她們可以為了各式各樣的新理由性交，包括權力、復仇、友誼、資源和愛。「她是要還是不要呢？」成為一句流行的話。

男人的大陰莖、鬍鬚和低沉的聲音；女人平滑的下巴、甜

美的音調與晃動的乳房；面對面性交；女性的高潮與持續的性接受度；連續單一伴侶制偷情關係的的演化……這一切將開始改變我們的身體。我們將漸漸為了取悅對方而美化自己。

我們的男性與女性祖先結為伴侶，同心協力。天擇也會改造大腦。現在，人類心智也將起飛。

交配的心智

心理學家傑佛瑞‧米勒對所有人類特殊技能深感困惑。因此在一本十分具有原創性的著作《交配的心智》中，他補充達爾文的性選擇理論，提議人類演化出過多的**心智**能力，主要是為了加深未來交配伴侶對自己的印象。

人類的聰明才智、語言能力與音樂能力，以及創作視覺藝術、故事、神話、悲劇與喜劇的動力，還有從事各種運動的敏捷能力，強大的好奇心，解決複雜數學問題的能力，我們的美德與宗教狂熱以及樂善好施的動力，政治信念與幽默感，甚至於勇氣、逞兇鬥狠、努力不懈和仁慈；米勒主張，這一切如果只是為了多活一天而演化出的能力，那麼這些能力也太過華麗、代價太高。[67]人類的種種優秀的特徵必定是為了幫助我們贏得交配遊戲，至少部分原因是如此。

我們是「求偶機器」，米勒寫道。[68]他推測：那些能夠說出詩意的話語、靈巧地作畫、輕盈地跳舞、製作較好的工具、建造較好的小屋或發表慷慨激昂道德演說的人，在異性

眼中較有吸引力。因此，這些才華洋溢的男男女女有較多情人，也會生下較多小寶寶。漸漸地，人類各式各樣驚人的能力就銘刻在我們的基因碼中。此外，為了讓自己顯得與眾不同，我們的祖先發展出各種專業，於是形成今日所見極度多樣化的人類技能。

米勒承認，這許多技能只要以單純的形式就足以讓我們的祖先在遠古非洲的草原上存活；這些才能有**許多**目的。但如果遠古人類真的需要進階版的天賦才能生存，那麼黑猩猩也早已發展出同樣技能，但牠們沒有。因此我們各種天賦才能很有可能是**因為受到異性喜愛**，進而選擇和口才好、具有音樂和藝術或其他才華的男女交配，這些技能才發展得愈來愈複雜。

米勒的結論是：「心智要在月光下演化。」[69]

但是我們的男性與女性祖先，到底是如何開始對特定追求者的特殊才華產生偏好？在「展現才華的選擇者」身上必定有某些大腦機制同時演化，使得他們受到「展現才華的製造者」創作的充滿想像力的旋律、抒情的語調、在土上的美妙畫作，以及其他令人大開眼界技能的吸引。

我的腦部斷層掃描實驗的夥伴與我無意間發現了答案。在研究中，我們的受試者在電腦斷層掃描儀裡觀看特別俊美的男女照片（不是他們的情人）時，他們的**左**腹側被蓋區（而不是與浪漫愛情相關的右腹側被蓋區）有反應。我們的結論是，左腹側被蓋區的反應和美感愉悅經驗有關，而不是與浪漫愛情有

關。

　　或許這大腦迴路在**所有**美感愉悅經驗中都扮演了一定的角色。因此當露西的追求者用好幾首曲調優美的歌曲、美麗的畫作、百發百中的射擊或其他獨特才能討好她時，她覺得某些追求者特別令她喜歡，因此只引誘這些人。於是，就在其他男孩與女孩吸引不同的才能的異性並生下他們的孩子時，我們的祖先於是逐漸發展出各式各樣了不起的能力與技巧。

求偶騙術

　　兩性為了吸引對方注意，都會誇大各自的才能，這一點我並不驚訝。求偶的重點不是誠實，而是勝利。別誤會我的意思：誠實的人還是會有回報。但是沒有一隻求偶的糜鹿會想讓自己的鹿角看起來比較小；他會設法盡量炫耀。人類也是如此。因此，「求偶騙術」或許是我們的祖先為了在求偶競技中贏得勝利而發展出的另一項技能；至少這是部分原因。

　　拿男人的身高來說。全世界女人都比較受到高的男人吸引，或許是因為高的男人往往能得到更好的工作和得到更多錢，這些都是女人出於天性會替將來的孩子尋求的資源。因此男人會謊報身高，尤其是在現代交友網站上，因為女人只能在網路上決定和哪個素未謀面的男人見面。男人希望當他們以自己更迷人的特質擄獲女人的心時，這樣的小謊能被忽略。

　　女人則是會謊報體重，這是另一種下意識的交配策略。正

如各位所知，擁有零點七腰臀比的女人，雌激素、睪固酮和其他荷爾蒙分泌達到正確平衡，有利於生下健康的寶寶。因此男人逐漸適應被柔順、勻稱的女性體型吸引。

因為正如梅·蕙絲所說：「被人隨便瞄一眼，好過被完全忽略。」在整個動物世界裡，雄性和雌性都希望對方能略過錯誤的第一印象，用更能致勝的特色引誘對方。

而許多人也成功了。聰明、愛開玩笑、好奇心強、有創意、有幽默感；一個人的價值觀、興趣、熱情；數學、音樂能力和其他許多卓越的特質，必定是露西、她的同伴以及我們無數的祖先，設法在他們的「特殊朋友」身上尋找不同才華而演化出的結果。於是在某方面能力不足的人，藉由展現其他技巧而贏得愛人的心。

大自然把所有生物都納入了交配之舞。

10

男人和女人就像是兩隻腳，他們需要彼此才能前進

性別差異

有個男人披戴著堅固的獸皮

誰說只有兩個性別還不夠呢？

——山繆·霍芬斯坦*

「男人比女人勇敢、好鬥和精力充沛，而且較有發明的天賦……女人似乎和男人不同……主要在於女人更溫柔、更不自私。」達爾文在一八七一年寫下這些話。男人是侵略者，女人是哺育者。他相信這些性別特質是人類與生俱來的權利，承襲自久遠的過去。

達爾文也認為男人天生就比較聰明。他提出的說法是，男性較優越的智力是源自於年輕男人必須與彼此爭奪伴侶。因為我們的男性祖先必須捍衛家庭，為家人的生計出外打獵、攻擊

---

*譯注：山繆·霍芬斯坦，美國電影編劇，改編劇本包括著有《化身博士》、《歌劇魅影》與《綠野仙蹤》等。

敵人，還要製作武器，因此男性需要更高的智慧。「也就是觀察、推理、發明或想像。」因此，透過男性祖先之間的彼此競爭以及適者生存定律，演化出智力——男人的智力。

有主動、聰明的亞當；溫柔、單純的夏娃：達爾文放眼望去處處可見兩性不平等的證明。英國維多利亞時代的詩人、商人、政治家、科學家、藝術家和哲學家清一色都是男性。此外，十九世紀知名的法國神經科學家與研究人種的權威保羅·布洛卡也肯定女性智慧較低落的看法。在計算一百多名於巴黎各醫院接剖的男女大腦重量後，一八六一年布洛卡寫道：「平均來說，女人的聰明才智比男人略遜一籌；我們不應該誇大其中差異，但這差異也確實存在。」[1]

布洛卡沒有更正體型較小女性的計算數據。他用了一個無懈可擊的校正公式，證明法國人和德國人一樣能幹。但是他沒有對女性頭骨做出必要的數學校正。反正每個人都知道女性智力比較低——這就是當時的社會氛圍。

這種性別歧視的信條，在一次世界大戰後遭到激烈反對。人類學家瑪格麗特·米德是一九二〇年代的知識分子領導人物，她強調後天培育勝於先天特質。她說，環境塑造性格。正如她在一九三五年寫道：「我們可以這麼說；就算不是全部，至少有許多我們所謂男性化和女性化的性格特徵和性別本身的關係，就和某個特定時代的衣服、禮儀和髮型和兩性的關連性一樣薄弱。」[2]

米德的訊息替女人 —— 還有少數民族、移民和窮人 —— 帶來希望，傳播人基本上都很類似的信念。[3] 剔除男人和女人身上的一些文化外衣，底下露出的基本上都是同樣的動物。社會與成長背景讓女人的行為舉止像女人，而讓男人像男人。一九三〇年代和接下來的幾十年出現大量論文，宣稱男女天生就是相同的。生物學不見了。

但是有新的數據出現。今天幾乎所有受過一般教育的大眾和科學家都明白，**平均來說**，男女確實有些差異。此外，有些性別差異要不是當大腦在子宮中發育時就已經由胎兒的荷爾蒙置入大腦構造內，或者就是在往後的人生中由許多荷爾蒙構成。

當卵子與精子相遇，讓女人受孕時，胚胎既不是男性也不是女性。不過在大約在胎兒約六週時，基因開關開啟，如果是男孩，Y 染色體上的 SRY 基因會開始引導性腺前導體，長出睪丸。此時性別就已決定，胚胎開始製造睪固酮。就在胎兒長到三個月大時，這強大的男性荷爾蒙湧入胚胎組織，構成男性生殖器，以及男性大腦結構。如果胚胎是女孩，它生長時就不會有男性荷爾蒙的刺激；許多人相信 X 染色體上的 DAX1 基因也會開始行動，引導胚胎長出女性生殖器，以及女性大腦結構。[4]

因此，荷爾蒙左右胚胎大腦的性別取向。這大腦的構成在創造某些往後人生中呈現的性別差異時，產生一定的作用。

我猜測，某些性別差異跨越時空，自遠古時期就已做出選擇——就從我們的男性與女性祖先結為一對一伴侶共同養育孩子開始。

能言善道的女人

在美國所做的口語測驗中，**平均來說**，小女孩顯然比小男孩早開口說話，而且她們說得更流利、文法更正確，每一次說話時使用的字彙也更多。到了十歲，女孩通常在語文推理、散文書寫、語文記憶、發音和拼字上表現卓越。她們的外語能力較好，說話比較不會結巴。她們出現識字困難的比率是男孩的四分之一。在語文方面需要接受輔助矯正的女孩人數也遠少於男孩。[5]

有人以文化上的解釋為例，證明語文能力更常以文化的方式灌輸給女孩，而不是男孩。[6]例如有些學者提議，女人會有較優越的語文能力，是因為女嬰出生時就比男嬰成熟。因此女孩生下來在語言能力上就稍微占優勢，而長大後父母和學校又繼續加以栽培。[7]

但是現在科學家引用許多數據說明，**平均來說**，這種性別差異有生物學基礎。例如，不止美國女人的語言表達更流利，但在英國、捷克和尼泊爾等文化差異極大的各個國家裡，也發生同樣情形。[8]此外，國際教育成績評估協會的報告指出，在來自五大洲十四個國家學生約四萬三千份作文中，女

孩更能在紙上清楚表達自己的想法。

不僅如此，現在我們也知道女人優越的語言能力與雌激素有關。[9]在一份針對兩百名處於生殖年齡女性所做的研究中，心理學家證明，在每個月月經週期的中期，雌激素分泌到達最高點，這時女人的語言能力最好。[10]例如當研究人員請受試者以最快的速度重複五次繞口令（A box of mixed biscuits in a biscuit mixer）時，她們在月經週期中間的表現最好。月經一過，雌激素分泌大幅降低，這些女人說繞口令的速度就變慢。然而，即便在表現最差的時候，大多數女人在所有語言測試項目中都超越男人。現在也認為產前母體的雌激素注入女性胚胎體內和女性較強的語言能力有關；而產前母體的睪固酮注入男性胚胎體內，則是和男性的語言天賦較差有關。[11]

這並不是說男孩口齒不清，或是所有男孩的語言能力比所有女孩弱。男人有個別差異，女人也是，事實上，在性別內的個別差異比兩性間的差異還要大。[12]而文化永遠扮演一定的角色，西方傳統中就可以找到證據。在過去幾千年之中，西方社會壓抑女性成為演說家、作家、詩人和劇作家的機會，只栽培男性的天賦。自然而然大多數演說家和文學巨擘都是男性。

數學能力的差距

平均來說，男人解決數學問題（不是算數問題）的能力較高。一般而言他們比較會看地圖、走迷宮和完成其他視覺－空

間－定量相關的任務。[13] 這些天賦顯然也有生物基礎。

首先，這些技巧出現在童年早期，早在文化訓練男女心智之前。小男嬰比較能夠在電視螢幕上追蹤一道閃過的光線。小男孩拆開的玩具比較多，更會探索周遭空間，也會更正確看見抽象的模式與關係。到了十歲，許多男孩可以在腦海中旋轉三度空間的物體，也能在平面的紙上更正確理解三度空間，並且在其他機械與空間的工作上表現更好。

青春期男孩開始在代數、幾何和其他與視覺－空間－定量相關主題上勝過女孩。[14] 例如，在將近五萬名接受學術水準測驗的美國七年級學生中，有二百六十名男生和二十名女生的數學這一科的得分超過七百分（總分是八百分），男女比例是十三比一。[15] 這些在空間敏銳度和和對數學的興趣上呈現的差異，在許多其他文化中都看得見。[16]

和女孩與女人的語言能力相同，這些在男孩和男人身上觀察到的能力顯然有很大的文化要素。但是在被強化的視覺－空間知覺和數學技巧以及主要男性荷爾蒙 —— 睪固酮之間，也有直接的聯繫。[17] 如果女孩在母親子宮裡接收到高於正常濃度的男性荷爾蒙，小時候就會表現出調皮的行為，而且到了青少年階段數學成績會比較好。反之，睪固酮濃度低的青春期男孩的空間感不好；多出一條 Y 染色體（XYY）的男性在視覺－空間測驗的分數較高；而多一條女性 X 染色體 (XXY，即柯林菲特氏症) 的男性，空間能力較差。[18]

對我來說最有趣的是，我和負責腦部斷層掃描的同事讓受試者進入掃描儀（我們使用功能性磁振造影技術 fMRI），我

們發現，那些在與睪固酮有關的特性上得分較高的男女（在我的個人問卷「費雪氣質量表」裡），大腦中與視覺－空間敏銳度有關連的區域也呈現更多反應。而在我的量表上測量與雌激素有關的特性中得分較高的男女，在由雌激素建構而成的大腦區域較有反應。[19]

我並不是主張女人沒有發展出任何較好的空間技能。相反地，科學家厄文‧席佛曼和瑪麗昂‧畢爾斯發現一項耐人尋味的女性空間能力。席佛曼和畢爾斯在一個房間裡放著幾個不同的物品，還有一些畫在紙上的物品；接著他們請受試者把這些物品記下來。之後他們再叫受試者回想他們記下來的物品。結果是：女人能記的物品比男人多得多，也能記得物品擺放的位置。[20]

兩性都各有其特殊的空間能力。

我們的社會是否培養出數學差的女孩和英文差的男孩？

科學家提出一些文化上的說法，解釋這些性別差異：教師看待學生的假設和處置、父母對待孩子的態度以及養育男孩和女孩的不同方式、社會認為數學是男性的科目、男孩和女孩玩的不同遊戲與從事不同的運動、每個性別的自我認知和追求的目標，以及社會對青少年加諸的許多壓力。即便是考試卷的設計方式以及科學家解釋結果的方式，這一切無疑都會影響考試分數。[21]例如 SAT 的分數，不同性別造成的差異與社會階級和種族背景造成的差異一樣大。而男性和女性在標準數學測驗

分數的差距，從一九七〇年代開始就逐漸下降。

生理上的差距是否決定了命運？絕對不是。文化在塑造人類才能與行動上的影響力非同小可。

然而以下各項事實：針對嬰兒性別差異的重要數據、男性與女性在 SAT 以外的測驗上持續呈現的差異、青少女沒有因為社會壓力而在其他技能表現上落後、其他國家的數據證據、連結睪固酮與空間能力和連結雌激素與語言天賦的文獻，還有我所做的腦部電腦斷層掃描實驗等，都能支持兩性在某些空間和語言能力上呈現性別差異的觀點，而這些性別差異根源於（至少一部分根源於）男性與女性的生理差異[22]。

此外，這些性別差異有演化上的意義。當我們的男性祖先在兩百多萬年前開始偵察、追蹤和包圍動物時，那些熟知地形與擅長迷宮的男性有大幅比例活了下來。而我們的女性祖先需要知道在植物蔓生的草原上哪裡有蔬果可摘採。因此記得這些資源位置所在的女性也能活得更久，於是她們就把這樣的女性空間技能遺傳給後代。而且當女性在安撫、責罵、教育成長中的幼兒，以及與他們玩耍時，優秀的語言能力必定是重要的工具。

於是，當一對一伴侶關係出現，人類的狩獵－採集－搜刮肉類的生活模式成形時，天擇有助於這些天賦上的性別差異。

其他兩性間的差異有一種生物學基礎，而且這種生物學基礎很有可能演化於當人類還漫遊在草原上的遠古時期。

女人的直覺

「大多數人都承認，」達爾文寫道，「女人表現出的直覺力……比男人強。」[23]

經科學證明，達爾文說得沒錯。實驗顯示，平均來說，女人比男人更能讀懂情緒、姿態、姿勢、語調、情境和其他非語言資訊。[24] 頭微微轉動、嘴角牽動、肩膀拱起、身體重心改變、說話音調改變──類似這樣的微小徵兆，都能讓女人感覺到對方的不舒服、恐懼、憤怒或失望。讀懂他人的天賦，也就是科學家所稱的心智理論，是否根源於大腦結構？

我認為如此。

平均來說，女人連結兩個半腦的神經較多。[25] 她們在兩個半腦間也有更多長距離連結。[26] 然而男人的兩個半腦內連結各自附近區域的短距離神經較多。因此**平均來說**，女性的腦有較強的連結性；而男性的腦比較區隔化。[27]

這種性別差異在醫院的病人身上特別明顯。在數百名中風病人與腦部腫瘤與受傷病人的例子中，女性能夠使用較大範圍腦部區域重新學習技能，因此比較容易康復。

有了這些數據和許多以健康男女為對象做的實驗，現在科學家相信，在母親子宮內就已長出的大腦構造，是由胚胎雌激素建構而成，[28] 接著在往後的生命中，又藉由更多雌激素和與之密切相關的神經化學物質催產素的活動，繼續維持。[29] 而且這女性大腦構造或許有助於女性的直覺力，讓她們能從廣泛的視覺、聽覺觸覺和嗅覺，以及記憶與認知中心，收集資訊。因

此女人能迅速連結不同的片段資訊，產生達爾文稱讚不已的敏銳洞察力。

網狀思考

我已經提出，女人的直覺是各式各樣女性天賦之一，我稱之為「網狀思考」[30]——這是在幾乎所有議題上採取大範圍、有脈絡、整體和長期觀點的思考能力。[31]

我們在思考時都會收集大量資訊，把零碎的資訊轉為有規律的模式，並且在做決定時權衡這些各式各樣的訊息。正如柏拉圖所說：「當你的心智在思考時，它是在對自己說話。」就好像你的大腦中有個委員會正在開會。

但是根據科學家的報告，女人在思考時，她們會收集更多資訊，再把這些零碎的資訊轉變為複雜的模式，並且想出更多執行的方式。[32] 女人會歸納與綜合資訊；她們以全面性的觀點思考所有事情。她們思考的是網狀而非直線構成的事實，這就是網狀思考。相反地，男人往往專注在某個目標，他們會捨棄他們認為多餘的資訊，以更線性、隨意的方式直接做出決定，我稱之為「階段思考」。

這兩種都是很好的策畫方式。而且我推測，網狀思考和階段思考早在許久之前就出於實際的理由演化完成：男性祖先必須專心狩獵，他們的目標是用石頭擊中水牛的頭。這種窄而深的專注力或許經由天擇形成男性較為區隔化的心智。而女性必

須悉心照料嬰兒、添加柴火、建造小屋、煮晚餐以及同時負責各式各樣雜務。因此女人的工作性質選擇了女性較廣泛而連結性強的心智。

「說重點！」男人說。「哪一件事情的重點？」女人說。類似兩性間的誤解或許源自於我們久遠的過去。

網狀思考讓女人擁有其他與生俱來的優勢。女人更能容忍模稜兩可的狀況，也很可能因此讓女人的思考更有彈性，也往往更能進行長期思考，並擁有豐富的想像力。[33]

男性絕佳的數學與空間能力，女性的口語能力、直覺與網狀思考能力：這些並不是唯一有生理基礎並且在史前就發展出的兩性間智力差異。

所有年齡的女性小肌肉動作協調能力較佳，能輕鬆操縱細小的物品（叫男人解開項鍊扣環或穿針——等著瞧吧）。這種女性的靈巧能力在月經週期的中期變得更強，因為這時雌激素分泌到達高峰，這就是手部精細動作能力的生理學原理。[34]

反之，平均來說，男人和男孩較擅長需要速度和力量的大肌肉動作技能，包括跑步、跳躍、丟擲棍棒、石頭和球類。[35]

同樣地，這些性別差異有演化上的意義。女性祖先更常收集較小的種子和莓果，更常挑撿幼兒身上的草、塵土、樹枝，而小肌肉動作協調能力較好的女性生存機率會大幅增加，因此這種特性就經過天擇，遺傳給現代女性。另一方面，由於男性更常對肉食動物投擲武器，很有可能男性的大肌

肉動作協調力就此出現。

男孩本性

最後一項區別大多數男性與女性的特徵是：正如達爾文所說，平均來說，男性比較有攻擊性，而女性比較有同理心和有哺育能力。

在日本、菲律賓、墨西哥、肯亞、印度鄉村，以及某個姑且稱之為「果樹鎮」的美國新英格蘭無名城鎮等地所做的一項經典研究中，美國人類學家碧翠斯‧惠廷和約翰‧惠廷發現每個文化中的男性都較有侵略性。[36]

心理學家在美國人身上確認了這一點。還在學步的小男孩會亂抓亂塗。幼兒園時期的小男孩會追逐和扭打。青少年喜歡肢體碰撞的運動。只有男性和其他雄性靈長類才會在整個童年時期都以打鬥為嬉戲玩耍的方式。受到戰爭暴力行為吸引的男性比女性多。全世界殺人犯絕大多數都是男性，而且是睪固酮濃度高的年輕男性。[37]

當在我們的男性祖先在數百萬年前的非洲草原上迎向掠食動物和敵人時，這種侵略性對他們十分有用。

我的意思並不是女性就沒有侵略性。我們都知道女性也可能有過人的堅強心智，有時會暗中加害他人，或出現肢體暴力，尤其是為了保護自己的幼兒時。試著威脅小寶寶，就會知道母親有多麼憤怒。但是科學家認為，環境對女性的侵略性行

為有很大影響力，而男性的侵略行為卻往往受到荷爾蒙，尤其是睪固酮所驅使。[38]

相對於男性的侵略性，一般認為女性的特徵就是哺育能力。全世界每個種族與文化的女性（以及其他雌性靈長類）都對嬰兒表現出更大興趣，而且也更能容忍他人的需要。此外，在每個有文字紀錄的社會中，大部分養育嬰兒的工作都由女性擔任。[39]

有些人將女性善於哺育的能力歸因於一種學習行為。但數據指出，這也是一種生理基礎。[40]哺育行為與胚胎雌激素流經發展中大腦時的活動有關。[41]早在文化開始形塑女孩的心智與行動之前，就已經看得出雌激素的影響。

女嬰會對著人的臉孔微笑，並且發出類似說話的輕柔或喋喋不休的聲音，試圖與人接觸；而男嬰只喜歡對著東西和閃爍的燈光咕嚕咕嚕地說著。小女孩能集中注意力的時間較長，她們較有耐心，能在較少物品上花較多時間；而男孩比較容易分心、好動，較喜歡探索。女孩喜歡接觸新認識的人，而男孩容易受新玩具吸引。女孩擅長從對方的語調察覺情緒。而且天生只有一條 X 染色體，也就是患有透納氏症的女孩「特別女性化」；她們對運動和孩童的打鬧沒什麼興趣，也比普通女孩更喜歡打扮自己。她們的數學分數和空間感特別差。但這些女孩對婚姻非常感興趣，也相當喜歡小孩子。[42]

女人的「親社會行為」

在經典著作《不同的語音：心理學理論與女性的發展》中，卡蘿・吉利根提出，女性對於人際關係有特殊的敏銳度。在與超過一百名男性與女性、男孩與女孩的訪談中，她和她的同事發現，女性將自己塑造為在一張與他人的依附、聯繫和責任網絡中的演員。然後她們經營這些關係。確實，在有壓力的情況下，女人會以心理學家所稱的「照料與結盟」的社交策略表達她們的焦慮；她們會向身邊的人尋求安慰和情感聯繫。而男人在壓力下卻往往產生攻擊性。[43]

這種女性與他人產生社會聯繫的動力，也和大腦中的雌激素系統有關。女人表現出科學家所稱「親社會」的行為，她們生來就有同理心，[44] 這是與雌激素注入子宮有關的一種特性。而女性最主要的荷爾蒙——催產素，也和幾種親社會特性如信任、解讀他人情緒和直覺等有關。[45] 事實上，當我和負責腦部電腦斷層掃描的同事將兩組人放進電腦斷層掃描儀中（使用功能性磁振造影），我們發現，在我的個性量表上測量與雌激素系統相關特性題目得分較高的人，與同情心有關的大腦區域也更有反應，而這些區域都由雌激素構成。[46]

很有可能的是，女人的饒舌天賦、直覺與網狀思考、對人類臉部的興趣、她們的耐心、思考的彈性和對事情的長遠觀點，還有她們對人際關係的敏感度和對社交關係的需求等，都是女性的心靈工具，從遠古時期我們的女性祖先哺育幼兒時就已開始演化。

「如果人真的是猿類的後代，我們一定是來自兩個不同物種。我們之間沒有任何相似處，不是嗎？」在瑞典作家奧古斯特‧史特林堡的戲劇作品《父親》中，一個男人對一個女人這麼說。這個厭惡女人的瑞典人過於誇大。不過平均來說，男人和女人確實被賦予幾項不同的技能，這些技能演化自人類狩獵－採集－搜刮肉類的傳統；這時的男女開始形成一對一伴侶，為了養育幼兒而集合彼此的精力、食物和能力。

　　然而，沒有哪個性別比對方更聰明。

　　這件事達爾文說錯了──這是他所處時代的結果。智力是許多種單獨能力的綜合體，而非一項單一特徵。有些人擅長看地圖或認人臉。有些人能在腦中旋轉物體、修車子或寫詩。有些人能思考棘手的科學問題，而另外一些人能思考困難的社會狀況。有些人學音樂很快，還有些人幾週就能學會外語。有些人能記住經濟學理論；而另外一些人能記住哲學概念。有些人所有事情都比別人多記得一些，但是無法表達他們知道的事，或能有意義地加以應用。有些人知道得很少，但能很有創意地表達，並且很擅長歸納或應用他們的知識或想法。有些女性是很有天分的數學家、作曲家或下棋的棋手。有些男人是世界頂尖的演說家、劇作家、口譯員或外交家。人類有各式各樣的聰明才智與性格。

　　但兩性非完全相同。目前有許多數據顯示，平均來說，每種性別都有其潛在的特質，那是屬於各自的一種旋律，一種基

調。

演化選擇了男人的空間感和女人的語言能力，也選擇了女人的直接和網狀思考、男人的大肌肉動作和女人的小肌肉動作，還選擇了男人的侵略性和女人的哺育能力。這些選擇或許早在我們的男女祖先出現在遠古林地、開始搜刮、狩獵和採集維生之前，就已經開始。

「達爾文的信徒雖然看起來中規中矩／充其量不過是隻剔了毛的猴子。」英國劇作家威廉・施文克・吉伯特爵士的歌謠裡這麼說。科學家不是最早認為人類與野獸之間有連續性關係的人。然而，人類學家威廉・麥克格魯已經在黑猩猩身上找到這些性別差異的根源，對這一點加以確認。[47]

正如各位還記得，住在東非坦干依喀湖沿岸的公黑猩猩懂得狩獵。他們會跟蹤、追逐並獵殺動物。打獵是一項需要空間感、安靜且有侵略性的任務。公黑猩猩也會在他們居住區邊緣站崗，守衛猩猩群的領土，這也同樣是需要空間感、安靜且有侵略性的任務。而且公黑猩猩會丟擲樹葉和石頭，這是大肌肉動作。

母黑猩猩負責採集。他們釣白蟻和挖螞蟻的本事比公黑猩猩強過三倍。這些任務需要的是精細的肌肉動作；這些母黑猩猩必須操縱一根細小的棍子，把棍子伸進螞蟻窩的泥巴隧道裡。母黑猩猩也比較會進行社交式理毛，利用小肌肉協調動作挑撿彼此和幼兒身上的小東西，一次就要挑上好幾小時。而在

採集食物與幫同伴理毛的同時，母大猩猩也會碰觸幼猩猩，和他們說話。這能磨練母黑猩猩的語言能力。和其他高等靈長類動物一樣，公黑猩猩發出的聲音往往是吠叫、咆哮和吼叫等刺耳的侵略性聲音，而母黑猩猩則是發出較為「清晰的呼喊」，請求與對方建立關係。[48]

從這些資料可以看出，早在我們的祖先從樹上下到古老的東非地面**之前**，現代某些兩性間的差異就已存在。於是當他們開始收集小的家禽、搜刮肉類，在林地間和空曠的平原上尋找莓果和種子時，這些性別角色就變得攸關存亡，於是篩選出今天男性／女性在空間和語言技能，以及直覺、網狀思考、手眼協調能力和侵略性等差異。

奧杜威峽谷

當然，我們沒有實體證據能證明，三百六十萬年前到三百二十萬年前之間，漫步在非洲樹林和草地上的露西和她的女性親屬以採集為生，而她的男性親屬搜刮肉類並打獵。我們只有腳印和古老的骨頭。

然而化石紀錄到了約兩百萬年前變得比較豐富。從某些特殊的考古遺骸可以推測出，人類的性別角色以及大腦中的性別差異，在這時候開始出現。

最豐富的資料來自坦尚尼亞的奧杜威峽谷。這是一塊貧瘠、乾燥的峽谷地，在過去二十萬年前，有條河在岩石間切出

一條很深的裂縫，露出一層古老的地質層。一九三〇年代，瑪麗·李奇和路易斯·李奇開始在這條裂縫中挖掘，尋找早期人類活動的證據。在一九五九年，瑪麗在峽谷底部的一號岩層發現一處遺址，揭露一百七十萬年前到一百九十萬年前之間人類的生活狀態。

這塊地區當時是一座半鹹水、翠綠色的淺湖，湖邊圍繞著沼澤、灌木與樹林。鵜鶘、鸛、蒼鷺和與河馬在這片安靜的池子中涉水而過，鱷魚漂浮在這鹽水中，鴨子和鵝在湖邊的莎草叢中築巢。離開湖邊，灌木併入寬闊的高地，相思樹三三兩兩散布其間。地平線上的桃花心木與長綠樹林往山坡上延伸，直到火山山頂為止。

在這座早已乾涸的湖的東緣，也就是淡水溪流曾經注入鹹水沼澤的地方，瑪麗·李奇挖出了二千五百多件遠古工具和經過人工處理的石頭碎片。[49] 某個很有鑑賞力的人做出這些工具。有些是大塊火山熔岩、石英岩，或邊緣被敲掉一些、做出單面尖銳邊緣的石頭。其他還有從大岩石敲下來的碎片。製作得不好而作廢的尖銳石頭廢片，還有從外地撿拾而來、未經加工的大塊原石，全都散布在湖岸邊。

有些工具用當地的石頭製成；還有些是用露出地面的岩石、河床和流到數公里遠的火山熔岩。有些工具是在別地方製作，然後完整留在湖邊。還有些工具在沼澤地敲打或加工，之後被帶走，只留下碎片。當時，這裡是製作工具的工廠和存放工具的儲藏地。

這些被稱為「奧杜萬工具」的原始斧頭和刮刀，不是考古

學家發現的最早工具。兩百五十萬年前，有人在衣索比亞的嘎納留下工具，或許更早之前也還有人製作過其他工具。但是在奧杜威峽谷一號岩層發現的這些器具卻很特別。

在這些器具附近，有大約六萬塊動物骨頭。大象、河馬、犀牛、豬、水牛、馬、長頸鹿、大羚羊、伊蘭羚羊、牛羚、狷羚、轉角牛羚、水羚、藪羚、葦羚、葛氏瞪羚、湯氏瞪羚和黑斑羚只是其中一些動物。烏龜、象鼩、野兔和鴨子的遺骸，以及數百件其他較小動物和鳥類的骨頭也遺留在那裡。在一九六〇與一九七〇年代，除了這個古代湖泊之外，李奇夫婦還發現另外五個遺址。在某個遺址中曾經有一隻大象被屠宰。

在奧杜威峽谷的大批骨骸和工具，就像一張重複書寫的羊皮紙，也像是被人擦掉一半的黑板。不過化石埋藏學這個研究領域，才正要重建許久之前發生在這座湖畔的事。

骨骸之謎

化石埋藏學是一門十分巧妙的科學，它是以倒推回去的方式研究成為化石的骨頭。[50] 藉由觀察現代人如何支解肉類，其他肉食動物如獅子和鬣狗等如何咬碎骨頭，以及水和風如何將骨頭散布到地表上，化石埋藏學家就能知道遠古的骨頭如何抵達現在的地點，又是如何變成現在的狀況。

例如，化石埋藏學家觀察獵人如何支解動物屍體，他們說，獵人把肉切下來時，會在長的骨頭中央留下切割的痕

跡。而為了取下皮和肌腱，獵人則是會在骨頭末端刻出特殊的切割痕跡。然而如果是鬣狗，就會咀嚼動物的腳和骨頭末端，在剩餘的骨頭表面留下很不一樣的痕跡。

利用以上訊息以及其他化石埋藏學的線索，考古學家試圖拼湊出二百多萬年前在奧杜威峽谷曾經發生過的事。亨利・邦恩和艾倫・克羅的工作就是設法提出有力的證據。[51]

在研究當地所有遠古的骨頭之後，這兩位人類學家提出，我們的祖先用繩索陷阱或用手捕捉這些烏龜、象鼩、鷺和其他小動物。因為獅子會將例如瞪羚等中型動物整隻拖走，人類獵捕並殺死的動物，很有可能是現在那些留在原地的骸骨。表面沒有肉食動物齒痕的較大動物的骨頭，可能是我們的祖先在旱季末尾撿拾因渴死而倒下的動物屍體。而有肉食動物齒痕的骨頭，顯然是我們的祖先設法搜刮而來。

或許他們把那些正在用餐的肉食動物競爭者暫時趕跑，只要來得及在牠們回來之前把肉拿走即可，這就是他們「暗中搶奪」的策略。或許他們在對手去打盹時撿拾剩肉。他們也會偷走豹拖進樹林裡的動物屍體。[52]

我們的遠古祖先不止會採集、搜刮和獵捕動物，他們也會支解動物屍體。有些工具上有顯微鏡下才能看到的刮痕，因為他們用這些工具把肉從骨頭上切下來。許多骨頭中間有平行刻痕，一定是有人把大塊的肉從骨頭上削下來。其他骨頭化石在關節處也有工具切割的痕跡，顯示有人支解四肢，並且把這些長的骨頭帶到岸邊。最後，這裡有極為大量如牛羚等中型動物多肉的四肢骨頭，這表示我們的祖先有足夠肉類可供一群共同

生活的團體一起分食。

大約在兩百萬年前,「人」已經開始支解、攜帶並分享肉類。

但是,這些骨頭與石頭為何會分成許多堆?在大量研究骨頭、工具和遺址,並且以電腦模擬的方式將所有的資料與能量消耗、旅行時間以及其他變因等合併之後,人類學家李察·波茨建立以下理論:奧杜威峽谷成堆的骨頭和石頭是「石頭儲存」地點,我們的祖先把工具和沒有加工的石頭儲存在這裡。[53] 他們在這裡製造工具,留下工具,把動物各部位帶走,迅速處理。在把肉切下來、抽取骨髓並取走皮和肌腱之後,他們在鬣狗到來之前遺棄這個支解地點。當他們再次帶著肉來到這個地區時,就會重新造訪這些石頭儲藏地點。

年復一年,骨頭、工具和沒有加工過的石頭愈堆愈多,最後被瑪麗·李奇發現。

這成堆的垃圾場,訴說著關於男人、女人以及兩性技巧演化的重要事實。如果我們兩百萬年前的祖先已經有散落各處的石頭儲藏地點,再加上支解肉類所需的工具和石頭原料,那麼顯然這些早期人類就能團隊合作,共同進行從中大型動物口中取走肉類的危險行動,並且將大塊肉類帶到湖邊特定的共食地點,支解肉類,於是就擁有足夠與親友分享的食物。而許多往往帶著幼兒的女性祖先,不大可能從事打獵或搜刮肉類等危險活動。

女人是採集者和食物供應者

在達爾文開始提出「狩獵的男人」概念之後的許多年，學術界一直忽視女性祖先的角色。但在一九八〇年代，採取修正主義態度的人類學家開始釐清真相。[54] 今天大多數人都認為遠古的女性主要負責更有生產力、更獨立的活動，如採集堅果、莓果、蔬菜，以及如雞蛋、水果等精緻食物。

可惜的是，用以採集的主要工具如挖掘用的樹枝和裝食物的小袋子等，通常都無法變成化石。但是科學家最近在南非的史瓦科蘭斯洞穴中找到末端經過打磨、斷掉的羚羊長骨頭。顯微鏡下的骨頭末端有磨損痕跡，顯示有人曾經用這些工具挖掘蔬菜。從這個年代出土的牙齒也可看出我們的祖先吃了與多水果。[55] 波茨提出，肉類其實只占當時人類飲食的不到 20%。

因此如果男人從事大部分狩獵和搜刮工作，而女人則是大量採集水果蔬菜，那麼兩百萬年前的女人負責的是相當重要的工作。

這些隨著時間逐漸浮現出的性別角色（有可能從之前人類的靈長類親戚就已開始發展）選擇了男性對地圖、迷宮與其他空間技能、侵略性與大肌肉協調動作等本領。久而久之女人也逐漸形成對固定物體的良好記性、語言的敏銳度、哺育幼兒的能力和小肌肉動作，同時她們也建立了神奇的直覺與網狀思考能力。

尋求親密感的天性

這些性別特徵，或許能解釋某些兩性之間的誤會。

你與我，我們都為了與對方建立親密感而拚命努力。在許許多多的書和文章中的問卷調查顯示，伴侶不肯說出問題、不肯表達情緒、不肯傾聽、不以言語分享感受，女人為此十分失望。女人的親密感來自談話。社會學家哈利・布魯德表示，男人尋求親密感的方式往往和女人不同。「許多研究都證實，」他寫道，「男性比較會透過並肩工作或運動定義親密感，而女性確認為面對面說話才有親密感。」[56] 例如男人的親密感來自一起運動或觀看比賽。我並不驚訝。橄欖球比賽也就是一項有關地圖、迷宮、謎題、空間動作和侵略性競爭的活動 —— 這些都是訴諸男性大腦的技能。其實在電視上看一場橄欖球賽，就和在非洲平原上坐在樹叢後面試著判斷斑馬會走哪一條路線差不多。

難怪大部分女人不了解為什麼男人可以從觀看運動賽事得到那麼大的樂趣；這些休閒活動沒有觸動她們演化靈魂中的任何回憶。沒錯，或許女人應該接受至少一項她們的情人樂在其中的非語言、肩並肩進行的休閒活動。反之，男人如果花點時間和伴侶坐下來面對面，以「積極聆聽」的態度與女人對話，就能改善彼此的家庭生活。

另一項在親密感上可能發生的性別差異，或許也源自於我們的祖先。心理學家主張，女人更常想要覺得被納入團體、與他人聯繫和產生依附情感，而男人卻往往喜歡有自己的空

間、隱私和自主性。[57] 結果，女人覺得伴侶在躲避她們，而男人卻表示自己的隱私受到伴侶侵犯。

女人想被納入團體的慾望，是否來自於當她們的角色還是哺育者的時代，而大自然選擇了尋求社交慰藉的那些女人？或許男人需要自主權，也是因為他們回到了遠古之前獨自祕密偵察追蹤的那些日子？

男人對於「女人到底想要什麼」的古老問題深感困惑。而女人卻常說：「男人就是不懂。」我猜測兩百萬年前，我們的祖先已經開始讓異性感到不解；當男性和女性開始在奧杜威峽谷那碧綠的湖泊附近分頭去打獵以及採集蔬果時，基本的人類兩性技能就開始浮現。

這些在奧杜威峽谷的「人」到底是誰？

在峽谷底部沉積岩層 —— 一號岩層出土了兩種不同早期人科的骨頭。但是人類學家只將我們的祖先追溯至其中之一，也就是「巧人」。

這些人有細長的頭骨和小的臼齒。人類學家將發現的四個化石樣本取了綽號，分別是崔姬（一顆破碎的頭顱和七顆牙齒）、喬治（頭顱碎片和牙齒）、辛蒂（一個下顎、少許上顎碎片、一些牙齒和一塊顴骨）以及強尼的孩子（較多上下顎碎片和頭顱碎片）。約兩百萬年前，這些人都死於小湖東緣有新鮮飲用水匯入鹹水沼澤的小溪邊。[58]

崔姬和其他巧人很特別。他們站起來大概只有九十公分

高，但是腦容量卻有六百到七百立方公分，遠大於露西和其他古猿，後者的腦容量平均只有四百五十立方公分，大約是你我腦容量的一半。

我們愈來愈聰明。

人類學家勞夫・赫洛威把這些頭顱化石內部做成乳膠模，清楚呈現出他們大腦的輪廓。他表示，大腦皮質的前額葉和頂葉，也就是大腦用來辨別、分類和推理的區域，已經開始有現代人大腦的形狀。崔姬和她的親戚或許已經發展出事先規劃的能力。

他們也或許能一起討論計畫。從赫洛威的顱腔模型可看出布洛卡區略微膨脹，這個區域是以我在本章開頭提到的十九世紀神經科學家命名。布洛卡區是大腦皮質的一部分，位於左耳上方，它指揮嘴、舌、喉嚨和聲帶發出說話的聲音。在巧人的大腦裡，這個語言區域已經開始增大。[59]

語言是人類的正字標記。然而沒有人真正知道我們的祖先是如何與何時初次開始替東西指定名稱（例如「dog」是四條腿、搖著尾巴的動物，我們會在院子裡跟牠們玩），將這些字拆成單獨的聲音（例如 d-o-g），或者將這些小小的聲音重新組合成帶有新意義的新字（例如 g-o-d）。但是就靠著我們這無意義、小小的伊嗚啊喔聲串在一起變成單字，再以文法規則將這些單字連在一起變成有意義的句子，人類終將統治世界。

崔姬採集堅果回來時，是否會和情人說哈囉？她是否用言語形容她在平原上看到的動物足跡，或她依偎著伴侶睡覺時，是否會在他耳邊輕聲細語？喬治和辛蒂是否會以詞語斥責

嬰兒、說笑話、編故事、說謊、稱讚對方、討論昨天和明天發生的事？當然不是用你我的方式。體態、姿勢、臉部表情和言外之意或許也有重要意義。現在科學家相信，人類語言的演化不會早於五十萬年前。但是既然崔姬大腦中的布洛卡區逐漸增大，崔姬或許是用原始的、**前人類**的語言交談。

🙟

男人是偵察者、追蹤者、探險者、搜刮者、獵人和保護者。女人是採集者、哺育者、調停者和教育者。我們或許永遠不知道是男人或是女人最早開始分頭進行兩性不同任務，並且共享資源。但兩百萬年前確實有人把動物骨頭搬進蘆葦叢裡，刮下上面的肉。[60] 我不認為帶著幼兒的女性是獵人或屠夫，我猜測這時候人類已經有兩性勞力區分。

然而我們沒有理由認為男性或女性有僵化而制式的角色。或許沒有孩子的女人也會參與甚至帶領搜刮和打獵團體。當然男人也時常採集植物、堅果和莓果。或許有些伴侶會一起撥開草叢去抓小動物。但是我們的祖先已經開始收集、宰殺和共享肉類。兩性開始合作謀生。

時代已經改變。現在的男人和女人就像是一個人的雙腳，他們需要彼此才能前進。狩獵－採集－搜刮的生活方式將產生出男人、女人與權力間錯綜複雜的平衡關係。

11

女人、男人和權力

兩性政治的本質

歷史不斷宣布新的事實。

—— 尼采

　　一九二九年的某個早晨，上萬名來自奈及利亞東南部各村莊的婦女纏著腰布、頭上戴著羊齒葉花圈傾巢而出，走向當地的「原住民管理」中心。當地的英國殖民地官員住在這裡。這些女人聚集在英國長官的家門口，搖晃傳統的戰爭棍棒、跳舞、以粗鄙的話嘲笑他們，要求拿到與英國敵人合作的當地伊博族男人的徽章。在某幾個管理中心，女人闖入監獄釋放囚犯；還有幾個地方的女人焚燒或搗毀原住民法庭建築物。但是她們沒有傷害任何人。

　　英國採取報復行動，在兩個原住民管理中心對抗議女性開槍，屠殺了六十名婦女，結束這場暴動。英國人「贏得勝利」。

　　歷史往往記錄勝利者的話，而這場伊博人口中的「女人戰爭」，很快就有了英國名稱：「阿巴暴動」[1]。但是英國人一

直沒搞清楚這場戰爭的本質——這是完全由女人主導、為了女人發起的一場戰爭。違反女性權益的概念完全超乎英國人理解範圍。大部分英國官員反而堅信是伊博族男人策畫了這場暴動，然後支使他們的配偶發起抗議行動。殖民地官員推測，這些伊博族人的妻子會暴動是因為她們認為英國人不會對柔弱的女性開槍。[2]

英國人和伊博人之間有著巨大的文化隔閡，這條鴻溝造成伊博的女人戰爭，並象徵歐洲人對世界上其他文化中女性、男性與權力的誤解。

幾世紀以來，伊博女性就像許多其他西非社會中的女性一樣，在經濟上與政治上是獨立自主而且擁有權力。住在父系社會村莊中的伊博女性，擁有非正式權力。任何人都能參加伊博村莊集會。男人較常參與討論，一般來說也會對爭議做出最終裁決。男人也有較多資源，因此他們能支付費用、舉辦盛宴，替自己帶來更多頭銜和聲譽。但是在婚姻中，丈夫有義務給予妻子一些田產，讓她耕種。

這塊地就是女人的銀行帳戶。女人種植許多種作物，然後把農作物帶到當地完全由女性經營的市場上販賣。[3] 女人會帶著許多奢侈的商品和她們賺的錢回家。因此伊博女性有獨立的財富，她們在財務上是自由的，並且擁有經濟權力。因此，如果有男人讓他的牛在女人的田地裡吃草、虐待妻子、違反市場規則或犯了其他重罪，女人就會做出她們對英國官員做的事。她們會聚集在這男人家中，吟唱污辱的話語，有時甚至會搗毀他的房子。伊博男人尊敬女人、女人的工作、女人的權力

和女人的律法。

後來英國人來了。一九〇〇年，英國宣布南奈及利亞為其保護國，並設立一套原住民法庭區制度。每一區由一名來自原住民法庭席次的英國殖民地官員治理。這種制度已經夠不受當地人歡迎了。接著英國人又在每個村莊指定一名委任首領，組成每一區原住民法庭的成員。這個人往往是諂媚征服者的年輕伊博人，而不是受人敬重的耆老；而且一定由男性擔任。英國維多利亞時代的人根深柢固的觀念是，妻子是丈夫的附屬品，英國人無法想像由女人掌權的狀況。因此他們完全將女性排除在這制度之外。

伊博女人失去了發言權。

到了一九二九年，英國人決定清查女人的貨物。懼怕即將被徵稅的伊博女人聚集在市集廣場上討論這件有損她們經濟利益的政策。她們準備反叛。在十一月間發生一連串女人與人口普查員之間突發的衝突之後，女人穿上傳統戰服奔赴這場由數萬名女性參與、蔓延一萬五千平方公里的起義行動。

在這場革命遭到英國鎮壓之後，伊博女人要求她們也要在原住民法庭擔任村代表，但沒成功。對英國人來說，女人該待的地方就是家裡。

「這是男人的世界」

西方人深信，男人統馭女人會代代相傳，彷彿是一種有害

基因。[4] 這是真的嗎？在崔姬的時代，也就是約兩百萬年前，男人是否也掌控女人的一切？為探索女人、男人與權力的演化根源，且讓我先解開今天這個世界上各個社會中我們所知的性別關係。

在一九七〇年代的女權運動之前，美國與歐洲人類學家假定男性一直以來都比女性更有權力，而他們的研究反映了這個根深柢固的觀念。澳洲原住民的敘述提供我們以下令人訝異的例子。

有些學者，其中大多數是男性，在書中描述這些人的婚姻制度，也就是女嬰嫁給比她們年長三十歲的男人，而且男人有許多名妻子，這就是男人統馭女人的極致範例。從他們的觀點看來，在由男人操控的婚姻中，原住民女性是典當品、商品和現金。[5] 他們解釋原住民男女有分開的宗教儀式，這一點也是女人是男人附屬品的證明。女性學者的看法也相同；一九三七年，艾希莉·蒙塔古在論文中做出結論，說女性充其量不過是「家裡養的牛」。[6]

現在我們知道，那是一幅扭曲的原住民生活圖像。女性民族誌學者已經深入澳洲內陸，與當地女人談話。從雙方在外出採集植物的旅途中、一起游泳時以及在火堆邊對談中，這些學者證實了澳洲原住民女性在訂婚這場策略遊戲中是如何精心策劃，而且她們到了中年就會開始選擇自己的新丈夫。女人常與情人來往。有些部落還有 *jilimi*，也就是單身女性營地；寡婦、分居但還沒有離婚的妻子和來訪的女人會住在這裡或臨時造訪。這裡沒有男人。女性根本沒有扮演受虐妻子的角色，女

人有時候還會用她的「打架棍」毆打懶惰的丈夫。女人也會舉辦一些將男人排除在外的儀式。女人在經濟上的貢獻也是日常生活中重要的一環。

雖然女人和男人的活動往往沒有交集，澳洲原住民女性顯然在各方面都擁有和男人一樣的權力。[7] 沒有哪個性別駕馭另一個性別 —— 這種觀念顯然對西方學者而言十分陌生。西方人滿腦子都是階級制度，再加上對兩性角色堅信不疑的概念，以至於在過去對其他民族進行科學研究時一直產生誤解。

在一九七○和八○年代女權運動到達顛峰時，這種觀點已經有所改變，女性主義者開始挑戰女性從屬於男性的公認教條。她們主張，因為進行田野調查的大多是男性學者，而提供訊息的對象也大多是男性，他們主要和男性交談、觀察男性的活動，因此許多人類學家的報告帶有偏見。女性的聲音沒有被人聽見。

此外更有些人控訴男性人類學家錯誤建構他們見到的景象；他們將女性從事的事務貶低為「家事」，女人的對話都是膚淺的「閒聊」，女人的藝術作品是「工藝品」，還有女性參與的是「非神聖的」儀式；另一方面他們誇大打獵、男人的藝術作品、男人的宗教儀式、男人的演講術和許多其他男性事務。[8] 由於這些選擇性的視而不見、男性中心主義或性別偏見 —— 雖你怎麼稱呼 —— 女人的工作與生活都遭到忽視，人類學家的報告也因此扭曲。

這些控訴並不全都是真的。在一項經典的研究中，社會學家馬丁‧懷特比較針對九十三個傳統社會進行的性別角色研究報告，他注意到在某些研究報告中，女人角色的資料的確被忽略或降低，然而在其他報告中，也出現男人的權力被忽視的情形。不過這些缺漏隨機出現，而不是針對女性做出有系統的偏見。此外，這些疏忽也不一定與研究者是男是女有關連。男性中心主義或許並不如某些人所說得那樣普遍。[9]

然而，即便是普通的讀者也能看出，在某些民族誌學家的經典文獻中，女人是如何面目模糊。而早年無所不在的「狩獵的男人」文章，現在已經由「採集的女人」文獻取得平衡觀點。因此女性主義時代扭轉了情勢，在調查其他民族時 —— 無論對象是男是女 —— 加入另一種必要的學術觀點。

以女性生活為研究焦點的新取向，揭露一項極為重要的事實。正如奈及利亞的伊博女人，在許許多多傳統文化中，女性的權力相當大 —— **這是在歐洲人到來之前。**[10] 有些女人在西方的影響力之下依然維持她們的權力。還有許多則是和伊博女人一樣，成為歐洲道德教條的犧牲者。

人類學家艾莉諾‧李科克在研究加拿大東部的山區納斯卡皮印地安人時，得出以上結論。對她最有啟發性的就是耶穌會的保羅‧朱尼撰寫的日誌。朱尼在一六三二年擔任魁北克法國耶穌會布道團的會長。他在這裡和山區納斯卡皮原住民過冬。在那裡他看見放縱孩子的父母、獨立的女性、離婚夫妻、有兩個妻子的男人、團體中沒有正式領導者等現象；這是一個逍遙自在而平等的文化，在這文化中女人享有經濟和社會

階級。朱尼大為驚駭。

朱尼決心改變現狀。他深信管束孩童、忠貞的婚姻、終生一夫一妻制以及最重要的男性的主權與女性的忠誠，對於基督徒得救而言十分重要。正如他對印地安人說的：「法國女人不會管丈夫。」[11] 數個月內朱尼就讓許多原住民「異教徒」皈依。十年後，有些男人已經開始打老婆。

有多少女人受到殖民主義的束縛？

我們不可能說得準。但是伊博族的女人戰爭並非歷史上的偶然。正如某位科學家的歸納：「西方殖民主義的滲透，以及西方對女人的行為與態度，大幅影響女性在原始社會中的角色，以至於貶抑世界上幾乎所有女性的地位。」[12]

權力遊戲

那麼，知道在世界上許多傳統社會中女人確實很有權力之後，關於史前人類在非洲漫遊的過去生活 —— 早在歐洲人的槍炮和福音書扭曲男女權力關係之前 —— 我們能推斷出什麼事實呢？

我們有以下兩種理解的方式：首先是檢視現今傳統社會中人們的日常生活，其次是剖析我們的近親猿類的權力關係。首先讓我們從人類的權力遊戲開始。[13]

人類學家大致同意，權力（影響或說服的能力，相對於正式制度化的官方命令）通常屬於掌控有價值的商品或服務的

人，而且他們必須有權在家庭以外的地方分配這些財富。

禮物

　　如果你擁有土地、出租土地、給予土地或分配土地上的資源如水窪或捕魚的權利等，你就擁有權力。如果你能提供特殊的服務，如行醫或與靈的世界聯繫，你也擁有權力。如果你殺了一隻長頸鹿，把肉送給別人，或者製作籃子、珠子、毯子或其他可交易的產品，你就能交到朋友——與他人的聯盟能帶來經濟關係、聲譽和權力。因此誰採集什麼、誰擁有什麼以及誰能給予、出租、販賣，或者將什麼與誰交易，在兩性間的權力往來中都很重要。[14]

　　傳統的北阿拉斯加因紐特人（愛斯基摩人）的生活，就是這種經濟資源與社會掌控力之間直接關係的最佳範例。

　　在貧瘠的北方大地，一年中大多數時間永久凍原上只長著苔蘚和草，沒有植物可供採集。因此傳統上女人不會離家採集，或帶回來可供交易的有價值商品。打獵全由男人負責。整個冬天男人離開家去追逐海豹或鯨魚，在北極漫長的夏天則是去捕魚或獵捕馴鹿。男人帶回家的包括用來做蠟燭油的鯨脂、做連帽毛皮大衣、褲子、襯衫和鞋子的皮、做繩子的筋腱、做裝飾和工具的骨頭，以及所有可食用的肉。女人必須仰賴他們提供的食物與用品。愛斯基摩男人則是靠妻子鞣製皮革、煙燻肉類和製作所有厚重衣物。因此兩性需要彼此才能存

活。

但是男人能取得基本資源。而愛斯基摩女孩很早就明白,人生的成功之道就是「嫁得好」。[15] 年輕女人沒有其他正式取得權力的方式。

相較之下,喀拉哈里沙漠的傳統康恩族女人擁有遠大於愛斯基摩女人的經濟權力。她們不把結婚當成一椿事業。如各位所知,當人類學家最初在一九六〇年代記錄她們的生活時,這些女人每天出門工作,然後帶著許多晚餐回家。康恩女人擁有經濟權力,也擁有發言權。

但是康恩人的妻子和丈夫不同的是,她們沒有在較大的社會團體中分配食物。

其間的區別十分重要。當男人在一場成功的狩獵之後返回家園時,他們就根據該族的規定和榮耀歸屬分配珍貴的肉類。射箭殺死動物的人得到分配獵物的榮譽任務。先看到動物的男人可以選擇某些部位,追蹤動物的男人得到其他一些部位,依此類推。於是每個獵人都將肉塊、肋骨和器官等拿給家人和其他親戚。不過這些食物是「投資」而不是給予。康恩獵人期待得到他人的回報。因為當獵人把這些肉送給鄰居時,他就獲得榮譽和責任 —— 也就是權力。雖然女人「有相當大程度的自治權」,康恩男人和女人都認為男人的影響力比妻子們稍大一些。[16]

俗諺說,施比受更有福。康恩人和許多其他人都會同意這

句話。掌管財務大權的一方擁有實際的社會權力——從這條經濟準則看來，我們的女性祖先和男性祖先，在社會上都有許多影響力。

✧

當然，權力並不總是取決於經濟條件。例如是否有任何人能說得準，掌控經濟大權的男人或女人，也同時掌控臥房中的權力？不必然如此。

嫁得好的因紐特女人或許贏在起跑點，不過沒有人知道這些妻子是否覺得自己是丈夫的附屬品。雖然康恩男人負責分配重要的資源，康恩女人卻提供大部分的日常三餐。而且誰知道主持餐桌大局的農夫，和妻子談話時是否也有主導權。

事實上，今天在男人獨占所有地位和權威、而女人在公共場合對男人表現謙卑態度的農業社會中，女人有很大的**非正式**影響力。雖然在這些文化中，男人在公共場合抬頭挺胸、趾高氣昂，人類學家蘇珊・羅傑斯表示，兩性都沒有真正認為是男人在統馭女人。她的結論是，兩性間維持大致上的權力平衡，男性擁有主導權是一種迷思。[17]

因此在許久之前，雖然經濟無疑在兩性權力關係中扮演重要角色，兩性間的角力很有可能更為複雜。

✧

試圖闡述男女間微妙權力動態的馬丁・懷特，埋首研究人類關係區域檔案。這是一個記錄八百多個社會資訊的現代資料

庫。[18] 他從這份檔案以及其他民族誌報告中，收集了93份前工業化時期人們的資料：其中有三分之一是居無定所的狩獵與採集者；三分之一是農民；三分之一是以放牧或菜園耕種為生。這些社會包括西元前一七五〇年左右的巴比倫人到現代的傳統文化都有。從一八〇〇年開始，就已經有人類學家對其中大多數社會進行研究。

接著懷特從這些資料中挑出對每一個文化提出問題的答案：神明的性別是什麼？哪一性享有更為繁複的葬禮？誰是當地的政治領袖？誰貢獻最多晚餐的食物？誰對孩子的教養有最終決定權？誰來安排婚配？誰繼承值錢的田產？他們認為哪一性的性慾較強？他們是否相信女人比不上男人？為了確立世界各地社會中的女性擁有何種地位，他交互比對這些問題和答案以及其他可變因素。

懷特的發現證實了某些普遍流傳的想法。[19]

沒有任何一個社會是女人在大多數社交生活領域中支配男人。亞馬遜女人的神話，也就是以鐵娘子支配部族的女性家長，不過是虛構的故事。在所有文化中有67%（主要是農業社會的人），男人似乎在大多數活動圈子控制女人。在為數不少的社會中（30%）男人和女人似乎大致上平等，尤其是從事菜園耕種和狩獵採集的人。而約有50%的文化，其中女人的非正式影響力比社會規範所賦予的要多出許多。

懷特發現一項更重要的事實：沒有哪一組單一跨文化因素，能形成男性或女性的地位。反而每一個社會都顯露出一連串的加分與減分。在某些文化中，女人在經濟方面有很大的貢

獻，但在婚姻生活和性生活上的權力較少。在其他文化中，女人或許可以輕易離婚，但是在宗教事務或其他正式政治職務上卻無權置喙。即便在某些地方女人擁有值錢的田產，也有相當可觀的經濟權力，她們並不必然有大量政治權或宗教影響力。

社會上某個範疇的權力並不必然能轉移到另一個範疇。

這個事實在美國尤其明顯。美國女性在一九二○年取得投票權，她們的政治影響力因此增加。但是她們在辦公室裡還是二等公民。今天女人在職場的權力逐漸上升；許多人的教育程度也很高。然而在家中，已婚職業婦女還是負責較多煮飯、洗衣和打掃等家事。因為美國人以為地位是一個單一現象，我們不能了解為何職業婦女還是做較多家事。但一個人在社會上某個範疇的地位，並不必然影響他在另一個範疇的地位。

兩性間的權力遊戲反而更像是一顆水晶球：把球稍微轉個方向，它就投射出全新的光芒。因此兩百萬年前，崔姬和她的朋友或許有經濟上的權力，也擁有許多非正式影響力，然而她們不一定是群體中的領袖。

從一份針對傳統人們所做的研究中，還能看出多少在過去女性、男性和權力的關係？階級、種族、年紀、性魅力、成就和親屬關係都對我們稱之為權力的這幅拼圖有影響。

在某些情況下，階級較高或具主導權的種族中，某個最無趣的人能支配身分地位較低但較聰明、較有活力的另一人。而雖然西方人傳統上普遍認為亞洲女人有著悲慘的地位，年長

的中國或日本女性卻往往和任何男性一樣獨裁。在許多社會中，年齡很重要。而性魅力、機智和迷人風采也是。酒吧女侍可以用性駕馭生意人；漫畫家可以用漫畫揭穿政治家；而一名學生也可以用眼神就把她教育程度更高的老師迷得團團轉。

親屬關係也在誰能管誰這件事情上，扮演某種角色。在傳統的父系社會中，男人通常擁有土地，而孩子從父親追溯其世系，女人通常在社會的大多範疇中只有極少政治權力。另一方面，母系社會中的女人擁有較多田產，因此整體而言她們在社群中的影響力較大。

最後，兩性從社會中的象徵性世界得到權力。文化在演進的同時，它對於兩性的行為規範，以及對於兩性權力的觀念，發展出「性別樣版」或社會腳本。[20] 人們把這些腳本銘記在心。亞馬遜叢林的麥希納古村和其他民族的人會授予經血力量：碰到經血的人就會生病。西方人藉由亞當、夏娃、蛇和蘋果的寓言裡，讓女人引誘男人的力量永恆不朽。一個社會將某物指定為具有象徵性的力量，最終結果就會如此。

於是權力成了許多相互作用的力量，使得男人或女人更有影響力。

那麼，上一章討論到的崔姬、喬治，和其他兩百萬年前骨骸留在奧杜威峽谷碧綠湖水邊的原始人類又如何呢？這些男女的社會地位是否平等？

當然了，這些遠古「人類」沒有階級或種族區分。他們也

不可能具有富含象徵性權力關係的文化生活。但是在某種程度上我們可以肯定以下幾點。崔姬和她的夥伴們不像因扭特人那樣，男人收集所有食物而女人留在家中。他們居無定所，沒有永久的家。女人也要工作，雙薪家庭是常態規則。但崔姬和朋友們吃肉，而叫懷孕的女人及抱著幼子的母親花時間進行狩獵與搜刮肉類的活動並不合理，因此崔姬或許讓她的「特殊朋友」去收集危險野獸的肉類、肌腱和骨髓，而她自己則是和女性朋友採集水果、蔬菜、種子和小的禽類。

但是崔姬過著什麼樣的生活？是誰管誰？

能提供線索的不止是傳統文化，從其他動物也可見端倪。事實上，只要研究荷蘭安納姆的動物園（正式名稱是伯格斯動物園）[21] 裡令人著迷的黑猩猩群，我們就能對崔姬在日常生活中擁有的權力有所洞悉。對這些黑猩猩來說，操控階級和權力，正是生活中的樂趣所在。

黑猩猩政治學

從一九七一年開始，就有一群黑猩猩住在這動物園裡。晚上他們睡在分隔的室內籠子裡；吃過早餐後黑猩猩就可以自由進入兩英畝大的戶外庭院。一座壕溝圍繞著這塊地，壕溝後方是一座高牆。約有五十棵橡樹和山毛櫸籠罩在黑猩猩搆不到的上方，每一棵樹都以電圍籬遮蓋。供黑猩猩攀爬的岩石、樹幹和幾棵死去的橡樹遍布在園區內。黑猩猩就是在這裡進行所有

政治權力遊戲 —— 在那場大逃亡之後。

一天早晨，就在黑猩猩們被送到新家後不久，他們檢查了每一寸廣大的戶外庭院。然後那天下午，在最後一批人類學家、動物園管理員和訓練師都離開後，他們就開始策畫逃亡行動。其中一些黑猩猩將一根一點五公尺長的樹枝插入後方牆中。然後幾隻黑猩猩無聲無息爬到牆頭。據說有些黑猩猩還幫助那些爬得不穩的同伴。最後他們全都從附近的樹上爬下來，去使用動物園的設施。最年長的母猩猩「大媽媽」直奔動物園的食堂。他在那裡自己去拿了一瓶巧克力牛奶，然後和其他客人一起坐下來享用。

場面一片混亂，但黑猩猩即時被引誘回籠子裡。不過從那之後，他們之間就開始永無止境的權力鬥爭 —— 這些政治角力能說明遠古時代崔姬過著何種生活，以及現代人類權力遊戲的本質。

公猩猩時常角逐階級。一隻公的黑猩猩毛髮豎立、發出叫囂聲、身體左右搖晃或跺腳，往往手上還握著石頭或樹枝，藉此「展現恐嚇姿態」。然後他往前衝，經過對手身旁，搥打地面，大聲咆哮。這套儀式通常已經足夠使對方讓步。撤退行動伴隨著特定姿勢；臣服的一方發出一小段喘息的哼聲，同時對站上風的黑猩猩深深一鞠躬，或蹲伏在地上，毛髮平貼在身上，讓自己顯得渺小。

侵略的一方也會尋求盟友。開始展現恐嚇姿態時，發動攻擊的黑猩猩常設法找個夥伴支持他，他會向可能的盟友伸出一隻手，手心向上，邀請他與他站在同一陣線。如果成功招募了

一名支持者，他就會攻擊對手，向對方丟石頭、尖叫、用拳頭打對方，並且咬對方的手、腳或頭。但是他也會留意他的盟友。如果這名手下的忠誠度有問題，他就會重新擺出懇求的姿勢。

「天下沒有白吃的午餐。」俗諺說，無論是黑猩猩政客或是人類政客都是如此。當一隻黑猩猩為另一隻黑猩猩挺身而出，他期待他的支持有所回報。事實上，黑猩猩似乎覺得自己有義務從平靜的打盹中跳起來，站在一場爭執旁觀望或加入吵架行列。黑猩猩聯盟事關重大。

某次在安納姆動物園，一隻位階排名第二的公猩猩輪流替每一隻母猩猩理毛，還輕拍這些母猩猩的小孩並且和他們玩耍。這些事都做完後，他立刻威脅公猩猩老大。他是否為了達到目的而賄賂這些母猩猩？或許。就像那些親吻小寶寶和替女性議題發聲的人類政治家，公黑猩猩也會與女性建立友誼。

有些公猩猩聯盟持續好幾年；但更多的聯盟只持續幾分鐘。渴望獲得地位的公猩猩會結交關係時常改變的朋友。不過當一隻黑猩猩陷入困境時，他就會「拉關係」，不停嚎叫，直到盟友前來聲援或加入爭吵。有時會有四到五隻公猩猩一起打群架，一群猩猩吼叫、翻滾，想除去對方。

當崔姬和她的夥伴在中午休息時，或許也會有個炫耀他地位的男人，發怒吼叫，揚言威脅，直到有人臣服他為止。偶爾一定會有人打起來。男人們或許也會向崔姬和她的女性朋友尋求支持。

黑猩猩社交網絡

奇妙的是，安納姆的公猩猩和母猩猩各自形成相當不同的權力結構，這一點不但很像現代人，或許也和崔姬時代的人相去不遠。

公黑猩猩組成由朋友和敵人交織成的階級網絡，這是一個變動的主導權階梯，最上位是某一隻公黑猩猩。這些位階會在某一刻劃分出來。但是當另一隻公黑猩猩贏得更多盟友、在更多場爭執中獲勝時，這個主導權階梯的組成就逐漸改變。最後，在一連串衝突或單一一場惡鬥之後，權力天平傾向一方，另一隻公黑猩猩於是在這雄性階級中坐上王位。

這個統治者有一項重要的職務──警長。他介入爭吵，拉開敵對的黑猩猩。他應該是中立的仲裁者。如果這隻帶頭的公黑猩猩將爭執次數降到最低，他的嘍囉們就會尊敬他、支持他，甚至崇拜他。他們會將頭和上半身快速重複向前傾倒，做出鞠躬的樣子。他們還會親吻他的手、腳、脖子和胸膛。他們放低身體，確保自己在他之下。他們會和隨從一樣跟著他。但是如果這名領導者無法維持群體的和諧，他的部下們就會改變結盟對象，而黑猩猩階級也會緩慢改變，直到維持和平狀態。是下屬創造出他們的領導人物。

母黑猩猩不會建立這種地位階梯。她們會倒是會形成派系，也就是橫向連結的小團體，在動盪不安時成員會照料彼此的嬰兒，保護並餵養彼此。母黑猩猩比較不具攻擊性和支配性，她們的網絡可以維持多年的穩定，而且關係相對平等。此

外，主導的母黑猩猩一般只靠她的性格、領袖魅力和年齡獲得這個地位，而不是靠威脅其他母黑猩猩。

不過母黑猩猩也會爭吵，而且和公猩猩一樣會藉由盟友平息宿怨。某次一隻受到威脅的母猩猩叫一隻公猩猩朋友來幫忙。在一陣尖銳憤怒的咆哮聲中，她用整隻手（而不是一根手指頭）指向攻擊她的猩猩，同時親吻與輕拍她的雄性盟友。她一再懇求之後，她的雄性朋友對敵人反擊，而這隻母黑猩猩就站在那裡，以讚許的眼光看著這一幕。

男人往往形成階級並且爭奪更高地位，而女人形成較為平等、穩定的黨派，是否是男女各自的天性？沒錯。許多資料顯示的確如此。[22] 而且男人對位階的敏感性和睪固酮活動有關[23]，而女人趨向合作與團體的和諧則是與雌激素有關。[24] 這種性別差異有生物學的道理。

因此兩百萬年前的巧人如喬治，或許曾經花許多時間爭奪位階，而崔姬或許和女性朋友形成較為穩定的人際網絡。

然而崔姬最重要的角色或許是作為團體的仲裁者。在安納姆動物園，「大媽媽」正是扮演這角色。她只要站在年輕的母猩猩身旁吠叫和揮動手臂，就能平息爭吵。將吵輸的母猩猩從庭院中央那棵死掉的樹上勸下來的，永遠是大媽媽。在每一場爭吵之後，輸家也總是哭哭啼啼跑到她身邊。

安納姆動物園的其他母黑猩猩也會扮演調停者的角色。曾經在一次公黑猩猩「展現恐嚇姿態」之後，一隻母黑猩猩信步走向他，把他的手指從手中的石頭上掰開，然後拿著石頭走開。當這隻公黑猩猩找了另一顆石頭時，母黑猩猩又把它拿

走。母猩猩連續沒收了四次石頭。其他調停者有不同方式。有些只是一直用手戳勝利者的身體側面，把他趕走，直到他在敵人身旁坐下來，開始理毛的儀式。

理毛儀式有它的模式，它或許暗示遠古人類權力關係中最重要的一件事：和解是日常生活中的必要成分。[25] 在爭吵後的幾分鐘或幾小時，甚至是幾天後，敵對的黑猩猩會發出輕微的呼嚕聲走向彼此，握手、擁抱和親吻對方的嘴唇，並且凝視著對方。然後他們會坐下來舔舐對方的傷口，替對方理毛。敵對的黑猩猩甚至還會竭盡所能壓抑仇恨心態，在情緒緊繃時憤怒地替對方理毛。

黑猩猩和其他靈長類都會努力安撫他們同伴。暴力是例外，和解才是常規 —— 我們的祖先在崔姬生活的時代或許也是如此。

從安納姆動物園裡黑猩猩持續的權力鬥爭中，靈長類學家法蘭斯・德瓦爾證實了與黑猩猩權力有關的幾件事，而這些原則很有可能也適用於兩百萬年前我們生活在非洲草原上的祖先，然後經過漫長的歲月，遺傳給現代人類。

首先，權力會轉移。階級是固定的，但黑猩猩是在有變化彈性的關係網絡中。而且統治黑猩猩群的能力並不總是由力氣、體型、速度、敏捷度或侵略性決定，而是往往取決於機智、「人脈」以及如何償還「人情債」。最後，權力形態可以是正式或非正式。兼具支持者和調停者身分的母猩猩是權力遊

戲中主要的玩家。在種種對的情境之下，母猩猩甚至能統治猩猩群。

事實上，當訪客問法蘭斯·德瓦爾，比較有權力的是公黑猩猩還是母黑猩猩，他聳聳肩，做出如下解釋。如果你看的是誰向誰問候，那麼有**百分之百**的時間都是公猩猩地位高於母猩猩。如果你看的是誰在侵略性互動中勝利，那麼有 80% 的時間是公猩猩獲勝。但是如果你衡量的是誰從誰那裡拿走食物，或者誰坐在最好的位置，那麼有 80% 的時間是母猩猩勝出。為強調權力的複雜性，德瓦爾喜歡加上這一句：「公黑猩猩尼基是位階最高的猩猩，但他完全依賴公黑猩猩葉倫。個別來說，公黑猩猩路伊特權力最大。但是說到誰能把其他猩猩推到一旁，那麼母黑猩猩大媽媽才是老大。」[26]

德瓦爾從黑猩猩身上確認了人類學家在人類文化中觀察到的兩件事：地位並不是以單一方式衡量的單獨而龐大的一項本領；而雄性主宰雌性——如果它指的是雄性權力在生活中所有面向高於雌性——是一種迷思。

「老女孩」網絡

最後還有一個賦予崔姬權力的因素——她家庭的地位。有些靈長類，例如狒狒，有親戚關係的雌性會成群聚集在一起，而雄性則是經常從一個群體換到另一個群體。在每個群體中，某個母系群體往往支配地位較低的另一群母系群體，依此

類推。這種「老女孩」關係網是相當穩定的世代階級制度。[27]因此一隻來自階級較高的雌性氏族中的青少年母狒狒，往往能支配一隻地位較低的氏族中的成年母狒狒。

不但如此，孩子往往承襲母親的階級。在貢貝溪的野生黑猩猩群裡，母猩猩的組織不是根據母系血統，而是組成派系；芙羅的母親有統治群體的權力，於是長大後的芙羅也成為黑猩猩群中有影響力的母猩猩；而那些臣服於領導者的黑猩猩生下的後代，之後也成為順從的臣民。

古代奧杜威峽谷中的兩性關係

從傳統人類文化中的權力關係以及黑猩猩之間的政治學，就能明白兩百萬年前住在奧杜威峽谷祖先的生活形態，以及他們如何運用權謀取得地位。

崔姬最早的記憶，或許是坐在母親的臀部上望著波浪般起伏的草原。三四歲之後，她就知道腰果長在哪裡，以及要怎麼挖根莖植物。在母親撿拾螃蟹時她或許在水池裡玩耍，或當大人摘採花朵或甜美的水果時，她就倚靠在無花果樹下。如果她母親和大媽媽一樣權力很大，崔姬或許就能在有樹蔭的地方休息。如果她母親的「特殊朋友」很擅長搜刮肉類，她就可以吃到牛羚的舌頭或其他美味的部位。或許在所有人排隊等著啜飲岩石上流下來的水時，崔姬可以排第一個。

這些祖先是和男性親友一起或和女性親友一起漫遊，我們

永遠不得而知。但是每天早上，在崔姬那群人中，有十到十五個人一定已經醒來，他們聊天、喝水、度過輕鬆的時光，然後放棄夜晚的住宿地，沿著湖邊遊蕩，或到草地上。通常男性會分頭去偵察或搜刮，稍晚再回來；女性團體則是一起出去採集。向晚時分所有人都安頓好，和伴侶共享晚餐（如果食物足夠，也會和其他人分享），接著在無花果樹叢下、岩壁下的草地或乾涸的河床裡睡覺。第二天早上他們繼續開始同樣的生活。

隨著日子一天天過去，當眾人行走時，崔姬或許愈來愈習慣男男女女向她母親鞠躬。再長大一些，她或許會跟在姊姊身邊，和其他女孩形成派系，替她們梳理打扮，玩鬼抓人或呵癢，還有追著男孩子跑。崔姬必然知道她在社交網絡中的地位，她會對位階比她高的人微笑、鞠躬，親吻對方的手和腳。當崔姬和其他孩子打架時，她的母親（或父親）會護著她，於是她贏了。崔姬靠她的機智與魅力和男生交朋友，然後哄騙他們分享一些肉。

到了青春期的崔姬必須和一個「特殊朋友」配對。或許崔姬是在和她的團體每年乾旱季節到藍綠色的湖邊紮營時，在另一群人裡遇見他。崔姬和她的情人一起走在開闊的平原上；他們一起分享食物，一起生下一個孩子。如果雙方關係已經走下坡，她或許會等到嬰兒斷奶，再拿起挖掘的樹枝與放採集物的小袋子，加入鄰近的團體，或設法安排讓他的「特殊朋友」離開自己的團體。經濟自主性讓崔姬能夠一等到嬰兒加入混齡的遊戲團體、受到這群人中其他成員的照顧之後，就能和她的伴

侶「離婚」。

　　或許在日常生活中的其他方面，崔姬也有很大的權力。如果她時常記得到哪裡能找到蜂蜜和上等的蔬菜，她就能受到他人尊敬。或許她也是位調停者，當她的「丈夫」搖晃身體對著一名敵人叫囂時，她會將石頭和棍子從他手中拿走。她一定也有一兩個女性朋友，在爭吵中總是護衛著她。如果崔姬很有號召力、開朗、受人尊敬，而且很會交朋友，她就能成為群體中的領袖。靈長類的叢林法則不是只有利器，也要靠頭腦取勝。

　　這樣的頭腦很快就知道如何利用火，並且發明新的工具和武器。接著，我們的祖先以火箭般的速度快速進入「幾乎和人類一樣」的社會生活。

12
幾乎和人類一樣
親屬關係與青少年的起源

> 出身良好固然是美事一樁，但其榮耀卻是歸於我
> 們的先人。
>
> —— 蒲魯塔克*，《蒲魯塔克札記》

火。

自從人類的祖先從樹上下來之後，當火山吐出熔岩，或閃
電舔舐草原、火焰在草上蔓延時，他們必定逃到湖水或溪流
邊。在平原還冒著煙時，他們或許小心翼翼地走在餘燼間，撿
拾野兔、蜥蜴、掉落的蜂巢、種子，甚至還有大型哺乳類，然
後大口享用這些燒烤食物。

在貓頭鷹、蝙蝠、牙齒銳利的貓科動物和其他穴居動物居
住的洞穴入口，堆積著許多糞便，餘燼或許在幾天或幾週內都
還閃動著火光，於是漸漸地祖先們學會睡在這些炭火旁，甚至

---

* 羅馬時代的希臘著名史家，最重要的著作是《希臘羅馬英豪列
　傳》（*Plutarch's Lives*）和《蒲魯塔克札記》（*Moralia*）。

還會把乾樹枝丟進火焰裡，直到因為缺水、有禽鳥經過或是遠方有開著花兒的誘人果樹，使得一群人不得不放棄溫暖而有保護作用的火堆。

火是人類的夥伴；怒火是敵人，溫馴的火是朋友。但當我們的祖先一開始學會控制火，把火堆餘燼放在狒狒頭骨裡或包在肥厚的葉片裡時，火就成為他們最偉大的資產。

有了火，人們就能把木頭燒硬，製作更好用的長矛。他們也能燃燒青苔，把齧齒類動物從洞穴裡燻出來，或者把野兔趕進他們做的陷阱裡。有了火堆，掠食者在夜晚就不能把他們吃到一半的動物屍體偷走。人們還能用煙發送信號給朋友，也能用燃燒的樹枝把鬣狗從窩裡趕出去，然後占用牠們的巢穴，睡在溫暖的火光中。現在團體中受傷的成員、年老的男女、懷孕婦女和小孩都能留在營地裡。現在他們有了營地。我們祖先的活動不再受限於太陽；早晨他們能在餘燼中添加柴火，懶洋洋地休息；黃昏時分他們在火堆邊修理工具，到了夜晚還能在火堆邊再次進行白天的活動。

達爾文寫道，使用火的技術「或許是除了語言以外，人類有史以來最偉大的（發明）」。[1] 因為，當我們的先人開始駕馭火時，他們也能烹煮肉類和蔬菜以及根莖類植物。烹煮大幅增加多數食物的熱量，提供人類更豐富的營養，也能讓我們的祖先有更多代謝能量，因而生下更健康的孩子。人類的生命也因此延長。[2]

最重要的一點是：**用火烹煮食物使人類的大腦得以進化**。[3]

大腦需要葡萄糖才能產生能量。現代人的大腦消耗調身體能量的 20%；我們需要這份能量，否則就會死亡。一份富含熱量的餐點能提供大腦所需的能量——但必須配合能有效率消化食物的縮小消化道。因此人類學家理查·藍翰和其他學者認為，與牙齒、下顎和腸胃的改變有關的熟食習慣，使得我們的祖先能發展出更大的大腦，因而朝現代人類邁進。[4]

大腦容量增大，造成人類的性、愛與家庭生活的巨大改變。

我們或許無法確切知道人類何時開始控制火。人類學家並不同意。但是在大約一百五十萬年前，住在肯亞北部圖爾卡納湖畔的某個人可能已經堆起了營火。[5]

我對這個火堆曾經有深刻的體驗，這件事發生在二〇一〇年。

我曾經參加一隊科學家在圖爾卡納湖附近一個叫做庫比佛拉考古現場的挖掘工作。一天早上，在攝氏四十三度的高溫下，我看到一小堆用來標記位置的石頭，於是一屁股坐下來休息，結果我們的領隊，人類學家傑克·哈里斯告訴我，我坐在一個遠古時期的火堆邊，他們用石頭堆起來，以便之後進行挖掘。我一聽就跳了起來。但我還是不禁想著是誰最後坐在這火堆邊。他或她可能在吃著煮熟的肉，因為大約在二百五十萬年前，建構人類柔弱下巴（現在已知與人類吃熟食有關）的基因似乎已經繁衍增生。[6]

較明確的營火證據，來自南非的史瓦科蘭斯洞穴，人類學家在這裡收集了二百七十塊燒焦的動物骨頭。[7] 這些骨頭的化石在攝氏二百到八百度之間被燒焦。這就是今天以白朴樹樹枝為營火燒出的的溫度範圍。

至少在一百五十萬年前，可能已經有人收集了許多亙古以來覆蓋這片區域的白朴樹枯樹枝，在此享受溫暖的火堆。一旦我們的祖先開始升起營火，他們就能一再重複。學者在史瓦科蘭斯洞穴裡找到二十多個個別被火燒過後被夷平的碎石堆。在衣索比亞以及肯亞其他地區，還有更多由人類生起的火堆證據。

是什麼樣的「人」在大約一百五十萬年前圍著這些能保護他們的火堆溫暖雙手、焚燒骨頭？大多數人類學家確信，新的人種此時已經出現，這些更進步的「直立人」將這些古代的火焰生得更旺。為什麼？因為直立人比他們之前任何一種祖先更聰明：他們的大腦快速成長，朝著「人類」快速邁進。

從出現在坦尚尼亞的奧杜威峽谷、肯亞的庫比佛拉以及衣索比亞南部的奧莫河河谷的「人」的化石紀錄看來，他們存在的時間是一百九十萬年前到一百八十萬年前。但是早期直立人證據最清楚的遺址，是納里歐柯托米三號。[8]

納里歐柯托米男孩

在肯亞的圖爾卡納湖西岸附近乾燥的沉積地上，一百六十

萬年前有個小孩死在沼澤裡。從他骨骼粗大的臉部和臀部的形狀看來，這個人極有可能是個男孩。學者給他的稱呼是納里歐柯托米男孩，他大約是十二歲，死時身高不到 160 公分。他的手、手臂、臀部和腿都和現代人非常相像。他的胸部比現代人渾圓，而且多出一節腰椎。但如果這個男孩在萬聖節時穿著衣服戴上面具，走在你家附近的街上，你根本不會注意到他。

如果他卸下裝扮，可能會把你嚇跑。雖然他比崔姬和她的巧人夥伴更像人類，他粗壯、前凸的下巴和大牙齒、眼睛上方粗大的眉脊、平坦傾斜的前額、厚重的頭蓋骨以及鼓起的頸部肌肉，連街角的警察都會被他嚇一跳。

然而，這男孩卻相當聰明。他的腦容量將近有九百立方公分，比露西和她的阿法南方古猿朋友們的腦容量還大，後者只有約四百五十立方公分；也比崔姬和她同時代的巧人大，他們的腦容量約有六百一十二立方公分。他的腦容量只比現代男女一千三百五十立方公分的腦容量略小。之後的直立人頭骨將會有更大的腦容量，約超過一千兩百立方公分。

有趣的是，黑猩猩知道什麼是火。[9] 籠子裡的黑猩猩喜歡抽菸，他們會點燃火柴和吹熄火焰。[10] 更驚人的是，在塞內加爾的野生黑猩猩善於觀察朝他們燒過來的野火，他們評估火勢，觀察火的走向，然後冷靜地離開。[11] 因此在一百五十萬年前，比黑猩猩腦容量大得多的南非、肯亞和衣索比亞的直立人，可能了解火的特性，會生火、讓火燒得更旺、也會點燃和撲滅營火。

有了更大的腦容量，這些有創意的人就能開始打造現代人

類的社會以及性的世界。

最重要的是，直立人發展出複雜的工具。

崔姬和她的親戚做出奧杜萬工具，這些工具不過是把被水沖蝕的石頭敲去幾個角，做出尖銳的邊緣。而聰明的直立人卻能拿較大的石頭鑿出細緻的石片。他們或許用這些小石片去切、刮、削和挖東西。更令人訝異的是他們的兩面工具，包括切肉刀和十五到十七公分大的石製手斧，後者被稱做阿舍利手斧，因為它們在法國的聖阿舍爾出土。這些工具下方渾圓，兩側被仔細地削去，往上逐漸變細成為錐形，形狀像是大的杏仁、西洋梨或淚滴。

這些手斧被人發現散落在非洲東部和南部的古代溪流中、沙洲上、湖邊、沼澤、泥地和濕地裡，以及歐洲、印度和印尼的河道中。因此雖然有些工具一定是用來挖出長在河岸邊的蔬菜，學者們一直認為早期的直立人主要是用這些流線型工具在河岸邊將動物屍體剝皮與支解，然後把肉從骨頭上切下來、切下肌腱、敲開骨頭並取出骨髓。

這或許就是在圖爾卡納湖邊找到的一隻河馬寶寶的命運；一百五十萬年前這裡是一個很淺的泥巴湖。阿舍利手斧就出現在附近。有七個直立人的腳印被印在附近的泥巴裡。[12] 或許站立時約 170 公分高、重約 55 公斤的這個人曾經走進泥水裡，宰了這隻在泥水裡打滾的野獸。

火。精巧的工具。獵捕大型動物。直立人的身體也變得很適合跑步；他們四肢的比例、臀部的肌肉和肌腱，已經具有現代人的形狀。[13] 而且這些人已經開始建造家園，他們會在同樣

的營地上住好幾天或好幾週。[14] 直立人男女已經具備狩獵與採集生活方式的完美基本要素。

這些增加的腦容量卻形成新的難題，也因而加快史前人朝向你我發展的腳步。

過早出生

一九六〇年代初，人類學家推斷，在原始人演化過程中的某個時間點，相較於母親的產道，嬰兒的頭腦比例變得太大，女性很難生出這些大頭寶寶。頭愈來愈大的嬰兒無法從產道出來。

這就是所謂的「**生產兩難**」[15]。大自然的解決之道，就是就是在較早期（胎兒較小時）就生產，將胚胎大腦發展的時間延到產後。艾希莉・蒙塔古將嬰兒的問題歸納如下：「假如不是在那個時候出生，他根本就不會出生。」[16]

沒錯，我們都太早出生；人類的新生兒其實只是個胚胎。所有靈長類的寶寶出生時都發育不全，其程度從猴子到猿類到人類依序遞增。比起和我們關係最近的靈長類，人類寶寶出生時發育狀況更不完全，這項特徵叫做次要發育不全。[17] 嬰兒一直要等到六到九個月大時，肝臟、腎臟、免疫系統和消化道才出現化學反應，或者才有其他靈長類一出生就擁有的動作反應和腦部發展。

科學家估計，在嬰兒大腦達到和成人一樣的七百立方公分

腦容量時，我們的祖先就開始生出極不成熟而無助的寶寶；這些人最有可能是一百多萬年前的直立人。[18]

～❧～

光是這一項適應性，就對人類的婚姻、性與愛的模式造成極大的衝擊。首先，這些無助的寶寶必定大幅增加直立人女性的「生殖負擔」，因此進一步造成大腦迴路對浪漫愛情、依附感和單一伴侶制的天擇。現在的「特殊朋友」——其實已經是長期穩定的伴侶——對這些需要照顧的孩子而言，更是攸關存亡的重要角色。[19]

人類學家溫妲‧崔佛森認為，嬰兒出生時擠在狹窄的產道中，這複雜的狀況也促成女性從事助產士這項專門職業。

在《人類的誕生：一個演化上的觀點》（暫譯）一書中，崔佛森從動物行為學的角度看待分娩。她表示，舉例來說，人類母親撫摸新生兒時，這個動作不僅是源自於心理上感情聯繫的需要，也源自於哺乳動物舔舐幼獸，促使牠呼吸和產生其他身體的功能。因為人類新生兒包覆著一層乳狀液體，叫做「胎脂」，母親演化出輕拍嬰兒的習慣或許是為了把這層含有油脂的膠狀液體按摩到嬰兒的身體裡，潤滑他的皮膚，也能抵抗病毒和細菌的侵襲。崔佛森也提到，無論母親的慣用手是哪一手，她都會用左手抱著嬰兒，把他貼在心臟前，或許是因為母親的心跳聲能安撫嬰兒。

與我們的主題更相關的是，崔佛森提到，在直立人生活的年代，生產一事變得更複雜，因此女人需要幫手來「接住」嬰

兒。助產術的古老行業於是出現。或許這些幫手也和新生兒建立了感情，覺得有責任照顧嬰兒的成人圈也因此擴大。[20]

祖母或許也成為不可或缺的幫手——這點造成人類女性演化的一項共同特徵：更年期。這個一般所稱的「祖母假說」理論是，隨著更年期演化出現，中年女性就能卸下自己生孩子的重擔，而這是為了幫助她的孩子養育下一代。[21]。質勝於量。「及早停止生產」的女人可以保留力氣，避免和自己的女兒有生殖競爭，因而能集中精力讓她們的後代得以存活。

「世界上沒有比停經後女性的熱情更強大的力量。」據聞瑪格麗特‧米德曾經這麼表示。停經後的女性替傳遞 DNA 這場生物永恆的奮鬥，帶來新的活力。

更多改變即將到來。

青少年的起源

我們的直立人祖先很可能有了另一個重擔——青少年。從古代的牙齒與骨骼化石特色看來，在某個時間點（或許大約在九十萬年到八十萬年前），人類身體成熟的過程逐漸緩慢。[22]這時候不止女人生下極其需要照顧的嬰兒，童年也延長了。

青少年於是出現，這是人類這種動物的另一項特色，另一項使我們與猿類親戚分道揚鑣的特徵。黑猩猩在大約十歲時到達青春期。然而在狩獵與採集社會中的女孩，往往要到十六或十七歲才第一次月經來潮（雖然在今日的西化社會中，女性的

初經往往要早得多）。男孩的青春期也延長了。事實上，今天人類的身體直到約二十歲才停止生長。

更值得注意的是，人類父母依舊供給青少年食物和住處。在黑猩猩媽媽給幼猩猩斷奶後，這些小傢伙就自己覓食，每晚搭建自己的窩。年紀輕的黑猩猩大部分時間還是待在母親身邊，但是母親已經不再提供食物和住處。

人類卻不是如此。人類的五歲小孩才勉強會挖掘根莖植物。在狩獵與採集社會中，即便是最熟練的幼兒都要在好幾年之後才能自己搜尋食物存活下來。[23] 隨著人類成熟過程趨緩的演化，我們的童年期和青少年期的時間變得幾乎比黑猩猩和其他靈長類動物多出兩倍之久。

人類成熟過程為何拖得這麼長？

這是為了得到更多時間；為了在童年期學習這愈來愈複雜世界中的種種事物。男孩必須學習哪裡能開採到燧石和其他石頭，如何製作擲得更好的武器。男孩必須盯著動物，學習哪些動物帶領獸群，了解風向和季節如何改變，以及要追蹤哪些掠食者、如何追蹤、在哪裡包圍牠們，以及如何採石、如何切割家禽、分配戰利品，還有如何攜帶火。

女孩要學的事情更多：莓樹叢長在哪裡，要避開哪些沼澤，哪裡找得到鳥蛋，數百種不同植物的生命週期，小動物的窩在哪裡或爬蟲類在哪裡曬太陽，還有哪些藥草治療傷風、喉嚨痛和發燒最有效。

學習這種種事物都需要時間去嘗試錯誤，也需要智慧。或許年輕人也必須努力記住冗長的故事，這些故事就像是寓意深

長的道德劇，教導他們有關氣候與周遭動植物習性等知識。

　　同樣重要的是，他們必須學習細膩的配對遊戲。隨著青少年期的演化，人類多了這幾年的時間可以嘗試求愛、性與愛情，這在男女必須配對才能共享食物與共同養育孩子的社會中，是人生非常重要的一部分。

親屬關係

　　人類腦容量增大，女人開始生下亟需照顧而且青春期漫長的孩子，雙親壓力必定增加——因而演化出人類另一項特徵：正式的親屬關係制度。

　　許多動物，包括所有高等靈長類，大多數時間都會跟著母親，他們和兄弟姊妹十分親近，而且與團體中的其他成員有特殊的關係。這種非正式的親屬關係源自於人類的哺乳類祖先。但是當我們的祖先開始發展出親屬關係的類別，每一種親屬都各有其規定的關係和責任時，他們就開始打造出傳統人類社會生活的緊密依附性。

　　人類親屬制度的演化，是人類學最長久的爭議。問題的根本在於以下何者先出現：母系制度（根據母親血緣追溯世系）或父系制度（根據父親血緣追溯世系）？今天許多部落以及許多現代後工業社會的人，既追溯母系也追溯父系，他們採用雙方親屬制。但是這種親屬結構一般不存在於自然界中。因此，我們的直立人祖先很有可能是與母親的親屬或父親的親

屬，以及其他加入社群的人一起長大。

原始人是母系或父系社會？從我們的猿類近親身上，只能得到相互衝突的線索。

在草原上的狒狒群中，有親屬關係的母狒狒會成群行動，而公狒狒卻在成年後離開自己的團體，加入別的狒狒群——這就是母系社會的要義，親屬制度是以雌性基因關係為根據。

而黑猩猩的情形則相反。有親屬關係的公黑猩猩往往一起行動，保衛猩猩群，而母黑猩猩一般總會在青春期離開群體，到鄰近的猩猩群尋找伴侶。有趣的是，在一項化石研究中（化石存在的時間是二百萬年前）顯示，母黑猩猩比公黑猩猩離開群體更遠[24]，或許是為了和不同猩猩群中的新伴侶在一起，這就是原始父系制度的跡象。

但是在今日大多數狩獵與採集的社會中，無論是年輕男性或年輕女性都能自由離開或留在出生的團體中。此外，夫妻在婚後可以和先生的親屬同住，也可以和太太的妻子同住。他們往往會和雙方的親屬同住，依他們的選擇而替換住處。[25]然而有些狩獵與採集社會中的男女透過母系追溯祖先；有些則是追溯父系；有些卻將自己同時視為父系或母系的親屬，也就是雙方親屬制。[26]

包括人類在內，不同的靈長類有不同親屬結構，因此我們不可能隨意猜測這些早期直立人團體的親屬網絡。只有一些例外：幾乎可以確定的是，所有成員都認識彼此，而且認得「母親」。隨著單一伴侶制的演化，他們必定也將母親的「特

殊朋友」包含在小團體之內。

於是在某個時間點，他們開始將這人際網絡擴大到包含母親或父親的親屬，以及這些親屬的特殊朋友——藉由婚姻而成立的姻親。於是他們將這些生物學上沒有關連的男男女女轉變為家庭成員。當這些正式化的社會網絡形成之後，很有可能就出現了「氏族」和「部落」的概念。

我猜想，納里歐柯托米男孩和他的直立人親屬，都生長於這樣的正式化親屬網絡中。他們必須如此。母親和她的「特殊朋友」需要更多親戚來幫助他們養育弱小無助的嬰兒，讓這些孩子度過漫長的童年和青春期。

好個聰明的招數：封鎖在正式關係和義務的網絡中、由血親和姻親組成的親族體系——這是為培育共同的 DNA 而存在永恆、牢不可破的親屬制度。

從小，一個直立人小女孩或許就期待母親的「特殊朋友」分享他的肉類，保護她，在她哭泣時抱著她。她和他建立特殊的關係，成為「父女」。她或許變得有義務幫忙照顧弟弟，這個義務就演變為「姊弟」間的職責。她母親或父親的兄弟姊妹，以及他們的「特殊朋友」，就成了她的阿姨和嬸嬸、叔叔和舅舅。

隨著狩獵規模愈來愈大，兩性間愈來愈強調分工，由於必須將無助的小寶寶養大並使他度過漫長青少年期，我們的直立人祖先開始將親屬分類成特別的社會地位，每一種都有特定的

義務、責任和社會角色。此外，當這些這是的親屬體制出現時，我們的祖先將開始發展和性、浪漫愛情、依附感以及誰能和誰「結婚」等有關的最初規則和禁忌，這些都是人類繁殖生命的基石。

遠離非洲

我們的直立人祖先也開始散布到全球各地。他們在一百七十萬年前已經抵達亞洲西部，在一百六十萬年前抵達印尼，而在一百一十五萬年前抵達中國。[27]

我們不知道人類的祖先為何離開非洲，或許是因為當時他們已經能夠離開。

到了一百八十萬年前，地球溫度再一次驟降。在地球北邊的歐洲和亞洲，雪在比以往更長也更寒冷的冬季裡堆積在高地，而在涼颼颼的夏季日夜，融化的雪量比以往更少。一世紀又一世紀過去，冰層變成高達一公里的硬殼。之後重力又將這些冰層從山頂上往下拉，切割出谷地，移動大石頭，推倒樹木，將酷寒的天氣往南推移。每一段時期都長達數千年之久。

每一次天寒地凍的時期到來，就有愈來愈多海水被鎖在冰層裡。因此，漸漸地，海平面下降約一百二十公尺，露出廣大的陸橋，這是通往北方的快速道路。

我們的祖先不止能夠走到北方；或許他們不得不走。

就在他們愈來愈擅長狩獵時，或許他們也必須走到更遠的

地方尋找獵物。此外，有了能幫助打獵和保護自己的火把，以及更能有效率屠宰獵物的工具，他們或許就能收集更多肉類，也能讓更多孩子存活。[28] 有時候，當一小群人出現在史瓦科蘭斯洞穴時，已經有另一群人住在裡面；或者當某一群人抵達時，無花果樹上的果實已經被摘光、池子裡的螃蟹已經被撈完。最後，和鄰人的衝突或自己人之間的爭執，或許迫使分裂的小團體或一整個社群的人都離開他們生長的土地。

無論是在哪個季節遷徙，我們的祖先逐漸探索帶他們離開非洲的新河谷和新的小徑。有些人跟著馴鹿、麝牛、野牛、駝鹿和其他體型巨大的動物經過現在亞洲西邊的喬治亞共和國。其他人進入中國北部，還有人緩緩往南來到爪哇，他們在冒著熱氣的印尼梭羅河岸邊留下骸骨；還有另外一批人的骨頭出現在今天的以色列。這些人每個世代移動不到十六公里，在將近兩萬年間抵達北京。

他們只走到這些地方。

存放最多證據的地方就在龍骨山，這是北京市外約五十公里的小山，山上有一系列洞穴，這就是人類學家所稱的周口店遺址。[29] 數世紀以來，中國的化石獵人一直在收集古代骸骨，他們將這些寶物賣給當地的藥商，後者把骸骨磨成味酸的粉末，當做靈丹妙藥沿街兜售。聽說了考古學家在周口店的考察工作，加拿大解剖學家步達生於是在一九二七年踏上他自己的朝聖之旅。

從那時候開始，在龍骨山出土了屬於直立人一打以上的部分頭蓋骨和臉部碎片、約一百四十七顆牙齒和許多後頭骨，同

時挖出的還有野豬、大象、犀牛、馬的骨頭和數千件工具。[30] 約五十萬年前，直立人在這裡紮營許多次。或許他們大多在冬天前來，因為這時大批的猛瑪象、乳齒象、犀牛、鹿和古代的馬紛紛經過他們的前門，朝氣候溫暖潮濕的南方前進。

直立人的愛情生活

那麼，在圖爾卡納湖跟蹤河馬、圍在南非火堆旁溫暖雙手、以及骸骨遺留在爪哇叢林和中國龍骨山山坡上的直立人男男女女的性與愛情生活又是如何呢？

這些男人或許很重視女人採集與作為母親的貢獻。他們的妻子與情人必定熟知每一株蓍草、每一棵能收集蜂蜜的樹、最小的莓子樹叢、每一個滴著水的岩石，和他們周圍一百六十幾公里內的每一個小山丘、洞穴和小徑——即便這些地點所在的平原彷彿像太平洋一般，表面上看起來都是同樣的景致。幾乎每個早晨，女人必須把孩子背在背上的皮袋裡帶著他們離開營地。每天下午，她們帶著堅果、莓子、柴薪，往往也帶著哪裡有獸群、水源、敵人和親戚的訊息回來。男人必須靠女人才活得下去。

女人必定很欣賞男人在狩獵時的英勇表現，也很感謝他們送女人烤肉和排骨，以及擊退敵人、保護女人。女人需要男人獵捕來的動物身上的獸皮製作外套和毯子、頭骨拿來當容器、其他的骨頭拿來製作工具，以及拿筋腱製作繩子。

當男女們在晚上回到營地，在火裡添柴，並講述當天發生的事蹟時，他們當然會和彼此說說笑笑。隔著迷濛的煙霧吸著骨髓吃著莓果時，他們當然也會和彼此調情。當營火漸漸減弱時，他們很可能在彼此身邊躺下，有時親吻和擁抱對方，度過漫漫長夜。但是這些人夢見什麼，他們愛上誰，或者他們在沉睡之前想著什麼，都已經隨著火光逝去。

這些情景不是現代人的古代複製品。他們沒有在洞穴的牆上畫熊或野牛，也沒有挖掘到顯示他們會縫製外套的骨針。沒有任何護身符指出他們崇拜太陽、星星或某個神明。他們沒有墳墓。但是他們**幾乎**和人類一樣。他們的大腦很大，也懂得生火。他們和我們一樣，生下非常需要人照顧的小寶寶。還不成熟的青少年跟在父母和群體的其他成員身後。無論是年長或年輕的人，都被納入社會親屬關係的複雜網絡中。而火堆已成為「家」的同義詞。

在這些人之中，有些成為現代男女的古代原型。接下來，我們祖先的性和愛情世界，將會和人類完全相同。

13
最早的富饒社會
「簡潔而專斷的字眼：『應該』」

有二事焉，常在此心，敬而畏之；與日俱新：上
則為星辰，內則為德法。*

——康德，《純粹理性批判》

　　在法國西南部、庇里牛斯山和西班牙北部的寧靜小鎮下
方，湍急的古代洪流切出一連串迷宮般的洞穴。在地表深處的
無風裂隙中，石筍和鐘乳石就像是鬼影幢幢的乳白色士兵。一
滴滴的水往下滴，發出金屬般的撞擊聲，打破全然的寧靜。蝙
蝠的聲音在崎嶇岩壁上的凹洞裡來回傳遞。依舊奔放的河水發
出怒吼，快速流經天然的滑道、漏斗和「貓洞」般的岩石，然
後又無聲無息地消失在某個髮夾彎後方。

　　我們的祖先可能最早在四萬年前就已經在這些大自然建造
的洞穴裡加以裝飾，留下數千件洞穴壁畫和雕刻，成為現代人
類現身的證據。

＊譯注：此為余光中先生譯文。

在法國萊塞西附近的拉斯科洞穴中，某人在地底的巨大圓形空間裡畫上幾時隻成群奔跑的動物。在庇里牛斯山的三兄弟洞穴裡的凹陷處，有另一名藝術家刻了一隻神奇的野獸——牠有人的頭、公鹿的角和馬的身體與尾巴。在西班牙的拉忽攸洞穴中，我們的祖先刻出一個半人半貓的怪獸頭顱。在三十多個其他洞穴裡還有用紅色或黑色線條畫出的巨大野牛、馴鹿、猛瑪象、羱羊、熊和其他動物，牠們的毛和肌肉以細膩的筆觸畫出，下筆時也利用岩石上天然的裂縫與突起當成動物的身體。

還有些畫的不是真實形體，而是魔幻般的動物，如沒有頭的馬、長著鴨嘴的人、長著狼頭的熊、與身體分離而且缺了手指頭的手、浮在半空中的手臂和腿、蛇的紋路以及點和線布滿了牆面和洞頂。有些壁畫出現在很大的洞穴長廊中，還有些畫在偏僻的死路裡，連專業洞穴探險家想一探這些地底洞穴，都因幽閉恐懼症而昏厥。

❧

在這些聲音被增強、空氣停滯不動、不見天日的隧道裡，曾經進行著某些重要事件。沒有人住在這裡。我們的祖先是為了共同的目的來這裡作畫與集會。或許牠們曾舉辦某些儀式，確保狩獵季節一切順利，或慶祝某個兒子或女兒的誕生、治療病人，或為了許多其他目的而來。[1] 約翰·菲佛在他的經典著作《爆發的創造力》（暫譯）中提出，這些人或許也曾經舉行某種複雜的入會儀式。

菲佛相信，年輕的入會者可能被留在地底下單獨的洞穴

裡，直到乏味、恐懼和孤單剝奪了他們正常的感知能力，使他們處在一種恍惚的出神狀態。利用欺瞞和幻覺的手法，他們的長輩帶著這些宛如被下了咒的年輕人經過曲折的甬道，同時把重要的傳統、歷史和傳聞等部落所累積的智慧說給他們聽。

為強調一個複雜故事裡的某個事件，這些巫師或許會拿著燈照亮上方的一幅畫。閃爍的火炬照亮一隻手、一隻鳥或一隻魚，接著突然間，出現了一隻噴著氣跳躍的駝鹿或一隻游泳的公鹿，替故事中某個特定情節配上生動的畫面。然後在每一段迂迴的跋涉之後，他們將迷失方向的學生們集合在大型地下劇場，被洗腦的年輕人再度經歷更多考驗，巫師們重述更多故事，這些可「教科書」裡的故事將永遠銘刻在他們心中。

長者們說了些什麼？人類為何萌生最初的藝術？在這創意爆發的時刻，這些奔放的藝術表現又能如何解釋人類的性與愛？

菲佛提出，這些人正經歷一場由大量技術改變和社會網絡擴張造成的「訊息爆炸」。在許多洞穴裡，到處都是孩子的腳印，因此他提出的理論是，年輕人被帶到這些超現實的迷宮裡參加入會儀式，其目的是為了教導他們種種新的事實。

即便在今天，這種策略也很常見。世界各地的人類都會以藝術的形式儲存觀念和資訊。看見納粹黨徽，就能讓人引發記憶中對希特勒和納粹的種種訊息；對基督徒來說，十字架這個圖像中也濃縮了大量的事實與概念。另一個生動的例子是，澳

洲原住民利用他們的神話與藝術幫助記憶（還有其他許多目的）。正是這些人的創造力，使菲佛建構出歐洲洞穴藝術的理論。

　　傳統的澳洲原住民住在全世界最貧瘠的沙漠裡。如果他們要時常找到水，就必須記住幾百公里內地面上的每個隆起和凹陷、每棵樹和每顆石頭以及每個窟窿。因此地表的所有具體特徵都被編成神祕祖先的複雜故事。他們畫在工具上、牆上和自己皮膚上的小點、彎曲的線和人形，常常是象徵性的描述這些幽靈造訪的水坑和岩石。因此他們的神話、歌曲和藝術，其實是澳洲內陸的地圖。只要記下眾神的惡作劇，也就等於記住沙漠地貌最微小的細節。

　　為了教會孩子所有的知識，澳洲原住民讓他們經歷嚴酷的考驗。傳統上，澳洲中部的阿蘭達人把男孩帶到遠離家園的沙漠裡，不給他們食物和衣服，然後唱歌、跳舞，把這些生存所需的故事演給他們看。[2] 在儀式的最後一晚，男孩裹著毛毯坐在熊熊火焰旁。在吟唱聲中、黑暗、孤單和恐懼籠罩下的男孩們，陰莖被巫師從上到下劃一刀。多麼恐怖的經驗。但是這些男孩永遠不會忘記他們學到的故事；這些故事將永遠帶領他們從一個水窪到下一個水窪。

　　因此菲佛認為，這些早期歐洲人的洞窟壁畫有同樣作用，是史詩故事的提示卡——是那個遭逢危險巨變時代的「生存課程」一部分。

菲佛說得沒錯。

這些人正遭遇人口壓力。由於不久前的冰河時期，北方的天候一直十分惡劣。在今天倫敦所在地，當時覆蓋在一公里高的冰層下。但是現在的地中海沿岸當時是一片一望無際的大草原，很像是今天坦尚尼亞的塞倫蓋地國家公園。毛茸茸的長毛象和犀牛、羱羊、野牛、古代馬和許多其他有蹄動物，都成群在這裡吃著草。北有冰原，南有沙漠，我們的祖先不得不也聚集在這片草原上，也就是今天的法國和西班牙。

人群間的距離愈來愈近，他們很可能不得不架構新的社會網絡，為了生存而創造各種新的傳統。

難怪這些人會帶著孩子穿過曲折的地底通道，把他們嚇得半死，訓練他們成為大人。這時的生活變得極端複雜。

抽象、象徵性的思考

我們永遠不知道這麼久以前地底下到底發生過什麼事。但是有件事情很明白：人類已經具有抽象、**象徵性**的文化。

人類學家用**象徵性思考**這個詞，形容能任意將某個抽象概念加諸於實體世界的能力。典型的例子是聖水。對黑猩猩來說，大教堂中盛裝在大理石水盆裡的水，就只是水而已；然而對天主教徒來說，就是意義全然不同的「聖水」。同樣道理，黑色對所有猩猩來說就是黑色，而對各位來說，它可能意味著死亡，或甚至代表最新時尚。

有了這種象徵性思考的能力，人類就能發展出例如道德、良知等本質上的概念，以及和性、愛情與依附感相關，大量經由文化編碼的信仰、儀式、禁忌和規則。現代人類的心智已經浮現。

謎樣的尼安德塔人

長久以來學界一直在爭論，與這些洞穴畫家關係最近的親屬 —— 尼安德塔人是否已經有象徵性思考的能力，或者象徵性思考是突然出現在這些洞穴藝術家身上。[3] 可想而知，化石紀錄提供了觀點不一的種種解釋。

許多人相信尼安德塔人約在五十萬年前到二十七萬年前從人類的祖先分支出去，不過就連這一點也有爭議。其他人把尼安德塔人當成是人類的某一個種族。但是所有人都同意，到了十萬年前，這些男女已經住在歐洲，以及近東和中亞。

尼安德塔人的身體特徵的組合很奇特。他們的眉脊突出，牙齒和下巴粗糙，肌肉強健，骨架粗大，身材矮短，有著桶狀的胸型。如果在美國的街道上看見這樣一個人，你一定會認為他很野蠻。但這些有濃眉的人骨架比我們粗大，腦容量也比我們大。

而且他們的大腦構造和你我都一樣。我們從研究他們的頭骨輪廓得知，而藉由製造外模的方式就能輕易達到這個目的。

外模是一項精巧的發明。把乳膠倒進一個尼安德塔人的頭

蓋骨裡，等到定型後把這團乳膠拿出來。於是這個外模的表面就布滿細小的頭骨壓痕，這就是大腦曾經壓在頭骨上印出的痕跡。因此從乳膠表面所有的縐褶、裂縫和溝槽，就能看出腦葉的構造。從這些外模就知道尼安德塔人的大腦和我們大腦的構造相同。[4]

這些人會思考。

他們也會說話。事實上，根據有說服力的證據顯示，尼安德塔人的祖先**以及**現代人在大約五十萬年前就已經會使用人類語言。[5] 但是大多數人類學家都同意，十萬年前的尼安德塔人能以狩獵的故事娛樂彼此，也能對彼此情話綿綿。為什麼？

那是因為學者找到一塊尼安德塔人的舌骨，這是個重大發現。[6] 這塊懸在喉嚨裡小小的 U 形骨頭有助於說話，而遠古尼安德塔人的親戚也有兩塊舌骨，[7] 這表示他們和今天的我們一樣，有能發聲的聲道。他們內耳的構造，[8] 以及他們慣用手的外觀[9]，也和某種語言系統有關。此外尼安德塔人也和現代人一樣有 FOXP2 基因，這是和語言能力有關的基因。

針對他們說的是什麼語言、這種語言何時與如何演化而來以及支持種種不同意見的數據資料，科學家還有爭議。[10] 但是所有人都相信，當尼安德塔人在古代法國、西班牙、俄羅斯、西伯利亞和克羅埃西亞洞穴裡烤著猛瑪象肉排，躺在彼此身邊時，他們說著某種形式的人類語言。[11] 沒錯，他們已經發展出相當複雜的語言，因為有些小而孤立的團體顯然說著很複雜的語言。[12]

但是尼安德塔人是否「相信」任何事？他們有沒有創造出靈魂或來世的概念？他們是否活在**象徵性的**世界中？

在歐洲各處的幾個洞穴裡，考古學家已經發現尼安德塔人將下葬的死者以睡姿塞在類似低矮墓地的地方。[13] 他們的親屬或許還留下一些陪葬品，因為有些骨骸周圍放著石製工具，或仔細排放的石頭以及動物的骨頭和角。

在伊拉克北部山丘高處的洞穴中，死於約六萬年前的某個尼安德塔人的朋友和情人可能放了花束在他身上。骨骸周圍散布著蜀葵、葡萄風信子、矢車菊、開黃花的千里光和當地其他野花。[14]

在幾個尼安德塔人出土地點也發現紅赭石，這表示他們也會用它當顏料彩繪身體、裝飾工具和武器──因為世界各地的人在舉行儀式之前，都會用紅赭石彩繪臉、手、身體和衣服。某個尼安德塔人在熊的牙齒表面刻上淺淺的溝槽。另一個尼安德塔人在狐狸牙齒上打洞。還有個人在馴鹿骨頭上穿孔。在直布羅陀某個洞穴裡有一連串交叉線條刻在石牆上，暗示尼安達塔人曾經在這裡舉行儀式。

如果尼安德塔人相信來生，如果他們會裝飾自己和周遭環境，如果他們會將象徵符號刻在洞穴的石頭上當作儀式的一部分，那麼他們就懂得象徵化。如果他們創造藝術，必定也能欣賞藝術。

藝術的功用是什麼？

關於人類創造與評價藝術動力如何演化而來，動物行為學家愛倫‧迪沙納耶克提出了一個有趣的論點。

在她的著作《藝術的功用》中，她將所有藝術追溯至人類將物品塑形、裝飾、美化以及讓物品與活動更「特別」這項顯而易見的需要。以裝飾或大張旗鼓的儀式讓某個事件或工具更「特別」的那些人，就能記住這件事。記住這些儀式就能活下來。因此能製造藝術並欣賞藝術的人活下來了 —— 這就是美感的天擇，是欣賞藝術的生理傾向。

事實上，有些證據能證明這種美感的欣賞能力可能早在尼安德塔人在世上活動之前就已演化完成，因為在現在的英格蘭，大約二十五萬年前有兩個人各自製作燧石手斧，他們在手斧中央刻意保留了一個貝殼化石。這兩個人一定發現這些嵌在石頭裡化石，於是他們在貝殼化石周圍製造工具，讓他們的工具顯得「與眾不同」。或許這兩個人甚至還設計了在特殊儀式上使用的手斧。大約在同一時間，法國某個海邊懸崖洞穴裡，也有某個人留下一顆顆紅色、黃色、棕色和紫色的赭石。或許這些人已經開始讓自己和自己的個人用品顯得「與眾不同」。

藝術的功用是什麼？演化心理學家傑佛瑞‧米勒會補充道，好的藝術家也會吸引更多情人，生下更多寶寶，因而選擇出我們製造與欣賞藝術的遺傳傾向。[15]

尼安德塔人並沒有留下大量表現美感的藝術品，不過，他

們已經開始了。[16] 迪沙納耶克正是這麼認為，她相信尼安德塔人以某種儀式埋葬了死者並美化墓地，將赭石用來裝飾並表達象徵意義，也戴上兼具裝飾與象徵功用的熊與狐狸牙齒。他們是最早的「藝術大師」嗎？不大可能。但是一種藝術傾向已經逐漸成為人類天性的一部分，寫在我們的基因碼中。

這些人已經能進行抽象、象徵性的思考。

౸

這些人不止愛自己人，也愛他們的鄰居。由古遺傳學家斯萬特・帕波和同僚收集的開創性基因新資料指出，約在五萬年前，至少有某些尼安德塔男女和完全現代的亞洲人與歐洲人有性關係[17] ——**因為今天許多現代歐洲人和亞洲人身上都有一些尼安德塔人基因。**[18]

首先帕波從三萬八千多年前住在克羅埃西亞溫迪阿洞穴裡的女性尼安德塔人的骨頭裡抽取 DNA。然後他們將這 DNA 與五種現代人類的 DNA 進行比對：一名南非的桑恩人、一名西非約魯巴部族的人、一名新幾內亞人、一名中國的漢人和一名法國人。[19] 令科學界震驚的是，現代歐洲人、亞洲人和新幾內亞人有 1% 到 4% 的基因和尼安德塔人基因相同。非洲人的基因卻和尼安德塔人不同。

因此尼安德塔男女必定在這些現代人離開非洲、四散到歐洲、亞洲、澳洲和新幾內亞各地**之後**，和他們雜交。

尼安德塔人的羅曼史

或許在五萬年到三萬年前，也就是當尼安德塔人和早期現代人同時生存在北方時，他們曾經同床共枕。

然而在中東，他們或許更早發生性關係。在約十萬年前，已經有現代人住在現今以色列的洞穴裡。到了八萬年前，被酷寒所逼往南遷徙的尼安德塔人也開始住在這裡。這兩個不同人種很容易就能相遇，和彼此交易，並且溜進樹叢裡來一場午後的性愛。許多人生下了小孩——正如帕波所說：「就某種意義而言，尼安德塔人並沒有完全滅絕；他們的某一部分還活在我們身上。」[20]

我們對尼安德塔人所知有限，只知道他們是一小群人聚在一起四處遊蕩，會製作精良的石器，會在歐洲各處長途旅行，獵捕大型獵物，吃許多肉等。在岩石峭壁下方挖出了數千件猛瑪象、長毛犀牛、馴鹿和野牛骨頭，因為獵人們曾經把這些野獸從平原往斷崖邊驅趕。這種「墜崖」狩獵代表了另一項革新：這些獵人有組織、有系統、有計畫。[21]

接著不幸的尼安德塔人在約三萬年前消失，在西歐被現代男女吸收和／或取代——我們以骨骸最先在法國被發現的地點，將這些現代人命名為為克羅馬儂人。這些人和你我長得一模一樣。[22]

最早的富裕社會

隨著現代男女的出現，人類藝術和文化生活開始突飛猛進。

沒錯，洞穴藝術不過是他們的創新發明之一。必定約有一打人曾經花上一週時間把九十五個猛瑪象的下頜骨以人字形圖案一個疊上一個，建造成在烏克蘭發現的一幢一萬五千年前橢圓形小屋外牆[23]。在這地區的其他人也將猛瑪象的長骨排成橢圓形的小屋。這些早期的建築師把獸皮丟在骨頭上，或用泥土和草塞滿骨頭縫隙，阻擋冬天的寒風。

克羅馬儂人也在獸群喝水的淺灘邊、在可以遠眺的山坡上和可以觀看獸群遷徙路徑的晴朗沖積平原上，建造獸皮和木頭的房子。這些房子通常面向南方，以便利用太陽的熱力。他們在房子附近挖掘儲藏坑，這表示這些人已經開始在一個地方安頓下來，至少停留一個季節之久。

克羅馬儂人發明了新工具和武器。雖然尼安德塔人有複雜的石器技術（一定也曾縫製皮衣和鞋子），但克羅馬儂人開始用象牙、骨頭和鹿角製作用具，以及輕巧的倒鉤魚叉、魚鉤、擲矛器，和可能是用在最初弓箭上的小型拋射箭頭。

在法國拉斯科洞穴中的一塊泥片上發現了繩紋印痕，表示克羅馬儂人也會製作繩索，或許是繩子、合股線、網子和釣魚線。在波羅的海挖掘到的琥珀礦出現在俄國平原的克羅馬儂人家裡，大西洋的貝殼也在距離數百公里遠的法國萊塞西被找到，這些人一定已經建立某種交易網絡，並經常從事遠距貿

易，換取珍貴的石頭和石屑原料。[24]

　　人類生活中也有了新的娛樂。克羅馬儂人發明長笛、哨子和鼓。他們配戴熊和獅子的牙齒做成的項鍊、獸骨做成的手鐲和墜子，以及上百顆象牙、貝殼和石頭做成的珠子。[25] 他們使用和現代人縫紉盒裡的針一樣細小尖銳的骨針縫製有帽子的外套，和有領子和袖口的襯衫、長袍、綁腿、靴子和其他需要縫製的衣服。從庇里牛斯山到屋拉爾山各地，都發現手掌大小、豐胸肥臀的女人偶（一般稱為「維納斯像」），以及用象牙、獸骨和陶土雕刻的動物雕像。或許這些是豐饒的象徵、用來占卜的物品、代表好運的飾物或送給親友、愛人的禮物。[26]

　　克羅馬儂人生活在第一個富裕的社會裡。他們喜歡音樂、舞蹈和歌唱。他們會在死者身邊放陪葬品。他們身穿狐皮外套、綁髮辮、穿戴珠寶、設計不同款式的衣服。他們用燃燒油脂的石燈照亮洞穴作畫，以及當做夜晚的照明。他們坐在建造完善的火堆周圍烤著大塊的肉，用完整的人類語言談天。他們很有可能已經創造了神話、巫術、儀式和神明。

　　他們或許也發展出社會階層。有兩個克羅馬儂人小孩被葬在莫斯科附近，有人用戒指、鹿角、矛、標槍、短劍和約一萬顆珠子裝飾他們。這兩個孩子不可能和強壯的獵人或任何領導者享有同樣的聲望。他們會不會來自上層階級？

　　或許最重要的是，這些人緊密依靠彼此，住在這世界上最初的季節性村落裡。這種村落需要完善的組織。他們必定已經發展出性、婚姻、通姦和離婚的種種道德規範。

　　這些愛的規範是什麼？

禁果

　　所有人類社會都有近親相姦的禁忌。[27] 歷史上某些時刻，埃及人、伊朗人、羅馬人和其他民族的人，會為了維繫皇室血統而准許兄弟姊妹間的近親相姦。但是除了這些少數的例外情形，母子、父女和兄弟姊妹間的配對不被允許。近親相姦是人類共通的禁忌，因此在克羅馬儂人時代也是如此，這主要是出於實際的理由。

　　最重要的是，如果一個克羅馬儂人女孩和兄弟或父親交配，生下寶寶，這一群人就多了一個無助的新成員，但卻沒有新加入的成人幫忙照顧嬰兒。和團體以外的人生育，並招募這外來的人成為幫助養育孩子的人力，是更有經濟效益的做法。

　　近親相姦也會導致諸多家庭衝突。人類是嫉妒又有占有慾的動物。因此如果一個克羅馬儂人女孩和父親交配，或一個克羅馬儂人男孩和母親交配，就會導致嚴重的家庭競爭，破壞妻子與丈夫間的關係，擾亂家庭生活。[28]

　　近親相姦也使得我們的祖先失去製造政治利益的機會。正如俗諺所說：「和外人結婚，總比被外人殺死來得好。」[29] 因此如果你的女兒離開群體，和隔壁山谷的男人配對，你就能增進和這些人之間的關係；他們會成為由婚姻而非血緣而來的親屬。如果你的女兒留在家中，和她的核心家庭成員配對，她和她的親戚就無法和他人形成新的貿易、戰爭或社交關係。

　　最後，與外人生育後代能避免近親繁殖造成身體殘缺的危險後果。[30]

克羅馬儂人無法承擔這些經濟上、社會上和政治上以及遺傳上的不利後果。因此有可能在這些歐洲人最早的真正親屬戴上串珠項鍊、穿上毛皮外套時，他們也有了親子與手足間不能有愛情或性關係的規定。事實上，他們這種對近親相姦的生理厭惡感，或許是與生俱來。他們自然而然會與核心家庭以外成員交配並繁衍後代。

避免近親相姦的生物學

　　生物是否有一種遺傳傾向是設法避免與母親、父親或手足發生性關係？

　　這不是個新的觀念。一八九一年，芬蘭社會學家愛德華·韋斯特馬克首先提出這種論點，他說孩子生來就發展出對一起長大的人產生出身體上的拒斥感。[31] 從那之後，在以色列所做的性研究也確認了這一厭惡感。

　　這項研究調查開始於麥爾福·史拜羅對以色列集體農場裡孩子們所做的觀察，在這裡同齡的孩子們一起吃飯睡覺，度過童年與青少年期。[32] 男孩女孩們一起躲在床單底下玩性遊戲，他們在稱之為「看病」的遊戲中檢查彼此，親吻、擁抱和碰觸彼此的性器官。然而到了十二歲時，這些孩子在異性身邊開始顯得害羞和緊張；等到十五歲時，他們與彼此發展出兄弟姊妹間的情誼。

　　雖然這些沒有血緣關係的年輕人可以自由性交和結婚，據

史拜羅所知，沒有任何一名男女與同一個集體農場裡的另一個成員發生關係。

社會學家約瑟夫·薛佛在一九七〇年代追蹤這項調查，他取得所有已知集體農場成員的婚姻資料。在二千七百六十九對伴侶中，只有十三對男女來自同一個集體農場。而這些伴侶直到六歲之前，都沒有一起度過童年。薛佛認為，在三到六歲時有一段關鍵期，在這期間人們對時常看見的人自然發展出性的厭惡感。[33]

動物的近親相姦

對核心家庭成員的性厭惡感，或許早在祖先們吹奏長笛，使用碗和箭，以及彩繪法國和西班牙洞穴之前就已演化完成，因為在動物族群中有大量避免近親相姦的實例。

哺乳類、鳥類甚至昆蟲中的雄性和雌性，也喜歡和陌生對象交配。事實上，其他物種也發展出許多方式以避免近親交配，因此生物學家認為人類的近親相姦禁忌源自於動物。[34]

例如較高等的靈長類認得親屬，因此青春期的靈長類幾乎不會與近親生育或交配，尤其是與自己的母親。在波多黎各東部的卡奧聖地牙哥島上年輕的公恆河猴，就是一個很好的例子。公猴在母親和母親的雌性近親保護下長大。小猴子長大後幾乎不會與母親有性關係。他們反而會將母猴子當做權威和依靠的對象。他們不會與母親交配，而是在母猴子面前變回嬰兒

的樣子——爬到她臂彎裡，輕柔低語，用鼻子磨蹭她；有些公猴子甚至還想吸奶。[35] 成年男女在父母面前偶爾也會倒退回小孩的樣子。

自然界中少見手足間與父女間的交配，這是出於另一種理由。許多青春期雄性與雌性動物都會離開自己所屬的團體。黑猩猩手足有時候會留在同一個團體裡，然而在坦尚尼亞貢貝溪保留區裡，珍古德見到幾次黑猩猩近親交配的例子。在這些事件中，要不是姊妹表現出特別不感興趣的態度，就是兄弟與姊妹間大打出手。例如被兄弟費根強迫性交時，吊在樹枝上的菲菲就發出尖叫。

或許早在四百萬年前，在雅蒂、露西還有之後的崔姬以及其他早期原始人祖先的眼裡，和他們一起長大的人都沒有性魅力。他們會尋求母親和她的「特殊朋友」的保護救助，而不會找他們性交；而男孩或女孩在青春期就會到其他社群居住。近親相姦的情形很罕見。於是，當人類演化出能辨認一長串正式親屬的心智，以及制定、記憶和遵循性規則的腦力，就能迅速了解近親相姦在經濟上、社會上和政治上的缺點。它曾經是祖先的天性，現在也成為文化的名言。[36]

等到克羅馬儂男女在庇里牛斯山下的神祕洞穴中學習祖先的傳說時，他們當然已經知道自己能和誰性交、能和誰結婚，而誰是「禁果」。

近親相姦成為禁忌。

這些人無疑還有其他性方面的禁令。

傳統上產後性行為的禁忌是其中最普遍的一項，在所有傳統文化的紀錄中約占 94%。[37] 一般而言夫妻在小孩生下後的六個月應該禁止性行為。之所以會演變出這項規則，是因為要讓母親和父親能照顧無助的嬰兒。克羅馬儂人或許也遵守這項規則。

克羅馬儂伴侶很可能也在黑暗中或在沒有其他人的地方性交。世界上沒有任何一個地方的人類在公開場合性交。

男人或許也會避免在準備出發打獵前性交。確實，有些美國橄欖球教練依舊深信，球員如果在比賽前避免性行為，就能有更好的表現。

克羅馬儂人或許也賦予經血力量，大多數傳統社會中的人也是如此。古代歐洲人有些關於月經根深柢固的迷信。「在歐洲各地，」研究世界各地民間傳說的偉大人類學家詹姆士·佛雷澤爵士寫道，「一般人仍然相信，經期中的女人走進釀酒場，啤酒就會變酸；如果她碰了啤酒、葡萄酒、醋或牛奶，這些東西就會壞掉；如果她製作果醬，果醬就無法保存；如果她騎上一匹母馬，母馬就會流產；如果碰觸花蕾，花蕾就會枯萎；如果她爬上一棵櫻桃樹，櫻桃樹就會枯死。」[38] 直到一九五〇年代，美國女性還是將月經稱做是「詛咒」，許多人在月經期間避免性行為。

克羅馬儂人必定也遵守性節制的規範。

即便在熱氣蒸騰的叢林裡，住在雅馬遜雨林的男女也會穿衣服，雖然在你眼裡那可能不算衣服。雅諾馬米女人只在腰間圍著一條細繩。但是如果你叫她把那條細繩拿掉，她的痛苦就和被要求脫掉衣服的美國女人一模一樣。雅諾馬米男人則是在腹部繫一條帶子，然後小心地把陰莖包皮塞進去，如此一來他的陰莖就會貼著腹部。然而當他的陰莖不小心從腰帶裡滑出來時，他的尷尬態度也不亞於陰莖從短褲拉鍊中露出來的網球選手。

無論是亞馬遜叢林裡的一條腰帶，或是英國維多利亞時代從頭到腳密不透風的服裝，世界各地的男人和女人同樣賦予衣著服飾象徵性意義。沒有了這一塊布，他們就感到軟弱和羞恥。既然克羅馬儂人穿著皮衣，戴著獅子牙齒串成的項鍊，他們當然也有以衣物遮蓋陰莖的規範。大多數人對於性的禮節還是會很講究。

或許最重要的是，這些西方人最直接的祖先，一定有通姦和離婚的概念。狩獵－採集社會的人，一般來說在出軌這件事情上，比許多西方工業社會的人更不在意。因此或許在克羅馬儂人社群裡，風流的懲罰不過是在午後公開受人嘲笑，輕輕打一頓，或是幾場激烈的爭執。但是這些祖先已經產生出對不忠的責難，無論男女都很清楚其中的規則。

即便是最性急的人，也一定尊重基本的離婚習俗。在小團體裡，八卦閒聊永遠是打發時間的一項活動，而放逐就等於被宣判死刑，沒人想冒著被孤立的危險。因此早在克羅馬儂男人或女人踩著沉重的腳步加入另一個團體之前，他或她一定花了

一段時間遠眺草原，或望向火光，沉思著該如何宣布這個消息，決定什麼時間適合走，還有如何依禮節離去。

「應該」的起源

規定、規定、規定。克羅馬儂人如何控制性慾，遵守種種苛刻的規定？他們是否有道德感、是非觀念和良知？

或許有。

「在人類和低等動物的差異之中，」達爾文寫道，「最重要的顯然就是道德感或良知。」他接著定義良知，說：「良知可以總結為簡短但專斷的一個字『應該』。」[39] 這個獨特的能力，也就是我們人類的良知，是如何演化而來？

人類學家羅賓‧福克斯推斷，當人類社會生活變得愈來愈複雜時，年輕人必須遵守應該向誰求愛、應該避開誰的嚴格規定，加強控制自己天生的性與侵略的本能。「這種天擇的結果就是，」福克斯寫道，「製造出能夠對自己性需求感到極為罪惡的人。」[40]

福克斯深信，我們的良知在大腦中以「機動連結」的方式運作。他形容這種傾向是「基因決定的行為徵候群，它使人類容易有罪惡感」。[41]

的確如此，現在我們已經知道某些這種大腦的機動連結。透過對腦部受損的人所做的研究，科學家已經確定，感知罪惡和權衡道德兩難的能力，位於鼻樑後上方的大腦部位，這

是大腦做出決策的區域。[42] 腦部受損的人能辨別是非，他們有推理能力，但沒有罪惡感，或不覺得需要遵守道德規範。

道德的階段性

現在科學家相信，道德判斷的能力在胚胎出現在子宮中時就已顯現。[43] 例如，當嬰兒聽到別人在哭，他也會開始哭。這種「總體移情」，也就是廣泛的同情心，或達爾文所稱的「道德基石」，是之後孩童發展出道德規範的最初嫩芽。

接著在一到兩歲間，幼兒有了人我分別，開始對周遭人表達特定的關注。幼兒有羞恥心，並且在稍後演變為罪惡感。他們理解對錯規則。他們試圖依循慣例，懂得保密和遵守禮儀。從此他們吸收自己文化的道德規範，建立個人依附與欺瞞的方式。[44]

道德的定義當然會依人的年齡與地位而有所不同，每個人與每個不同文化間的道德定義也不一樣。[45] 新幾內亞的美德不必然是美國的美德。但是現在科學家相信，人類這種動物能理解對錯的概念。我們在成長過程中吸收自身文化的道德觀，然後根據良知與我們內在習性與文化的需要搏鬥，以便遵循或扭曲規則。因此沒有人能教你如何產生罪惡感。你的文化才能教導你對什麼事感到罪惡。

許多不同的哲學家、心理學家和一般人，對於道德到底是什麼、它何時演變以及道德的思想和行動在人的一生中如何發

展，提供巧妙的理論。[46] 但是我想提出一項完全的依照達爾文主義思所做的補充論述。我認為人的一生中有四個廣義的發展階段，每一個階段都有其特定的適應性目的。

首先是孩童的道德規範。雖然有總體移情，孩童還是時常關注自己。而從達爾文主義的觀點看來，他們也**應該**以自我為中心。孩子最主要的目的就是活過童年這個特別容易發生意外和疾病的時期。

第二個階段是青少年的道德觀，他們的注意力在同儕身上。例如，青少年會偷父母的東西以取悅朋友。從達爾文主義的觀點看來，這同樣也是一種適應行為。在人類過去的狩獵與採集時代，青少年需要與夥伴建立必要的聯盟關係，因為他們一輩子都要與這群人一起旅行、狩獵和採集。

第三個階段就是父母的道德觀。這個時期的焦點是他們的孩子。父母有可能為了餵飽孩子而去偷竊朋友的食物，這就是另一種適應機制，這一次是為了保障他們 DNA 的未來。

最後一個階段是老年男女的道德觀。這些男女關注對象是整個社群的未來。許多人成為博愛人士，他們花費自己的時間、精力和資源建構更好的鄰里、更強大的部族或國家，拯救地球，或實踐其他的理想。後生殖期的男女往往（不自覺地）致力於打造一個世界，好讓他們的 DNA 在其中繁衍數十年甚至數百年。

良知展現

人類何時演化出道德判斷與道德行為的偏好,是另一個問題。達爾文提出,許多動物都會表現出「社交直覺」,例如保衛幼兒,安慰夥伴,以及分享食物。

荷蘭靈長類學家弗蘭斯・德瓦爾進一步論證這個觀點,他表示從鯨魚到大象,以及狗、猴子和黑猩猩等,許多生物都有社會規範,也就是對公平性、同情心、互助合作與互相幫助的認知——這些是構成我們人類良知的元素。[47]

正如德瓦爾筆下的形容:「在動物世界中到處可見為了幫助別人而讓自己冒著風險或付出代價的情形。」[48] 海豚會援助受傷的夥伴。鳥兒會吸引敵人注意,發出警告的叫聲幫助其他鳥兒逃走。如果吸血蝙蝠夜晚狩獵的運氣不佳,牠們會呼叫飢餓的夥伴回來,一起共享血液。猴子會用盡所有能量,保護眼盲的小猴子。大象會埋葬死去的同伴,在上面堆滿葉子和樹枝。黑猩猩會擁抱被咬傷的朋友,也會在受到夥伴幫助的幾天甚至幾週之後還記得這份「人情」,並且親切地報答對方。牠們不是人,但卻懂得人性。

「關懷他人的能力,」德瓦爾提到,「是人類道德體系的基石。」[49] 確實如此,德瓦爾談到許多動物身上的「道德能力」與人類的「語言能力」類似。他相信道德規範是哺乳類社會生活的核心。

由於非人類生物也有類似道德的感受，達爾文於是主張，我們的祖先也有這些社會直覺；這種驅動力「是遠古人類大致上的對錯規則。不過當人類知識力量逐漸進步……道德標準也愈來愈高」。[50]

不難想像的是，或許在四百萬年前，連續一夫一妻制和祕密通姦的演化就已引發道德感的逐漸攀升。這雙重繁殖策略產生了多大的衝突！為了形成一對一伴侶，**但同時又不忠於伴侶**，我們的祖先必須權衡許多行為帶來的後果。

或許約在四百四十萬年前，當雅蒂行走在古代衣索比亞樹林間時，人類的道德感就已經扎根。在露西、然後是崔姬、接著是納里歐柯托米男孩出現之後，這種對道德有所反應的性格逐漸擴大。心理學家強納森‧海德特主張，在七百多萬年前，我們的祖先從事集體大型狩獵活動，他們已經有所突破，演化出「有助於一起工作的初步道德基礎」。[51]

但是所有人都同意，當五萬年前（已經擁有現代大腦的）尼安德塔人在南法的火堆邊溫暖雙手時，他們有具體的是非規範，有許多道德規定，以及必須受到集體信條約束的責任感。

的確如此，在一些尼安德塔人遺址中發現一些跛腳的人以及慢性病人的遺骸。[52] 雖然這些殘障的人對團體沒有貢獻，還是有人照顧他們。

於是，當克羅馬儂人受到愈來愈大的社會網路牽絆時，或許也演化出為減低社會災難而制定的更嚴苛道德規範，同時也演化出人類困窘、罪惡、羞恥、悔恨、憤怒的感受，以及成熟

的道德感或良知——尤其是對性與愛的良知。

這在人類種種生物性特質中，是一項多麼驚人的附加物。現代男女不再因為品行不端而需要被告誡、攻擊或流放。有了良知的發展，他們就能自我鞭策。「當人們想做他們必須要做的事情時，社會就能達到最好的運作。」經神分析學家埃里希·弗洛姆這麼說。他明白良知是凝聚社會的一股力量。

❧

那麼，克羅馬儂人男女是怎樣的人呢？他們是無拘無束、自由自在四處遊蕩、性交並且拋棄伴侶的野蠻人嗎？當然不是。

「人心的作用是為了調解矛盾。」十八世紀蘇格蘭哲學家大衛·休謨曾經這麼說。我猜想，一定有不止一個克羅馬儂男人和女人睜著眼睛躺在溫暖的獸皮小屋裡輾轉反側，聽著餘燼的劈啪聲和伴侶的呼吸聲，心裡掙扎著第二天下午是否要到隱蔽的林間空地裡和祕密情人幽會。

之後還會有許許多多男女將陷入用情不專的難題。

14
捉摸不定的情感
昨日戀情

我有著和家人一樣的長相；
當肉身消亡，我還繼續活著，
展現家族的特徵和源頭
在時間中穿梭
在空間中跳躍
不被遺忘。

歲歲年年的遺傳特徵，
可以在身體曲線和聲音和眼睛裡
鄙視人類橫互的時間 —— 這就是我；
是人類永恆的存在，
不須聽從死亡的召喚。

—— 湯瑪士・哈代，〈遺傳〉*

---

* 湯瑪士・哈代（Thomas Hardy, 1840-1928），英國寫實主義作
  家，著名作品為《黛絲姑娘》。

「沿著小溪往上走，經過懸在上方的峭壁，你會在通往路林的小徑上看到一些白色小石頭。跟著石頭走。沿著這條獸徑走，不久你會遇到有水從突出的岩石滴下來。在這塊岩石上方長著松樹，可以俯瞰下面的景色。在那裡等，我會過去。」他坐著聆聽，心裡想著她的笑聲，她絕佳的方向感，還有這個祕密的地方。他一邊沉思，一邊削著一隻拳頭大小的象牙馬。我今天要把這禮物送給她，他心想。

在你和我之前的那些年歲裡，有多少男女曾經愛過彼此？他們有多少夢想曾經實現？他們又投注了多少熱情？有多少個夜晚，我們的祖先懇求星星改變自己的命運，或躺在彼此臂彎裡，感謝神明次給他們這份寧靜？有時候我走在美國自然史博物館的大廳裡，不禁想著存放在博物館櫃子裡的在那些小小的象牙馬、貝殼珠子、琥珀墜子和古老的工具、骨頭和石頭裡，是否住著偉大的愛情故事。

我們的祖先如何談情說愛？

我們還能用一個最後的線索去追蹤昔日的性與愛──那就是世界各地傳統部落人士的生活。因此我選擇訴說以下兩種人，南非喀拉哈里沙漠的康恩人和雅馬遜雨林的麥納庫人。主要是因為人類學家瑪喬麗·蕭斯塔克和湯瑪斯·葛瑞格兩位人類學家對這些人的性態度與行為有非常生動的描述。[1]

這兩種文化代表的生活，都和開始產生道德感和憂慮感、懂得敬拜和服從、雕刻大胸部女性和在地底深處潮濕洞穴裡的牆上作畫的克羅馬儂人不同。但是這些傳統社會確實有共同的性模式。浪漫愛情的主題、相似性與基本模式，也出現在

世界各地的其他社會中。因此它們必定在現代人類的萌芽期就演化完成 —— 如果那發生在不久之前。

喀拉哈里沙漠中的性生活

妮莎對性最早的記憶是在樹葉和樹枝做成的小屋裡，她躺在父母身邊，小屋的大小剛好夠三個人躺下而已。如果妮莎假裝睡覺，她就能看到父母「辦事」。爹地會用口水把手弄濕，再把口水塗在媽咪的性器官上，在她身上上下移動。有時候她媽媽外出到樹叢裡採集蔬菜時，她會把妮莎放在樹下，跑去和另一個男人性交。有一次妮莎等得不耐煩，她在樹林裡大聲尖叫：「我要跟爹地說他跟你做愛！」

妮莎從很小就知道性不過是大人做的其中一件事，而且它的規則往往可以被打破。

斷奶後的妮莎不再和母親一起出門採集。康恩人說小孩走太慢，很礙事。所以妮莎待在營地裡和朋友玩。不過一群孩子時常離開營地的五六間小屋，在一段距離外的叢林裡建造「假裝的村莊」。他們會在這裡玩狩獵、採集、唱歌、「出神」、烹煮、分享食物 —— 還有「結婚」的遊戲。

「結婚遊戲」包括配對，和假扮的配偶分享他們「假裝抓到」的食物，還有和這個配偶玩性的遊戲。男孩會把女孩身上的皮圍兜拿掉，躺在她們身上，用口水把陰莖弄濕，然後用半勃起的陰莖去戳女孩，做出性交的樣子。妮莎告訴人類學

家，一開始她不大愛玩這種遊戲，但她喜歡看。

男孩女孩也會溜進樹叢裡見面，假裝要和不被准許的戀人做愛。男孩們通常會帶頭做這項消遣，他們說：「我們來當你們的情人，因為我們在另一個小屋裡已經有太太了。我們會來做情人做的事，然後再回到太太身邊。」「不忠」是遊戲的另一種玩法。男孩又開始對女孩說：「有人跟我們說，你們喜歡別的男人。」女孩們會否認。男孩們堅持女孩們偷情，威脅要打她們，好讓她們不再去找情人。妮莎說：「他們會一再玩這種遊戲。」

康恩父母不准小孩玩這些性遊戲，但他們只不過會責罵孩子們，告訴他們要「好好相處」。至於對青少年的孩子，他們就睜一隻眼閉一隻眼。

妮莎青春期第一個迷戀的對象是提凱。她和男朋友建了一座很小的屋子，每天都玩性遊戲。「什麼都做，只差沒有玩真的。」但是妮莎說，「我還是不了解性的歡愉──我只是喜歡提凱做的那些事，也喜歡玩那樣的遊戲。」妮莎也不想和其他女孩分享情人。當提凱決定「娶第二個太太」，一天和妮莎玩、另一天和其他女孩玩時，她嫉妒得要命。

克羅馬儂人祖先是否也在童年時開始玩結婚和婚外情的遊戲，然後在青春期陷入熱戀？或許如此。美國小孩也會玩醫師遊戲，發明種種比較溫和的性娛樂，然後開始一連串青澀的戀情。這些童年的遊戲和青春期的迷戀異性在世界各地都很常見；它們或許很久以前就已經出現。

妮莎成年後的性生活 ── 她的幾次婚姻和幾段戀情 ── 都引人共鳴，讓我們覺得似曾相識。

　　大約在十六七歲時，康恩族女孩開始月經來潮。這時她們往往步入父母安排的婚姻，不過也有許多女孩在青春期開始之前就結婚。對於誰是適合的對象，父母的意見是絕對的。他們通常會選擇比女兒大好幾歲的男人。因為男孩必須經歷嚴格的考驗，也必須殺一隻大型動物，之後才有結婚的資格，因此新郎往往比新娘年長十歲之多。父母也會替女兒找未婚的優秀獵人或負責任的男人，不會找已婚但想要第二個妻子的男人。

　　對於自己想嫁給誰，女孩似乎不會表示意見。然而年輕男人說他們想要找年輕、勤勞、有吸引力、討人喜歡和很能生孩子的女人。當蕭斯塔克問一個男人他是否會和比自己聰明的女人結婚時，那男人回答：「當然會。如果我跟她結婚，她就能教我也變得更聰明。」

　　妮莎在青春期到來之前就結婚。她的父母挑了個年紀較長的男孩子，但是他不是個負責任的人。依照習俗，在協商與預先交換禮物之後，就舉行婚禮儀式。日落時分，友人們帶著這對伴侶到他們蓋在離營地一段距離的新居。他們抱著妮莎走過門檻，讓她躺在小屋裡，她的新婚丈夫在門外。然後妮莎的家人和新郎的親戚從他們的火堆裡帶來煤炭，在新婚小屋前面升起新的火堆，所有人唱歌跳舞說說笑笑，直到夜深。第二天早晨丈夫和妻子彼此的母親幫他們進行塗油儀式；這是一般的慶

祝活動。

但是妮莎的新婚之夜很詭異，而且這場婚姻在雙方的盛怒中只維持了幾天。妮莎的月經還沒來，因此一名年紀較大的女人和妮莎與她的新郎一起睡在新婚小屋裡，而這在康恩人是一般的狀況。但是妮莎的這位年長女伴卻打著其他主意。她把妮莎的新婚丈夫當成自己的情人，她做愛動作太激烈，一直撞到妮莎。妮莎沒辦法睡覺。兩天後她的父母聽說這件事，憤怒不已。他們宣布這椿婚姻已經結束，怒氣沖沖離開營地，把妮莎也帶走了。

❧

妮莎的第二次婚姻有另外的問題。對康恩人來說，女性童貞並不是訂婚的必要條件；事實上，蕭斯塔克在康恩人的語言裡找不到「童貞」這個字眼。但是年輕女性在婚禮的夜晚往往沒有圓房。她們比丈夫小好幾歲，因此對性事態度冷漠，也會拒絕新郎求愛。妮莎就是如此。她的胸部才剛開始發育；她還沒準備要做愛。由於她堅決拒絕性交，等待了幾個月之後，她的第二任丈夫特薩等得不耐煩，於是離開她。

之後妮莎和一名已婚男人坎特拉墜入愛河。坎特拉和他的妻子愳愳妮莎成為「共同妻子」，但她拒絕了。康恩女人不喜歡和別人共事一夫；她們說性事的嫉妒、稍微的偏心和爭吵等，都比彼此的陪伴以及多一個做家事的幫手，更令人介意。此外，夫妻三人往往必須睡在同一間小小的臥房裡，沒有人有隱私。在這些壓力之下，只有 5% 的康恩男人同時與兩名

妻子維持長期夫妻關係。其他95%的男人總是自得其樂，談論著這些「三人行」婚姻引發的複雜故事。

妮莎喜歡他第三任丈夫；漸漸地她愛上了他，也和他做愛。正如她對蕭斯塔克說的：「我們一起生活，我愛他，他也愛我。我以一個成年人知道如何去愛的方式愛他；我就是愛著他。無論他走到哪裡，我都跟在他後頭，不然我會想他……我把自己獻給他，一直一直地獻給他。」

然而妮莎很快就有了幾個祕密情人。她青春期的甜心坎特拉只是眾多情人之一。有時候當她丈夫出外遠行或打獵時，她會和情人在樹叢裡見面；有時候她會獨自在她的小屋裡找樂子。如果她去拜訪親戚，也會在當地找情人。

這些幽會令人驚心膽顫、危險萬分，也往往造成情緒上的苦楚。康恩人相信，如果女人在懷孕時與情人性交，就會流產。妮莎確實在某次幽會之後流產了。但是反正她還有許多情人。有些人讓她吃醋，有些人讓她嚐到被拋棄的絕望。

她的丈夫年紀輕輕就已去世，在那之後妮莎成了帶著幼兒的單親媽媽。她從父親和其他親戚那裡得到肉類；她似乎決心不靠伴侶獨自養育孩子。單親父母並不是西方家庭獨有的現象。

在她三個情夫之一貝薩努力不懈的追求下，妮莎第四次結婚。妮莎和貝薩常常吵架，通常是為了性。她對人類學家蕭斯塔克說，他「不但像個青少男，簡直就像小孩一樣，每天每天都要和太太躺在一起。一陣子之後她的陰道難道不會酸痛嗎？」「你跟公雞沒兩樣，」她對貝薩吼叫，「在晚上，做一

次就好了，一次就夠了！……光是一個晚上你就把女人給搞死了！」[2] 然後他們會愈吵愈兇。

但是妮莎和貝薩還是一起生活了幾年，雙方都有婚外情。有一次貝薩跟著妮莎的足跡走。妮莎去撿柴，她的腳印和一個男人的腳印會合。沒多久貝薩就發現他的妻子和情人在樹下休息。這對情侶看見貝薩的臉時嚇得發抖。罵了許多難聽的話之後，貝薩把這對情侶帶回營地，長老下令鞭打妮莎和她的男朋友。妮莎拒絕接受，大言不慚地說她寧可被子彈射死。之後她邁開大步離開。她的情人接受被重打四下的懲罰。

康恩族的性模式，和西方文化裡的性沒什麼兩樣：童年期的嬉戲，青少年期的迷戀，青年期嘗試尋找伴侶，然後是生育期的幾段婚姻與婚外情。當我們的祖先在法國與西班牙黑暗洞穴裡畫著獸群奔騰的壁畫的年代，這些模式或許也很常見。

康恩族人也有各種與性有關的習俗，這是人類配對遊戲中的另一項基本元素。和大多數傳統部落人士不同的是，康恩族人不害怕經血或其他體液，不過他們相信女人流血時不能參與狩獵。男人和女人一般也會避免在月經高峰期性交。但是如果他們想生孩子，就會在最後幾天恢復性交。他們認為，經血與精子混和，就能製造出嬰兒。

康恩人喜歡性事。「性是食物。」他們說。他們認為如果女孩沒有在成長過程中享受性交，她的心智就不會正常發展，她會跑去到處吃草。他們深信：「對性的飢渴會讓你死

掉。」

不過女人對男人的陰莖有某些怨言。他們不喜歡男人的陰莖太大，因為會弄痛她們；精子太多也不行，因為會搞得到處都是。所以女人會互相討論她們男人陰莖的內容物和健康狀況。而且她們要求高潮。如果男人「辦完事」，他必須繼續，直到女人的事也結束。女人在性事上應該得到滿足。

當然，男人也對完美性事的要素很有意見。在某次糟糕的幽會之後，一個男人總結道：「她那裡太寬了，像赫羅雷人*的嘴巴一樣。[3] 我在裡面攪來攪去，但是什麼感覺都沒有。我不知道她覺得怎樣，但是今天我背痛得要命，精疲力竭。」男人也會擔心自己的表現。無法勃起時，他們會吃藥。

康恩族人喜歡接吻，但是他們不會口交。「陰道會燒傷男人的嘴唇和舌頭。」妮莎解釋道。無論是男人或女人，偶爾都會手淫。所有人也都會拿性開玩笑；有時候他們一整個下午都說著性的俏皮話、雙關語和黃色笑話。他們也認為做春夢是好事。女人與親密女性朋友出外採集時，會滔滔不絕聊著彼此的情人。

但是有些性的禮儀則是十分嚴格。男女的婚外情務必要瞞著配偶。他們覺得這些幽會能引發強烈的情感，尤其是能帶來一顆「燃燒的心」。配偶間會為此而吃醋，因此最好能隱藏熱情，以免釀成家暴事件。因此情人們會想辦法在安全的地方見

---

* 作者注：赫羅雷人在一九二〇年代中期落腳在康恩族人附近區域，以放牧為生。

面，遠離眾人監視的目光和八卦的舌頭。他們說，對配偶的愛是另一回事。等到婚姻初期對炙熱性愛的渴望消退之後，丈夫與妻子往往成為好朋友，幾乎就像是彼此的父母一樣。

妮莎的第五任丈夫正是扮演這種角色。她說：「我們會吵架，但我們愛對方；我們會爭執，但我們還是愛對方。我們的生活就是如此。」她還是會溜進樹叢裡，去見她第一任情人坎塔拉，以及其他情人。

❦

克羅馬儂人是否也同樣曾感受到妮莎對性的興致？在父母跟隨馴鹿越過法國和西班牙的草地時，他們是否也有童年期的性遊戲以及青少年的情人？在地底深處的洞穴裡經歷恐怖的青春期儀式後，他們是否會結婚？他們是否和妮莎一樣，在婚姻不順利時會離婚和再婚，也會在某個臨時起意的午後與其他情人在祕密的地方偷情？

或許，住在遠離南非乾旱樹叢的傳統部落男女的出軌行為，和妮莎與她的朋友沒有太大不同。兩種文化或許都反映出早在現代之前的久遠年代就已演化出的性與愛的世界。

叢林裡的愛情

「好魚會吃膩，但是性永遠不無聊。」住在巴西中部亞馬遜叢林深處麥納庫人凱塔皮對人類學家湯瑪斯·葛瑞格解釋

道。凱塔皮有個太太，他說她很可愛。他喜歡帶著她和孩子們到遠處釣魚，如此他們就能有獨處時光。因為當他想在小孩睡覺後在吊床上和她性交時，總會有哪個人起來添柴火或到外面上廁所；家裡不是個有隱私、夠性感的地方。而且，凱塔皮很少在下午和妻子在家裡的花園裡做愛。他說，村子裡的生活鬧哄哄的。

凱塔皮在破曉時分從吊床上起來。有時候他和妻子會一起到河邊沐浴，並且沿路和其他夫妻聊天。但是大多數時候他會加入一群釣魚的男人，太陽一出來他們就出發。他的妻子待在家裡把孩子餵飽，和做其他女人負責的家事。到了中午，凱塔皮回來了，他把魚拿給妻子，然後和朋友一起到村裡廣場中央的「男人屋」裡。

男人屋禁止女人進入。從來沒有女人進去過——因為這裡是存放神聖笛子的地方，這些笛子藏在某個角落。如果有哪個女人誤闖並見到聖物，男人會在森林裡攔截她並強暴她，這是一些亞馬遜部落裡常見的習俗。

男人的俱樂部是個快活的地方。男人們一邊閒談、開粗俗的玩笑、取笑彼此，一邊編織籃子、製作弓箭，或為了準備午後的「摔角時間」裝飾身體。然後，在一陣角力和呻吟聲，在飛揚的塵土和歡呼聲中，比賽結束，贏家和輸家全部轉移陣地，回到圍繞著廣場中遊戲場的茅屋裡。凱塔皮和妻子坐在家庭火堆邊，吃著疊有濃稠的辣燉魚的木薯麵包，陪孩子們玩，最後所有人回到吊床上，漸漸進入夢鄉。

麥納庫人很忙碌。女人每天工作的時間往往長達七到九小

時，她們要製作木薯粉、編織吊床、紡織棉線、捻線、撿拾柴薪和拿水桶到附近的小溪取水。男人做的事情少得多。他們釣魚、交易、在家裡的菜園裡幫忙，以及每天大約三小時參與許多當地的儀式，除了旱季之外，這時他們必須努力整地，準備好新的木薯菜園。

但是村裡的人也很熱衷於另一種花時間的活動──性。「性，」他們說，「是帶來熱情與活力的辛香調味料。」對麥納庫人而言，性替日常生活增添極大樂趣。

小孩一開始走路，就和廣場上的一群孩子一起玩。幼兒在地上打滾時，大人會逗他們，說：「快看！我兒子在和你女兒性交。」孩子很快就學會這個遊戲。大一點之後，他們和康恩人的孩子一樣，開始玩一種叫做「結婚」的遊戲。

小男孩和小女孩在村莊外的樹上懸掛吊床，小女孩替「假裝的火」添柴時，小男孩就去撿拾大葉子。他們驕傲地把這些「假裝的魚」拿給太太們烹煮。接著，等這些伴侶們一起吃飽後，就開始玩另一種遊戲：「吃醋」。男孩或女孩偷偷溜進樹叢裡，緊跟著有嫌疑的「配偶」。當他們逮到另一半「假裝的約會」時，遭背叛的一方就生氣了。

年紀較大的孩子看過父母在家庭菜園裡性交，於是他們往往不再玩純真的遊戲，改玩更像大人的性娛樂。不過如果父母逮到嘗試性交的孩子，他們會毫不留情把孩子臭罵一頓，因此孩子很早就學會在這方面更加謹慎。

童年期無憂無慮的性，在大約十一或十二歲時突然結束，依照正式的性禮節規定，男孩開始進行為期三年的隔離。他的父親用棕櫚樹做成的竿子和棕櫚樹葉在家的另一頭蓋一座牆，然後在牆後方懸掛兒子的吊床。少男大部分的時間都待在這裡，吃著保證讓他長大的藥。這青少年要輕聲細語，遵守幾項飲食限制，還有最重要的是，避免任何性事。

然而到了後期，他開始偷溜出去找女朋友。

聽說兒子幽會，父親於是把牆拆了。男孩成為男人 —— 他有能力獨自去釣魚，準備好闢一塊菜園和娶太太。

這時男孩就可以盡情享受性的冒險，性將成為成年人生活中的常態。男孩們和女孩們性交。[4] 不過他們前戲的時間很少。[5] 如果情侶們在地上找到一塊厚重的木頭，他們或許就可以用傳教士體位在上面做愛，也就是男生在女生上面。但是舒服的木頭很難找，地上總是泥濘不堪，還會被蟲子咬。因此情侶們一般會面對面坐著；女生在上面，用腿夾住男生的臀部。

另一種常見的姿勢是，男生跪在地上張開腿，抱住女生的臀部，女生張開手臂撐住上半身，下背在地面上方。情侶也喜歡在安靜的水池裡性交；他們說水位在胸部最符合槓桿原理。如果沒什麼時間，情侶們或許站著性交；女生用腿夾住男伴，而男生把她抬高，讓她雙腳稍微離地。

男人射精後，性交就結束。雖然麥納庫人沒有形容女性高潮的字眼，他們很清楚在性交時陰核會腫大，而這就是女性歡愉的部位。他們把女性性器官比做一張臉；陰核是鼻子，能「嗅出性伴侶」。但是人類學家還不知道麥納庫女性是否常經

歷高潮。

結束性交後，情侶們走不同的路回家，不過他們會交換小禮物。魚是性交的貨幣。男人捕魚回來，往往會在進村子之前停下來，挑選魚獲中最肥美的魚，由信差送去給情人。他們見面時，男人也會送魚給女人。情人間也時常互送其他紀念品，如紡錘、籃子或貝殼首飾。青少年間的性行為非常普遍，以至於當女孩身上帶著一抹男朋友身上的彩繪走進廣場時，沒人會眨一下眼睛。麥納庫人不認為樹林裡的婚前性行為有什麼不對。

不過如果未婚的女兒懷孕了，父母會十分沮喪。因此女孩一結束從初經開始為期一年或以上的隔離期，她就要結婚。這是個特別日子。新郎把他的吊床搬到新娘家裡，並獻上許多他抓的魚。她會烤一批特別香甜的木薯麵包。在這幾天裡，親友們交換更多禮物與興奮的情緒。

麥納庫人認為將愛情表現出來是愚蠢而沒有品味的事，因此新婚夫妻應該克制情感。他們相信，老是想著所愛的人會引來致命的蛇、美洲豹和惡靈。然而新婚夫妻會睡在同一張大吊床上，整天在一起沐浴、聊天，在村子外的樹林裡做愛。年輕夫妻也會吃對方的醋，尤其是他們逮到配偶出軌時。

風流韻事通常在一結婚之後就開始。幽會的重頭戲就是麥納庫人所稱的「召喚鱷魚」。和某個女人私通的男人，會躲在一個「鱷魚的家」，要不是在女方屋子後面的樹林裡，這些屋子在從村莊廣場呈放射狀通往外面的小徑旁；或者是靠近菜園或沐浴的地點。當情夫經過時，他會唧嘴向她示意，然後在她

靠近時向她求歡。她或許會答應他，或者訂下次約會。男人說女人的「私處很吝嗇」，不過有人或許不同意。村子裡最風流的女人塔瑪盧有十四個情人。平均來說，麥納庫男人在任何時間點都有四段戀情。

據葛瑞格說，這些婚外情有寶貴的社會功能：凝聚整個村莊。麥納庫人認為精子能製造小寶寶，而且需要許多次交配才能形成一個孩子。這些男人表示，製造小寶寶是一項「集體勞動計畫」，類似出去捕魚。因此每一個情夫都相信，某個女人即將出世的嬰兒有一部分是他的。偶爾會有個男人公開承認情人的嬰兒是他的小孩，然後幫忙撫養他。[6] 不過丈夫會吃醋。正如他們所說，夫妻「重視彼此的性器官」。因此嬰兒真正的父親很少現身。然而這種製造嬰兒的信仰默默聯繫著男女之間的關係，形成一個複雜的親屬網絡。

或許是因為這一切私底下的性連結，通姦者很少被罰款或鞭打。在麥納庫人的神話中，拈花惹草的人會被毆打、被肢解，甚至被處死。但是在現實生活中，只有新婚夫妻會為此爭吵，或為了伴侶不忠而與對方對質 —— 我們可以理解其中緣由。村人常嘲笑吃醋的丈夫，叫他是「魚狗」，因為這種鳥會漫無目的亂拍翅膀，發出嘈雜的尖叫聲。很少有哪個男人願意把尊嚴放一邊，引來這種嘲諷。

倒不是說另一半在外面亂逛的男女不覺得痛苦；兩性間的緊張關係往往導致離婚。從夫妻睡覺時的距離就能輕易判定兩人的婚姻是否和諧。如果夫妻的吊床距離只有幾公分遠，他們或許感情相當好。這樣的伴侶比較會在小孩睡著後聊著白天發

生的事，甚至也會在彼此的吊床上性交。然而如果兩人爭執次數增加，他們就會把吊床分開，有時候兩人甚至會睡在火堆的兩端。如果妻子很生氣，她可能會拿起砍刀，把丈夫的床切斷。這麼做往往使兩人以離婚收場。

葛瑞格在當地時，雖然村子裡有些帶著幼兒的單身女人，大多數成人都會再婚。對麥納庫人而言，男人需要女人去撿柴、做木薯、縫補他的吊床，也需要女人陪伴他和性交。和康恩人與其他許多人相同，麥納庫人也經常採取結婚、通姦、離婚和再婚等綜合的人類生殖策略。

麥納庫人也和康恩人一樣喜歡性交，從他們的各種信仰中就足以證明。他們日常的食物——魚和木薯，兩者都帶有性的隱喻。女人會花上大半天把木薯塊莖刨絲，這時候村人會說她們在性交。性是每天陳腔濫調玩笑話的主要元素。男人和女人常常拿性調侃對方。女人會彩繪身體，拔陰毛，穿著通過陰唇和屁股的丁字褲以便強調她們的陰部。麥納庫人的神話、歌曲、儀式、政治、服飾和日常活動，都充斥著性的象徵意涵。

然而他們也對性有一種潛在的恐懼。葛瑞格認為，麥納庫男人有非常強烈的去勢焦慮。在對麥納庫人夢境的研究中，他發現有 35% 的男人擔心他們的陰莖被截斷或損傷，這數字比美國男人高出許多。麥納庫人也害怕性無能，他們有充分的理由。在只有八十五人的村子裡，八卦蔓延得很快，一個男人的床上功夫很快就傳遍整個村莊。於是早上的不舉，就成了對夜晚表現是否良好的焦慮。

男人也懼怕女人的經血。他們說，從女人開始流血的那一

刻起，這「散發出惡臭的」深色分泌物，就會流進裝水的容器、燉魚、木薯飲料和麵包裡。如果這種有毒物質跑進男人皮膚底下，它就會變成一種造成疼痛的異物，直到巫師用法術將它取出。因此，如果一個女人在傍晚時月經來了，她就把一整天做出來的木薯粉扔進叢林裡，這種事不時會發生。

此外，麥納庫人相信，性事會阻礙發育，削弱男人的力量，降低他摔角和捕魚的能力，還會引來惡靈。即便是在旅行中想到性交，都可能危及健康。

有些男人被這些信仰嚇得放棄性交或變得性無能；許多男人試著有所節制；還有些男人根本不顧一切，只要有可能就隨時隨地撒種。但是葛瑞格認為，所有麥納庫人都會為性煩惱。他們相信過度的性交、在被禁止的時機性交或和親屬性交，都會導致疾病、受傷甚至死亡。葛瑞格稱呼麥納庫人的性事為「焦慮的歡愉」，或許對這些人的性冒險行為還是一種比較輕描淡寫的說法。

性的藍圖

徘徊在亞馬遜雨林旁樹林裡的凱塔皮，和喀拉哈里沙漠裡與坎塔拉約會的妮莎是否不同？當然了，我們的克羅馬儂人祖先在成長過程中周遭也有許多性事，小時候他們也會玩性交遊戲，青少年時則是經歷了宣告他們擁有成年人性地位的儀式，[7] 接著他們進入充滿熱情、規則與迷信的婚姻與婚外情的

迷宮。

　　克羅馬儂人的孩子想必一定也會在深夜裡縮在猛瑪象骨小屋的熊皮毯上，聽著父母沉重的呼吸聲和挨近彼此的聲音。到了早上，他們會見到父母對彼此微笑。偶爾在他們的父親離開營地去打獵時，他們會看到母親和某個仰慕她、送她禮物的男人一起消失在草原的另一頭。和許多其他類似文化的人一樣，比較機靈的孩子知道父母在做些什麼事，他們可以滔滔不絕背誦出群體中大部分成人祕密情人的名字。不過他們大概不會洩密。

　　到了十歲，克羅馬儂人的少年必須開始進入屬於自己的性與愛的旅程。[8] 小女孩們或許會溜到河邊洗澡，並且和男孩們玩「結婚」和「吃醋」的遊戲。他們或許會一起到處遊蕩。到了青少年初期——早在青春期之前——有些男孩和女孩會開始玩真正的性遊戲。[9] 有些人或許會愛上這個再愛上那個，還有些人只對某個對象獻上青澀的愛情。

　　就和許多文化中的青少年一樣，克羅馬儂人的青少年會花好幾小時裝扮自己，把頭髮編成辮子，頭戴花環好讓自己聞起來香甜，戴上手環和項鍊墜子，或用野獸的毛、羽毛、珠子與紅色和黃色的赭石裝飾自己的長上衣和綁腿。然後他們昂首闊步、洋洋得意，在火光中向彼此展示。

　　在青春期前的某個時間點，少年克羅馬儂人必定曾經經歷重要的成年禮，而儀式在地底下的洞穴中達到最高潮。他們在這裡進入靈的世界，在為了教導他們聰明勇敢的儀式中唱歌跳舞。女孩們發育成熟後，就嫁給年紀較大、已經有狩獵技巧的

男孩子。

當馴鹿在春天開始每年定期遷徙時，新婚夫妻和他們的朋友們必須放一把叢林野火，把大型野獸往陡峭的深谷趕去，讓牠們衝向死亡之路，接著再宰殺動物，把大塊的肉運回家。在熊熊烈火旁，他們重演一次狩獵的高潮。最後，有些伴侶消失在火光裡，到黑暗中卿卿我我。

在夏季月分，妻子或許會鞣製丈夫獵捕的熊皮；她會烤丈夫在水流豐沛的小溪裡抓到的魚；出外採集回到家後，她也會告訴他哪裡有馬在吃草，哪裡有蜜蜂在製造蜂蜜。她丈夫會告訴她哪裡有新的堅果樹叢和可捕魚的池子。他們一起採集覆盆子和藍莓。他們也在慵懶的午後躺在祕密地點。

到了秋天，他們或許會一起踏上交易的旅程，來到浪花拍岸的海邊。他們在這裡用狐狸皮交換紫色的貝殼和金色的石頭，也和老朋友與親戚見面。接著，在冬風肆虐時，他們或許花上好幾小時待在屋子裡替珠子穿孔、雕刻小雕像和講述故事。

有些男女結婚不止一次。有些有情人。但是他們都有希望、有恐懼，也都有心愛的對象。他們的靈魂中都帶著古老的腳本 —— 那是人類配對的樣版：「家人的長相，」如湯瑪斯·哈地所說，「是人類永恆的存在，不會聽從死亡的召喚。」

這基本人類天性接下來將遭到嚴酷的挑戰。到了西元前一

萬年前，距今最近的一次冰河時期逐漸進入目前的間冰期解凍期。大地暖和起來，南至現代倫敦的冰河往北退去，從歐洲延伸至南中國海的大片草原，變為綿延無盡的茂密森林。猛瑪象、長毛犀牛和其他許多大型哺乳類滅絕，被紅鹿、獐、野豬和其他目前還在歐洲森林裡漫遊的現代生物取代。這時男人和女人只好獵捕較小的獵物，抓更多魚，捕更多鳥，採集大量森林裡的蔬果。[10]

很快就有更多人定居下來，種植更多野生種子，馴養野生動物。就這樣，人類從事農業的祖先將以兩種新觀念改變婚姻的面貌：尊敬你的丈夫，以及至死不渝。

15

至死不渝

兩性雙重標準的誕生

從今而後不離不棄，無論順境或逆境，無論貧
窮或富有，無論疾病或健康，我都將永遠珍愛
你，至死不渝。

——《公禱書》，1549 年

啪、啪、啪，一棵巨大的柳樹發出爆裂聲，搖擺一陣，
然後轟地倒在湖邊。在荷葉底下快速游動的鱒魚、河鱸、狗
魚、鰷魚和鯰魚衝進湖邊沼澤地成排的蘆葦叢裡。一隻被擊中
的野豬從矮樹叢裡急忙跑出來。鴨子、鵝和泥母雞從蘆葦叢中
拍著翅膀飛起來。兩隻水獺動也不動，在香蒲間聆聽。樹林裡
有新來的傢伙。

到了西元前三千年，中歐已經遍布池塘、湖泊和溪流，這
些是約五千年前大塊冰河往北後退的地表特徵。這些冰河痕跡
周圍是幽暗茂密的叢林。最早是樺樹和松樹遍布這片草原，接
著橡樹、榆樹、雲杉和冷杉也出現了。山毛櫸、栗樹、桴樹和
楓樹也覆蓋了河谷。只要有橡樹伸展枝枒的地方，就有光線沐

浴森林地面。薊、刺蕁麻和其他矮樹叢生長茂密,是森林裡多樣生物的豪華住處。不過在山毛櫸扎根的地方,厚重的葉子擋住所有陽光,因此只有羊齒植物、野生洋蔥、大蒜和草地能在底下生長。

早晨空氣中再也不會傳來猛瑪象和乳齒象的吼聲。開闊的平原、搖擺的草浪、低矮的灌木叢和冰冷的清晨都已消失。八月的光在清澈的湖面上跳舞,樹葉和樹幹上有露珠。獨來獨往的紅鹿、野豬、駝鹿和驪在森林裡穿梭,挑撿嫩芽。獐鹿和棕熊在草原的邊緣晃蕩,這裡長著榛樹、覆盆子、草莓和接骨木樹叢。野貓在長滿蒲公英的原野上追蹤兔子。現代地景和動物此時已經出現在歐洲。[1]

不同的人類也住在這裡;他們是農夫。

沿著德國、奧地利、捷克、斯洛伐克、波蘭、比利時、荷蘭和盧森堡的河谷邊,男男女女開始砍樹和耕地。在一些空地裡,只有一戶農家。有些地方則是由四個到十個不等的簡陋木屋組成一個小村子。這些最早的歐洲農夫在門外的小菜園裡種植青豆、扁豆、罌粟和亞麻。他們在和屋子相連的穀倉裡豢養已被馴服的牛、豬、綿羊和山羊。狗兒睡在他們腳邊,屋子後面是零星的小麥田。

我們永遠無從得知住在德國西南方的第一批農夫如何與當地以狩獵－採集為生的人相處。但是考古學家蘇珊·葛列哥以精確的數據為基礎,建立了一個假設。[2]

為重建這些河岸居民的日常生活,她選擇了一個共有三十四名男女的六個家庭所組成的村莊。於是,藉由仔細研究地景

與那個時期的手工藝品，以及當地的小麥、青豆、豬隻和其他植物與動物的生命週期，葛列哥拼湊出這些最早期農夫的工作時間表，他們耕種與放牧的狀況，估計出每個人每年生產與消耗的肉類、牛奶、穀物和蔬菜。

她也計算種植每公頃古代小麥所需的精確時間，每一塊田和菜園最適合的大小，以及受到蝸牛、老鼠和鳥的侵害與冬天食物保存不良導致的損失。她還加上每一次收成時產出的稻草，以及為維持牛、綿羊、山羊和豬的理想數量所需的牧草地、森林裡的嫩芽以及冬天的糧草。她也考量了這些動物的生命週期、每年出生的小動物數目、野生莓類、葉菜及其他調味品的量、砍樹所花的時間，還有其他種種影響這些農夫可能最有效率生活方式的因素。

她的結論如下：農夫們在春天種小麥，而且他們雇用當地四處漫遊的覓食者幫他們種田。

她的理論是，農夫把過剩的肉類拿給覓食者交換他們的勞力；這些肉類包括在早春時生出來、很快就超過保存期限的小母羊、小牛和小豬，而早春是四處漫遊的人食物最缺乏的時候。於是，到了八月當小麥成熟時，葛列哥認為農夫會再次雇用當地的覓食者幫忙割小麥和把稻草放進儲存的箱子裡，這一次他們用牛奶交易。他們或許會和這些人換來野味、特殊的燧石和用來製作斧頭的火山岩。最重要的是，他們能取得資訊──覓食者遊走各處時收集到其他農夫的消息。

葛列哥認為，這些搜索食物的覓食者不止喜歡農夫的肉類、牛奶和穀物，也喜歡他們放棄的田地。這些空地成為濃密

樹林中的空隙，新的灌木叢、香草和野草在這裡扎根，引來野鹿和野豬。因此在這些休耕田地周圍，獵人的收穫可能特別好。更重要的是，有了農產品，覓食者就不用再到遙遠的地方辛苦捕魚。他們自己也能定居下來。

當然這些農夫與覓食者早期的接觸並不全都如葛列哥所說的，是友善或共生的經驗。獵人和農夫當然也會打鬥。但逐漸地後者愈來愈多，這些居民將從根本上改變古代性別角色，開啟新的兩性規則和對待女性的態度，這些都將在歷經數千年之後傳遞給現在的我們。

歐洲邁入農業時期

農業為何與如何在歐洲生根，引發熱烈的討論。但是源自於山坡的西方農業帶呈馬蹄狀延伸，從約旦往北經過以色列、黎巴嫩、敘利亞和土耳其，然後往南到達肥沃月灣所在地伊拉克和伊朗。就在這裡，到了在西元一萬年前，開心果樹、橄欖樹、西洋衫、杜松、橡樹和松樹間的空地上長滿野草，野生的牛、豬、綿羊和山羊都在這裡吃草。

千年以來，我們四處遊蕩的祖先或許曾經到這些草地上狩獵與採集穀物。然而，當炎熱乾燥的夏天變得更加炎熱與乾燥，人們聚集在僅剩的幾個水源清澈的湖泊周圍，使得食物供給愈來愈短缺。漸漸這些人開始儲存他們收集到的穀物並播種，以便增加野生穀物的收成。最早的農夫可能是住在約旦河

谷。但是到了西元前八千年，有更多村子生根落地，早期肥沃月灣的村民開始種下野生的小麥、大麥和裸麥，並放牧綿羊和山羊。[3]

西方文明在此地發源。

農業活動於是往北方與西方擴散。隨著種植穀物和蔬菜的習慣從小亞細亞沿著河岸延伸到歐洲，農業逐漸成為人們的生活方式。數千年來我們的祖先穿梭於古代世界，試圖尋找食物。現在漫遊的生活已成為過去。正如考古學家肯特·佛蘭納里如此總結：「帶著一公噸小麥，你能去哪裡？」

犁

人類歷史上大概沒有哪一種工具像犁那樣，在男女間關係間造成如此大的破壞力，或在人類的性與愛的模式上造成如此大的改變。最初農夫使用鋤頭或挖掘棒犁田。大約在西元前六千年前，有人發明了刮犁。這是一種原始的犁，有石製的葉片和像犁的把手。到了西元前三千年，犁已經被人們普遍使用。

犁造成人類生活極大的不同。

在用鋤頭耕作菜園的文化中，女人負責大部分耕種的工作；在許多這樣的社會中，女人也相當有能力。[4]

但是自從引進使用時需要更大力氣的犁之後，農場上的基本勞力大多成為男人的工作。此外，女人也不再能到野地裡漫遊，採集晚餐。女人失去了作為獨立採集者和供應者的古

老、榮耀的角色。在犁成為耕作不可或缺的工具之後，農人就出現了對兩性的雙重標準。女人被認為不如男人。

尊敬你的丈夫

在農業社會中女人地位被壓抑的最早文字紀錄，是西元前一七八〇年古代美索不達米亞的法典。在法典中女人被描述為家產。[5] 其中一條法典指出，妻子如果通姦可以判處死刑，然而她的丈夫卻准許有婚外性行為，只要他不要侵犯別的男人的財產，例如鄰人的妻子。結婚主要是為了生產，因此法典禁止墮胎。[6] 此外如果女人沒有生小孩，男人就可以將她休了。

把女性當成製造小孩的財產和從屬物品，不是中東獨有的現象。許多農業社會中都出現這種道德觀。[7]

在務農的傳統印度社會中，受人敬重的妻子應該跳進去世丈夫火葬的柴堆中，這習俗叫做 *suttee*。中國上層階級的女孩大約在四歲時必須將腳趾頭（大拇指除外）用布牢牢綁住，疼痛不堪無法走路的女孩因此也不能從丈夫家中逃走。古希臘黃金時代的上層階級女孩在十四歲前就要被嫁掉，以確保她們在新婚之夜的貞潔。入侵古羅馬的德國人，可以自由買賣女人。[8]

「你們做妻子的，當順服自己的丈夫，這在主裡面是相宜的。」新約聖經如此囑咐我們。[9] 這信條不止出於基督徒的觀點。在古代的蘇美、巴比倫、亞述、埃及、古希臘和古羅

馬，整個前工業時期的歐洲、在印度、中國、日本和北美的農業社會裡，男人擔任教士、政治領袖、戰士、商人、外交家，同時也是一家之主。而女人先是順從父親與兄弟，接著要順從丈夫，再來是她的兒子。

正如西元前五世紀的希臘歷史學家色諾芬概括妻子對丈夫的職責如下：「因此你須勤勉、貞潔與謙遜，並照料我、你的孩子和你的屋子；你的名聲必須受人尊重，即便在你死後亦是如此。」[10]

我並不想暗指只有農夫對兩性有雙重標準。某些亞馬遜叢林裡的小規模耕種者（他們用挖掘棒而不是用犁）以及某些東非的放牧者中，女性在社會生活中的大多數領域，基本上服從男性。但是將兩性雙重標準編纂為法律，在所有放牧、以鐮刀耕作或以狩獵與採集為生的人之中並不是常態，然而這種現象在以犁耕作的社會中卻十分盛行。[11]

我也不想主張，農業社會中的**所有**女人受到的限制以及居於劣勢的程度都相同。每個世紀的女人地位都不一樣。階級、年紀和經濟與社會地位都影響女人的地位。

例如西元前第五世紀統治埃及的哈特謝普蘇特，不過是好幾位有權勢的埃及皇后之一。又如古希臘的妓女受過教育、獨立自主，和被關在家裡的家庭主婦不同。西元第一、第二世紀時，有些城市裡上層階級的羅馬女性成為文學家，有些則是政治家。中世紀時有些修女是教會裡有知識的權力掮客；還有些

修女在市場發揮巨大的影響力。在一四○○年代，有些鄂圖曼帝國中的伊斯蘭女性擁有土地和船隻。還有為數不少的文藝復興時期英國與歐陸女性和男人一樣有學問。

此外，即使在嚴格維護性別雙重標準的地方，也並不保證女人沒有非正式與日常性的影響力。我們都知道，來自階級較高或較有名望種族的中最無趣的女人，也能主導社會階級較低的男人。年長的女人能控制年輕的男人。年輕性感的女人能操縱比她更有影響力的男人。姊妹可以支配兄弟。當然，妻子也可以駕馭丈夫即便在性別雙重標準的現象到達極致的社會中，男性從來沒能處處主導女性，無論是在美國務農地區，或是在數千年前圍繞著多瑙河的小小農舍裡。

儘管有這些例外，毫無疑問的是，歐洲在漫長的務農時期，女人基本上是二等公民。[12] 在採集社會中，女人時常離開營地工作，並且將珍貴的物品和寶貴的資訊帶回家。她們可以自由旅行，與親友見面，經營自己的愛情生活。然而農業社會的女性卻只能在花園裡或家裡，她的職責是養育孩子和服侍男人。

以犁為工具的農業，帶來的是女性的臣服，也啟動一整個農業社會的性與社會生活面貌，包括性別雙重標準的出現。

犁和農場生活究竟如何導致農業社會的性，為此研究者已經至少爭論了一百年。[13] 我認為繭居的生活模式、終生一夫一妻制的需要、階級社會興起、睪固酮（男性的主要性荷爾蒙）的特性以及愈演愈烈的戰爭，都扮演了重要的角色。

滲入務農社會的不平等

「一切思想都是聯想的功勞。」美國詩人羅伯特・佛洛斯特曾經說過。因此,讓我們先從已知的事實開始談起。

最重要的是,絕大多數狩獵與採集社會的人都相當平等,而且可能一直都是如此。沒有哪個現存的狩獵與採集社會有嚴格、條文化的性別雙重標準。此外,一般而言,女性地位並不像使用犁耕作的傳統社會那樣低落。因此兩性地位**相對平等**,是大多數(就算不是全部)古代、前農業社會的規則。這種兩性間的權力平衡,在犁的引進與普及全世界之後,很快就成為明確的不平等狀態。

永久一夫一妻制

同樣重要的是,我整理出大量資料,據此提出一夫一妻制早在犁的發明之前,也就是數千年前就已出現的說法。一夫一妻制並非首次出現在農業社會中。然而**永久**一夫一妻制卻極有可能隨著定居的生活模式而成為社會規範。犁田耕作方式到來之後,無論是丈夫或妻子都無法離婚,共同的地產使得他們被彼此束縛。這種情形當然也使得女人在性的表現上妥協,並且降低她離開一段不愉快婚姻的能力。

另一項必定造成女性地位降低的因素是一個單純的事實:犁很沉重,需要用大型動物才拖得動,同時也需要力氣較

大的男性操作。

作為獵人的丈夫提供奢侈的肉類，讓日子更令人興奮，同時也提供一部分日常伙食。但是作為土地耕種者，男人在田裡的勞動是夫妻生存的關鍵。另一方面，在農人開始較少以野生植物為食、更依賴自己耕作的農田之後，女人作為採集者不可或缺的角色就遭到破壞。從前至少提供每天三餐 50% 的女人，現在卻擔任次要的工作如除草、摘採和準備晚餐。

男人逐漸控制重要經濟資源的單一的生態因素，足以解釋女人社會與性別權力降低的原因。掌管經濟大權的人才能統治世界。

「大人」

還有其他因素與上述原因結合，造成女性地位低落。其中之一是農業社會中不知不覺形成的現象：階級。數千年來，某些狩獵與採集者口中的「大人」，必定在漫遊的祖先從事狩獵、收集和交易旅行時出現。但是在過去的大多數時間，正式的階級並不存在。沒有人能累積足夠多餘的貨物，以獲得更高的階級。因此狩獵與採集社會的人有很強的平等與共享傳統，並非偶然。

然而為了組織每年的收成、儲存穀物和糧草、分配過剩的食物、監督遠距離且系統化的貿易，並且在地區的集會中替自己的群體發言，出於這些需要，領袖誕生了。

在歐洲考古學紀錄中，階級存在的證據可早至一萬五千年前；有些墳墓裡的物品比其他墳墓更華麗得多。因此，村裡的首領或許在最初的季節性、非農業社群興起的同時獲得權力。此外，在西元前三千年前多瑙河沿岸的村莊裡，其中一個家往往比其他人的都大，因此當時必定就已經出現社會分層。隨著用犁耕作的農業與村莊生活的普遍，政治組織也愈來愈複雜——無疑也愈來愈階級化。[14]

這時的人已經定居下來，實行永久一夫一妻制，用犁耕作，男性的經濟權力興起，分層化社會出現。階級興起很有可能是敲響女性權力的另一個喪鐘，因為在每一個階級盛行的社會中，男性都占據大多數權威角色。事實上，在一九七〇年代調查的九十三個社會中，**所有**本地的和居中協調的政治領導者都是男性的社會占 88%；這些文化中的 84%，男人也在親屬團體裡占據**所有**高階領導職務。[15]

這並不總是因為男人禁止女人擔任領導職務。在許多文化中，例如美國，女人可以，也往往被鼓勵尋求政府機關裡有影響力的職位。今天全世界有更多女性確實也競選公職。但即便是現在，美國和其他許多文化的女性追求和獲得政治領導職位的頻率都沒有男人高——直到她們過了養育兒女的那幾年。當然其中也有文化上的理由。從照顧孩子的瑣事中解放出來的這些後更年期女性可以自由從事家庭以外的活動。但是這時候的生理狀態也有幫助：停經後雌激素下降——睪固酮濃度因此得以發揮。

在許多動物體內，睪固酮都直接與追求階級有關，從魚

類、鴿子到猴子、黑猩猩和人都是如此。[16]

例如，在一份對三百五十名婦女進行的研究中，在母親子宮內接受到高濃度睪固酮的女性較不可能結婚，生的孩子較少，將事業看得比家庭重要，追求較由男性主導的職業，並且能爭取到地位較高的工作。而擔任專業、技術和管理方面工作的女性，睪固酮含量比擔任文書工作、家庭主婦和服務業的女性高。[17]

自然並非總有其秩序。在荷爾蒙、侵略性和地位之間並沒有簡單的關連性。例如，從事專業工作的男性，男性荷爾蒙濃度往往比藍領階級和失業男性低。體內的睪固酮必須要在某個特定的濃度，才會和高位階產生關連。[18]此外，體內其他化學物質當然也有關係。其他因素還包括社會成熟度、人脈、在社群居住的時間長短、為人如何，以及其他有助於創造位階的許許多多文化和心理現象。不過，年輕男性的睪固酮至少是年輕女性的七倍之多。和許多雄性動物相同，相較於女人，世界各地的男人更會為了位階產生激烈的競爭[19]。為了獲得高位、權威和權力，他們會犧牲時間、享樂、健康、安全、情感、休息和家庭生活。

戰爭

定居的生活方式；夫妻必須一起留在他們共同的家園（終生一夫一妻制）；作為農夫的男人更為重要的經濟角

色；男人追求位階的動力 —— 男女權力關係是多變因素造成的結果。當村莊增多，人口密度變高，人們就必須捍衛自身田產，甚至在有能力時擴張擁有的土地。戰士在社會中變得很有價值。正如人類學家羅伯特・卡內羅所指出，在這世界上，只要是在打敗敵人是日常生活要事的地方，男人的權力就會凌駕於女人之上。

世事的確如此。父權制出現在歐亞大陸，並深根於社會中。

失樂園

於是歐洲人的祖先定居下來，開始務農。男女結為終身伴侶。他們犁田、從事戰爭和貿易。漸漸地，男人作為農夫、商人和戰士的新工作成為生存的關鍵，而女人採集者角色的重要性則逐漸減弱。於是，階級出現，男人爭先恐後占據這些位置，女人的正式權力降低。這時候，農夫的腳深深嵌在泥土裡。定居的生活方式、經濟角色不平衡、永久一夫一妻制、階層社會、戰爭萌芽，以及很有可能的睪固酮特質與其他生理機制，這種種因素綜合在一起，開啟全世界傳統農業社會中的父權制度。

在父權制度下，女性成為男性垂涎、看守和剝削的對象，因而造成我們統稱為雙重性別標準的社會規範。之後這種標準於是代代相傳到我們身上。認定男人性慾較強也更容易出

軌，女性在婚姻中必須守貞的傳統，以及一直以來女性往往弱小、愚昧和依賴男人的假設，這些都深植在以犁耕作的農夫土壤裡。

然而，在務農生活形成的所有社會變遷中，最劇烈的改變就是離婚模式。

至死不渝

在過去的農業社會，離婚率大多非常低。例如在古代以色列，離婚很少見。[20]古希臘人對幾乎所有性的實驗都很著迷，但他們禁止威脅到家庭穩定的性事（例如把妓女帶進家裡）。[21]古希臘的荷馬時代准許離婚，但離婚不常見。羅馬早期，婚姻終止的比例很低，當時大部分公民都是農民。只有在城市大量出現後，有些女人變得富有而獨立時，城市裡上層階級的離婚率才因此攀升。[22]

早期基督教神父將婚姻視為通姦的必要補救方式；對他們而言，榮耀上帝的單身漢和未婚女性、獨身男人和處女遠比結婚的人更為純潔。關於離婚，他們意見分歧。「神配合的，人不可分開。」耶穌如此勸誡。[23]然而聖經裡不同段落傳遞相互矛盾的訊息，於是某些學者認為，早期基督徒擁有與通姦或不信神妻子離婚的法律和宗教權利。儘管如此，無論是在羅馬衰亡之前或之後，務農的基督徒很少離婚。[24]

條頓人在羅馬土地上流竄時，他們帶來了自己的習俗。在

前封建時期，德國統治階層准許離婚和一夫多妻制。在前基督教時期的凱爾特人和盎格魯薩克遜人也准許離婚和再婚。一夫多妻制對男人來說有基因上的利益，有錢人自然會娶很多名妻子。但是卻有證據顯示，羅馬帝國滅亡後，黑暗時代歐洲農家的離婚率很低。[25]

西元九世紀間，封建主義從誕生地法國遍布全歐洲。根據封建制度的習俗，封建主將土地分封給諸侯，換取他們的效忠和軍事責任。每個諸侯再把他的土地給佃農耕種，換取特殊服務。理論上來說，諸侯和佃農「支配」這些土地但並不擁有土地，不過事實上諸侯和佃農卻將這些土地代代相傳。因此在封建制度之下，婚姻是大多數男女能取得土地並確保將土地留給子孫的唯一方式。

歐洲夫妻可用通姦、性無能、瘋病或對象為血親為由，廢止婚姻；有錢人和出身名門的人通常如此。[26] 如果由正式法庭做出判決，下令夫妻分開時，男女就能離開彼此的伴侶。但是同意離婚的人有一項限制：雙方都不准再婚。[27] 如果是這樣，誰來照顧財物、土地、動物和房子？沒有伴侶，農夫就無法維持生計。在封建時期的歐洲，只有有錢人能承擔離婚的後果。

直到死亡將我們分開。經濟加諸犁田農夫的規定，由基督教領袖加以神聖化。

一般認為奧古斯丁是最早視婚姻為神聖儀式的教會領

袖，但幾世紀之後，大多數基督教當權者逐漸同意他的觀點。對天主教徒而言，離婚在任何狀況下都是不可能的。[28] 雖然天主教教義持續制定廢止婚姻或分居的條文，作為務農生活必要條件的終生婚姻，成為上帝直接下達的命令。

隨著十和十一世紀歐洲城市與貿易興起，女性開始進入各行各業。西元一三〇〇年代的倫敦女性是紡織品業者、食品雜貨商、理髮外科醫師、絲綢紡織工、烘焙師傅、啤酒釀酒師、僕人、刺繡工、鞋匠、寶石匠、製帽工和許多其他種類的工匠。不意外的是，有些女人，例如喬叟筆下以淫穢為樂的巴斯婦人，她前後一共結了五次婚。

不過她是例外。女人通常在丈夫身邊工作；她必須對他卑躬屈膝。事實上，女人的負債也是她丈夫的責任；女人並不是「自由而合法的人」[29]。可想而知，離婚在中世紀歐洲城市裡不是常態。

這種低離婚率的模式一直持續下去。在宗教改革之後，清教徒的婚姻成為一份民事契約，而不是神聖的儀式。因此從一六〇〇年代開始，在非天主教國家的女人可以向民事機關訴請離婚。[30] 事實上，在基督呼籲人們謹守一夫一妻制之後的幾世紀，離婚率上下波動。在已婚男女可以離開彼此的地方，他們會離婚。然而在斯堪地那維亞半島和不列顛群島，以及在德國、法國、低地國、西班牙、義大利各處的農田，經過匈牙利和其他東歐地區，乃至於俄國、日本、中國和印度，還有北非穆斯林農業社會，離婚率都相當低 —— 直到工業革命破壞農村生活為止。[31]

當妻子去世時（這時就可以再婚），農夫會娶另一名新娘。擁有土地的寡婦往往在服喪期結束後幾天就再婚。在前工業時期的歐洲農業文化中，各地的人們都不鼓勵寡婦再婚，或許因為這麼做不利於繼承模式。但還是有許多女人再嫁。

農場中的現實生活使人們必須尋找另一半。

⁓

我們務農的祖先並非都信神，並非所有男女都婚姻美滿，也並非所有人都對再婚感到雀躍。但是大多數人都要仰賴陽光和土地才能過活。這些農夫農婦被土地束縛，也被彼此束縛——直到永遠。

一直要到工廠出現在農業社會的穀倉後方，男男女女才開始重新獲得獨立的機會。現在，性、愛和婚姻的模式開始往遠古祖先的那一方擺盪。

16

未來的性

緩慢的愛，以及朝過去前進

在所有探索的終點

我們將抵達起點

並初次認識這個地方。

——T. S. 艾略特，《四個四重奏》

「於是，事物的總和永遠是充滿的，藉由施予受，凡人都能存活。月有盈虧，事有興衰，在短暫的時間裡，諸多生物受到改變，就像手裡拿著生命火炬的跑者。」[1]羅馬詩人盧克萊修斯提及人類牢不可破的天性，這些天性是人類誕生之初就擁有、直到現在還能在全世界男女身上看見的特質。其中之一就是人類的生殖策略，是我們配對與繁衍的方式。

日復一日、年復一年，我們的祖先墜入愛河、成雙成對；有人拈花惹草，有人拋棄伴侶，還有人再次找到伴侶。大多數人在逐漸老去或生下更多幼兒之後就安定下來——這是人類浪漫愛情複雜、變動卻又獨特藍圖的天擇結果。並不是所有人都遵照這由複合的配對腳本。過去的人和現在的人做出不同

行為，千年後的人也將不同。我們可以戰勝自己的習性。但這些天生的模式舉世皆然。文化或許會踐踏這樣的天性，但不會將其完全抹煞。

然而，文化會影響通姦與離婚的次數多寡，也會影響演出這配對腳本的人數多寡。例如農場上的生活，就在有彈性的部落間產生出一夫一妻制。

現在的我們要往哪裡去？

職業婦女

如各位所知，各式各樣社會、心理與人口的作用力影響離婚率。[2]「流浪生活」是其中之一。許多人離開家；我們的父母住在另一個城市，而且常和新的伴侶在一起。因此在時局艱困時，人們逐漸不再需要的龐大家庭與社群網絡的支持，因而增加離婚可能性。都市化、世俗化和遷徙與婚姻關係瓦解都有關係。選擇不同習慣、不同價值觀、不同興趣和不同休閒活動的人，較可能離婚。現代人強調個人主義與自我實現的，也造成離婚率攀升。

但是在這些造成婚姻關係不穩定的主要因素中，或許在今日美國（以及世界各地）最有力的因素，可以總結為以下這個名詞：職業婦女。[3]金錢帶來自由。職業婦女比家庭主婦更有錢。人口學家在解釋職業婦女和高離婚（與再婚）率時，常引用這兩者之間的關係。

這麼說不是要把美國離婚率怪罪在職業婦女身上。雖然今日離婚案件有三分之二由女性提出，[4] 人口學家永遠不知道究竟是誰離開誰。不過當女人出外工作，把日用品、奢侈品或錢帶回家時，困在暴力或極度不快樂和不健康關係中的伴侶們，就有離開彼此的選擇。

他們會這麼做，因為他們能夠這麼做。

現代離婚之路

工業革命開啟更多女性投入工作場所的趨勢。追溯在美國的這個單一現象，就能解釋許多現代家庭生活的脈動。[5]

從歐洲移民者的小村莊遍布在大西洋沿岸之初，美國女性就開始賺錢，她們販賣多餘的肥皂、覆盆子果醬、有香氣的蠟燭和自家烘焙的派。有些獨身女性開店賣書或進口衣服。有些寡婦成了旅館主人或地產經紀人。但是絕大多數女性還是在農場上工作並維持家務。

不過到了一八一五年，紡織廠和其他工廠出現在蘋果樹和養雞的院子後方，有些年輕女性離家到工廠工作。她們希望能有固定薪水和較短工時 —— 換得的時間和金錢可以拿來翻閱型錄，購買店裡的衣服。即便已婚婦女也開始做家庭手工賺取零用錢。美國邁入工業化社會，沒多久離婚率也開始不時上升。[6]

在一八〇〇年代中期，便宜的勞力 —— 男性移民出現。大

量新的勞動力；美國男人從農場流入工廠；認為職業婦女造成男人薪水下降；深信更多孩子能製造更大的課稅基礎；更強大的軍隊；更大規模的消費市場，以及有更多團體在週日上教堂……以上種種因素使得「家是女人該待的地方」這句名言甚囂塵上。[7] 到了一九〇〇年，只有約 20% 女性出現在勞動市場上，這些女性大多是移民、少女和獨身女性。

然而，相較於前面的幾十年，還是有更多已婚婦女投入工作，造成離婚率持續增加。

到了二十世紀，這些由工業時代啟動的社會趨勢，有一段週期性攀升：有更多女性去上班；有更多人離婚。[8] 只有一次例外：二次世界大戰後，美國成為世界超級強權，於是帶來某些人視為黃金年代的婚姻穩定時期。

一九五〇年代確實是二十世紀最不尋常的十年。[9] 退伍軍人回到家中，同時奪回他們的工作崗位時，數百萬女性也離開勞動市場。助學貸款、軍人的低價壽險、政府保證的房貸、提供給夫妻的稅收利益，以及不斷擴張的經濟，都替戰後的丈夫和他們的家人提供了經濟機會。這些男女成長於家庭生活動盪不安的經濟大恐慌時期，因此他們非常重視穩定的家庭。

因此在一九五〇年代，美國人的生活漸趨安定。曾經兩次代表民主黨參選總統的政治家阿德萊・史蒂文森於一九五五年總結了這個時期，他建議史密斯女子學院的畢業生藉由擔任「謙卑的家庭主婦」角色，「影響男人和男孩」。[10]

美國人接受了史蒂文森的建議。女人持家蔚為風尚，女性雜誌警告新娘工作與母職攪和在一起的危險性。精神科醫師將

有事業的婦女形容為在「陰莖嫉妒」中掙扎。社會批評家宣稱，身為母親與操持家務是女性天職。人類學家艾希莉・蒙塔古也獻上致命一擊，她說：「沒有一個有先生和幼兒的女性，可以同時擁有一份全職工作，但又是一個優秀的主婦。」[11]

理所當然的是，一九五〇年代的男女比二十世紀其他年代更早結婚；女性結婚的平均年齡是二十點二歲，男性是二十二點六歲。[12] 離婚率依然不尋常地維持平穩，再婚率下降，而生育率來到二十世紀的最高點，也就是戰後嬰兒潮。一九五七年，嬰兒誕生的數量達到高峰。

郊區擴張成為孕育這些現象的搖籃。

睡美人

「拍拍手，拍拍手，直到爹地回家，因為爹地有錢，媽咪沒有。」一九六〇年代初，這首兒歌就已過時，因為由工業革命點燃的歷史趨勢捲土重來：有更多職業婦女，離婚的人更多。包括綜合口服避孕藥在內等新的避孕方式廣泛使用，以及其他幾項因素，扮演了一定的角色。[13] 不過人口學家指出，妻子是婚姻不穩定比例升高的關鍵因素。

然而，許多女人想追求的不是事業。她們想要得到粉領階級的工作形態，這些職務能補貼家用，購買洗碗機、洗衣機或烘乾機，汽車，或是電視。她們的目標是舒適的生活。

美國雇主歡迎她們。市場上有會說英文的女人、會讀寫的

女人、願意接受兼職而且工作沒有前景可言的女人。人類學家馬文・哈利斯下了結論，他說隨著中國移民世代退居幕後，「沉睡的美國白種人家庭主婦，是服務與資訊業雇主的睡美人。」[14]

各位已經知道接下來發生的事：女權運動興起。對本書主題更重要的是，美國回到現代的道路：在一九六〇到一九八三年間，職業婦女人數倍增。[15] 一九六六年到一九七六年間，離婚率也倍增。[16] 一九八一年，離婚率達到最高點。[17] 今天離婚率呈現平穩狀態，其實還稍微下降，不過目前估計大約在41%到幾乎 50% 之間（根據 Divorcesource.com 網站的資料）。[18]

大多數美國人會再婚。[19] 最值得注意的是，他們的婚姻會呈現熟悉的模式：多數人在離婚後的三到四年間再婚。[20] 多數人也在二十五到四十四歲間再婚，這年紀主要是他們的生育期。[21] 這些模式就算不一定持續百萬年，至少將穩定維持幾十年。[22]

人類這種生物彷彿生活在大海中，浪潮將我們的家庭生活往前沖又往後推。在遠古的連續一夫一妻制藍圖，以及某些人的祕密婚外情為基礎之上，我們的文化又再加上它自己的設計。然而，在我們務農祖先經歷好幾世紀的永久一夫一妻制之後，原始人類連續單一伴侶制的模式再度出現。

史前時代的鏡子

「如果你能窺看時間，並且說出哪顆種子會長大而哪顆不會，請告訴我。」莎士比亞寫道。預測未來有其危險性，但人類這種動物生來就有能力用特定的方式思考、感覺和行動。我們能從過去悠久的歷史中，對未來的男人、女人、性和愛，做出何種判斷？

首先，我們正朝著過去前進。

今天大多數男女都有工作，雙薪家庭是常態現象。很少人還住在從小長大的家中。我們反而有好幾個能稱做家的地方：父母的房子、辦公室、我們自己的住處，或許還有個度假的地方。我們在這些地點間移動。我們不再自己種食物，而是在超市和其他商店「狩獵與採集」。我們有鬆散的親友網絡，許多親友住得離我們很遠。這一切都回到我們史前的源頭。

就連我們**如何**結婚，以及我們**和誰**結婚，也都要追溯到遙遠的歷史。

過去幾千年來，大多數務農婦女只有三個選擇：成為沒有受過教育的家庭主婦；成為修道院裡的修女，或是成為妓女和小老婆。多數人選擇結婚。此外，一場婚禮代表田產合併以及家族間的聯合，因此婚姻必須永遠持續。現在這種必要性已經不存在。農場裡的女人在新婚之夜必須是處女。現在婚姻中的貞潔也已經不存在。在農業時代，父母之命媒妁之言很常見，這在大多數後工業時代社會中也過時了。我們務農的祖先對通姦有雙重標準，這種觀念也不復存在。過去他們讚揚的婚

姻座右銘：「尊敬你的丈夫」和「至死不渝」也已經走入歷史。

然而在我們回到過去的婚姻習慣中，或許沒有一種比目前人們為愛結婚的動力更深刻。

⁓

自從發明了犁之後，務農的祖先就必須從「正確的」親屬關係、「正確的」種族出身和「正確的」宗教信仰對象中，選擇「正確的」女孩或男孩。而女孩唯一出人頭地的方式就是嫁人──而且必須嫁得門當戶對。農夫與農婦也期待藉由婚姻換取利益，例如牲口和人脈。很少人敢為了變化無常的浪漫戀情而危及生計與未來。[23]

今天，只有 14% 的單身美國人會為了得到穩定的財務而結婚，卻有 86% 的人想找一個「能共度人生的終身伴侶」。有 90% 以上的人希望和「尊重」他們、能讓他們「信賴與傾吐祕密」、「讓他們發笑」和「為他們保留足夠的時間」的人在一起。[24] 現代單身男女認為尋找知己「比什麼都重要」。[25] 此外，還有 54% 以上的單身美國人相信一見鍾情；56% 的人相信應該修改法律，好讓人更容易結婚；而有 89% 的人相信婚姻關係可以維持一輩子。

而且，大多數人會結婚。

我願意。我願意。我願意。儘管時代改變，美國人還是熱烈投入婚姻。現今約有 84% 的美國男女打算在四十歲之前和他們所愛的人結婚，而女人第一次結婚的平均年齡是二十六

396

歲，男人是二十七歲。[26] 即便是不想結婚的人也說，他們最主要的原因是「不認為需要用婚姻來證明你愛某個人」。[27] 最值得注意的是，在二〇一四年，有 33% 的男女相信，如果婚姻中的兩人不再處於熱戀狀態，那麼離開一段令人滿意的婚姻是可容許的事。[28] 在美國，以及在許多後工業時代社會中，浪漫愛情大獲全勝。

不僅美國人這麼認為。在一份針對三十七個社會所做的研究中，男女都認為愛情或對彼此的吸引力是選擇伴侶的首要標準。[29] 這也反映出古代的狀況。在對一百九十個歷史上的與現存的狩獵與採集社會所做的研究中，[30] 有 88% 的社會裡，男女的第一次婚姻通常由父母或近親安排。但這些安排通常並不正式，而且婚姻也很不穩固。此外，在這些文化中，父母在年輕人的第二次或第三次婚姻中，角色就不那麼重要。男女還是會為了愛而結婚。

我們正回到這種古老的習慣 —— 在伴侶關係中尋求浪漫熱情。我認為這是好消息。而且好消息不止如此。

單身美國人

正如我之前提到的，我是 Match.com 交友網站的首席科學顧問。從二〇一〇年開始，我們每年進行一次全國性研究：「單身美國人」。我們問卷調查的對象不是 Match.com 交友網站的會員，而是以年度美國人口普查數據為基礎的五千人以上

具代表性的樣本。迄今我們的問卷調查對象已經超過二萬五千名男女，這是針對單身男女所做的最大規模全國性研究。研究結果能解釋許多現在以及未來男女的愛情觀。

最重要的是，單身男女或許能帶領我們邁向更沒有偏見的社會。

在二〇一四年的「單身美國人」問卷調查中，有 75% 的單身男女表示，他們會和不同種族的對象做出長遠的承諾，還有 73% 的人說他們會和不同信仰的穩定交往（大多數人還是會和同樣種族和宗教傳統的人結婚，但這種**態度**正在改變）。大多數人也贊成同性婚姻，以及結婚但不生小孩，或有了小孩但沒有結婚。大多數單身男女也並不在意對方過去曾離過婚，或甚至不在意對方過去有多少性伴侶。

但是單身男女卻非常在意承諾。他們不贊同通勤婚姻（因為工作而分隔兩地的婚姻）、性開放的關係或與配偶分別在不同的家過夜。美國人也比前幾十年更不贊同「任何理由」的通姦行為。[31]

然而現在的婚姻選擇更多樣。在農場上的男女需要配偶幫忙耕作土地。即便是在狩獵與採集社會中，人們也相信結婚後的男女才是真正的成人。過去的人藉由婚姻形成正式的社會與生殖聯盟關係，因此在人類久遠的歷史中，婚姻對日常生活十分重要。而現在，約有 67% 的美國同居男女說，他們懼怕離婚帶來的社會、法律、情緒和經濟的後果。[32] 他們有氣無力地開玩笑說，離婚就摻在平常喝的水裡。沒錯，美國有 43% 到 50% 的婚姻會失敗，社會學家安德魯‧謝林戲稱為「團團轉

的婚姻」。[33]

因此我逐漸相信，今日的單身男女正開啟一種「漫長的承諾前求愛過程」流行趨勢。我稱之為「緩慢的愛情」。我對這趨勢也相當樂觀。

緩慢的愛情

或許你會認為「約炮」對方或把對方當成「炮友」是完全不負責任的行為。做出這些事的人自然必須冒著染上性傳染病、非預期懷孕和情感創傷等風險。雖然有這些危險性，許多男女還是進行沒有承諾的性行為。[34]

就拿「約炮」來說──這是指兩人目前沒有與彼此談戀愛，只有不受羈絆且沒有承諾的性關係。在二〇一四年，有58%的美國單身男女在我們的「單身美國人」研究中曾有過一夜情，其中66%是男性，50%是女性。

「約炮」也不止是年輕人的專利。社會學家馬丁‧蒙托和安娜‧凱莉比較了兩個年齡層的一千八百名男女每週進行的非承諾性行為，四十多歲的男女比二十多歲的男女有更多次性行為，也有更多性伴侶。[35] 事實上，在「單身美國人」研究中，六十多歲男女的露水姻緣，和二十多與三十多歲的男女次數差不多。

但是「約炮」不是現在才有的現象，而是朝向過去的另一個趨勢。

各位已經知道，在喀拉哈里沙漠的狩獵－採集社群中長大的妮莎，曾經歷過許多沒有承諾的性（也嫁過幾個丈夫）。住在亞馬遜河邊的坎特皮和朋友們常溜到叢林裡，來一場午後隨性的幽會。尼安德塔人曾和克羅馬儂人約會。如果露西的骨頭會說話，這遠古的人類親戚或許就會滔滔不絕訴說著三百萬年前她令人驚訝的約會對象名單。即便是在農場上，男女也一定偶爾會溜到穀倉後面來一場沒有承諾的性 —— 這是女人的嚴重禁忌。

今天這種無承諾性交的禁忌已經消失。「約炮」再次成為常態 —— **我推測這是因為現今單身男女想在結婚前詳細知道未來伴侶的一切，這就是緩慢的愛情。**在這許多人有太多財產的年代裡，離婚可能具有毀滅性的後果，因此緩慢的愛情或許是一種適應行為，而且我們大多知道如何讓自己不要懷孕和染病。

為了愛情……約炮？

單身男女或許還希望沒有承諾的性能啟動浪漫戀情，帶來有承諾的伴侶關係。

我這麼說是因為當生物學家賈斯汀‧賈西亞和人類學家克里斯‧瑞伯問大專生他們最近一次勾搭異性的原因，有 51% 說他們希望能藉此談一場傳統的戀愛。[36] 心理學家辛蒂‧梅斯頓和大衛‧巴斯證實了這項發現。他們詢問的美國大專生提出

二百三十七個約炮的理由。前五個理由中有兩個是：「這個人吸引我」和「我想對這人示愛」。[37]

許多人或許也因此得到新的伴侶，因為自然界已經布下陷阱。生殖器感受到的所有刺激都會促進多巴胺分泌，以至於人們有可能跨越愛情門檻，墜入愛河。在性高潮時，大腦會分泌與依附感有關連的神經化學物質——催產素與血管加壓素。[38]

因此除非醉得不醒人事，不記得發生了什麼事，沒有承諾的性都能使你對性交伴侶產生浪漫戀情和／或依附感。我們二〇一二年的「單身美國人」參加者也不例外。被問到「你的一夜情是否曾經轉變為長期、有承諾的感情？」33% 的人回答「是」。

雖然有風險，僅僅一夜沒有承諾的性關係，就能讓你贏得人生最大獎——一個穩定的伴侶。

然而，今天約炮很少能迅速發展為穩定關係。一般人都會小心翼翼，這就是**緩慢的愛**。

雲淡風輕的承諾

這份謹慎態度最大的證據，就是目前盛行的「炮友」。在這性的約定中，男女在彼此方便時性交，但他們不會在公共場所成雙成對。這種關係非常普遍。在「單身美國人」二〇一三年研究中，有 58% 的男性和 50% 的女性表示他們曾經有過炮友，其中七十多歲的男女中就至占三分之一。

但是炮友也不是新奇的現象。各種生物都有缺乏長期義務的持續性關係。例如公黑猩猩會用肉類換取和母黑猩猩交配；隨之而來的非承諾性關係可以維持數年之久。

　　不過目前炮友的流行最有可能是為了因應二十世紀的特定目的：男女為了在正式做出承諾、結婚並可能淪為離婚犧牲品之前，徹底了解未來伴侶：這也是緩慢的愛情

　　在床第之間確實能了解許多事。你可以清楚看到、聽到、嚐到、感覺到和聞到你的伴侶。事實上，在一份對一千多名男女所做的研究中，超過 50% 的人表示，與對方第一次接吻可說是死亡之吻，因為這一吻立刻就能結束一段可能發展的關係。[39] 但如果通過了這個臨界點和其他性交前的重大關卡，你就能在性交過程中收集到大量有關對象的資料，包括對方的健康狀況，以及為了配合你的需求改變自己生活方式的耐性和能力。

　　此外，炮友關係和約炮一樣，都有可能成為戀愛和依附關係。當我們在二〇一二年的「單身美國人」研究中詢問參加者，他們是否曾經從炮友關係發展為長期關係，有 44% 的人回答「有」。無論我們多麼小心，大自然對於配對和生育自有計畫。

　　我猜想，在這個婚姻往往脆弱不堪、離婚陰影如烏雲罩頂的世界裡，這種「輕承諾」交往形式將會愈來愈流行；它是緩慢愛情的另一個階段。

試婚

　　一九六六年，人類學家瑪格麗特・米德在女性時尚雜誌《紅書》七月號發表了一篇著名文章，她提出美國人應該擬定一種看似非傳統的配對計畫：「兩階段式」婚姻。[40] 米德建議，沒有計畫立刻生育的年輕情侶應該先進行一段「個人婚姻」，這種法律關係將生養小孩排除在外，也不必然包含終生承諾，如果雙方分開也不會有經濟上的後果。接著，如果男女雙方決定生小孩，根據米德建議，他們於是進入「雙親婚姻」，這種法律關係確認彼此長期結合，如果雙方離婚，小孩的處置也有正式法規。

　　同居，也就是這兩階段婚姻中的第一階段，在一九七〇年代大為流行；這曾經見不得人的交往方式現在已經成為例行公事。二〇一二年，58% 的美國單身男女表示，他們曾經和一位到五位婚姻伴侶以外的對象生活在一起。

　　然而有 64% 的美國人相信，這種生活方式是正式結婚的階段之一 [41] —— 這是人類史前時代的另一個信念。對狩獵－採集時代的人而言，同居往往被視為一種「試婚」形式。

　　不過在今天，即便男女同意結婚之後，大家還是小心翼翼：有 36% 的單身男女想要有一份婚前協議書。

　　我猜測，這些「協議」在不久之後將成為標準程序 —— 因為我們的祖先就有**自然的**協議。在狩獵與採集社會中，孩子出

生在特定的氏族裡，父母離婚時不能就這孩子生活起居的安排進行談判。男人的弓和箭是他的財產，而挖掘棒、披巾和籃子是屬於女人的物品。伴侶在分開前或許會激烈爭吵，但他們不會爭奪財產。婚前協議是我們的傳統，也會成為我們將來的趨勢。

✿

一夜情、約炮、炮友、同居、婚前協議，這些做法都證明現代人對兩性關係的態度普遍謹慎。在過去一萬年間，婚姻是伴侶關係的起點；今天則是終點。[42]

以上種種婚前冗長的慢愛階段或許能得到回報。最重要的是，無論這是第一段、第二段或第三段婚姻，大多數美國人顯然都處在一段快樂的關係裡。

在二〇一二年，我和 Match.com 對 1,095 名已婚美國男女進行問卷調查（問卷當然不是在這個線上交友網站上）。我們問了許多問題，其中之一是：「現在你已經熟知伴侶的一切，你是否還願意再和這個人結婚？」有多達 81% 的人回答「是」。而且有 76% 的男人和 73% 的女人說，他們還是「很愛對方」。他們對單身生活唯一的羨慕就是能夠「擁有屬於自己的時間表」。

在最近另一項對婚姻是否愉快的研究中，科學家以電話訪問五十多歲的 166 名女性和 149 名男性，這些人和長期伴侶有婚姻或同居關係。[43] 有多達 86% 的人說，他們與對方「極度相愛」、「非常相愛」和「很相愛」。一開始的迷戀已經消

退，但是正如這些人的結論，「強烈的情感、吸引力和性方面的興趣」依舊存在。有趣的是，收入、教育程度和關係的時間長短對他們的戀情沒有顯著影響。而且男人和女人一樣有可能「陷入熱戀」。

這些婚姻美滿的美國男女顯然並不特別。在二〇一三年一項針對十五個國家中一萬兩千多名男女所做的問卷調查中，證實有 78% 已婚男女很「快樂」[44]。這很有可能是因為，在和目前的伴侶經歷長久的婚前階段之後，許多不快樂的關係都在結婚前結束了。

我們甚至碰巧發現了某些維繫幸福婚姻的神經組成元素，這些資訊或許有助於伴侶們度過婚姻生活中的起起伏伏，維繫長遠的關係。

正向錯覺

數世紀以來，心理學家、神職人員、家庭和朋友都對於如何維繫幸福美滿的關係提出建言。我們直接收集的大腦活動數據，又在這些建議上多加了一條。

正如在第二章討論過，我和負責腦部電腦斷層掃描工作夥伴，把 17 名五十多歲和六十多歲的男女送進斷層掃描儀裡。這些參加研究的人平均結婚二十一年，所有人都堅持他們依舊瘋狂愛著彼此。不過我們同時也發給每一位參加者一份婚姻滿意度調查問卷，在進行腦部電腦斷層掃描的當天早上，由我或

者是研究計畫主持人阿切維多進行調查。有趣的是，在這份「婚姻滿意度」問卷中得分較高的人，他們腦部與**同理心**和**控制情緒**有關連的區域的活動也顯得較活躍。

我的同事們在中國發現更多關係夫妻幸福婚姻的自然藍圖。

心理學家徐曉夢和她的同事們用我原始的研究設計，收集到十七名剛陷入熱戀的年輕中國男女的數據。這些中國人的回應和我們美國人一樣：當他們看著愛人的臉孔時，同樣與浪漫愛情有關的基本大腦區域產生反應。

更有意思的是，徐曉夢在將近四年後回到中國，去看看這些當年的參加者是否依舊和同樣伴侶談戀愛。結果有八個人的對象相同。當徐曉夢和同事們把他們的腦部斷層掃描和已經與對象分手的人的腦部斷層掃描做比較時，他們發現其中差異：依舊相愛的男女，大腦中與**中止負面判斷**以及**高估伴侶的能力**有關的區域特別活躍；這些能力是心理學家稱之為「正向錯覺」。[45] 正如一首老歌的歌詞這樣唱道：「強調正面，消除負面。」

同理心、控制情緒和正向錯覺：我們正開始描繪大腦的長期浪漫幸福路徑圖。

當科學家更明白戀愛中的大腦，以及在長時間婚前求愛階段中結束的不良關係，在二十一世紀之後就會有更多快樂的伴侶關係。

然而即便這種況狀也不是新聞。遠古男女在經濟上沒有彼此束縛，因此不好的關係就能結束，有可能我們的祖先大部分

的時間都過著幸福快樂的婚姻生活。我們也正走向過去的這種生活。

愛的大數據

網路如何改變愛情與婚姻？

或許最值得注意的現象是交友網站如雨後春筍般出現。交友網站的服務便宜、容易使用，也很安全，只要你依照去哪裡見面以及行為舉止該如何的明白規定即可。這些網站的效益也很高。在二〇一四年，約有 36% 的單身男女在網路上遇見最後一個初次約會對象，而只有 25% 的人是經由朋友介紹認識；8% 的人在工作場所認識；6% 的人在酒吧、俱樂部或其他社交場合認識。此外，現在有 37% 的戀情和 20% 的婚姻，都從線上開始。

學術界對這些線上服務有些爭論，但我不認為學者了解交友網站。線上交友服務不是一種**約會**服務，它們只是**介紹服務**而已。網路的演算法可以除去明顯不合適的伴侶，因此能讓你少親幾隻青蛙。但是唯一真正能估算出可能伴侶的演算法，就是你的大腦。人類大腦的基本構造，在過去二十萬年來都沒有改變。

因此當你遇見一個可能成為伴侶的對象時，你隨即啟動古老的心智，並根據它史前的規則開始求偶。iPhone 和社交媒體網站並不能壓抑這個過程。

不過網路確實正在改變我們的求愛方式。[46] 最重要的是，求愛訊息現在既簡短又即時，用簡訊和電子郵件訂約會就是個最好的例子。在時間緊迫的年代，網路求偶很有可能成為一種適應行為。

透明的時代

　　在現代有一個扭曲的現象，那就是我們對隱私的渴望，與被他人了解和聽見的衝動並存。狩獵與採集時代的男女並不會為了這種衝突感到困擾。每個人幾乎都互相認識。他們的時代才真正是透明的時代，隱私權很稀有。此外，在遙遠的過去，八卦閒聊就是地方報紙，也是制定規則和流放違法人士的方式。

　　我猜想，這習俗就是我們很想分享生活和說別人悄悄話的根本原因。這一切發生在在一百萬年前沒什麼問題，但是在現在的網路社會裡卻很要命。

　　就拿色情簡訊來說，今天有 33% 的美國單身男女會透過網路把自己的性感照片傳給可能成為男女朋友的對象看，而有 49% 的人曾經收到過性感照片。不止如此，有 25% 曾經收到香豔刺激照片的人，會把照片給一個或許多個朋友看。[47] 今天這些照片能傳遍全球。

　　因此為了了解人們是否明白傳送色情簡訊的後果，我在「單身美國人」研究中詢問參加者，他們是否相信傳送性感照

片會為危及自身生活。有 75% 的人確實認為傳色情簡訊會影響他們的聲譽，而超過 60% 的人相信此舉將會毀壞他們的事業、友誼和自尊。然而單身男女還是照常傳送色情照片。

男人和女人顯然願意冒著個人的和事業上的災難，追求人類首要目標：浪漫愛情和依附感。他們過去如此，將來也會如此。

對約會對象展開身家調查

還有許多其他的新興網路約會習慣是來自於我們遙遠的過去。其中之一是，今天有 38% 的男人和 53% 的女人在臉書上搜尋新的約會對象資料，有 32% 的單身男女則是用 google 搜尋。

我們的祖先也會調查有可能成為伴侶的男女。然而在從前，單身男女的親戚朋友可以輕易幫他們調查對象。過去的團體裡人人關係緊密，話語傳千里，每個人都認識有辦法查出所有其他人做的每一件事的某個人。今天的單身男女靠自己去查。

在未來的幾年裡，我們將會見到更多這一類的網路身家調查，因為我們配對與生育的時間和精力有限，錯誤的開始可不是一種適應性。

我們也會看見新的禁忌。其中之一，就是對簡訊和電話保密。今天有超過 53% 的單身男女不考慮和不肯完全公開通訊

內容的對象交往。透明化變得很重要——這一點和人們相信親密關係是生活的核心吻合，也與我們古老的過去吻合。

我也很高興能跟各位說，現在約有 60% 單身男女相信，與約會對象共進晚餐時，「過度頻繁」使用手機傳訊息是不禮貌的行為。[48] 或許我們「蠻荒西部」對手機使用的態度即將式微，取而代之的是親密的機智交談，正如我們狩獵與採集的祖先在一百萬年前吃著牛排與沙拉晚餐時，與對方說的悄悄話。

性感的女人

當大量改變的兩性關係朝過去的方向前進，而新的趨勢是緩慢的愛情時，我認為我們終將明白，女人和男人一樣有性慾。

在一項足以揭露真相的研究中，當男女被問到各自的性生活時，男人承認的性伴侶數目遠比女人多。然而，當研究人員替男女接上測謊器之後，女人承認的性伴侶數目和男人一樣多。[49] 這不是新的現象。雖然除了人類學家以外很少有人知道，但在九十三個傳統社會中有七十二個社會的男女都主張，兩性顯示出約略相同的性慾。[50]

人類女性很強的性慾，也出現在動物行為中。所有雌性哺乳類都會發情；在發情期時她們主動引誘雄性，也就是生物學生所說的「女性擇偶」行為。

例如一隻在發情期的野生母黑猩猩會晃到公黑猩猩身

旁，把屁股翹起來對著他的鼻子，拉他起來要和他交配。結束之後，這隻母黑猩猩又和猩猩群中除了她兒子以外幾乎每一隻公黑猩猩交配。在某個研究環境中，非野生的母黑猩猩在性交時採取主動的次數是所有交配行為的 85%。非野生的公紅毛猩猩在交配後往往會睡著，但在發情期高潮期的母紅毛猩猩會去騷擾公猩猩，讓他保持清醒，好進行第二次性交。就算沒見過母猿積極的性行為，你當然也見過母狗誇張的舉動。如果希望維持母狗的貞潔，你必須把門上鎖。

雌性堅持到底的性慾有生物學的道理。正如達爾文指出的，追求性與生育的生物才能存活。

～

不過，女人對性慾的表現和男人有點不同。[51]

男人比較常想到性事，也會主動發起並進行性交。[52] 但是女人的性慾更強烈，每次高潮的收縮次數更多，而且女人在一次性事期間更有可能達到許多次高潮。

女人往往也能在更多種情境之下產生性慾。一頓高級的晚餐、燭光、性感的言語、鮮花和柔軟的床單──對大多數女人來說，這一切都是性經驗的一部分。女人對性事比較有彈性，對周遭環境的暗示有所回應。然而男人往往只專注在是否達到高潮。[53] 女人比較能同時表現出兩性的特徵，而男人不是同性戀就是異性戀。男人比較想在床上讓伴侶滿意，而女人卻比較想讓自己開心。[54]

古希臘人說過一則神話故事，故事中宙斯和希拉爭論在性

交中得到較多樂趣的是男人或女人。宙斯認為是女人，而希拉認為是男人。因此他們問特瑞西阿斯，因為他曾經在某次打斷兩隻蛇的交配，被變成女人好幾年作為懲罰。他回答：「如果性愛的樂趣有十分，男人只享受一分，但女人打從心裡享受到完整的十分。」[55]

特瑞西阿斯說錯了。目前研究顯示，平均來說，男女雙方在性的反應和歡愉上程度完全相同。[56]

❧

然而女人對性的態度和男人不同。女人負責守護卵子，她們必須把胚胎養大，還得花更多時間照顧幼小的孩子。結果是，女人在性方面很挑剔。女人對第一次見面就發生性關係的接受度遠不及男人。女人一夜情次數較少。女人更會辨別伴侶的優劣。[57]

以上幾點在我們的「單身美國人」研究中都能明顯看出。女人很明顯比男人更容易要求伴侶至少收入和她一樣多、教育程度相似、和自己屬於同一政黨、有同樣的種族和宗教背景。女人也更有可能希望有自己的銀行帳戶、能常常在晚上和女性朋友出去、有「屬於自己的空間」，以及伴侶能夠幫助養育小孩和做家事。[58]

今天的女人相信，她們能擁有成功的事業**以及**快樂的兩性關係。男人也同意。在二〇一一年的「單身美國人」研究中，有 45% 以上所有種族的男人都說，「不在乎自己事業」的女人會讓他們興趣缺缺。在接下來的幾十年間，將會有更多

能幹的職業婦女，以及在床上表現更好的女人。因為當女人有獨立收入、住在城市裡、有避孕和墮胎管道、身體健康而且學識豐富，她們就能表現出**與生俱來**的性慾。

新的史前男人

科學家和一般人已經在過去五十年破除關於女人的迷思。現在是破除有關男人不正確知識的時候了。我要開宗明義地說，我們將逐漸了解，男人和女人一樣浪漫。

首先，在我們對快樂的年輕戀人所進行的腦部電腦斷層掃描（使用功能性磁振造影 fMRI）研究中，**男人與浪漫戀情有關的神經通路反應，與女人同樣活躍**。

而且，不是所有男人都是「花花公子」。當 Match.com 詢問單身男女他們的約會態度時，只有 3% 的人回答：「我只是想和許多人見面。」[59] 在 OKCupid 網站上，只有 6% 的男人說，他們「擺明了是為了性而來」。[60] 在二〇一四年，積極尋求一段戀情的男人比女人還多。此外，有 87% 的男人願意對「相當程度上」受過更好教育、「相當程度上」更有知識、「相當程度上」賺更多錢的女人許下承諾。而有 39% 的男人甚至願意和大他十歲或年紀更大的女人約會。

男人比女人更常也更快墜入情網。[61] 男人更渴望在公開場合親吻新對象，更快把新女友介紹給親友，也更快想同居。男人和伴侶有更親密的對話 —— 因為女人可以和女性朋友聊知

心話。男人和女人一樣會為寂寞所苦。[62] 當被問到為何想結婚時，男人也同樣可能回答「是為了愛」。[63] 而且男人（89%）也同樣可能相信白頭偕老的婚姻。分手後，男人自殺的可能性比女人多出 2.5 倍。[64]

然而，捏造戀愛的感覺，表示男人渴望對適合的生殖伴侶許下承諾。從男人對每年單身美國人問卷的某個問題做出的回答，就可以看出以上這點：「你是否會對一個擁有你想要的一切但你卻不愛他／她的人許下長久的承諾？」在二○一四年「單身美國人」研究中，有 36% 的男人（相對於 29% 的女人）說，他們「或許有可能」；二十多歲和三十多歲（生殖高峰期）的男女和年紀較大的男女，一樣有可能放棄浪漫戀情，轉而追求合適的長期伴侶。

年輕男人為何棄絕戀情，追求一段長期的關係？

我猜想這是「野性的呼喚」。鮑伯就是個好例子。鮑伯和朱莉亞同居了三年。朱莉亞長得漂亮、教育程度良好、快樂、擅長運動、有自己的事業、受朋友和家人歡迎，而且她非常愛鮑伯。她很想和他結婚。但是鮑伯偷偷愛上了一名酒吧女侍，這女孩沒有念什麼書，也沒有事業規劃，說話的腔調連她父母都覺得尷尬。最後鮑伯和朱莉亞結婚。幾年後，他告訴我他做了正確的決定。朱莉亞對他的事業大有幫助，而且正如他說的，「對我們的孩子來說，她是位非常好的母親。」

當「幾乎正確」的女人出現在眼前時，鮑伯下意識驅策自己愛上沒那麼喜歡的對象，以便傳遞他的 DNA。

為人父是人性之一 —— 它演化自四百多萬年前。

事實上，在一份以 1,500 名美國已婚男性為對象的 Match. com 問卷中，有 68% 的男人說他們和嬰孩建立聯繫的速度，和嬰孩的母親一樣快。而且有 48% 的男人說他們在洗衣間裡的忙碌程度和妻子一樣；46% 的男人說他們洗的碗和妻子一樣多；34% 的男性準備全家晚餐的次數和妻子一樣多；43% 的男性說他們花在拖地和吸地的時間和妻子一樣多。這些男人也整理院子、處理車子和修理家裡的東西。有 59% 的男人相信，他們比自己的父親更是個好爸爸。他們說，他們的父親在提供經濟來源方面做得比較好，但他們是花了更多時間照顧和教育孩子。被問到男人希望女人知道他們的哪些特色時，名列前茅的前三項回答之一是他們「很有同情心」。[65]

一九八九年，社會學家亞莉・霍希爾德寫了一本非常暢銷的書：《第二輪班：那些性別革命尚未完成的事》，內容是關於必須兼顧絕大部分育兒與家事的職業婦女的奮鬥。男人是否也開始第二輪班？約有 48% 的爸爸們說，他們當爸爸當得愈來愈有壓力。我們或許會見到更多這種情形。當女人的工作角色變得更重要時，男人育兒的角色也更重要。男人正重新取得百萬年前他們曾經肩負的父親角色。

老年人的愛情

我們或許也將發現，年長者不像他們外表上看起來那樣老。

在 Match.com 的問卷調查中，有超過 50% 的六十歲以上男女有過一夜情。[66] 老年人很有可能有 91% 到 100% 的時間都能達到高潮，而六十歲以上男女也最快樂、最不焦慮、最不寂寞，也最不會那麼不顧一切地尋找愛情。[67] 事實上，當被問到「你是否會對某位擁有你想要的所有條件的對象許下長期承諾，但你並不愛他／她」時，六十多歲男女最不可能回答「會」。人們對浪漫愛情的追尋永不停止。

大多數老年人也不願意對某個他們不覺得有性魅力的對象許下長期承諾，即使這個人擁有他們要求的其他所有條件。[68] 老年人也和年輕人完全一樣，不喜歡將來的伴侶話太多、看太多電視，或懶惰、頑固及沒有幽默感。

而且比起其他年齡層男女，老年人對結婚更不感興趣。約有 80% 的老年人也不想和孩子一起住，擔起每天照顧孫子的角色。[69] 有 62% 的美國鰥夫寡婦選擇獨自居住[70] ── 或許是為了尋找愛情。

確實如此。目前以五十歲以上男女為服務對象的交友網站 Our Time，是美國第三大付費交友網站，每年有數百萬名獨特的訪客。未來將會有更多老年人在婚姻的旋轉木馬上 ── 一百萬年前他們也很有可能如此。

同性的愛情

　　荷馬在他所寫的永恆史詩《伊里亞德》中，稱愛情為「讓最正常的人發瘋的魔法」。這大腦系統根植於人類的腦中。男同性戀與女同性戀也不例外。大腦中與炙熱戀情相關的區域，在同性戀男女與異性戀男女腦中一樣活躍。[71]

　　此外，我們的「單身美國人」的研究數據明白顯示，男女同性戀同樣相信一見鍾情。他們墜入愛河的次數也類似。他們和異性戀一樣有可能將和熟悉的伴侶發生性關係視為「極度親密」的事，[72] 也同樣有可能和伴侶許下長期承諾。[73] 約有 41% 的男同性戀和 43% 的女同性戀想結婚，而有 95% 已婚男同性戀和 87% 已婚女同性戀願意再次和目前的伴侶結婚。

　　幾乎每一個人都能感受到浪漫戀情的魔力。因此我猜想，我們將會逐漸明白這些同性戀男女和異性戀男女多麼相似。

獨居時代

　　然而婚姻的旋轉木馬卻造成了一個完全屬於現代的社會現象，那就是有大量獨居者。[74]

　　今天幾乎有 50% 美國成年人是單身男女，有 27% 的美國家庭裡只住了一個人，而一九五〇年這數字只有 9%。[75] 在日本、法國、德國、瑞典和一些其他國家，還有更多單身男女獨

自居住。[76] 這是前所未有的現象。即便在一九〇〇年，當時有46% 的十五歲以上美國人是單身者，他們也沒有獨自居住。在城市裡和農場裡，以及在所有狩獵與採集、耕種和放牧的社會裡；在過去人類歷史上，大多數單身的年輕人、單身父母和鰥夫寡婦，都與親戚住在一起。

社會學家涂爾幹將他所稱的這種「個體崇拜」追溯至我們務農的祖先離開鄉村的根，來到城市居住。[77] 許多人依舊擔心，「個人主義」使我們支離破碎，將我們連根拔起。

我不同意。今天美國人每年平均約傳送一萬五千封電子郵件。許多人透過個人部落格、推特訊息、自製影片和社交網站與數千人聯絡。臉書會員平均有三百多個「朋友」。在每個公共場所，人們不停滑著手機，對網路的依戀可見一斑。

這就是我們與他人之間的超連結，我們沉浸在巨大的網路世界和各式各樣的社交網絡中。[78] 現代的男女老幼不會與社會脫節，反而時時關注身邊的事。

即便這種現象也不是現在才有。我們的祖先也有高度連結的人際關係。幾年前我有機會和坦尚尼亞的狩獵與採集部族哈札人一起短暫旅行；晚上我把我的小帳棚搭在他們的茅草屋附近，白天跟在他們身後。有一天早上，我加入穿越草地採集莓子的十四名婦女。她們時常開玩笑。在營地裡，男女分別聚在一起休息，剛好在彼此聽不到的範圍，兩性都能各自持續交談。所有哈札人也會在旱季時在永不乾涸的水窪邊會面，和大約五百個親友交流。

建立與維持親屬、社交和商業關係是人類的天性。今天我

們反而愈來愈藉由科技與彼此聯絡。事實上，它催生出一種新的家庭形式：社團。社團由沒有血緣關係但時常交談的朋友組成；這些人在例如生日等節日聚會，或幫助生病的朋友——這是基於友誼而不是血緣形成的關係。

社會學家艾瑞克・克林南伯格所稱的「獨行」，也很可能讓更多男男女女找到真愛——除非他們屈服於一種不易察覺、或許也是不祥的新現象：抗憂鬱藥物。

麻木的世界？

大腦中沒有任何一部分能單獨運作。當某樣化學物質活動增加，其他的化學物質就會以許多不同方式調整。眾所周知，能提高大腦內血清素的藥物，往往也會壓抑多巴胺迴路，也就是與強烈浪漫愛情有關的迴路。[79]

因此我的假設是，**當抗憂鬱藥物危及多巴胺路徑時，它也會危及對浪漫愛情的感受。**這些藥物包括百憂解、樂復得和克憂果（這些是選擇性血清素回收抑制劑，縮寫為 SSRI）以及在它們之後的新一代藥物喜普妙和立普能等等。

我的假設還需要經過許多科學研究的佐證。我非常樂見能有這一類研究，因為自從精神病醫師安迪・湯森和我共同撰寫了一篇兩者可能關連性的文章之後，[80]我就收到陌生人主動寄來的相關電子郵件。

有個人寫道，她和男朋友交往了八個月，但在服用克憂果

的六週後，她對他就沒感覺了。另一個人寫道，立普能毀掉他的婚姻，他的妻子因此感覺不到愛。還有人寫道，她的男友在服用喜妙普後的四週突然甩了她，說他已經對她沒有火花。另外還有人寫道，她妻子服用速悅後，就立刻就對他很冷淡疏離，幾乎看不出有任何情緒。還有另一封生動的信是來自一名女性，她說她先生開始服用 SSRI 之後，他馬上變得毫無感情，抗憂鬱藥物讓她聯想到《天外魔花》這部電影*。

我們必須記得，有些人需要抗憂鬱藥物，才能在早上起床。有個女人寫道，在過去十年裡，她沒有任何浪漫戀情的感覺，但即便藥物損害她的感情生活，在服藥之前憂鬱症卻讓她簡直不可能活下去。還有個男人在服用 SSRI 之後，因而澆熄了他對辦公室女同事的感情 —— 使他能留在家庭裡，做個好爸爸。

一個沒有愛情的世界？

沒有人曾經針對提高血清素的抗憂鬱症藥物以及大腦中浪漫愛情與依附感運作的關係，進行有系統的研究。但已有許多研究顯示，這些藥物會抑制迷戀的思想，並讓情感變得遲鈍 —— 痴迷和熱情是浪漫愛情的特色。藥物也會影響大腦中依附感的運作。[81]

在美國，醫師每年開出超過一億五千萬份抗憂鬱處方藥單。全世界其他國家中也買得到這些藥的非專利藥†。**這些藥物能挽救生命與婚姻**。但是哈佛醫學院精神科醫師約瑟夫·格蘭姆倫表示，服用抗憂鬱症藥物 (其中大多是 SSRI) 的病人「不需要服用這些藥物」。[82]

一種抵制愛情的疫苗？或許吧。

愛情靈藥九號[‡]

不過，我們是否能用化學物質驅動愛情？

人類好幾世紀以來都在調製愛情靈藥，或許已歷經千年。我的幾位同事相信我們將逐漸能提供讓人產生浪漫戀情的成熟藥物。[83] 其中包括神經科學家賴瑞・楊，他最近在科學期刊《大自然》中寫道：「由於最近在生物學研究配對有所進展，這表示不久之後，不擇手段的追求者就能把調製好的愛情靈藥偷偷丟進我們的飲料裡。」[84]

但是我猜測，楊和其他人忽略了浪漫愛情的主要成分：愛情地圖。各位或許還記得，我們在成長過程中會列出一張有意識（與無意識）的伴侶特徵清單；隨著時間與人生經歷，這個理想伴侶的形象會愈來愈清楚。藥物不能改變這些記憶和經歷，不能改變這份心智模組。

這就是某個美國心理學研究生到北京參加研討會時的經驗。他瘋狂愛上另一個研究生，但是她不愛他。於是他邀請她去坐人力車。他知道新奇和危險能啟動多巴胺系統——於是就有可能讓一個人跨越戀愛門檻，墜入愛河。他希望她能如此。於是他們坐上狂奔的人力車，人力車夫瘋狂踩著踏板，穿梭在忙碌的街道上，橫衝直撞，閃躲巴士、手推車、腳踏車和行人。她發出快樂的尖叫聲，愛戀地緊緊抓住他。他心跳加速，充滿希望。然而當他們回到旅館前面時，她從人力車座位上跳下來，高舉手臂歡呼：「剛剛真是棒透了！那個人力車夫好帥喔！」

修改大腦化學物質可以改變人的基本情感。但是它無法**引導**情感的方向。配偶選擇由我們形形色色經驗之間的複雜反應以及生理反應所控制。簡單來說，如果某人要幫你和希特勒或某個怪物牽紅線，沒有任何一種「偷偷扔進飲料裡的愛情靈藥」能讓你愛上他們。

未來的性

「愛情是狡猾的。」愛爾蘭詩人葉慈在詩中如此說道。我認為約在四百四十萬年前左右，我們的祖先已經發展出人類的**雙重**生殖策略：連續一夫一妻制和祕密通姦。我猜想，二十一世紀最偉大的兩性關係議題，就是我們如何處理以下互相衝突的偏好：墜入愛河的古老慾望和結為一對一伴侶，以及尋求自

主性與新鮮感。

當然，很多事情都已經改變。我們逐漸將愛情視為社交生活的核心。現在許多人以緩慢的步調進入一段關係，延長許下承諾前的戀愛階段。藉由心靈成長書籍和雜誌、部落格、電視和廣播節目的脫口秀，還有各種類型治療師的協助，我們比史前或歷史上任何時刻都更努力經營我們的伴侶關係。再者，同儕婚姻——在個方面地位平等的婚姻——成為常態，這世界上有更多愉快的婚姻，因為夫妻能結束不愉快的婚姻。許多人擁有長時間的中年，也有機會接觸從網路到威而剛等新的科技與發明，藉此發現、製造、保留我們想要的愛情。

或許最重要的是，雖然婚姻成為可有可無的選項，愛情卻不是。雅蒂愛過。露西愛過。崔姬愛過。直立人男女愛過。尼安德塔人愛過。你我都愛過。這世界上的每個人都會墜入愛河，依戀彼此。男女就像兩隻腳，需要彼此才能前進。如果人類這個物種存活在世上，一百萬年以後，我們的後代將還是會墜入愛河，成雙成對。

家庭是否將會絕跡？

絕對不會。正如美國人類學家保羅‧布哈南的結語：「家庭是人類最有適應性的制度，會隨著每一個社會的需要而改變。家庭不會像橡樹或松樹一樣，在暴風雨中折斷，卻像東方故事裡的竹子，風來時便彎下腰，風停止後又再次挺直。」[85]

因此我的結論如下：對未來兩性關係做出的任何預測，都必須考慮將來最重要的決定性因素：人類對愛情不能壓抑的、適應性強的和原始的渴望。

附錄

離婚表

圖表 1：芬蘭離婚概況，1950-87

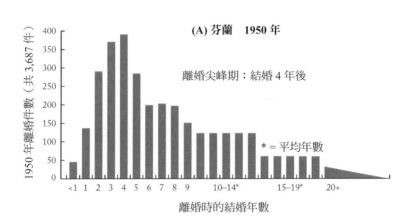

(A) 芬蘭　1950 年

離婚尖峰期：結婚 4 年後

* = 平均年數

y軸：1950 年離婚件數（共 3,687 件）

x軸：離婚時的結婚年數
<1　1　2　3　4　5　6　7　8　9　10–14*　15–19*　20+

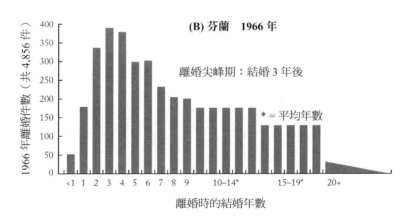

(B) 芬蘭　1966 年

離婚尖峰期：結婚 3 年後

* = 平均年數

y軸：1966 年離婚件數（共 4,856 件）

x軸：離婚時的結婚年數
<1　1　2　3　4　5　6　7　8　9　10–14*　15–19*　20+

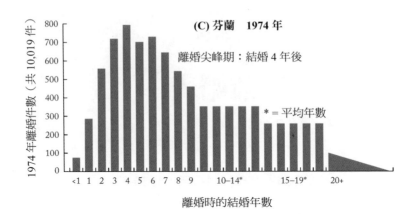

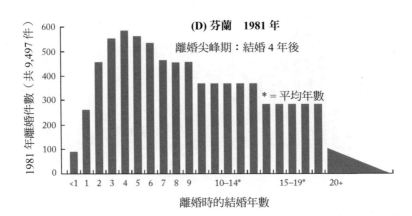

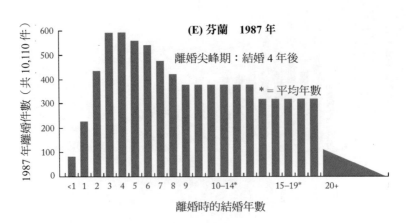

柱狀圖 A-E 顯示芬蘭連續五年在聯合國人口統計年鑑中的離婚概況。一九八一年，大多數離婚發生在婚後第四年。結婚十到十四年和十五到十九年後離婚的資料是平均值，因為原始資料就是把這幾年算在一起。結婚二十年之後離婚，指的是婚後二十年到四十年，同樣也是平均值。事實上，結婚時間愈久，離婚件數也逐年下降。正如這些長條圖所顯示，芬蘭人的離婚尖峰期集中在婚後三到四年。雖然這幾十年來離婚率穩定增加，這個模式卻沒有太大改變。

圖表 2：三～四年之癢：62 個社會的離婚尖峰期，包括 1947-79 年所有有統計資料的年分（188 件）

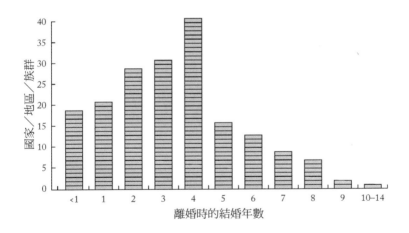

　　圖表 2 是六十二個國家、地區和族群在一九七四年到一九八九年間一些特定年分的離婚概況（共 188 件）。每一個長

條圖的離婚尖峰期（眾數）在總表上以一塊長方形標示。例如一九八一年的芬蘭是在橫軸 4 的欄位上以一個長方形表示。由圖表中可看出，不同社會中的人們大多在婚後二到四年間離婚，離婚尖峰期在第四年。

圖表 3：1978 年埃及離婚概況

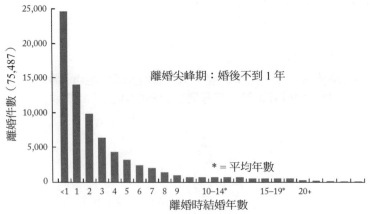

圖表 3 一九七八年的埃及和聯合國在一九七四年到二〇一二年間有統計資料的其他穆斯林國家相同，大多數人在結婚地依年內離婚。結婚時間愈長的夫妻，愈有可能一直在一起。本書第五章已解釋這種現象。

圖表 4：1986 年美國離婚概況

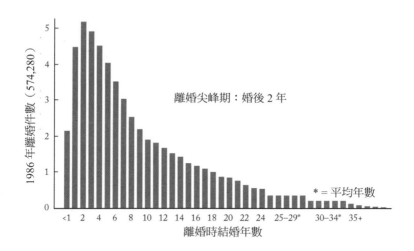

圖表 4 一九八六年美國離婚概況的資料來自美國生命統計資料。結婚二十五到二十九年、三十到三十四年和三十五年之後離婚的數據取平均值，因為原始資料就是把這幾年算在一起。大多數人都在婚後二到三年離婚，這和我在一九六〇年到一九八九年間觀察到的相同。本書第五章已解釋這一致的離婚高峰期。

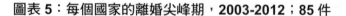

圖表 5：每個國家的離婚尖峰期，2003-2012；85 件

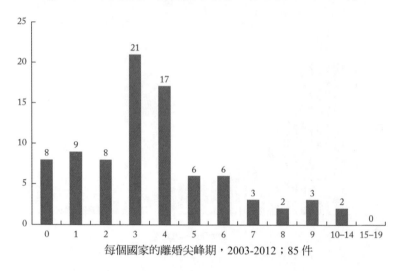

每個國家的離婚尖峰期，2003-2012；85 件

　　圖表 5 三到四年之癢：離婚尖峰期，七十九個國家所有有
統計資料的年分，二〇〇三到二〇一二年（八十五件）。這張
圖表分析了二〇〇三到二〇一二年所有有統計資料的年分的七
十九個國家離婚概況（八十五件）。離婚尖峰期（眾數）。從
開始收集資料的數十年，離婚尖峰期幾乎沒有改變。在不同社
會的人們，往往在婚後三到四年離婚，即便是在網際網路與全
球通訊網路興起的巨大社會變遷之後也是如此。

感謝詞

　　希拉蕊‧戴爾普雷特（Hillary Del Prete），感謝你對本書超強的研究協助。約翰‧古爾奇（John Gurche），感謝你將一對古代伴侶形容得活靈活現。我受惠於曼蒂‧金斯伯格（Mandy Ginsberg）、艾美‧卡納迪（Amy Canaday）和每一位 Match.com 的同仁，感謝各位提供「單身美國人」的數據資料，也感謝賈斯汀‧賈西亞（Justin Garcia）協助我將這些資料分享給學界與一般民眾。我也非常感謝諾頓（W. W. Norton）出版社邀請我重寫本書的艾美‧奇莉（Amy Cherry）、負責編輯的阿萊格拉‧休斯頓（Allegra Huston），以及瑞咪‧科雷（Remy Cawley）和為本書付出心力的其他同仁，也要感謝我的經紀人亞曼達‧厄本（Amanda Urban）的指導。謝謝你，露西‧布朗（Lucy Brown），你不但與我合作完成許多學術計畫，也一直持續經營我們的網站 TheAnatomyOfLove.com，本書中的許多概念在網站中都找得到。李‧希爾佛（Lee Silver），感謝你完成書中個性數據的複雜數學分析。感謝友人佛雷契‧霍奇斯（Fletcher Hodges）的睿智與鼓勵；感謝羅伊斯‧卡爾頓（Royce Carlton）演說經紀公司以及 TED 聯盟的朋友們協助我傳播本書中的概

念；感謝戴夫・拉布諾（Dave Labno）和我一起把人格特質的資料應用在企業諮詢商；還要感謝蓋瑞・奧斯鐸姆（Gerry Ohrstorm）、湯瑪斯・坎貝爾・傑克森（Thomas Campbell Jackson）、伊莉莎白・艾斯（Elizabeth Eiss）和戴恩・達力（Dyan Daley）讓我得以將這些概念送達讓更廣大的商業與醫療社群。克麗斯汀・福雷（Christian Frei），感謝你在紀錄片《紐約夜未眠》（*Sleepless in New York*）裡將本書中某些觀念呈現在影片中。我還要感謝蘿娜（Lorna）、奧黛麗（Audrey）以及其他親友，謝謝你們在這宛如荷馬史詩《奧德賽》的漫長旅途中付出的耐心和絕佳幽默感。最後，我要深深感謝已逝的友人雷・卡羅（Ray Carroll），謝謝他為《解構愛情》第一版所做的一切。

注釋

所有文獻來源的完整細節可見參考書目。

序言：向愛致敬！

1. 所有「單身美國人」資料都是 Match.com 的財產，目前為止並未公開發表。資料來源為 Match.com，以及我本人，該公司的首席科學顧問海倫·費雪。

第一章：愛情遊戲

1. 「動物行為學」（ethology）這個字來自於希臘文 *ethos*，意思是「態度」或「行為」。動物行為學基本上被視為一門在自然環境中觀察並分析動物行為的學問。它的前提是，藉由天擇，某個物種的特殊行為模式演化方式與肢體特徵的演化方式相同。達爾文以對動作模式的檢視奠定動物行為學的基礎，例如各個不同物種的咆哮和其他面部表情（見 Darwin [1872] 1965）。

2. 關於跨物種之間肢體語言與面部表情的相似性，見 Givens 1986, 1983; Goodall 1986; Darwin [1872] 1965。

3. Eibl-Eibesfeldt 1989.

4. De Waal 1987.

5. Smuts 1985, 1987.

6. Ekman 1985.

7. Darwin [1872] 1965.

8. 艾克曼 (Ekman) et al. 1969; Ekman 1980, 1985; Goleman 1981。臉部製圖：心理學家保羅‧艾克曼和同事利用解剖學文字、照相機和鏡子，得知人如何靠意志收縮某些個別臉部肌肉。不確定用的是哪些肌肉時，他們就把特別接上線路的針插進特定的肌肉，將個別的動作獨立。艾克曼表示，人類的「大笑」是最不複雜的面部表情。大笑只需要「嘴角上揚」，「嘴角些許上揚」，還有「臉頰上揚」，做出大大的、歡迎的露齒而笑。九十六種主要的憤怒表情須用到幾百種不同肌肉組合，依憤怒的強度而定。見 Ekman, 1985。

9. Field et al. 1982; Trevathan 1987.

10. Givens 1983; Perper 1985.

11. 人類的空間領域：人將空間分成四個特定形式。對美國人而言「親密空間」一般來說大約是頭部周圍四十五公分的距離。無論何時，你僅允許親密同伴和寵物進入這私人領域。「個人空間」是你周圍六十到一百二十公分；你准許朋友進入。「社交空間」大約是一百二十到一百八十公分遠，當你在工作或進行社交活動時會保持這種距離。所有在一點五到三公尺之外的區域都屬於「公共空間」。不同社會以不同距離測量周遭領域，但是它們都有與人接近的規則。見 Hall 1966。

12. Hughes et al., 2004.

13. Apicella et al. 2007.

14. 交談求愛策略：一對男女開始談話時，他們會尋找共同的興趣，試圖建立一致性。他們或許會以不同意的態度測試彼此，然後在看看另一方如何處理此一窘境。他們的目標是信任。一方或許會揭露一項缺點，然而把它包裝在正向的自我形象中。在求愛初期，他們或許會請求對方幫個小忙，這是另一項測試。這些互動的關鍵性在於三種微妙的潛藏情緒。人們努

力「給對方好印象」；他們設法引起對方注意；他們回到嬰兒般的輕聲細語和行為。在這段時間裡他們傳達各式各樣的個人條件，包括穩定性、自制力、智慧、善良、愛心、接受度、能力、可靠度、勇氣、幽默感，以及最重要的，單身身分。見 Eibl-Eibesfeldt 1989。

15. 碰觸：我們的祖先在嬰兒期一直被抱在懷裡，睡在母親的胸前，因此人類在生活中勢必要和其他人肌膚相親。在某些文化裡，嬰兒由於持續被抱著，因此一直沒有爬行；他們嘗試走路時才第一次獨自探索世界。其結果是，我們自然喜歡碰觸和被碰觸，除非被訓練不要如此。見 Hall, 1959; Montagu, 1971; Henley, 1977。

16. Givens 1983.

17. Eibl-Eibesfeldt 1989.

18. Hall 1976.

19. Douglas 1987.

20. 從二〇一〇年到二〇一四年，我與約會服務網站 Match.com 合作，每年針對美國單身男女進行一項全國性調查。我們共同設計了一份以五千多名單身男女為對象、有一百五十個問題和票選的問卷。我們沒有以 Match.com 的會員為樣本，而是根據美國人口普查紀錄，收集全國具代表性的資料。對象包括黑人、白人、拉丁裔、亞洲人、男同性戀、女同性戀和異性戀；這些人年齡從二十一歲到七十歲以上都有，他們有的住在鄉村，有的住在郊區，有的住在城市；包含美國每一個地區的男女：以上全部都是我們問卷調查的對象。這二萬五千多名單身男女沒有人已經訂婚、和伴侶同居或與對象穩定交往。首先，我們請參加者回答一些基本問題：他們所屬的教會、政治團體、性傾向、住在哪裡、家庭收入、職業與教育程度，甚至一天睡多少小時。然後我們進入重點。你認為對象「一定要具備」的

條件是什麼？你是否曾有過一見鍾情的經驗（超過三分之一的人有）。你是否曾與一開始不覺得有吸引力的人墜入情網？（35%的人說有）。你是否會和民主黨人約會？共和黨人呢？晚餐約會時誰該付帳單？求愛時你會對哪些事情說謊？你與熟悉伴侶達到高潮的次數比例是多少？（共和黨的高潮次數較多，但是做愛次數較少！）你是否在第一次約會時就想像與對方共度未來？（有56%的男人和48%的女人有過）。就我的認識，不管是在美國或在世界其他地方，這都是針對單身男女所做的最全面性的科學性調查。

21. 求偶餵食：求偶餵食有可能模仿母親與嬰兒間的餵食行為，勾起男人關愛與保護、女人像孩子般被接受的感情，加強兩人結為情侶的過程。見 Eibl-Eibesfeldt, 1989。

22. Goodall 1986; Teleki 1973a.

23. Ford and Beach 1951.

24. 同前。

25. Jespersen [1922] 1950.

第二章：為何是他？為何是她？

1. Liebowitz 1983; Fisher 1998; 2004; Hatfield 1988; Hatfield and Sprecher 1986; Harris 1995; Tennov 1979.

2. Tennov 1979.

3. Van Steenberger et al. 2013.

4. Fisher 2004.

5. Stendhal [1822] 1975.

6. Buss 2000.

7. Tennov 1979.

8. Fisher 2004, 2006, appendix A.

9. Hatfield and Rapson 1987.

10. Ackerman 1990; Russell 1976; Hopson 1979

11. 「費洛蒙」這個詞創造於一九五九年，可以用來形容任何生物分泌出作為信號的化學物質，用以誘發其他生物的特定回應。生物也會為了驅除和其他用途排出費洛蒙，不過這個詞普遍用來形容性的引誘劑。見 Shorey, 1976。

12. Hopson 1979.

13. Gregersen 1982.

14. Fisher 1998; 2004.

15. Eibl-Eibesfeldt 1989.

16. Givens 1983.

17. Fisher 2004; Zentner 2005.

18. Feinman and Gill 1978.

19. Bower 1990.

20. Ford and Beach 1951; Frayser 1985.

21. Buss 1989.

22. Shepher 1971; Spiro 1958.

23. Fisher 2004.

24. Tennov 1979.

25. Pfaff and Fisher 2012.

26. Aron and Aron 1996.

27. Fisher 2009; see Pfaff and Fisher 2012.

28. Fisher 2009, 2010; L. L. Brown et al. 2013.

29. L. L. Brown et al. 2013。在這份研究中，我們讓兩種腦部斷層掃描實驗（fMRI）的參加者填寫「費雪氣質量表」（FTI）。問卷中在「好奇／精力充沛」氣質特性得到高分的人，與中腦黑質的某個區域的活動共變，這結果與我們的預測一致，也就是這種氣質特性帶來多巴胺系統的反應。問卷中在「小心翼翼／服從社會規範」氣質特性得到高分的人，與腹內側前額葉皮

質中服從社會規範區域的反應有關連，這種特質與血清素系統相連。問卷中在「分析性／講求實際」氣質特性得到高分的人，與枕骨與頂葉皮質區域中的活動共變；大腦的這個區域與視覺銳度與數學思考有關連性，而這些特質又與睪固酮相連；睪固酮也促使大腦構造建構這些區域。問卷中在「親社會／移情作用」氣質特性得到高分的人，與額下迴、前島葉與梭狀回區域中的活動有關，這些區域與鏡像神經元和移情作用相關連，這種特質與雌激素／催產素系統相連，在這些大腦區域，雌激素促成大腦的構造。這些在兩份研究中重複的發現指出，FTI 可以測量四種神經系統的影響，以及這些氣質特性和與神經系統可以構成人類個性的基本機制，並且在浪漫吸引力和伴侶關係的形成中扮演重要角色。

30. Fisher, 2009; Fisher, Rich, Island, et al. 2010; Fisher 2012.

31. Fisher 1999.

32. 在最近一份研究中，研究者讓男性與女性看著可能成為伴侶的陌生對象照片 —— 他們不久後將會在一個「快速約會」的場合遇到照片上的這些人 —— 同時掃描他們的大腦（使用 fMRI）中有反應的區域，顯示這些男女會以兩種標準快速判斷照片上的人：外表是否吸引人，以及他／她所察覺到對方的個性如何，特別是好感度（Cooper et al. 2012）。

33. Capellanus 1959.

34. Jankowiak 1992.

35. 同前。

36. Jankowiak and Fischer 1992.

37. 同性戀有許多表現形式。有些是大學生的性實驗，還有些發生在監獄裡；有些一九〇〇年代的男性移民，在能夠把妻子從老家帶來美國之前，從事以同性為對象的性行為。不過就那些在孩童或前青春期時就知道自己是同性戀的這些人來說，

同性戀顯然與基因有關。同性戀基因？有證據顯示同男同性戀（LeVay, 1991）在下視丘的某些部分結構略有不同。一九九三年基因學家迪恩‧海默 Dean Hamer 和同事在研究中指出，他們在 X 染色體上找到一個（或多個）可能與男性性傾向有關的基因（Hamer et al. 1993）。以四百名同性戀兄弟為對象收集到的新數據從也顯示，這些在 X 染色體上的基因與同性戀有關（Sanders et al. 2015）。在准許同性戀的國家與傳統上恐同性戀的國家中，發生同性戀的比例大致相同（Posner, 1992）；同性戀也會遺傳（Hamer et al. 1993）。

然而現今有許多科學家卻將「同性戀基因」視為一連串「愛男性基因」。根據這種推論，有這些基因的男性會愛上其他男性。但是有這些基因組合的女人會比大多數女人更早談戀愛和有性行為；他們也因為性慾較高而會生更多小孩。事實上，男同性戀的女性親屬比起只有異性戀男性親屬的女性，小孩的數目多一點三倍（Camperio-Ciani et al. 2004；Camperio-Ciani and Pellizari, 2012）。這些女人擁有生殖優勢，也因此說明「同性戀基因」是有利的演化。或許也有「愛女性基因」存在，不過目前尚未出現證據。或許當男人遺傳了這組 DNA，他們也更早開始求愛，有更多小孩，而有這組 DNA 的女性會與其他女性墜入愛河。於是女同性戀基因可以藉由高性慾男性遺傳給後代。

由於賀爾蒙對生長中的腦部也有影響，因此嬰兒在子宮中的發展也與是否為同性戀有關。在懷孕孕期的前三個月，胎兒的男性荷爾蒙和雌激素開始構成男性和女性的性器官以及大腦。這段期間的荷爾蒙改變，可能會改變一個人出生後的性傾向。

壓力和出生順序可而也是構成男性性傾向的因素之一。如果母親在懷孕時壓力很大，或者她在這一胎之前已經生了好幾個男孩，這個男性胚胎就較有可能長成男同性戀。事實上，每個

小男孩只要多一個哥哥，他成為同性戀的機會就會增加三分之一。其中一種相關的理論是，母體會製造出一種免疫反應，影響男性胚胎在子宮中的發育。學者對於女同性戀所知較少。但是眾所周知的是，如果子宮內的女性胚胎暴露在高濃度的睪固酮裡，這個女孩較有可能成為女同性戀。

有些研究者與一般人依舊相信，男同性戀者較常出現在父親缺席、父親態度冷漠或父子關係疏離、而母親跋扈得令人窒息或家庭成員全都是女性的家庭裡。但是在一份典型的研究中顯示，同性戀的家庭生活和異性戀基本上相同（Bell and Weinberger, 1978）。即便孩子生長在女同性戀家庭裡，長大後也不可能成為女同性戀（Golombok and Tasker, 1996）。

許多論文都曾探討同性戀，其中大多是調查同性戀如何與為何演化。但是我認為最簡化的答案就是透過直接選擇 (direct selection)。在「單身美國人」問卷調查中，我們詢問男女同性戀者他們是否曾經和異性對象有過性經驗：34% 男同性戀和47% 女同性戀回答有。此外，在今日的美國，有 37% 的女同性戀、男同性戀、雙性戀和變性者有一個小孩；這些小孩之中約有 60% 是以上這些人的親生後代。在過去幾千年裡，同性戀的小孩更多，因為在大多數社會裡，很少人能「出櫃」。他們只能結婚生子。

我要補充一件事，那就是大自然常可見到同性戀動物。有些老鼠是同性戀。沒有與公貓住在一起的母貓，也會出現所有同性戀的性興奮行為模式。野生母海鷗有時候會和其他雌性配對。公的大猩猩成群聚集，表現出同性戀行為。母的倭猩猩常有同性戀互動。有些夏天早晨在你家廚房的桃子附近飛來飛去的雄果蠅是男同性戀（Bailey and Zuk, 2009）。六十多個物種都有關於同性戀的紀錄；事實上，在其他生物中同性戀實在太常見，相較之下人類的同性戀之所以令人關注，並非由於這種現

象的普遍，而是它的稀有。

38. Zeki and Romaya 2010.

39. Jankowiak and Fischer 1992; Fisher 1998; Hatfield and Rapson 1996.

40. Fisher 2004.

41. Givens 1983.

42. Fehrenbacker 1988.

43. Fisher 2004.

44. Fisher et al. 2002; Fisher 2004; Fisher et al. 2006.

45. Darwin 1871, 745.

46. Thomas 1993, 46.

47. Galdikas 1995, 144-45.

48. Fisher et al. 2005; Aron et al. 2005.

49. Fisher 1998.

50. Fisher 1998, 2004.

51. Fisher 2005; Aron 2005.

52. 這些集體反應發生在幾個大腦報償系統區域，包括腹側被蓋區（VTA）和尾狀核（Fisher et al. 2003；Fisher et al. 2005；Aron et al. 2005），這些區域和愉悅感、一般激越、集中性注意力、追求與獲得獎賞的動機有關連，並且以多巴胺的活動作為中介（Schult, 2000; Delgado et al. 2000; Elliot et al. 2003）；以及島葉，這是大腦中與焦慮有關的區域。此外，在針對文中這十七名男女所做的主要成分分析中，我們發現伏隔核有反應的證據（未發表的數據）。這些報償系統直接與許多對濫用藥物成癮的研究有關（見 Fisher, 2014）。

53. Xu et al. 2011.

54. Fisher 1998.

55. Gingrich et al. 2000.

56. Fabre-Nys 1998.

57. Fisher 1998, 2004.

58. Acevedo et al. 2011.

59. Fisher and Thomson 2007.

60. Marazziti et al. 1999.

61. SIA 2012 (unpublished data).

62. Liebowitz 1983, 200; Bowlby 1969.

63. Acevedo et al. 2011.

64. O'Leary et al. 2011.

第三章：一夫一妻制是否出於天性？

1. Daly 1978.

2. Van Valen 1973.

3. Hamilton 1980; Hamilton et al. 1981.

4. Dougherty 1955.

5. Parker et al. 1972.

6. 兩性的起源：關於兩性的演化有幾種理論。有些原始藍綠藻有兩種交配形態，由於無法辨別其性別，我們稱為 "+" 和 "-"。其中一個理論是，這些藻類演化成兩種交配形態，以避免同系繁殖（見 Daly and Wilson, 1983）。「基因修復」理論則提出，藉由兩性繁殖，新的組合就能修復之前細胞分裂時對 DNA 造成的變異損傷（見 Michod, 1989）。另外一個理論叫做寄生現象假說。兩性起源的方式與現代病毒寄生在宿主細胞裡的方式相同：病毒將自己的 DNA 與宿主的細胞合併；接著，當宿主進行細胞繁殖時，它也會複製病毒的 DNA。於是雄性的前身是微小的配子，寄生在較大的雌性配子裡。無性與有性繁殖的整體優勢，見 Daly and Wilson 1983; Gray and Garcia 2013。

7. Hamilton 1964.

8. 「總括生殖成就」與利他主義：總括生殖成就理論首先由達爾文提出（1859），他注意到天擇可能作用在家庭而非個體上。一九三○年代，英國遺傳學家 J. B. S. Haldane 再次預示總括生殖成就。但是該理論於一九六四年首先由英國人口遺傳學家 William D. Hamilton 正式提出，用以解釋利他主義的演化：如果古代男性為了拯救溺水兄弟而犧牲自己，他其實是拯救了自己一半的 DNA，也因此是有某些他的利他天性。於是一個人的適應性，是由他自己的基因數以及他存活親屬的基因數來計算。以漢彌頓利他適應性概念為基礎，就能解釋許多其他社會行為：生物會防禦共同領土；動物會分享並合作；人們幫助自己的親屬、促進自己的 DNA 時，就會組成國家（見 Wilson, 1975）。今天利他適應性與親緣選擇的相關概念是解釋某些動物行為模式的標準方式。見 Barish, 1977; Hamilton, 1964；Gray and Garcia, 2013。

9. 繁殖策略：這個專有名詞的使用並不完善：我們沒有用使用一夫一妻制的兩種形式——一妻制（monogyny）和一夫制（monandry）——來形容人類的婚姻制度。其結果是，男人與女人各別的生殖策略大多被忽略。例如，有人告訴我們東奈及利亞阿非卡波地區的伊博族（Afikpo Ibo）是「一夫多妻制」（polygynous）。因此有些住在阿非卡波的男人有好幾個妻子。但是伊博族女人一次只和一個男人結婚，也就是一夫一妻制。因此伊博族人同時有兩種婚姻模式，一夫多妻和一夫制，取決於描述的對象是男人或女人。當社會學家將一個社會描述為一夫多妻制時，他們就忽略女人的生殖模式。

10. Trivers 1985; Mock and Fujioka 1990; Westneat et al. 1990; Hiatt 1989.

11. Bray et al. 1975.

12. Gibbs et al. 1990.

13. Mock and Fujioka 1990; Wittenberger and Tilson 1980.

14. Mock and Fujioka 1990; Wittenberger and Tilson 1980.

15. Birkhead and Moller 1998.

16. Laumann et al. 1994; Tafoya and Spitzberg 2007.

17. Allen and Baucom 2006.

18. Buss 2000.

19. Schmitt and Buss 2001.

20. 婚姻的定義：許多人類學家都曾經替婚姻下定義。Suzanne Frayser 的定義很好：「婚姻是一種存在於被社會認可並鼓勵性交與生子的團體中的人際關係。」（Frayser 1985, 248）人類學家 Ward Goodenough 將婚姻的三種構成要素解釋為法制或法律特性、性的優先權以及符合生殖的資格（Goodenough 1970, 12）。

21. United Nations Statistical Office 2012.

22. Cherlin 2009.

23. United Nations Statistical Office 2012.

24. Murdock 1967; van den Berghe 1979; Betzig 1986.

25. Betzig 1982, 1986.

26. 提維族的婚姻與女性角色：傳統上提維族的女性不是男性婚姻戰爭中的典當品。反之，女性在協商結婚的過程中扮演重要的角色。每一個女婿都必須養活將來替他生下新娘的岳母；如果女婿的禮物不夠，工作不勤奮，岳母也能終止這項合約。因此提維族女性在婚姻制度中是有力的核心人物，在社會上其他領域的地位也舉足輕重。見 Goodale, 1971; Berndt, 1981。

27. Verner and Wilson 1966; Orians 1969; Borgerhoff Mulder 1990.

28. 一夫多妻與女性：一夫多妻制中的女人一般來說沒有一夫一妻制的女人多產（Daly and Wilson 1978）。一夫多妻制中的女人，大老婆往往比小妾生的孩子多，或許因為她要做的勞

力工作比較少，而且有機會吃更多食物（Issac and Feinberg 1982）。一夫多妻制也會在家庭內形成更多虐待、忽視與殺人的情形；妻妾之間的衝突在一夫多妻家庭裡十分普遍（Henrich et al. 2012）。

29. Bohannan 1985; Mealey 1985.

30. 一夫多妻制的形式：動物社會中的雄性至少基於四種理由必須擁有妻妾群；每一種理由都和人類相同（Flinn and Low 1986）一夫多妻制往往出現在食物供給、躲藏、建築窩巢或交配場所和地點都聚集在一起的動物之間。雌性往往會聚集在這些地方養育後代；如果雄性能成功成為這一類豐饒地區的擁有者，他只要把其他雄性趕走，等著雌性到來，就能獲得三妻四妾。這個策略就叫做資源保衛的一夫多妻制（Emlen and Oring 1977）。肯亞的基普斯吉族（Kipsigis）女性依照傳統會選擇帶著大片地產嫁給一夫多妻的男人（Borgerhoff and Mulder 1990）。

有些物種的雄性將一群雌性集中起來，避免她們與其他雄性交配；這就叫做「雌性保衛一夫多妻制」。假如澳洲的一個提維族丈夫懷疑年輕太太通姦，他有時會打她，或向女孩的原生家庭抱怨。如果男孩與一名已婚青少女私奔並拒絕悔改，憤怒的丈夫或許會殺了這偷他太太的小偷（Goodale 1971）。這種守衛行為令人想起在其他物種身上看到的雌性保衛一夫多妻制。另一種策略是所謂的「男性主導一夫多妻制」。公艾草松雞會在一塊求偶場搔首弄姿，以獲得「交配基地」（見第一章），在這塊空地上牠可以很容易被經過的母松雞看見。母松雞會走進空地，停留在這個交配基地機與公艾草松雞交配。年紀較大、較有活力的公松雞比較能吸引多數經過的母松雞（De Vos 1983）南非喀拉哈里沙漠裡的某些康恩族男人既有魅力、強壯而又健康，他們偶爾能有兩個太太，靠的不是他們擁有的資

源，而是個性（Shostak 1981）。

猩猩、麋鹿和大黃蜂持續尋找能接受牠們的雌性，和這些雌性交配，然後再繼續尋找；這叫做「搜尋一夫多妻制」(search polygyny)。這種一夫多妻制的另一個變化形式是卡車司機、四處旅行的銷售人員、國際企業商人和水手的特徵，牠們「在每個港口都有妻子」。見 Flinn and Low 1986; Dickemann 1979。

31. Frayser 1985; van den Berghe 1979; Murdock and White 1969.

32. Marlowe 2000; Sefcek et al. 2006.

33. Murdock 1949, 27-8.

34. Daly and Wilson 1983.

35. Murdock 1967; van den Berghe 1979.

36. Klein 1980.

37. Alexander 1974; Finn and Low 1986; Goldizen 1987; Jenni 1974.

38. Lancaster and Lancaster 1983.

39. 奈爾（Nayar）人的婚姻習俗：住在印度喀拉拉邦（Kerala）馬拉巴爾（Malabar）海岸的奈爾人，其婚姻形式難以歸類。這些人的家庭成員由母親和兄弟姊妹組成。家長是一個男人。女人的第一次婚姻只是一個簡短的儀式；在儀式之後，她就不需要和丈夫有社交往來，或甚至是性交。如果妻子想找別的情人，她大可這麼做。她的丈夫和情人只有在晚上才能拜訪她；因此他們叫做「探訪丈夫」。女人同時有三到十二個情人不等。當丈夫沒有在年度節慶時贈送妻子禮物，這段婚姻就告終了。當一名「妻子」懷孕時，必須有一個或多個來自合宜社會團體裡的男人宣稱自己擁有父權，雖然在孩子往後的日子裡，生父所做的不過是謹守亂倫禁忌——如果他知道孩子是他的。見 Gough 1968; Fuller 1976。

40. 「隨性愛情」社區：針對美國六個社區所做的研究指出，他們

446

的成員並沒有真的實行「隨性愛情」；相反的是，社區裡的性交規定很嚴格，性和社會角色都有階級性，也都高度結構化。見 Wagner 1982; Stoehr 1979; Constantine and Constantine 1973。

41. 見 van den Berghe 1979.

42. Bohannan 1985.

43. 一夫多妻制與一妻多夫制是人類次要的生殖策略：因為一夫多妻讓男性擁有基因優勢，而一妻多夫讓女性有更多資源，某些人類學家主張，這些都是人類主要生殖策略。男女忍受一夫一妻制，只是因為男人無法得到他們組成妻妾群的資源，而女人則是因為她們無法引誘數名提供資源的男性。有權力的男人實行一夫多妻制的例子比比皆是，就是支持這個觀點的最好證明（Betzig 1986）。但是一夫一妻制與通姦結合這種變異版本的生殖策略也能提供類似優勢；男性有機會讓多個伴侶受精，而女性可以得到更多資源。此外，許多人類都有將一夫一妻制與通姦結合的現象。因此我認為，智人的主要生殖策略是連續社會性一夫一妻制加上祕密通姦，而一夫多妻制與一妻多夫制是機會主義的和次要的生殖策略。

44. Whyte 1978, 74; Frayser 1985, 269.

45. Mace and Mace 1959.

第四章：為何通姦？

1. Diana, n.d.

2. Carneiro 1958.

3. Tsapelas et al. 2010。全世界通姦模式：針對一九四〇年代的 139 個社會所做的調查中，其中有 39% 的社會准許男女在某些假期或節慶中，或在其他特殊情形下，與特定親屬發生婚外情，例如妻子的姊妹或丈夫的兄弟。在剩下的 85 個社會中，有 17 個社會的婚外情相當普遍，通姦的人很少受到處罰（見

Ford and Beach 1951）。在一九四〇年代所做的另一項不同的研究中，人類學家 George Murdock 研究了 148 個社會，先研究它們的過去，然後是現在，他發現其中有 120 個社會裡有通姦禁忌，5 個准許通姦，19 個准許在某些情況下的調情，而有 4 個不准許但並不嚴格禁止婚外性行為（Murdock 1949）。然而在所有案例中，默鐸克將通姦視為與遠親或無親戚關係的人的性活動。這項區分很重要。他支持 Ford 與 Beach（1951）的發現，也就是絕大部分社會容許與某些親屬產生婚外情。之後蘇珊‧福瑞瑟也確認了與沒有關係的人通姦是普遍的禁忌：她說在 58 個文化中，有 74% 對女性或對兩性有通姦禁忌。她注意到通姦的懲罰各個文化都不相同。在 48 個文化中有 83%，通姦的夫妻雙方都有罰金；其中的 40% 裡男女受到同樣程度的批判；有 31% 男人受到比他們愛人更嚴屬的懲罰。沒有一個社會能容忍在懲罰男性的同時女性去外面風流；而很明顯有更多文化對女性的限制比男性更嚴格。對任何種類婚姻外男女關係禁令較少、兩性婚外性行為比例很高的社會，包括澳洲的戴爾利人（Dieri）、東北亞的吉利亞克人（Gilyak）、北達科他州的印地安人、紐西蘭的勒蘇人（Lesu）、巴西的坎剛人（Kaingang）和太平洋的雅浦人（Yapese）（Ford and Beach 1951）。然而史蒂芬（1963）指出，即便在通姦可以被寬恕的國家裡，男女還是深受嫉妒所苦。然而在一九七〇年代所做的研究調查中，在 56 個社會裡有 72%，女性通姦頻率為普通至頻繁（ven den Berghe 1979）。

4. Schneider 1971.

5. Gove 1989.

6. Westermarck 1922.

7. People 1986.

8. Glass and Wright 1992.

9. Bullough 1976.

10. 同前。

11. Lampe 1987; Bullough 1976.

12. Bullough 1976.

13. Song of Solomon 3:16.

14. Lawrence 1989; Foucault 1985.

15. Bullough 1976.

16. 性名詞來源：到了西元四世紀，由於羅馬的通姦情形過於普遍，政府開始對通姦者處以罰金。這筆稅收收入顯然相當龐大，國家甚至用它來蓋了一間獻給維納斯的神廟（Bardis 1963）。舐陰（cunnilingus）、口交（fellatio）、手淫（masturbaton）和嫖妓（prostitute）等，都來自古羅馬的白話用語（Bullough 1989）。

17. Bullough 1976; Lawrence 1989.

18. Bullough 1976; Lawrence 1989; Brown 1988; Pagels 1988.

19. Bullough 1976, 192.

20. Lampe 1987, 26; Lawrence 1989, 125; Pagels 1988.

21. Burns 1990.

22. Lawrence 1989, 169.

23. Kinsey et al. 1948; Kinsey et al. 1953.

24. Hunt 1974, 263.

25. Blumstein and Schwartz 1983.

26. Laumann et al. 1994.

27. Greeley 1994; Laumann et al. 1994; Tafoya and Spitzberg 2007.

28. Gangestad and Thornhill 1997.

29. Schmitt and Buss 2001.

30. Schmitt 2004.

31. Tsapelas et al. 2010.

32. E. S. Allen et al. 2008.

33. Aron et al. 2001.

34. Fraley and Shaver 2000; Hazan and Diamond 2000.

35. Schmitt 2004.

36. Shackelford et al. 2008.

37. Orzeck and Lung 2005.

38. Schmitt 2004.

39. Tsapelas et al. 2010.

40. Lim et al. 2004; Lim and Young 2004; Carter 1992.

41. Hammock and Young 2002.

42. Ophir et al. 2008.

43. Walum et al. 2008.

44. Garcia, J. R., J. Mackillop, E. L. Aller et al. 2010.

45. Wedekind et al. 1995.

46. Garver-Apgar et al. 2006.

47. 同前。

48. Fisher 1998.

49. Fisher 2004.

50. 同前。

51. Bateman 1948; Trivers 1972; Symons 1979.

52. Shostak 1981, 271.

53. Fisher 1992; Buss 2000.

54. Hrdy 1981, 1986.

55. 許多美國一般人和學者都傾向於一種看法，那就是男人比女人更容易通姦，這其實是一個古老的科學原理——如果你想找什麼，你往往就會找到。在通姦的科學檢測中也是這種情形。在一項現在已成為經典的通姦研究中，科學家詢問四百一十五名大學生，他們是否會和不知名的異性同學發生性關係。

參加者被告知，在這想像情境中，完全不會有懷孕、被人發現和染上疾病的風險。結果正如各位預期。男性總是更有可能說「是」，這項研究確認男性比女性對多樣化的性更有興趣的這種信念（Symons and Ellis 1989）。但是此處有個技術性的小毛病：這項研究沒有考慮男性花心的主要動機（讓年輕女性生育），不過它也沒有考慮女性花心的主要達爾文主義動機——獲取資源。

如果學者們問同樣一批男性參加者不同的問題：「你是否願意與來自附近老人院的女性有一夜情？」我懷疑這些男大學生會表現出同樣的性多樣化熱誠。如果科學家也問這些學生一個不同問題：「你是否願意和電影明星有一夜情，而且他還會送你一輛全新保時捷，或幫你付大學學費？」大概所有人都會說「願意」。演化邏輯認為，女性會為了物品和服務發生性關係。因此在科學家把男女兩性背後的遺傳動機納入考慮之前，我們永遠不知道是男性或女性對多樣化的性較感興趣。

56. Ford and Beach 1951, 118.

57. Gregor 1985.

58. Reichard 1950.

59. Bullough and Bullough 1987.

60. Nimuendaju 1946.

61. Beals 1946.

62. Nadel 1942.

63. Wiederman 1997; Brand et al. 2007.

64. Lampe 1987, 199.

第五章：離婚藍圖

1. Abu-Lughod 1987, 24.

2. Abu-Lughod 1986.

3. Farah 1984.

4. 同前。

5. 同前。26.

6. 同前。20.

7. Murdock 1965.

8. Weisman 1988.

9. 男性／女性離婚權：由喬治・彼得・默鐸克在一九五○年代針對 40 個傳統社會所做的調查中，有 30 個社會裡男性和女性有提出離婚的同等權利；在這些社會裡，有 10% 的女人有離婚的特權。他斷定一般而言兩性都能提出離婚（Murdock 1965）。在對 93 個社會所做的研究中，懷特也確認了這一點，他推斷：「我們發現，男女同樣的離婚權是目前為止最常見的模式。」（Whyte 1978）蘇珊・福瑞瑟說，在她調查的 45 個社會中有 38% 准許丈夫和妻子和對方離婚；而有 62%，夫妻其中一方或雙方很難輕易離婚。在許多太平洋島嶼的社會中，男方或女方都很容易與對方離婚。在環地中海社會，女人比較難離婚，但在許多非洲社會，一般來說男人比較難離婚。見 Frayser 1985。

10. Murdock 1965, 319.

11. Betzig 1989.

12. 婚姻作為一種生殖策略：默鐸克（1949）主張，因為性和生殖可以在婚姻外取得，兩性間的經濟合作和勞力分工是婚姻的主要理由。但是在一九五○年他所調查的四十個傳統社會中，他注意到生殖問題是離婚的主要理由（Murdock, 1965）。由福瑞瑟進行的調查也確認生殖在離婚中扮演了重要的角色——在婚姻中亦同。在以 56 個文化為範本的研究中，男人和妻子離婚的最主要理由就是生殖問題，第二是雙方不合，第三是妻子方面的的不正當性行為。在以 48 個文化為範本的研究中，

女性最常因為雙方不合而拋棄丈夫；第二個理由是丈夫無法履行經濟和家庭責任；第三是因為丈夫的肢體暴力。見 Frayser 1985。

13. 再婚：一項針對 37 個傳統社會所做的調查中發現，有 78% 的社會公開准許男女再婚；而有 22% 的社會裡，男女很難再婚，此外一般而言女性比男性更難再婚（Frayser 1985）。前工業時代的西歐社會有再婚情形，但通常是因為配偶死亡，而不是離婚，因為羅馬天主教禁止離婚。其中一些傳統社會裡，也常有「音樂鬧婚」（charivari）傳統，他們相信寡婦再婚是不道德的。寡婦再婚有可能帶來的複雜財產轉移和繼承機制，更成為這種訓誡的基礎（Dupâquier et al. 1981; Goody 1983）。在前工業時代的印度、中國、日本和其他農業社會國家，寡婦很難再婚（Dupâquier et al. 1981; Goody 1983, 40）。然而在所有有紀錄可查的社會中，在生殖年齡的女性再婚率都是最高的。見 Dupâquier et al. 1981; Furstenbert and Spanier 1984；亦見本書第十六章。

14. Kreider 2006.

15. Howell 1979; Shostak 1981.

16. Howell 1979.

17. 女性自主與高離婚率：在女性高度自主的文化中離婚率很高，包括馬來半島的塞芒人（Semang）（Sanday, 1981; Murdock 1965; Textor 1967）；加勒比海的一些部落（Flinn and Low 1986）；多布人（Dobu），他們住在新幾內亞東端外海的多布島上（Fortune 1963）；南非詹姆森堡的恩戈尼人（the Fort Jameson Ngoni）、雅歐人（the Yao）和羅齊人（the Lozi）（Barnes 1967）；坦尚尼亞的圖魯人（Schneider 1971）；大洋洲的薩摩亞人（Textor 1967）；新幾內亞的古魯倫巴人（Gururumba）（Friedl 1971）；住在巴布亞新幾

內亞特羅布里恩群島（Trobriand Islands）上的人（Weiner 1967）；波里尼西亞曼加伊亞島（Mangaia）上的原住民（Suggs and Marshall 1971）；阿拉斯加南部的特林吉特人（Tlingit）（Laura Klein，未公開數據）；巴西南部的坎根人（Kaingang）；美國蒙大拿州的烏鴉族，以及紐約州的易洛魁人（Iroquois）（Murdock 1965）。

18. Lloyd 1968, 79.
19. Friedl 1975.
20. Van den Berghe 1979.
21. Le Clercq 1910, 262.
22. Dupaquier et al. 1981.
23. Mark 10:11-12; Lawrence 1989, 63.
24. Fisher 1987, 1989.
25. Cherlin 2009.
26. Cherlin 1981; Levitan et al. 1988; Glick 1975; Espenshade 1985; Whyte 1990.
27. 羅馬女人自主性抬頭：歷史學家在古羅馬女性逐漸解放與更有自我意識的理由或時間點上，並沒有一致的看法。有些人說這是發生在西元前二〇二年的漢尼拔被打敗的時代；有些人則說是在西元前一六八年馬其頓帝國解體時；還有些人說是在西元前一四六年迦太基毀滅時。然而在一連串歷史事件的發展結果之下，羅馬在耶穌出現之前 幾世紀經歷了一段富裕時期，女性經濟、政治與社會權力也隨之提高，離婚率也提高了。見 Balsdon 1963; Caropino 1973; Rawson 1986; Hunt 1959。
28. Burgess and Cottrell 1939; Ackerman 1963; Lewis and Spanier 1979; Bohannan 1985; London and Wilson 1988.
29. Whyte 1990, 201.
30. Guttentag and Secord 1983.

31. Fisher 1989.

32. 人類關係區域檔案中的離婚數據：離婚的跨文化數據可見於人類關係區域檔案。這份簡稱 HRAF 的檔案由喬治・彼得・默鐸克於一九五〇年代開始建立，他收集「人種誌」（對於特定文化的人類學描述），然後交叉參照這些書籍與論文。至今已有八百五十多個文化被編入 HRAF 檔案裡。但是這份檔案中的離婚數據呈現出幾個問題。正如查爾斯・阿克曼（Charles Ackerman, 1963）所說：「大多數情況下，人種誌只陳述離婚率『低』、『一般』或『不常發生』。很少有人種誌學者以真實的離婚案件陳述，證明他對離婚率的評價無誤。」阿克曼也注意到，HRAF 資料不可能比較不同社會之間的離婚率；我們無法辨別在某個文化裡的「低」離婚率，等同於另一個文化的「低」離婚率。此外，研究者不知道是否某個社群裡的「低」離婚率可以代表鄰近村莊的離婚率，或同一個社群裡其他年代的離婚率。檔案裡缺乏同時的與歷時的數據。此外，針對同一個文化，不同的人種誌學者所報告的離婚率也不相同；而某些條目中的數據，和其他社會科學家的書籍與論文中的報告互相矛盾（Textor 1967）。最後，極少人種誌學者列表顯示以離婚告終的婚姻持續的時間長短、離婚時的年紀、離婚時有幾個小孩，以及其他可能用以和西方人比較的數據。

33. Ackerman 1963; Murdock 1965; Friedl 1975.

34. Cohen 1971.

35. Avery 1989, 31.

36. Barnes 1967; Murdock 1965; Textor 1967; Friedl 1975.

37. Fisher 1989, 1991, United Nations Statistical Office 2012.

38. 七年之癢：美國的七年之癢觀念根據的是人口學上用來建立婚姻持續時間的「中位數」。中位數是一群數字裡中間的數字；50% 的事件發生在中位數之前，而 50% 發生在中位數之

後。在美國的一九六〇和一九八二年間,以離婚告終的婚姻,其持續時間的中位數在 7.2 和 6.5 之間;因此所有以離婚告終的婚姻中有 50% 持續的時間是七年(U.S. Bureau of the Census 1968, chart 124)。但是我感興趣的是建構出大多數人的狀況,找出離婚的尖峰期或模式。全美國從一九四七年到一九八九年的案例裡,所有離婚案例中平均有 48% 是在七年內發生——也就是中位數——但離婚尖峰期是四年(Fisher 1989)。

39. Chute 1949.

40. United Nations Statistical Office 2012.

41. Bullough 1976, 217.

42. Fisher 1989.

43. Vital Statistics of the United States 1981.

44. 同前。1964, 1974, 1984, 1985, 1987, 1990.

45. Cherlin 1981.

46. 程序問題歪曲聯合國數據:從訴請離婚到獲准的判決之間的時間不一,使這些離婚數據有所偏差。還有其他技術性問題影響離婚統計數字的精確性:有些國家准許婚姻失效,因而縮短婚姻的時間;有些會納入某些離婚的理由,包括「分居兩年」,因此延長離婚的過程;有些以「訴請離婚」而不是以最終離婚法令作為統計數字的根據,諸如此類。例如法庭案件過多,和案件審理的時間在一年的年終,也會使歪曲數據。幸好上述婚姻失效和依法分居的情況很少。由於合法的婚姻期數據不精確,我比較希望能檢視人類配對的時間——從一個男人和一個女人開始求愛並且有情侶的行為的那一刻開始,到他們決定結束關係為止。但我無法獲得這些數據。

47. Johnson 1983, 1.

48. Klinenberg 2012; Kreider 2006.

49. Cherlin 2009.

50. Klinenberg 2012, 88.

51. 根據受撫養子女數目決定離婚風險——一個重要的問題：為了以家庭中特定孩童數目決定離婚風險，我們需要的是聯合國年鑑中沒有的數據。例如，為建立有一個受撫養子女的離婚風險，我們必須將有一個受撫養子女的離婚配偶數目，和有一個受撫養子女但沒有離婚的配偶數目做比較。我無法找到合適的相關統計數據，藉此在美國或任何一個美國以外國家的任何一年中，由受撫養子女數目決定離婚風險數據。因此，上述離婚者的被撫養孩童數據暗示「子女數目」能穩定婚姻，但這些數據卻無法提供證明。

52. Kreider 2006.

53. 離婚概況間的關係：由於從聯合國人口統計年鑑中，無法獲得以離婚告終的婚姻長度、離婚時的年紀以及離婚時有多少受撫養子女等數據的多變數形式，因此這些數據就無法呈現這三種離婚概況之間的關係。例如，夫妻只有一個受撫養子女或沒有子女的情形，或許是由離婚尖峰期在結婚四年左右所造成的結果。

54. Dorius 2010.

55. Chagnon 1982.

56. Barnes 1967.

57. Betzig 1989.

58. Beardsley et al. 1959.

59. Radcliffe-Brown 1922.

60. East 1939.

61. 離婚後子女監護權與財產分配的全世界模式：抑制離婚最常見的因素來自子女監護權與財產與其他資源的分配。在針對 41 個文化所做的調查中顯示，其中有 44% 的文化在決定子女監護權時，是以促使離婚的狀況，或是女子意願，或是子女的年

紀為依據。在這 41 個接受調查的社會中，有 22% 孩子的監護權歸丈夫；20% 歸妻子。在 39 個社會中有 41%，離婚時的狀況決定財產如何分配，而在 29% 的社會中，配偶雙方平分經濟資源；其中的 23%，妻子蒙受較大財務損失；其中 15% 丈夫與其親戚的經濟損失較大（Fisher 1985）。

62. Henry 1941.

63. Cohen 1971, 135.

64. Howell 1979.

第六章：「高貴的野蠻人在原始樹林中奔跑」

1. 在這裡以及書中之後幾處提到的動物群和植物群，是現代已經滅絕的古代動植物物種。

2. Chesters 1957; Andrews and Van Couvering 1975; Bonnefille 1985; Van Couvering 1980.

3. Corruccini et al. 1976; Rose 1983.

4. Andrews 1981.

5. Smuts 1985, 16.

6. Nadler 1988.

7. Goodall 1986; Fossey 1983; Galdikas 1979.

8. Tutin and McGinnis 1981; Fossey 1979; Veit 1982; Galdikas 1979.

9. 倭黑猩猩的性行為：也叫做巴諾布猿的倭黑猩猩，性生活和其他猿類很不一樣。他們有大量同性戀行為，雖然這些行為集中在發情期，月經週期的其他時候也會發生（de Waal 1987；Thompson-Handler et al. 1984）。倭黑猩猩的異性戀性行為也發生在整個月經週期期間（同前）。母倭黑猩猩在分娩後一年內就會恢復性交（Badrian and Badrian 1984）。由於倭黑猩猩表現出極端的靈長類性行為，也因為生化數據顯示他們最早出現於兩百萬年前（Zihlman et al. 1987），我不覺得在研究二千

一百萬年前的前原始人生活狀況時，倭黑猩猩是合適的典範。

10. Hrdy 1981; Goodall 1986; de Waal 1982.

11. Conoway and Koford 1964; Goodall 1986; Rowell 1972; Harcourt 1979; Veit 1982; Fossey 1983; Goodall 1986; MacKinnon 1979.

12. Fossey 1983.

13. Veit 1982; Fossey 1983; de Waal 1982, 1987.

14. 其他物種的強暴行為：在幾個可自由接近（free-access tests, FATs）的實驗中，科學家讓一隻單身母黑猩猩、大猩猩或紅毛猩猩與同種的另一隻單身公猩猩住在同一個籠子裡；每一隻猩猩都能持續多次接近另一隻猩猩。在某些案例中，所有這三種猩猩的雄性都主導雌性且逼迫其性交 —— 無論雌性是否喜歡或是否發情（Nadler 1988）。最頻繁與最明顯的強暴例子就是紅毛猩猩。強暴每天都會發生，無論母猩猩是否發情或是有興趣性交。在第二項實驗中，籠子裡裝了一個出入口將空間隔成兩半，出入口的設計是讓母猩猩可以隨時去找公猩猩，但公猩猩不能自由出入去找母猩猩。在這樣的條件下，這三種母猩猩只會在發情期中期的這段特定時間找公猩猩交配（同前）。於是當母猩猩可以控制交配與否時，性行為顯然是有週期性的（同前）。

野外的猿類也有強暴行為。在兩起黑猩猩強迫性交的例子中（Tutina nd McGinnis 1981），一隻公猩猩把母猩猩困在樹上，強迫性交。研究員觀察到一隻公大猩猩在某些情況下在求偶時對一隻母大猩猩表現出侵犯的姿勢，但完全沒有逼迫性交（Harcourt 1979）。強暴可能是未成年的公紅毛猩猩主要生殖策略之一。有主導權、完全成年的公紅毛猩猩會在母紅毛猩猩的性接受期建立配偶關係，而不會強迫母猩猩性交（Galdikas 1979）。但是未成年紅毛猩猩往往會和母猩猩搭訕，試圖強迫性交（MacKinnon 1979）。這種「偷襲強暴」行為現在被

視為紅毛猩猩之間的一種「穩定交替生殖策略」（Rodman 1988）。研究者在鴨子、海鷗、蒼鷺、信天翁與灰沙燕等鳥類身上也觀察到強暴行為。以一夫一妻、集體築巢的沙燕為例，已有配偶的公燕子會試圖把另一隻母燕子從空中擊落，強迫牠交配（見 Daly and Wilson 1983）。

15. Van Couvering 1980.

16. Berggren and Hollister 1977.

17. Van Couvering and Van Couvering 1975; Berggren and Hollister 1977; Thomas 1985.

18. Axelrod and Raven 1977.

19. Andrews and Van Couvering 1975, 65.

20. Van Couvering 1980; Axelrod and Raven 1977.

21. Andrews and Van Couvering 1975.

22.「莽原」是「排水良好的草地，樹木覆蓋率為 10% 到 40%」（Retallack et al. 1990）。

23. Andrews and Van Couvering 1975; Van Couvering 1980; Retallack et al. 1990.

24. Andrews and Van Couvering 1975; Van Couvering 1980; Axelrod and Raven 1977; Maglio 1978; Bernor 1985; Vrba 1985.

25. Klein 2009.

26. Wolpoff 1982; Ciochon and Fleagle 1987。確定人類分支的時間：以 DNA 和其他生化、解剖與基因數據分析人類與非洲猿類間的差異時，這些數據顯示出的人類從猿類分支的時間都不大一樣，大約的範圍是從一千萬年到四百萬年前。見 Sarich and Wilson 1967a, 1967b; Cronin 1983; Sibley and Ahlquist 1984; Andrews and Cronin 1982。現在的數據顯示人類與黑猩猩的關係最接近；大猩猩分支較早（Miyamoto et al. 1987）；人類最先在八百萬到五百萬年間從這最基礎的世系中分支出來

（Klein 2009）。

27. Veit 1982.

28. Nadler 1975.

29. Veit 1982.

30. Fossey 1983.

31. Darwin 1871; Freud 1918; Engels [1884] 1954.

32. Lucretius 1965, 162-3.

33. Klein 2009.

34. Kano 1979; Kano and Mulavwa 1984.

35. Kano 1979; Badrian and Malenky 1984.

36. De Waal 1987; Thompson-Handler et al. 1984; Kano and Mulavwa 1984.

37. Kuroda 1984; de Waal 1987; Savage-Rumbaugh and Wilkerson 1978.

38. De Waal 1987.

39. 同前。

40. Kano 1980.

41. 自然界中的面對面性交：有幾種動物在某些狀況下會以面對面的姿勢性交，包括大猩猩（Nadler 1975）、紅毛猩猩（Galdikas 1979）、合趾猴（Chivers 1978）、鯨魚和海豚（Harrison 1969）。

42. Coolidge 1933; Zihlman et al. 1987; Zihlman 1979; Susman 1984.

43. Ellen Ingmanson, anthropologist, personal communication.

44. McGinnis 1979; Goodall 1986.

45. Tutin 1979; McGinnis 1979; McGrew 1981; Goodall 1986.

46. McGrew 1981; Goodall 1986; de Waal 1982; McGinnis 1979.

47. McGinnis 1979; Tutin 1979; Goodall 1986; McGrew 1981.

48. Pusey 1980.

49. McGinnis 1979; Tutin 1979; Goodall 1986.

50. Tutin and McGinnis 1981.

51. Bygott 1979; Goodall et al. 1979; Wrangham 1979b; Goodall 1986.

52. Goodall et al. 1979.

53. Bygott 1974, 1979; Goodall et al. 1979; Goodall 1986.

54. Teleki 1973a, 1973b; Goodall 1986.

55. Teleki 1973a; McGrew 1981.

56. Plooij 1978.

57. Goodall 1968, 1970, 1986; McGrew 1981.

58. De Waal 1989.

59. McGrew 1979, 1981; also see Boesch and Boesch 1984.

60. Goodall 1970, 1986; McGrew 1974, 1981.

61. Goodall 1986.

62. Fouts 1983.

63. Moss 1988.

64. Tanner 1981; McGrew 1981; Fisher 1982; Mansperger 1990; Foley and Lee 1989.

65. Klein 2009.

66. White et al. 2009.

67. 同前。Plavcan 2012, 51.

68. See Chapter 7, n. 6.

69. Harrison 2010.

第七章：離開伊甸園

1. Hay and Leakey 1982.

2. Leakey and Hay 1979; Hay and Leakey 1982.

3. Leakey et al. 1976; White 1977, 1980.

4. Johanson and Edey 1981; Johnston 1982; Lewin 1983a.

5. Johanson and White 1979; see Johanson 1982; Susman et al. 1985; Jungers 1988; McHenry 1986; Klein 2009.

6. Plavcan 2012。某種物種的雌性與雄性間的體型明顯差異，也就是兩性雌雄異型，傳統上被視為此物種交配制度的指標。在終生一夫一妻制的物種間，雄性與雌性通常體型類似，然而在雄性會組成妻妾群的物種，雄性的體型往往明顯大於雌性——這是男性為交配而競爭的結果。露西和同伴們很有可能表現出相當程度的雌雄異型（Plavcan 2012），某些學者因此認為這些人尚未演化出單一伴侶生殖策略。Reno et al. (2003，2010)與 Nelson et al. (2011) 兩份文獻中並不同意，他們主張阿法南方古猿較沒有表現出兩性雌雄異型，很有可能是在人類範圍內。不過也有些人質疑這些分析理論（見 Plavcan 2012）。
關於這個問題，我提出的主張是阿法南方古猿已經演化出連續社會性一夫一妻制的生殖策略：以暫時性單一配對的方式來配合養育嬰兒，當雙方有了更多幼兒時就形成終生的連續單一配對。此外，這些暫時性配偶和較大的多雄／多雌團體共同旅行，其模式很像是現今狩獵－採集社會中的伴侶。在大型多男／多女群體中，連續一夫一妻制的配對策略之下可能會形成雄性為了爭取雌性而激烈競爭——也因此蒙受很大程度上的體型雌雄異型天擇。我的論點中更重要的是，地猿（比阿法南方古猿早了一百多萬年）的骨骼與牙齒化石中，沒有具體的體型雌雄異型證據（Whyte et al. 2009），這表示當時已演化出某種形式的一夫一妻制。此外 Gordon（2006）、Whyte et al.（2009）和 Lovejoy（2009）主張，包括阿法南方古猿在內，之後的人種中會發生體型雌雄異型是由於女性體型較之前小，且是出於男性間交配競爭以外的原因。這些數據支持我的假設，也就是原始人的連續社會性一夫一妻制的發生早於阿法南方古猿的出現。

不過在此也必須考慮另一個問題。露西與她的阿法南方古猿親戚表現出犬齒縮小的雌雄異型——傳統上認為這是許多物種間單一配對的指標。然而 Dixson (2009) 認為，隨著阿法南方古猿大量以雙足行走，這些人類男性祖先有可能用拳頭或武器與彼此打鬥，這表示阿法南方古猿犬齒縮小的雌雄異型並不是單一配對的指標。但如果雙足行走和連續連續配對（與養育後代）的演化早於阿法南方古猿的出現，確實在我們第一位開始雙足行走的祖先在四百四十萬年前出現之後，男性很有可能依舊缺乏足夠的雙足行走與使用武器的能力。在這些狀況下，犬齒縮小的雌雄異型（Whyte et al. 2009）有可能是連續社會性一夫一妻制的指標（Lovejoy 2009）

或許就這問題來說最重要的是，Plavcan（2012, 45）寫道：「人類的雌雄異型原因並不確定，有可能與幾種不互斥的機制有關，例如交配競爭、資源競爭、群體間的暴力以及雌性選擇有關。」例如，搜刮與狩獵（以及連續一夫一妻制）或許會選擇出體型較大的男性，然而露西較小的骨架也有可能是為了彌補生育幼兒的需要。由於必須懷孕與哺乳，雌性哺乳類動物需要更多熱量；她們在懷孕與哺乳期間必須為了孩子多吃，因此露西體型愈小，需要餵飽自己的食物就愈少。許多生態因素而非交配因素，都能影響體型與犬齒的雌雄異型（見 Frayer and Wolpoff 1985; Mock and Fujioka 1990; Plavcan 2012），這表示體型與犬齒的雌雄異型並非早期原始人生殖策略的合適指標。

7. Alemseged et al. 2006.

8. Van Couvering 1980; Vrba 1985; Axelrod and Raven 1977; Bernor 1985.

9. Binford 1981, 1985; Blumenschine 1986, 1987, 1989; Shipman 1986; Potts 1988; Sinclair et al. 1986; Lewin 1987b.

10. Tunnell 1990; Schaller and Lowther 1969; Blumenschine 1986.

11. 非人類靈長類的搜刮覓食：古德的研究指出，在坦尚尼亞貢
    貝溪保留區的黑猩猩，在某幾種情況下會以搜刮來覓食。多
    數情形是，黑猩猩會回來吃一群猩猩在當天稍早獵殺動物後
    剩下來的肉類。有某個例子是，一隻黑猩猩偷了一隻死猴子
    的四肢，被珍古德拍下照片。貢貝溪的黑猩猩不會吃死非洲
    羚羊或珠雞的肉。不過在附近馬哈勒山（Mahale Mountains）
    的研究地點，黑猩猩有四次撿拾藍麂羚或非洲羚羊的屍體來
    吃（Goode 1986）。稀疏草原上的狒狒也會搜刮剩肉（Strume
    1990; Cavallo and Blumenschine 1989）。

12. Cavallo 1990; Cavallo and Blumenschine 1989.

13. McHenry 1986; Ryan and Johanson 1989.

14. Wrangham 2009.

15. Darwin 1871, 434.

16. Watson et al. 2008.

17. 各物種的父親身分：許多物種的雄性都會表現出父親的行為，
    雖然牠們大多並非一夫一妻制。雄性以兩種形式在親職投注心
    力：(a) 直接照顧，例如餵養幼兒、背負嬰孩、看顧、陪幼兒
    睡覺、梳理幼兒的毛髮、糾正行為和／或陪伴幼兒玩耍；以及
    (b) 間接照顧，如保衛資源、替幼兒儲備食物、替幼兒建造庇
    護處、協助懷孕或哺乳中的雌性、標注和／或維持領地、防衛
    並巡邏某個區域的邊界、驅趕入侵者，和／或以呼叫聲驅趕競
    爭者（Kleiman and Malcolm 1981; Hewlett 1992）。

18. Wittenberger and Tilson 1980; Kleiman 1977; Orians 1969; Lack
    1968; Mock and Fujioka 1990.

19. 跨物種間的一夫一妻制觀點：幾種狀況共同作用，產生一夫
    一妻制，研究者對不同生物的一夫一妻制演化提供不同的解
    釋。我尤其深受德弗拉・克萊門（Devra Kleiman）著作影響
    ──特別是她以下論點：「只要有一個以上（雌性）個體必須

撫養幼兒」的狀況出現，就會產生一夫一妻制（Kleiman 1977, 51）。Ember and Ember（1979）換個說法：「無論在何種情況下，只要照顧幼兒妨礙了母親取得營養的需要，就會產生異性戀雙親。雙方在一起的時間長短取決於雙親照顧幼兒的時間。」我認為這是原始人動物一夫一妻制演化的關鍵因素。有關鳥類與哺乳類一夫一妻制演化的討論，見 Kleiman 1977; Wittenberger and Tilson 1980; Lack 1968; Orians 1969; Rutberg 1983; Reck and Feldman 1988; Mock and Fujioka 1990。

20. 早熟的幼子：生下相當成熟而非不成熟幼子的生物，我們稱之為生出早熟的幼子。馬就是很好的例子；小馬在出生後幾小時就看得見，也能走路。

21. Trivers 1972; Emlen and Oring 1977.

22. Henry 1985; Lloyd 1980; Zimen 1980; Gage 1979; Rue 1969.

23. Orians 1969; Mock and Fujioka 1990.

24. Eugene Morton, Dept. of Ornithology, Smithsonian Institution, personal communication.

25. Hewlett 1991; Kelly 1995; Marlowe 2010; Cohen 1980; Hassan 1980; Lee 1980; Short 1976, 1984; Konner and Worthman 1980; Simpson-Hebert and Huffman 1981; Lancaster and Lancaster 1983; Frisch 1978.

26. Birdsell 1979.

27. Galdikas and Wood 1990.

28. Raymond Hames, Dept. of Anthropology, Univ. of Nebraska, personal communication.

29. Briggs 1970.

30. Gorer 1938.

31. Heider 1976.

32. Lancaster and Lancaster 1983; Marlowe 2005; Quinlan and

Quinlan 2008; Dediu and Levinson 2013; Gray and Garcia 2013; Hewlett 1991; Kelly 1995; Marlowe 2010.

人類的四年生育週期 —— 現代版，猿類起源：現代生活已經改變了這基本上是三到四年的人類生育週期。即便在印度、孟加拉、美國和蘇格蘭，持續哺乳的婦女在生完孩子後的五到十八週也會開始排卵（Simpson-Hebert and Huffman 1981; Short 1984）。因此現代人生育間隔期可以短至兩年或更短。一直以來「關鍵肥胖」假說解釋了這種現象。一九七〇年代，羅斯‧費許（Rose Frisch）與同事提出，女人需要儲存足夠的體脂肪才能啟動排卵（Frisch and Revelle 1970; Frisch 1978, 1989）。今天並非所有學者都接受這項假說（見 Gray and Garcia 2013）。但大多數人相信我們現代人的高熱量飲食、缺乏運動以及哺乳次數有限，都會啟動排卵，因此在生下孩子的幾個月後再次懷孕。

然而，當我們的女性祖先為了採集晚餐而走好幾公里路，吃水果和瘦肉，以及持續哺餵嬰兒時，她們的兩胎之間或許會間隔三到四年（Lancaster and Lancaster 1983）。猿類的生育間隔數據支持這種古代人的生殖模式。黑猩猩和大猩猩的生育間隔一般是四到五年，然而紅毛猩猩的生育間隔往往是八年（L. L. Allen et al. 1982; Galdikas and Wood 1990）。

33. 男性「再婚」的適應性理由：公猿往往會找年紀較長、較成熟的母猿交配，而不找青春期母猿，據推測是因為已有幼子的母猿有較好的生育紀錄。這引發了以下問題：為何原始人動物的男性會與年輕女性結為伴侶，而不是找更成熟的女性？我認為答案就在一夫一妻制的生態裡。一夫一妻制動物的雄性會將時間和精力投注在自己的後代身上。因此年輕雌性的優點 —— 例如新鮮的卵子、柔軟的身軀和易於配合的個性以及未來有長時間生育力 —— 對雄性來說或許比生育紀錄更重要。

34. 女性「再婚」的適應性理由：心理學家大衛·巴斯（David Buss）曾主張，一旦女人生下一個孩子，她的生殖價值就下降了，因此她在年輕男性看來較無魅力。於是當女人年齡漸長，她之後的伴侶就是生殖價值較低的男人。這論點有其合理性。但在此也必須考量幾種實際變因：(a) 群體大小以及群體內部較少接觸，或許降低女性在第一次配對時獲得年輕配偶的機會，提供她在第二次嘗試結婚時「嫁出去」的機會。(b) 女性第一個配偶的生殖價值或許會因為受傷而大幅降低；因此雖然她的第二個配偶或許不年輕，他還是比第一個配偶的生殖力高。(c) 年輕男性打獵與保護女性時或許強壯快速，但卻缺乏經驗；而年長男性無疑在打獵、搜刮肉類和為人父方面較有經驗（同時他也有之前妻小帶來的經濟負擔）。男性生殖價值因此受到年齡以外的其他變因極大的影響。(d) 如果女性更有能力供養家庭，也依舊有生育力，她的生育價值或許會隨著年齡增加，也因此在之後的配對中吸引更年輕的男性。我推測每一個男女的生育價值會隨著某些變因而起伏；環境變遷也會增加更多變因。於是女性會適應有彈性的機會主義連續一夫一妻制的生殖策略。

35. Bertram 1975; Schaller 1972; Hausfater and Hrdy 1984.

36. Daly and Wilson 1988.

37. Tylor 1889, 267-8.

38. Friedl 1975.

39. Laura Betzig, Evolution and Human Behavior Program, Univ. of Michigan, personal communication.

40. Tanner 1981; McGrew 1981; Fisher 1982; Foley and Lee 1989; Mansperger 1990.

41. Strum 1990; Smuts 1985, 1992.

42. Palombit et al. 1997.

43. 早期原始人群體規模：博德塞爾（Birdsell, 1968）提出，早期原始人群體由大約二十五人組成，有一半是成人。我認為這就是早期原始人社會團體的合理標準模型。

第八章：霸道的愛

1. Hatfield 1988, 191.
2. Bell 1995, 158.
3. Rebhun 1995, 252.
4. McCullough 2001.
5. Shostak 1981, 268.
6. Bowlby 1969, 1973.
7. Ainsworth et al. 1978.
8. Fraley and Shaver 2000; Panksepp 2003; Tucker et al. 2005; MacDonald and Leary 2005; Eisenberger et al. 2003.
9. Hazan and Diamond 2000; Hazan and Shaver 1987.
10. Lim et al. 2004; Carter 1992; Lim and Young 2004.
11. Wang et al. 1994.
12. Pitkow et al. 2001; Lim and Young 2004; Lim et al. 2004; 另見 Young 1999。基因研究進一步指出，依附行為受到哺乳類的 DNA 主導。雜交的白腳鼠和雜交的恆河猴不會形成一對一伴侶或對特定配偶並表現出依附行為；這些生物的雄性在腹側蒼白球中也沒有和一夫一妻制的草地田鼠相同的血管加壓素受體分布（Bester-Meredith et al. 1999; Wang et al. 1997; Young 1999; Young et al. 1997）。此外，當科學家（Pitkow et al. 2001; Lim and Young 2004; Lim et al. 2004）以基因轉殖方式將雄性草原田鼠身上與單一伴侶有關的血管加壓素基因變體注射到原本雜交的雄性草原田鼠的腹側蒼白球中時，血管加壓素受體因此受到正向調控。這些雄田鼠也開始鍾情於某隻特定雌田鼠，只與

牠交配，甚至有其他雌性在場也一樣（Lim et al. 2004）。將這種基因注射到非一夫一妻制的雄田鼠身上時，牠們會開始表現出依附行為（Young et al. 1999）。

13. Walum et al. 2008.

14. Pedersen et al. 1992.

15. Lim et al. 2004; Carter 1992; Lim and Young 2004; Zak et al. 2005; Zak 2012; Young et al. 1998; Young 1999.

16. Young et al. 1998; Carmichael et al. 1987; Zak 2008.

17. Jankowiak and Hardgrave 2007; Meloy and Fisher 2005.

18. Meloy 1998; Meloy and Fisher 2005; Buss 2000.

19. Symons 1979.

20. Buss 2000.

21. Rancourt-Laferriere 1983.

22. Barash 1977.

23. Young et al. 1998.

24. Peele 1975; Halpern 1982; Tennov 1979; Hunter et al. 1981; Mellody et al. 1992; Griffin-Shelley 1991; Schaef 1989.

25. Fisher 2004, 2014.

26. 許多專家將成癮定義為病理學上的、有問題的失調現象（Reynaud et al. 2010）。由於浪漫愛情在許多狀況下都是一種正面經驗（也就是無害的經驗），大致上研究者依舊不願意將它正式歸類為成癮。但是就其行為模式和大腦機制而言，愛的成癮和其他許多成癮的狀況一樣。即便浪漫的愛是無害的，它還是與強烈的渴望與焦慮有關連，能驅使愛人去相信，以及（比方說）去做危險和不恰當的事。此外，所有形式的藥物濫用，包括酒精、鴉片、古柯鹼、安非他命、印度大麻和香菸（以及非藥物成癮如食物、賭博和性）所啟動的報償迴路，與快樂相戀或戀情不順利的男女腦中有反應的幾種報償迴路相

同。然而與只有一部分人為其所苦的其他成癮現象不同的是，某些愛情成癮很可能發生在幾乎每一個人生命中的某個時間點上。這些數據表示，浪漫愛情應該被視為一種成癮現象，雖然它沒有正式歸類為成癮的診斷（Fisher 2013）。

27. L. L. Brown, in Frascella et al. 2010, 295.

28. Fisher 1998, 2004.

29. Fisher, Brown, Aron, et al. 2010.

30. Hatfield and Sprecher 1986.

31. Fisher, Brown, Aron, et al. 2010.

32. Diana 2013; Koob and Volkow 2010; Melis et al. 2005; Frascella et al. 2010.

33. Baumeister et al. 1993.

34. T. Lewis et al. 2000; Fisher 2004.

35. Fisher 2004, 16; Fisher 2014.

36. Schultz 2000.

37. Kapit et al. 2000.

38. Meloy 2001, 1998.

39. Panksepp 1998.

40. 同前。Dozier 2002.

41. Fisher 2004; Meloy and Fisher 2005; Fisher 2014.

42. T. Lewis et al. 2000; Fisher 2004.

43. Panksepp 1998.

44. Meloy 1998; Meloy and Fisher 2005.

45. T. Lewis et al. 2000.

46. Najib et al. 2004; Panksepp 1998.

47. Panksepp 1998; T. Lewis et al. 2000; Fisher 2004, 2014.

48. Mearns 1991.

49. Rosenthal 2000; Nemeroff 1998.

50. Schultz 2000.

51. Panksepp 1998.

52. Panksepp 1998; Kapit et al. 2000.

53. See Leary 2001.

54. Hagen 2011.

55. Watson and Andrews 2002.

56. Fisher 2004, 2014.

57. Weiss 1975.

58. 動物的依附行為：剛出生的小狗、猴子寶寶、小雞和天竺鼠，在媽媽離開身邊時都會喊叫，即使牠們當時很暖和、舒適，也沒有餓肚子。當這「分離焦慮」演變為恐慌的心境時，牠們會心跳加速，血壓升高，體溫也會升高。當牠們操控以產生腦內啡或其他天然麻醉劑時（海洛因也是一種），這些動物寶寶就會安靜下來。有許多大腦區域、迴路和神經化學物質共同作用，創造戀愛時心情的高潮與低潮。

59. Meloy et al. 2001.

60. Hatfield and Rapson 1996.

61. Mearns 1991; Nolen-Hoeksema et al. 1999.

62. Hatfield and Rapson 1996.

63. Davidson 1994; Panksepp 1998.

64. Donaldson 1971.

65. Mellen 1981; Donaldson 1971.

66. Walum et al. 2008.

67. Fisher 2004; Fisher et al. 2006.

68. Fisher 2004.

69. Fisher et al. 2002; Fisher 2004; Fisher et al. 2006.

第九章：女為悅己者容

1. Darwin 1859, 1871.

2. F. Darwin 1911.

3. Darwin 1871。天擇與性擇：就基因轉移而言，天擇與性擇之間沒有差異。不同之處在於天擇的形式與適應結果的類型。「性選擇」的定義是，選擇特別與增加個體吸引與獲得配偶有關的特徵。其結果是演化出有利於性與生殖的特徵，而不是適應一般環境的特徵。依照達爾文的觀點，一般習慣將性擇分為以下兩種：(a)「性別間選擇」是選擇能使個體與同性間競爭已獲得和異性交配的特徵；(b)「性別內選擇」是選擇能使個體吸引異性的特徵。見 Darwin 1871; Campbell 1972; Gould and Gould 1989。

4. Gray and Garcia 2013.

5. Smith 1984; Eberhard 1985, 1990.

6. Daly and Wilson 1983.

7. Smith 1984.

8. Dixson 1999.

9. Short 1977; Moller 1988; Lewin 1988d.

10. 或許只有少至 1% 的精子具備使卵子受精的能力；其他是所謂的阻擋者精子或自殺式精子。這些精子有兩種類型：A 型精子阻擋在它們之後的外來精子進入陰道；B 型精子則是對付在它們之前進入陰道的外來精子（Baker, 1996）。有趣的是，貝克（1996）描述如果男性有很長一段時間與伴侶分開，他射出的精子量會是之前的三倍之多；如果男性在同樣一段時間裡在伴侶的附近，但在性事上有所節制，精子量就不會增加。他提出這種機制或許是為了對抗伴侶不在時另一方可能的偷情行為而演化出的生物策略。

11. Dixson 2009.

12. Gray and Garcia 2013, 183.

13. Darwin 1871; Bateman 1948; Trivers 1972.

14. Morris 1967.

15. Gallup 1982; Marlowe 1998.

16. Lancaster 1986.

17. Low et al. 1987.

18. Mascia-Lees et al. 1986.

19. Darwin 1871, 907.

20. 同前。881.

21. Alexander 1990.

22. Singh 1993.

23. Singh 2002.

24. Singh 1993, 2002; Swami and Furnhan 2008.

25. Hughes et al. 2004.

26. Gangestad and Thornhill 1997.

27. Langlois et al. 1987.

28. Gangestad et al. 1994; Jones and Hill 1993.

29. Hamilton and Zuk 1982; Thornhill and Gangestad 1993.

30. Gangestad and Thornhill 1997.

31. Aharon et al. 2001.

32. Buss 1994.

33. Gangestad and Thornhill 1997.

34. Thornhill et al. 1995.

35. Gangestad and Thornhill 1998.

36. Thornhill et al. 1995.

37. Solar et al. 2003.

38. Manning and Scutt 1996.

39. Manning et al. 1996.

40. Jankowiak et al. 2015.

41. Gray and Garcia 2013.

42. Dobs et al. 2004.

43. Hughes et al. 2007.

44. Wlodarski and Dunbar 2013, 2014.

45. Hughes et al. 2007.

46. Ford and Beach 1951.

47. 幼態成熟：艾希莉・蒙塔古（1981）提出人類女性向下傾斜的陰道與面對面性交的演化是「幼態成熟」，或「幼態持續」的副產品。幼態成熟的意思是將幼兒的特色延續到成年期，這是個值得注意的現象；人類有數個幼態成熟的特徵，包括扁平的臉、圓形的頭骨、愛開玩笑、好奇心旺盛等，這些都是其他非人類靈長類出現在嬰兒期但在成年後就失去的情緒與肢體特徵。所有哺乳類在胚胎期都有向下傾斜的陰道，但雌性幼兒出生後陰道就會向後旋轉，與脊椎平行。女性在長大後還是維持胚胎期的陰道方向。

48. Lloyd 2005.

49. Zietsch and Santtila 2013.

50. Lloyd 2005.

51. Symons 1979.

52. 高潮作為刺激依附感生理感受的方式：催產素是一種由大腦垂體分泌的胜肽，它會在高潮時分泌，其目的是產生愉悅感、性滿足感與依附感。

53. Baker and Bellis 1995.

54. 同前。

55. Smith 1984; Alcock 1987.

56. Dixson 1998.

57. Burton 1971; de Waal 1982; Whitten 1982; Lancaster 1979; Hrdy

1981; Savage-Rumbaugh and Wilkerson 1978.

58. 其他動物發情期以外的性行為：母倭黑猩猩每天都會與其他母猩猩從事與性有關的行為。月經週期的大部分但並非全部時間，母猩猩也會與公猩猩性交（Thompson-Handler, Malenky, and Badrian 1984）。據說母海豚時常自慰與性交，少有週期性跡象（Diamond 1980）。有些雌性靈長類在不是發情期中期表現性行為，例如在群體動亂、被囚禁或懷孕時。在此也可引述許多例外情形，但一般來說，雌性靈長類絕大多數異性性交發生在發情期中期。見Fedigan 1982; Lancaster 1979; Hrdy 1981。

59. Kinsey et al. 1953; Ford and Beach 1951; Wolfe 1981.

60. Ford and Beach 1951.

61. 停經：停止排卵的複雜過程叫做停經，是所有中年婦女都有的現象，但不會發生在其他靈長類或其他哺乳類身上，雖然大象、領航鯨和一些靈長類在年紀大時會表現出某些停經跡象（Alexander 1990; Pavelka and Fedigan 1991）。目前有些科學家認為古代女性演化出停經是作為一種適應性策略，為了協助子女與其他親戚照顧孩子，而不是由自己生下更多孩子，因為如此一來年齡漸長後還必須為此投注許多年的精力。於是停經後的母親成為祖母和保母——這就是「祖母假說」理論（(Hawkes et al. 1998)。停經的演化也可能是人類生命期延長的副產品，也就是「基因多效性」（Pavelka and Fedigan 1991）。此外，或許女人演化出停經後的高性慾，是為了要維持她們與伴侶的關係（以及隨之產生的政治－社會結盟），或者幫助她們持續從祕密性交取得額外資源。見 Alexander 1990; Dawkins 1976; Pavelka and Fedigan 1991。

62. Strassman 1981; Alexander and Noonan 1979; Turke 1984; Fisher 1975, 1982; Lovejoy 1981; Burley 1979; Small 1988; Gray and Wolfe 1983; Benshoof and Thornhill 1979; Daniels 1983; Burleson

and Trevathan 1990; Hrdy 1983.

63. Fisher 1975, 1982.

64. Rosenblum 1976.

65. 女性性慾的自然高峰：有研究指出女性性活動的高峰發生在月經週期中期（Hrdy 1981）。在大多數狀況下，在排卵期間使用各種避孕器的已婚女性，表現出較高由女性主動的性慾；然而使用口服避孕藥卻會抑制性慾（Adams et al. 1978）。然而，性交高峰期出現在一群停經後不久的美國女性樣本中（Udry and Morris 1977）。其他研究指出美國妻子（其他文化中的女人亦同）在更年期之前和之後會有性興奮的高峰期（Ford and Beach 1951; Kinsey et al. 1953）。根據這些數據，我提出女性有兩種性慾的天然高峰期：一是排卵期和排卵前後，二是更年期之前或更年期時。排卵期的性慾高峰或許是延續自發情期的殘餘物。更年期時的性慾高峰或許和雙足行走同時演化而來；在更年期前，血液會自然聚積在骨盆腔，雙足行走或許有助於此時提高陰道組織的張力。

66. Daniels 1983.

67. Miller 2000.

68. 同前。3, 29.

69. 同前。7.

第十章：男人和女人就像是兩隻腳，他們需要彼此才能前進

1. Gould 1981; Russett 1989.

2. Mead 1935, 280.

3. 文化決定論：一九二〇與三〇年代，學界向「文化決定論」急速靠攏時，沒有只把焦點放在性別差異，而是作為對當時優生學在學術上的回應，並強調種族與民族的平民性。

4. Gray and Garcia 2013.

5. Maccoby and Jacklin 1974; McGuinness 1976, 1979, 1985; see Fisher 1999.

6. Benderly 1987.

7. Sherman 1978.

8. McGuinness 1985, 89.

9. Rosenberg 2002.

10. Kimura 1989; Weiss 1988.

11. Baron-Cohen et al. 2005.

12. Benderly 1987, 1989.

13. Fennema and Leder 1990.

14. Maccoby and Jacklin 1974; McGuinness 1979; Fennema and Leder 1990; see Fisher 1999.

15. Benbow and Stanley 1980, 1983.

16. Leder 1990; Benderly 1987.

17. Manning 2002; Manning et al. 2001; Geschwind 1985; see Fisher 1999.

18. Kimura 1989.

19. L. L. Brown et al. 2013; Fisher, Island, Rich, et al. 2015; Fisher, Rich, Island, et al., 2010.

20. Silverman and Beals 1990.

21. Fennema and Leder 1990; Sherman 1978; Benderly 1987; Bower 1986.

22. Fisher 1999; Fisher, Rich, Island, et al. 2010; L. L. Brown et al. 2013; Fisher, Island, Rich, et al. 2015.

23. Darwin 1871.

24. McGuinness 1979; McGuinness and Pribram 1979; Hall 1978; Hall et al. 1977; Zuckerman et al. 1976; Hall 1984.

25. Ingalhalikar et al. 2014.

26. Kimura 1983; McGuinness 1985.

27. Geschwind 1974; Springer and Deutsch 1985.

28. Baron-Cohen 2003.

29. Domes et al. 2007.

30. Fisher 1999.

31. Fisher 1999; Baron-Cohen 2003a; Baron-Cohen et al. 2005.

32. Fisher 1999.

33. Fisher 1999, 2009.

34. Kimura 1989.

35. McGuinness 1979, 1985; McGuinness and Pribram 1979.

36. Whiting and Whiting 1975.

37. Konner 1982, 2015.

38. Miller 1983.

39. Rossi 1984; Frayser 1985; Konner 2015.

40. McGuinness 1979, 1985; McGuinness and Pribram 1979.

41. Knickmeyer et al. 2006.

42. Otten 1985; Moir and Jessel 1989; Money and Ehrhardt 1972.

43. Taylor 2000.

44. Knickmeyer et al. 2006.

45. Carter 1998; Zak et al. 2007; Barraza and Zak 2009; Domes et al. 2007; Fisher, Island, Rich, et al. 2015; L. L. Brown et al. 2013.

46. L. L. Brown et al. 2013.

47. McGrew 1981.

48. McGuinness 1979.

49. Leakey 1971.

50. Behrensmeyer and Hill 1980; Brain 1981.

51. Bunn and Kroll 1986.

52. Cavallo 1990; Cavallo and Blumenschine 1989.

53. Potts 1984, 1988.

54. Zihlman 1981.

55. Lewin 1987b; McHenry 1986.

56. Brod 1987; Goleman 1986.

57. Gilligan 1982a.

58. Johanson and Shreeve 1989. 新資料指出人科可能早在兩千八百萬至兩千五百萬年前就出現了，證據包括在衣索比亞 Ledi Geraru 發現的人類下顎（包含五顆牙齒的部分左下顎）（DiMaggio et al. 2015）。這個個體可能是巧人的祖先之一。

59. Tobias 1991.

60. 在奧杜威峽谷製作工具與屠宰肉類的人是誰？雖然最近的研究數據顯示，粗壯有力的阿法南方古猿有可能製作並使用工具，而且他們大腦的布洛卡區有一處凸起，有幾個證據顯示，二百萬年前在奧杜威峽谷的巧人製作並儲存這些工具，此外也設計出儲藏地點的系統化方式以便屠宰肉類。(a) 巧人縮小的臼齒暗示這些生物主要以肉類為食物（McHenry and O'Brien 1986）。(b) 巧人頭蓋骨容量增大，或許需要消耗更多能量豐富的食物，例如肉類（Ambrose 1986）。(c) 巧人的骨骼以特殊的圖樣排列，這些圖樣與奧杜威峽谷發現的石製工具一致，也與留在肯亞科比福拉（Koobi Fora）地區的化石與工具的排列圖樣一致。(d) 這些巧人化石骨骼結構上的細部，暗示巧人與人類有直接的世系關連性。

第十一章：女人、男人和權力

1. Van Allen 1976.

2. 同前。

3. Van Allen 1976; Okonjo 1976.

4. 針對男性普遍主導權的討論：人類學家已經提出幾種為何男性

普遍主導女性的原因。有些人指向生物學原因：男人天生比女人強壯而具侵略性；因此男性總是主導女性（Sacks 1979）。有些人提出心理學解釋：男性主導女性是為了排拒生活中強悍有力的女性（Whiting 1965, 5）。還有些人說，男性主導女性是源自於女性的生殖功能。女性會生孩子，因此她們與自然世界而非文化世界緊密相連（Ortner and Whitehead 1981），或者說與私人領域而非公眾領域緊密相連（Rosaldo 1974）。至於男性普遍主導女性的人類學討論，以及為何性別關係在各文化間互異的理論，見 Dahlberg 1981; Reiter 1975; Etienne and Leacock 1980; Leacock 1981; Friedl 1975; Harris 1977; Sanday 1981; Sacks 1979; Ortner and Whitehead 1981; Rosaldo and Lamphiere 1974; Collier 1988; Konner 2015。

5. Elkin 1939; Hart and Pilling 1960; Rohrlich-Leavitt et al. 1975; Berndt 1981.

6. Montagu 1937, 23.

7. Kaberry 1939; Goodale 1971; Berndt 1981; Bell 1980.

8. Reiter 1975; Slocum 1975.

9. Whyte 1978.

10. 傳統社會裡有權力的女性：剛果的俾格米（Pygmy）女性，美國西南部的納瓦霍女性，紐約州的易洛魁女性，南阿拉斯加的特林吉特（Tlingit）女性，美國東北部阿爾岡昆（Algonkian）女性，峇里島（Balinese）女性與馬來半島熱帶森林裡的塞芒（Semang）女性，波里尼西亞的女性，安第斯山、非洲、東南亞和加勒比海以及太平洋特羅布里恩群島（Trobriand Island）的女性，以及許多其他社會的女性，傳統上都能行使實質的經濟與社會權力。見 Sanday 1981; Etienne and Leacock 1980; Dahlberg 1981; Reiter 1975; Sacks 1979; Weiner 1976。

11. Leacock 1980, 28.

12. Sanday 1981, 135.

13. 權力的類型：傳統社會中的權力以幾種形式表現。社會學家羅伯特·阿爾福特（Robert Alford）將權力分為三種特定種類：(a) 影響或說服的能力；(b) 權威或正式制度化的命令；(c) 社會學家有時稱之為霸權，有時霸權幾乎可以等同於文化的一種意義，因為它指的是一個文化中公認的、被接受的道德，將權力授予某一性別或個人，而非授予另一性別或其他人（Alford and Friedland 1985）。

14. Friedl 1975; Sacks 1971; Sanday 1974; Whyte 1978.

15. Friedl 1975.

16. Shostak 1981, 243.

17. Rogers 1975.

18. 人類關係區域檔案：許多人類認為這份檔案不平均且有瑕疵，因為每一個文化的數據都由不同人種誌學者所收集。不同的人種誌學者以不同方式問不同問題，在不同狀況下記錄他或她所感受到的，也有他或她自己主觀的觀點。接下來這份檔案裡的數據由懷特和他的同事過濾——這又進一步降低數據的精確度。我在此使用懷特的分析是因為不想忽略現有的資料來源，而且從我閱讀人種誌文獻的經驗看來，懷特在這主題上的結論呈現出某些一般而言的跨文化真相。

19. Whyte 1978.

20. Sanday 1981.

21. De Waal 1982, 1989.

22. Fisher 1999.

23. Mazur 1997.

24. Baron-Cohen 2003.

25. De Waal 1996.

26. De Waal 1982, 187.

27. Hrdy 1981; Fedigan 1982.

第十二章：幾乎和人類一樣

1. Wrangham 2009, 10.

2. Wrangham 2009.

3. 同前。

4. 同前。109; Aiello and Wheeler 1995.

5. John M. Harris, Rutgers University, personal communication.

6. Wrangham 2009, 42.

7. Brain and Sillen 1988.

8. Klein 1999.

9. Pruetz and LaDuke 2010.

10. Brink 1957.

11. Pruetz and LaDuke 2009.

12. Behrensmeyer 1984.

13. Bramble and Lieberman 2004.

14. Gibbons 1990b.

15. Montagu 1961; Gould 1977; Fisher 1975, 1982; Trevathan 1987.

16. Montagu 1961, 156.

17. 人類的二次發育不全（secondary altriciality）：並非所有人類新生兒都發育不全，他們呈現出形形色色的特性，有些新生兒比其他更發育不全（Gibson 1981）目前的爭論是，某些新生兒「二次發育不全」的特徵是否是為了因應嬰兒頭骨與母體骨盆不成比例的演化結果（Lindburg 1982）。我採用學界一般的解釋，也就是二次發育不全確實是為了適應嬰兒頭骨與母體骨盆的不成比例。見 Montagu 1961; Gould 1977; Bromage 1987; Trevathan 1987。

18. Klein 1999.

19. Fisher 1975, 1982.

20. Trevathan 1987.

21. Hawkes et al. 1998.

22. De Castro et al. 1999; De Castro et al. 2010; see Dediu and Levinson 2013.

23. Lancaster and Lancaster 1983.

24. Copeland et al. 2011.

25. Wood and Marlowe 2011.

26. Kramer and Greaves 2011.

27. Wrangham 2009, 98.

28. Wrangham 2009.

29. Jia and Weiwen 1990.

30. Klein 1999.

第十三章：最早的富饒社會

1. Conkey 1984.

2. Service 1978; Pfeiffer 1982.

3. Gargett 1989; Chase and Dibble 1987; see Dediu and Levinson 2013.

4. Holloway 1985.

5. Dediu and Levinson 2013.

6. Arensburg et al. 1989.

7. Martinez et al. 2008.

8. 同前。

9. Steele and Uomini 2009.

10. Dediu and Levinson 2013; Johansson 2013.

11. Dediu and Levinson 2013; Johansson 2013.

12. Lupyan and Dale 2010; Dediu and Levinson 2013.

13. Klein 2009.

14. Leroi-Gourhan 1975; Solecki 1971, 1989.

15. Miller 2001.

16. Gargett 1989; Chase and Dibble 1987; Trinkaus and Shipman 1993; d'Errico et al. 2003; d'Errico et al. 2009; Zilhao 2010; see Johansson 2013; Dedie and Levinson 2013.

17. Gibbons 2010; Green et al. 2010.

18. Green et al. 2010.

19. 某些尼安德塔人與現代人的基因差異，是包括新陳代謝、皮膚色素、傷口癒合、骨骼發育以及某些與認知有關的基因。但科學家還不知道尼安德塔人和現代人之間的基因差異的意義何在，或者它們是否影響人類的思考或行為（Gibbons 2010）。有趣的是，現代人的某些免疫系統基因（也就是人類白血球抗原，縮寫為 HLA 基因）得自於尼安德塔人以及他們的近親丹尼索瓦人（Denisovan）。這些對偶基因幫助身體辨認入侵的微生物；現在科學家相信，這些轉移到現代人身上的基因「基本上形成現代人的免疫系統」（Abi-Rached 2011, 89），而且或許有助於我們已經完全演化為現代人的祖先在歐洲和亞洲含有可能致命的陌生病原體的地區存活下來。尼安德塔人和丹尼索瓦人所帶的 HLA 基因也存在於目前的歐洲與亞洲人身上。事實上，史丹佛大學醫學院的彼得‧帕哈姆（Peter Parham）認為：「歐洲人有 50% 的某一類型 HLA 基因是來自混種，亞洲人有 70% 到 80%，新幾內亞人有高達 50%（Callaway 2011, 137）。」

20. Gibbons 2010, 680.

21. Mellars 1989.

22. 根據估計，丹尼索瓦人於大約四十萬年前從尼安德塔人分支出去。這些人種的基因證據來自於在俄國阿爾泰‧卡利亞（Altai

Kria）找到的兩顆臼齒和一個小孩的手指骨（Reich et al. 2010）。同一地點也找到一只精美的骨製手鐲和幾件石製器具（Gibbons 2011）。丹尼索瓦人必定曾與晚期智人性交，因為在今天的巴布亞紐幾內亞與澳洲原住民，以及東南亞的某些族群中，都曾發現丹尼索瓦人的基因。丹尼索瓦人的洞穴非常舒適，有三個房間，還有可當煙囪的天然通風口，因此能吸引其他人造訪，其中包括來自歐洲的尼安德塔人和中東的智人。約在三萬到五萬年前，他們全都會獵殺西伯利亞這一帶的熊、山貓和野豬。然而最先搬來的並不是這三種人；附近山區也住了許多早期直立人，他們在大約八十萬年前就在阿爾泰山紮營。當寒冷的氣候變得無法忍受時，他們就放棄了這裡，但卻在三十萬年前再次回來。他們從那時候就開始使用這洞穴。

23. Gladkih et al. 1984.
24. White 1986; Mellars 1989.
25. White 1989a, 1989b.
26. 早期陶器是否具有儀式性的目的？來自東歐的考古遺跡顯示，這些小人像會用在某些儀式中。在巴甫洛夫丘（Pavlov Hill）的矮坡上，也就是現今捷克東部的摩拉維亞，人類祖先在約二萬六千年前在俯瞰兩條河流匯聚處建造他們的家。在距離村莊八十公尺上方的岩石斜坡，他們建造了一個圓形的凹洞，兩邊有圓頂──這是當地發現的幾座窯的其中一座。窯裡有好幾千個堅硬的陶製人像碎片，由猛瑪象油脂混合骨灰、當地的黃土和少許黏土製成。在摩拉維亞的考古地點只有一座保存完好的雕像，那是一個拳頭大小的狼獾。要不是我們的祖先是很糟的陶藝工匠，就是他們為了神聖的或某種儀式性的目的，故意毀壞藝術作品（Vandiver et al. 1989）。
27. Fox 1972, 1980; Bischof 1975b; Frayser 1985.
28. Cohen 1964; Fox 1980; Malinowski 1965.

29. Tylor 1889.

30. 近親繁殖：要讓物種選擇有害基因，並且在家族中出現重大疾病，往往要經歷好幾代關係非常近的親屬近親繁。事實上，某種程度的近親繁殖對加強正向特徵有其必要性；例如，這也就是人類會為了培育狗的氣質或耐力而進行育種。為了培養健康的基因，物種必須進行足夠的近親繁殖才能獲得正向特徵，以及足夠的異系繁殖才能掩蓋有害的隱性基因。

31. Westermarck 1934.

32. Spiro 1958.

33. Shepher 1971, 1983.

34. Bischof 1975b; de Waal 1989.

35. Sade 1968; Bischof 1975b.

36. Bischof 1975b; de Waal 1989; Daly and Wilson 1983.

37. Frayser 1985, 182.

38. Frazer [1922] 1963, 702.

39. Darwin 1871, 47.

40. Fox 1972, 292.

41. Ibid, 287.

42. Damasio et al. 1994.

43. Damon 1988; Kohlberg 1969.

44. Kohlberg 1969; Gilligan and Wiggins 1988; Damon 1988; Kagan and Lamb 1987.

45. Haidt 2012.

46. 同前。

47. De Waal, 1996.

48. 同前。12.

49. 同前。88.

50. Darwin 1871, 493.

51. Haidt 2012, 209.

52. Trinkaus and Shipman 1993, Lebel et al. 2001.

第十四章：捉摸不定的情感

1. Shostak 1981; Gregor 1985.

2. Shostak 1981, 226.

3. 赫羅雷人（Herero）在一九二〇年代中期落腳在康恩族人附近區域，以放牧為生。

4. 私密的性：全世界的人都會設法在私下性交。黑猩猩、狒狒和其他靈長類偶爾會把伴侶帶到樹叢後方性交，但靈長類一般而言會在社群成員面前性交。人類尋求私密、不被打擾的隱蔽性交，或許是數百萬年前我們的祖先在開始在非洲大草原上結為伴侶時出現的另一個特性。

5. 前戲：太平洋上的澎貝島（Ponape）與特羅布里恩群島上的人會花數小時前戲，然而印度錫金邦的絨巴人在性交前卻幾乎沒有撫摸彼此。每個社會的男女前戲多寡都不相同。在一份全世界關於前戲的調查報告中，戈爾茨坦（Goldstein, 1976a）列出一張全世界前戲類型，並根據該種前戲盛行與否的先後順序排列出來。一般的肢體撫弄是最重要的一種；人類似乎出於直覺會在性交前擁抱、輕拍與撫摸。「簡單的親吻」，嘴對嘴接觸是第二種，雖然新的數據顯示親吻不像過去所以為的那樣普遍（Ford and Beach 1951; Jankowiak et al. in press, 2015）接下來是撫弄女人的胸部，然後是碰觸女人的陰部、以口刺激女人胸部、用手撫弄或以口舌舔舐男人陰莖；最後是以疼痛感刺激身體部位（B. Goldstein 1976）。其他動物也會進行前戲。鳥類會敲擊彼此嘴喙，狗會舔舐彼此，鯨魚會以鰭輕撫對方。大多數鳥類和哺乳類在性交前都有某種像前戲般的撫弄動作。

6. 丈夫假分娩（couvade）：世界上某些社會中有所謂「丈夫假

分娩」（couvade）制度，英文的 couvade 來自法文 couver，意思是「孵化或出殼」。這種習俗是父親模仿某些母親在懷孕與分娩時的行為。在某些文化中，男人表現出生孩子時痛苦的樣子；在其他文化中男人可能只是遵守某些飲食禁忌。巴西原住民麥納庫族男人只有一些飲食上的限制。有時候，如果孩子的父親不是這女人的丈夫，他也會遵守某些假分娩的規定；但他更常因為擔心暴露他與新生兒母親的關係而放棄這些傳統習俗。

7. 青春期儀式：大多數文化都會以某些儀式標示男孩與女孩青春期的到來，因此我們的祖先無論男女都很有可能在婚禮前舉行青春期儀式。因為第一次結婚由父母或其他人安排的情形在全世界各地都很普遍，或許我們的祖先往往是由父母替青春期子女安排第一個配偶。見 Frayser 1985。

8. 婚前性行為：在太平洋島嶼和非洲下撒哈拉與歐亞大陸的某些地方，傳統上人們容許婚前性行為。在地中海沿岸的許多地方嚴格禁止婚前性行為。在 61 個文化的紀錄中，有 82% 對男女雙方婚前性行為有相同的限制（或沒有限制）；在這些社會中對婚前性行為沒有雙重標準。有時候男孩比女孩受到更嚴重的懲罰；這些族群中有許多是住在下撒哈拉（Frayser 1985, 205）

9. 初經來潮的年紀：今日美國白人女性初經來潮的年紀是 12.8 歲；黑人女性是 12.5 歲。歐洲人青春期提早的現象也很常見。在過去一百五十年中，美國與歐洲人初經來潮的年紀緩慢下降。在一八四〇年，歐洲某些地區少女初經來潮的平均年齡是 16.5 到 17.5。這並不表示初經來潮時間在整個人類演化過程中已經大幅提早。古典時代的希臘與羅馬女孩可能早在 13 或 14 歲就已有初經（Eveleth 1986）。各位讀者還記得，在狩獵－採集社會中，女孩一般在 16 與 17 歲初經來潮，這表示史前人類初經來潮的時間發生在青春期晚期（Lancaster and Lancaster

1983）。

10. Clark 1980; Cohen 1989.

第十五章：至死不渝

1. Gregg 1988.

2. 同前。

3. Nissen 1988; Clark 1980; Lewin 1988a; McCorriston and Hole 1991; Blumler and Byrne 1991.

4. Whyte 1978.

5. Bullough 1976, 53.

6. Abortion was not always illegal in Western history. The ancient Greeks, for example, believed in small families and approved of abortion. Abortion laws have varied dramatically in Western history, according to varying social circumstances.

7. Whyte 1978.

8. Lacey 1973; Gies and Gies 1978; Lampe 1987.

9. Colossians 3:18.

10. Hunt 1959, 22.

11. Whyte 1978.

12. 女人在農業社會中的從屬地位：一份針對 93 個前工業時代社會中的調查顯示，務農社群中的女性在家庭中權威較低，與其他女性在儀式上的連帶關係較少，對財產的控制權也比種植菜園或狩獵－採集文化中的女性更低。女人的工作受到較低的評價，工作在女人生活中的重要性也更低（Whyte 1978）。

13. Leacock 1972; Etiene and Leacock 1980.

14. 首領地位的演化：強納森（Johnson）與厄爾（Earle, 1987）主張，歐洲政治組織的特色是在三萬五千年前至一萬兩千年前舊石器時代晚期的永久「大人物」，也就是首領或族長，起因是

人口眾多的歐洲地區出現大規模狩獵以及地域防衛的需求。不過族長制度是在農業被引進歐洲之後才成為常態。

15. Whyte 1978, 169.

16. Fisher 1999.

17. 同前。

18. 同前。

19. 同前。

20. Goody 1983, 211; Queen and Habenstein 1974.

21. Bullough 1976; Lacey 1973.

22. Hunt 1959, 63; Carcopino 1973, 60; Phillips 1988.

23. Matthew 19:3-9.

24. Phillips 1988.

25. Gies and Gies 1978; Bell 1973; Bullough 1978; Hunt 1959; Phillips 1988.

26. Gies and Gies 1978, 33.

27. Queen and Habenstein 1974, 265.

28. Gies and Gies 1978, 18; Dupaquier et al. 1981.

29. Bell 1973; Power 1973; Abrams 1973.

30. Phillips 1988.

31. Goody 1983, 211; Dupaquier et al. 1981; Phillips 1988; Stone 1990.

第十六章：未來的性

1. Lucretius 1965.

2. 離婚率：離婚率比一般人想像得更難估算。每一千個結婚的人當中，每年離婚的人數與一生中離婚的機會沒有直接關係。為計算離婚率，人口學家使用「生命表法」（life table approach）。他們將成年人分成幾個連續的年齡層，檢視這些

人終生的離婚經驗，並且在這些年齡層的人中建構所有造成離婚頻率的因素。接著他們評估所有因素造成的衝擊，預期可能導致離婚的新的因素，並且彙整所有相關數據，估計有多少人在這一年以及接下來的幾個十年會離婚（Cherlin 1981, 25）。

3. Cherlin 1981, 53; Levitan et al. 1988, 32, 99; Glick 1975, 8; Espenshade 1985; Cherlin 2009.

4. Klinenberg 2012.

5. Cherlin 2009; Coontz 2005.

6. Cherlin 2009.

7. Harris 1981; Levitan et al. 1988; Coontz 2005.

8. Evans 1987; Harris 1981; Cherlin 1981; Levitan et al. 1988; Cherlin 2009.

9. Cherlin 2009.

10. Cherlin 1981, 35.

11. Harris 1981.

12. Glick 1975; Levitan et al. 1988.

13. 避孕與離婚：有些科學家主張，引進避孕藥、子宮內避孕器和結紮手術，都對一九六〇年代與接下來的數十年的生育率下降造成顯著影響。但是生育率在經濟大蕭條時很低，當時的男女想在經濟危機時延後家庭生活，而這些現代的避孕方式卻無法取得（Cherlin 1981, 57）。在這些避孕方式可普遍取得之前的一九六〇年代早期，生育率也曾經下降（Harris 1981）。因此社會學家安德魯·謝林（Andrew Cherlin, 1981）斷言，這些避孕的形式並不是一九六〇年代人們晚婚、小孩較少和較多人離婚等趨勢的主要動力。事實上，離婚率早在避孕的技術改變前，也就是在過去百年間持續下降（Goldin 1990）。然而，這些新的避孕方式或許會以其他方式影響人口統計學趨勢。有更多未婚女性藉由這些避孕方式避免懷孕；因此可能有更少女性

在很年輕時就結婚——或許初次結婚的年齡因而增加，也使得更多女性更快進入職場。

14. Harris 1981, 93.

15. Evans 1987.

16. Cherlin 1981; Klinenberg 2012.

17. Cherlin 1981; Klinenberg 2012; Levitan et al. 1988.

18. 謝林，2009。雖然美國離婚率在一九七〇年晚期與一九八〇年初期到達高峰，但受過大學教育夫妻的離婚率從那時開始就持續降低；今天在這些夫妻中，由於幾種影響力使然，有三分之二仍有可能維持穩定的長期婚姻關係。這些影響力包括受過大學教育的夫妻比較晚婚；此外夫妻雙方分擔家庭責任，也都出外工作，創造穩定的家庭經濟單位。因為這些人之中有許多在婚前已經同居，如果一段關係不愉快，男女往往在結婚前就已分手。也因為這些人大多有避孕，因此「奉子成婚」的情形較不常見，不過教育程度較低的夫妻離婚率仍然很高。然而，現在不管夫妻社經狀況高或低，離婚率有可能持續比過去農業社會的男女高出許多。

19. Cherlin 2009.

20. Kreider 2006.

21. 同前。

22. Levitan et al. 1988; London and Foley Wilson 1988; Glick 1975; Cherlin 1981; Furstenberg and Spanier 1984.

23. Coontz 2005.

24. "Singles in America" 2010, 2011, 2012, 2013, 2014.

25. Cherlin 2009, 139.

26. 同前。16; Pew Research Center, Feb. 2013.

27. "Singles in America" 2013.

28. 同前。2014.

29. Buss 1994.

30. Apostolou 2007.

31. Cherlin 2009, 26.

32. Sassler and Kusi-Appouh 2011.

33. Cherlin 2009.

34. Garcia et al. 2012; Garcia and Fisher 2015.

35. Monto and Carey 2013.

36. Garcia and Reiber 2008.

37. Meston and Buss 2007.

38. Carmichael et al. 1987; Zak 2008, 2012; Young et al. 1998.

39. Hughes et al. 2007.

40. Mead 1966; Kirkendall and Gravatt 1984.

41. Pew Research Center, 2008.

42. Cherlin 2009.

43. O'Leary et al. 2011.

44. Ipsos 2014.

45. Zentner 2005.

46. Rudder 2013.

47. "Singles in America" 2014.

48. 同前。2013.

49. Alexander and Fisher 2003.

50. Whyte 1978.

51. Fisher 1999; Baumeister 2000; Diamond 2008.

52. Meston and Buss 2007; Baumeister et al. 2001.

53. Gray and Garcia 2013.

54. "Singles in America" 2013.

55. Gray and Garcia 2013, 203.

56. Mah and Binik 2002.

57. "Singles in America" 2014.

58. 同前。2014, 2012.

59. 同前。2011.

60. Rudder 2014, 180.

61. "Singles in America" 2011, 2012, 2013, 2014.

62. Klinenberg 2012, 100.

63. Pew Research Center 2013.

64. Hatfield and Rapson 1996.

65. "Singles in America" 2014.

66. 同前。2011.

67. 同前。2012.

68. 同前。2011.

69. Klinenberg 2012, 162.

70. Klinenberg 2012.

71. Zeki and Romaya 2010.

72. "Singles in America" 2011.

73. 同前。2010, 2011, 2012, 2013, 2014.

74. Klinenberg 2012; Cherlin 2009.

75. Klinenberg 2012.

76. 同前。

77. 同前。

78. 同前。

79. Meston and Frohlic 2000.

80. Fisher and Thomson 2007.

81. 由於在性慾上的負面作用，這些抗憂鬱藥物也可能影響一個人對伴侶的深刻依附感。即使是最新的血清素促進劑，例如萬拉法辛（Effexor）與欣百達（Cymbalta，能升高去甲基腎上腺素與血清素），都會干擾性慾、性興奮、性行為表現與高潮。

研究報告指出，有高達 73% 服用增強血清素的抗憂鬱藥物患者，在以上一種或多種性功能方面都出現副作用（Montejo et al. 2001）。這些性功能的副作用可能造成嚴重的後果。在性高潮中男女感受到大量催產素和血管加壓素——這兩者是製造信任與依附感的化學物質。沒有性，沒有高潮，也就沒有這些讓人擁抱彼此的化學物質。此外，女人不會在每一段感情中都達到高潮；我和某些學者認為，女性如此捉摸不定的反應是一種適應機制，女性藉此辨別對方是個有同理心、有耐心的真命天子，還是一個自我中心的糟糕對象。抗憂鬱藥物有可能危害女人選擇合適伴侶的能力。最後，男人可以藉由高潮將精液儲存在陰道裡——精液中含有多巴胺、催產素、血管加壓素、去甲基腎上腺素以及能使女人與性交對象墜入愛河或產生深刻依附感的其他化學物質。男人沒有男性高潮，沒有這些在背後說服女性的工具，就不會有新的女友。在抗憂鬱藥物改變個體求愛與配對策略的同時，它們也有可能改變基因的未來。

82. Morais 2004, 120.

83. Earp et al. forthcoming.

84. Young 2009, 148.

85. Bohannan 1985.

參考書目

Abi-Rached, L., M. J. Jobin, S. Kulkaini, et al. 2011. The Shaping of Modern Human Immune Systems by Multiregional Admixture with Archaic Humans. *Science* 334: 89.

Abrams, A. 1973. Medieval women and trade. In *Women: From the Greeks to the French Revolution*, ed. S. G. Bell. Stanford: Stanford Univ. Press.

Abu-Lughod, L. 1986. *Veiled sentiments: Honor and poetry in a Bedouin society.* Berkeley: Univ. of California Press.

—. 1987. Bedouin blues. *Natural History*, July, 24-34.

Acevedo, B., and A. Aron. 2009. Does a long-term relationship kill romantic love? *Review of General Psychology* 13(1): 59-65.

Acevedo, B., A. Aron, H. Fisher, L. Brown. 2011. Neural correlates of long-term intense romantic love. *Social Cognitive and Affective Neuroscience* doi: 10.1093/scan/nsq092.

—. 2012a. Neural correlates of marital satisfaction and well-being: Reward, empathy, and affect. *Clinical Neuropsychiatry*, 9 (1): 20-31.

—. 2012b. Neural correlates of long-term intense romantic love. *Social Cognitive and Affective Neuroscience* 7:145-59.

Ackerman, C. 1963. Affiliations: Structural determinants of differential divorce rates. *American Journal of Sociology* 69:13-20.

Ackerman, D. 1990. *The natural history of the senses.* New York: Random House.

Ackerman, S. 1989. European history gets even older. *Science* 246:28-29.

Adams, D. B., A. R. Gold, and A. D. Burt. 1978. Rise in female-initiated sexual activity at ovulation and its suppression by oral contraceptives. *New England Journal of Medicine* 299:1145-50.

Adams, V. 1980. Getting at the heart of jealous love. *Psychology Today,* May, 38-48.

Aharon, I., N. Etcoff, D. Ariely, et al. 2001. Beautiful Faces have Variable Reward Value: fMRI and Behavioral Evidence. *Neuron* 32:537-551.

Aiello, L. C., and P. Wheeler. 1995. The expensive tissue hypothesis: the brain and digestive system in human and primate evolution. *Current Anthropology* 36:199-221.

Ainsworth, M. D. S., M. C. Blehar, E. Waters, and S. Wall. 1978. *Patterns of Attachment: A psychological study of the strange situation.* Hillsdale, NJ: Erlbaum.

Alcock, J. 1987. Ardent adaptationism. *Natural History,* April, 4.

Alemseged, Z., F. Spoor, W. H. Kimbel, et al. 2006. A juvenile early hominin skeleton from Dikika, Ethiopia. *Nature* 443:296-310.

Alexander, M. G., and T. D. Fisher. 2003. Truth and consequences: using the bogus pipeline to examine sex difference in self-reported sexuality. *Journal of Sex Research* 40(1):27-35.

Alexander, R. D. 1974. The evolution of social behavior. *Annual Review of Ecology and Systematics* 5:325-83.

—. 1987. *The biology of moral systems.* New York: Aldine de Gruyter.

—. 1990. *How did humans evolve?* Museum of Zoology, University of Michigan, Special Publication no. 1.

Alexander, R. D., and K. M. Noonan. 1979. Concealment of ovulation, parental care and human social evolution. In *Evolutionary Biology and Human Social Behavior,* ed. N. A. Chagnon and W. Irons. North Scituate, MA: Duxbury Press.

Alford, R. R., and R. Friedland. 1985. *Powers of theory: Capitalism, the state, and democracy.* New York: Cambridge Univ. Press.

Allen, E. S., and D. H. Baucom. 2001. *Patterns of infidelity.* Poster presented at the annual meeting of the Association for Advancement of

Behavior Therapy, Philadelphia, PA, November.

Allen, E. S., G. K. Rhoades, S. M. Stanley, et al. 2008. Premarital precursors of marital infidelity. *Family Process* 47: 243-59.

Allen, L. L., P. S. Bridges, D. L. Evon, et al. 1982. Demography and human origins. *American Anthropologist* 84:888-96.

Allen, M. 1981. Individual copulatory preference and the "Strange female effect" in a captive group-living male chimpanzee *(Pan troglodytes)*. *Primates* 22:221-36.

Altschuler, M. 1971. Cayapa personality and sexual motivation. In *Human Sexual Behavior,* ed. D. S. Marshall and R. C. Suggs. Englewood Cliffs, NJ: Prentice-Hall.

Amato, P. R., and C. Dorius. 2010. Fathers, children, and divorce. In *The role of the father in child development*. 5th edition ed. M. E. Lamb, 177-200. New York: John Wiley & Sons.

Ambrose, S. H. 1986. Comment on: H. T. Bunn and E. M. Kroll, Systematic butchery by Plio/Pleistocene hominids at Olduvai Gorge, Tanzania. *Current Anthropology* 27:431-53.

Andersson, M. 1994. *Sexual selection*. Princeton, NJ: Princeton Univ. Press.

Andrews, P. 1981. Species diversity and diet in monkeys and apes during the Miocene. In *Aspects of human evolution*, ed. C. B. Stringer. London: Taylor and Francis.

Andrews, P., and J. E. Cronin. 1982. The relationships of *Sivapithecus* and *Ramapithecus* and the evolution of the orang-utan. *Nature* 297:541-46.

Andrews, P., and J. A. H. Van Couvering. 1975. Palaeoenvironments in the East African Miocene. In *Approaches to primate paleobiology*, ed. F. S. Szalay. Basel: S. Karger.

Andrews, P. W., J. A. Thomson Jr., A. Amstadter, and M. C. Neale. 2012. Primum non nocere: an evolutionary analysis of whether antidepressants do more harm than good. *Frontiers in Evolutionary Psychology* 3:117.

Angier, N. 1990. Mating for life? It's not for the birds or the bees. *New York Times*, August 21.

Apicella, C. L., D. R. Feinberg, and F. W. Marlow. 2007. Voice pitch predicts reproductive success in male hunter-gatherers. *Biology Letters* 3:682-84.

Apostolou, M. 2007. Sexual selection under parental choice: The role of parents in the evolution of human mating. *Evolution and Human Behavior* 28(6): 403-9.

Arensburg, B., A. M. Tillier, B. Vandermeersch, et al. 1989. A middle paleolithic human hyoid bone. *Nature* 338:758-60.

Aron, A., E. Aron, and C. C. Norman. 2001. Self-expansion model of motivation and cognition in close relationships and beyond. In *Blackwell handbook of social psychology: Interpersonal processes,* ed. G. J. O. Fletcher and M. Clark, 478-501. Malden, MA: Blackwell.

Aron, A., H. E. Fisher, D. J. Mashek, et al. 2005. Reward, Motivation and Emotion Systems Associated with Early-Stage Intense Romantic Love: An fMRI study. *Journal of Neurophysiology* 94:327-37.

Aron, E. and A. Aron. 1996. Love and expansion of the self: The state of the model. *Personal Relationships* 3:45-58.

Atwater, L. 1987. College students extramarital involvement. *Sexuality Today*, Nov. 30, 2.

Avery, C. S. 1989. How do you build intimacy in an age of divorce? *Psychology Today,* May, 27-31.

Axelrod, D. I., and P. H. Raven. 1977. Late Cretaceous and tertiary vegetation history in Africa. In *Biogeography and ecology of southern Africa*, ed. M. J. A. Werger. The Hague: Junk.

Badrian, A., and N. Badrian. 1984. Social organization of *Pan paniscus* in the Lomako Forest, Zaire. In *The pygmy chimpanzee*, ed. R. L. Susman. New York: Plenum Press.

Badrian, N., and R. K. Malenky. 1984. Feeding ecology of *Pan paniscus* in the Lomako Forest, Zaire. In *The pygmy chimpanzee*, ed. R. L. Susman. New York: Plenum Press.

Bailey, J. M., and R. C. Pillard. 1991. A genetic study of male sexual orientation. *Archives of General Psychiatry* 48(12): 1089-96.

Bailey, N. W., and M. Zuk. 2009. Same sex sexual behavior and evolution. *Trends in Ecology and Evolution* 24(8): 439-46.

Baker, R. 1996. Sperm wars: the science of sex. New York: Basic Books.

Baker, R. R. and M. A. Bellis. 1995. *Human sperm competition*. London: Chapman and Hall.

Balsdon, J. P. V. D. 1973. Roman women: Their history and habits. In *Women: From the Greeks to the French Revolution*, ed. S. G. Bell. Stanford, CA: Stanford Univ. Press.

Barash, D. P. 1977. *Sociology and behavior.* New York: Elsevier.

Bardis, P. 1963. Main features of the ancient Roman family. *Social Science* 38 (Oct.): 225-40.

Barnes, J. 1967. The frequency of divorce. In *The craft of social anthropology,* ed. A. L. Epstein. London: Tavistock.

Baron-Cohen S. 2003a. *The essential difference: Men, women and the extreme male brain*. London: Allen Lane.

—. 2003b. The extreme male brain theory of autism. *Trends in Cognitive Sciences* 6: 248-54.

Baron-Cohen, S., R. C. Knickmeyer, and M. K. Belmonte. 2005. Sex differences in the brain: Implications of explaining autism. *Science* 310: 819-23.

Barraza, J., and P. J. Zak. 2009. Empathy toward strangers triggers oxytocin release and subsequent generosity. *Annuals of the New York Academy of Sciences* 1167:182-89.

Barrett, N. 1987. Women and the economy. In *The American woman, 1987-88*, ed. Sara E. Rix. New York: W. W. Norton.

Barringer, F. 1989a. U.S. birth level nears 4 million mark. *New York Times,* Oct. 31.

—. 1989b. Divorce data stir doubt on trial marriage. *New York Times*, June 9.

—. 1991. Changes in U.S. households: Single parents amid solitude. *New York Times,* June 7.

Bartels, A., and S. Zeki. 2000. The neural basis of romantic love. *NeuroReport* 11:3829-34.

—. 2004. The neural correlates of maternal and romantic love. *NeuroImage* 21: 1155-66.

Bateman, A. J. 1948. Intra-sexual selection in drosophila. *Heredity* 2:349-68.

Baumeister, R. F. 2000. Gender differences in erotic plasticity: The female sex drive as socially flexible and responsive. *Psychological Bulletin* 126:347-74.

Baumeister, R. F., K. R. Catanese, and K. D. Vohs. 2001. Is there a gender difference in strength of sex drive? Theoretical views, conceptual distinctions, and a review of relevant evidence. *Personality and Social Psychology Reviews* 5:242-73.

Baumeister, R. F., S. R. Wotman, and A. M. Stillwell. 1993. Unrequited love: On heartbreak, anger, guilt, scriptlessness and humiliation. *Journal of Personality and Social Psychology* 64:377-94.

Beals, R. L. 1946. *Cheran: A Sierra Tarascan village.* Smithsonian Institution, Institute of Social Anthropology, Publication no. 2. Washington, DC: Government Printing Office.

Beardsley, R. K., J. W. Hall, and R. E. Ward. 1959. *Village Japan.* Chicago: Univ. of Chicago Press.

Behrensmeyer, K. 1984. Taphonomy and the fossil record. *American Scientist* 72:558-66.

Behrensmeyer, K., and A. P. Hill. 1980. *Fossils in the making.* Chicago: Univ. of Chicago Press.

Belkin, L. 1989. Bars to equality of sexes seen as eroding, slowly. *New York Times*, Aug. 20.

Bell, A. P., and S. Weinberg. 1978. *Homosexualities: A study of diversity among men and women.* New York: Simon and Schuster.

Bell, D. 1980. Desert politics: Choices in the "marriage market." In *Women and Colonization*, ed. Mona Etienne and Eleanor Leacock. New York: Praeger.

Bell, J. 1995. Notions of love and romance among the Taita of Kenya. In *Romantic Passion: A universal experience?* ed. W. Jankowiak. New York: Columbia Univ. Press.

Bell, S. G., ed. 1973. *Women: From the Greeks to the French Revolution.* Stanford, CA: Stanford Univ. Press.

Benbow, C. P., and J. C. Stanley. 1980. Sex differences in mathematical ability: Fact or artifact. *Science* 210:1234-36.

—. 1983. Sex differences in mathematical reasoning ability: More facts. *Science* 222:1029-31.

Benderly, B. L. 1987. *The myth of two minds: What gender means and doesn't mean.* New York: Doubleday.

—. 1989. Don't believe everything you read: A case study of how the politics of sex differences research turned a small finding into a major media flap. *Psychology Today,* Nov., 63-66.

Benshoof, L., and R. Thornhill. 1979. The evolution of monogamy and concealed ovulation in humans. *Journal of Social and Biological Structures* 2:95-106.

Berger, J. 1986. *Wild horses of the Great Basin: Social competition and population size.* Chicago: Univ. of Chicago Press.

Berggren, W. A., and C. D. Hollister. 1977. Plate tectonics and paleocirculation— Commotion in the ocean. *Tectonophysics* 38:11-48.

Bernard, J. 1964. The adjustment of married mates. In *Handbook of marriage and the family,* ed. H. I. Christensen. Chicago: Rand McNally.

Berndt, C. H. 1981. Interpretations and "facts" in aboriginal Australia. In *Woman the gatherer,* ed. F. Dahlberg. New Haven: Yale Univ. Press.

Bernor, R. L. 1985. Neogene palaeoclimatic events and continental mammalian response: Is there global synchroneity? *South African Journal of Science* 81:261.

Berreman, G. 1962. Pahari polyandry: A comparison. *American Anthropologist* 64:60-75.

Bertram, B. C. R. 1975. Social factors influencing reproduction in wild lions. *Journal of Zoology* 177:463-82.

Bester-Meredith, J. K., L. J. Young, and C. A. Marler. 1999. Species differences in paternal behavior and aggression in *Peromyscus* and their associations with vasopressin immunoreactivity and receptors. *Hormones and Behavior* 36: 25-38, 212-21.

Betzig, L. L. 1982. Despotism and differential reproduction: A cross-cultural correlation of conflict asymmetry, hierarchy and degree of polygyny. *Ethology and Sociobiology* 3:209-21.

—. 1986. *Despotism and differential reproduction: A Darwinian view of history.* Hawthorne, NY: Aldine.

—. 1989. Causes of conjugal dissolution: A cross-cultural study. *Current Anthropology* 30:654-76.

Betzig, L., A. Harrigan, and P. Turke. 1989. Childcare on Ifaluk. *Zeitschrift für Ethnologie* 114:161-77.

Bieber, I., H. J. Dain, P. R. Dince, et al. 1962. *Homosexuality: A psychoanalytic study of male homosexuals.* New York: Basic Books.

Binford, L. R. 1981. *Bones: Ancient men and modern myths.* New York: Academic Press.

—. 1985. Human ancestors: Changing views of their behavior. *Journal of Anthropological Archaeology* 4:292-327.

—. 1987. The hunting hypothesis: Archaeological methods and the past. *Yearbook of Physical Anthropology* 30:1-9.

Birdsell, J. B. 1968. Some predictions for the Pleistocene based on equilibrium systems among recent hunter-gatherers. In *Man the Hunter,* ed. R. B. Lee and I. DeVore. New York: Aldine.

—. 1979. Ecological influences on Australian aboriginal social organization. In *Primate ecology and human origins*, ed. I. S. Bernstein and E. O. Smith. New York: Garland STPM Press.

Birkhead, T., and A. P. Moller. 1998. Sperm competition and sexual selection. New York: Academic Press.

Bischof, N. 1975a. A systems approach toward the functional connections of attachment and fear. *Child Development* 46:801-17.

——. 1975b. Comparative ethology of incest avoidance. In *Biosocial anthropology*, ed. R. Fox. London: Malaby Press.

Blake, J. 1989a. *Family size and achievement.* Berkeley: Univ. of California Press.

——. 1989b. Number of siblings and educational attainment. *Science* 245:32-36.

Blumenschine, R. J. 1986. *Early hominid scavenging opportunities: Implications for carcass availability in the Serengeti and Ngorongoro ecosystems.* British Archaeological Reports International Series, no. 283. Oxford: BAR.

——. 1987. Characteristics of an early hominid scavenging niche. *Current Anthropology* 28:383-407.

——. 1989. A landscape taphonomic model of the scale of prehistoric scavenging opportunities. *Journal of Human Evolution* 18:345-71.

Blumler, M. A., and R. Byrne. 1991. The ecological genetics of domestication and the origins of agriculture. *Current Anthropology* 32:23-54.

Blumstein, P., and P. Schwartz. 1983. *American couples: Money, work, sex.* New York: William Morrow.

Blurton-Jones, N. G. 1984. A selfish origin for human sharing: Tolerated theft. *Ethology and Sociobiology* 5:1-3.

Boesch, C., and A. Boesch. 1984. Mental map in wild chimpanzees: An analysis of hammer transports for nut cracking. *Primates* 25:160-70.

Bohannan, P. 1985. *All the happy families: Exploring the varieties of family life.* New York: McGraw-Hill.

Bonnefille, R. 1985. Evolution of the continental vegetation: The palaeobotanical record from East Africa. *South African Journal of Science* 81:267-70.

Borgerhoff Mulder, M. 1990. Kipsigis women's preferences for wealthy men: Evidence for female choice in mammals? *Behavioral Ecology and*

Sociobiology 27:255-64.

Botwin, C. 1988. *Men who can't be faithful.* New York: Warner Books.

Bower, B. 1984. Fossil find may be earliest known hominid. *Science News* 125:230.

—. 1985. A mosaic ape takes shape. *Science News* 127:26-27.

—. 1986. The math gap: Puzzling sex differences. *Science News* 130:357.

—. 1988a. Ancient human ancestors got all fired up. *Science News* 134:372.

—. 1988b. Retooled ancestors. *Science News* 133:344-45.

—. 1989. Conflict enters early European farm life. *Science News* 136:165.

—. 1990. Average attractions: Psychologists break down the essence of physical beauty. *Science News* 137:298-99.

—. 1991. Darwin's minds. *Science News* 140:232-34.

Bowlby, J. 1969. *Attachment and loss.* Vol. 1, *Attachment.* New York: Basic Books.

—. 1973. *Attachment and loss.* Vol. 2, *Separation.* New York: Basic Books.

Brain, C. K. 1981. *The hunters or the hunted? An introduction to African cave taphonomy.* Chicago: Univ. of Chicago Press.

Brain, C. K., and A. Sillen. 1988. Evidence from the Swartkrans cave for the earliest use of fire. *Nature,* 336:464-66.

Bramble, D. M., and D. E. Lieberman. 2004. Endurance running and the evolution of *Homo. Nature* 432:345-52.

Brand, R. J., C. M. Markey, A. Mills, and S. D. Hodges. 2007. Sex differences in selfreported infidelity and its correlates. *Sex Roles,* 57:101-9.

Brandwein, N., J. MacNeice, and P. Spiers. 1982. *The group house handbook: How to live with others (and love it).* Reston, VA: Acropolis.

Bray, O. E., J. J. Kennelly, and J. L. Guarino. 1975. Fertility of eggs produced on territories of vasectomized red-winged blackbirds. *Wilson Bulletin* 87:187-95.

Briggs, J. L. 1970. *Never in anger: Portrait of an Eskimo family.* Cambridge, MA: Harvard Univ. Press.

Brink, A. S. 1957. The spontaneous fire-controlling reactions of two chimpanzee smoking addicts. *South African Journal of Science* 53:241-47.

Brod, H. 1987. Who benefits from male involvement in wife's pregnancy? *Marriage and Divorce Today* 12 (46): 3.

Bromage, T. G. 1987. The biological and chronological maturation of early hominids. *Journal of Human Evolution* 16:257-72.

Brown, E. 1987. The hidden meaning: An analysis of different types of affairs. *Marriage and Divorce Today* 12 (44): 1.

Brown, F., J. Harris, R. Leakey et al. 1985. Early *Homo erectus* skeleton from West Lake Turkana, Kenya. *Nature* 316:788-92.

Brown, L. L., B. P. Acevedo, and H. E. Fisher. 2013. Neural correlates of four broad temperament dimensions: Testing predictions for a novel construct of personality. *PLoS One* 8(11): e78734.

Brown, P. 1988. *The Body and Society: Men, women and sexual renunciation in early Christianity.* New York: Columbia Univ. Press.

Bullough, V. L. 1976. *Sexual variance in society and history.* Chicago: Univ. of Chicago Press.

Bullough, V. L., and B. Bullough. 1987. *Women and prostitution: A social history.* Buffalo, NY: Prometheus.

Bunn, H. T., and E. M. Kroll. 1986. Systematic butchery by Plio/Pleistocene hominids at Olduvai Gorge, Tanzania. *Current Anthropology* 27:431-53.

Burch, E. S., Jr., and T. C. Correll. 1972. Alliance and conflict: Interregional relations in north Alaska. In *Alliance in Eskimo society*, ed. L. Guemple. Seattle: Univ. of Washington Press.

Burgess, E. W., and L. S. Cottrell. 1939. *Predicting success and failure in marriage.* New York: Prentice-Hall.

Burleson, M. H., and W. R. Trevathan. 1990. Non-ovulatory sexual activity: Possible physiological effects on women's lifetime reproductive success. Paper presented at the annual meeting of the Human Behavior and Evolution Society, Los Angeles.

Burley, N. 1979. The evolution of concealed ovulation. *American Naturalist* 114:835-58.

Burns, G. 1990. The 21st Century Family. *Newsweek Special Edition,* Winter/Spring, 10.

Burton, F. D. 1971. Sexual climax in female *Macaca mulatta.* In *Proceedings of the Third International Congress of Primatology, Zurich 1970,* 3:180-91. Basel: Karger.

Buss, D. M. 1989. Sex differences in human mate preferences: Evolutionary hypotheses tested in 37 cultures. *Behavioral and Brain Sciences* 12:1-49.

—. 1994. *The Evolution of Desire: Strategies of human mating.* New York: Basic Books.

—. 2000. *The dangerous passion: Why jealousy is as necessary as love and sex.* New York: Free Press.

Bygott, J. D. 1974. Agonistic behavior and dominance in wild chimpanzees. PhD thesis, Univ. of Cambridge.

—. 1979. Agonistic behavior, dominance and social structure in wild chimpanzees of the Gombe National Park. In *The Great Apes,* ed. D. A. Hamburg and E. R. McCown. Menlo Park, CA: Benjamin/Cummings.

Byrne, G. 1989. Overhaul urged for math teaching. *Science* 243:597.

Cacioppe, S, F. Bianchi-Demicheli, C. Frum, J. G. Pfaus, and J. W. Lewis. 2012. The common neural bases between sexual desire and love: a multilevel kernel density fMRI analysis. *J. S. Med.* 9(4): 1048-54.

Callaway, E. 2011. Ancient DNA reveals secrets of human history: Modern humans may have picked up key genes from extinct relatives. *Nature* 476:136-37.

Campbell, B., ed. 1972. *Sexual selection and the Descent of man, 1871-1971.* Chicago: Aldine.

Camperio-Ciani, A., and E. Pellizzari. 2012. Fecundity of paternal and maternal non-parental female relatives of homosexual and heterosexual men. *PLoS One* 7(12): e51088. doi:10.1371/journal.pone.0051088.

Camperio-Ciani, A., F. Corna, and C. Capiluppi. 2004. Evidence for maternally inherited factors favouring male homosexuality and promoting female fecundity. Royal Society: *Biological Sciences* 271, no. 1554 (Nov. 7, 2004): 2217-21.

Cant, J. G. H. 1981. Hypothesis for the evolution of human breasts and buttocks. *American Naturalist* 117:199-204.

Capellanus, A. 1959. *The art of courtly love.* Trans. J. Parry. New York: Ungar.

Carcopino, J. 1973. The emancipation of the Roman matron. In *Women: From the Greeks to the French Revolution*, ed. S. G. Bell. Stanford: Stanford Univ. Press.

Carmichael, M. S., R. Humbert, J. Dixen, et al. 1987. Plasma oxytocin increases in the human sexual response. *Journal of Clinical Endocrinology and Metabolism* 64(1): 27-31.

Carneiro, R. L. 1958. Extra-marital sex freedom among the Kuikuru Indians of Mato Grosso. *Revista do Museu Paulista* (Sao Paulo) 10:135-42.

——. 1981. The chiefdom: Precursor of the state. In *The Transition to Statehood in the New World,* ed. G. D. Jones and R. R. Kautz. New York: Cambridge Univ. Press.

——. 1987. Cross-currents in the theory of state formation. *American Ethnologist* 14:756-70.

——. 1991. The nature of the chiefdom as revealed by evidence from the Cauca Valley of Colombia. In *Profiles in cultural evolution*, ed. A. T. Rambo and K. Gillogly. Anthropology Papers, Museum of Anthropology, University of Michigan, no. 85: 167-90.

Carretero, M., J. M. Bermudez de Castro, and E. Carbonell. 2004. Auditory capacities in Middle Pleistocene humans from the Sierra de Atapuerca in Spain. *Proceedings of the National Academy of Sciences* 101 (27): 9976-81.

——. 1998. Neuroendocrine perspectives on social attachment and love. *Psychoneuroendocrinology* 23: 779-818.

Carter, C. S. 1992. Oxytocin and sexual behavior. *Neuroscience and Biobehavioral Reviews* 1(16): 131-44.

Cavallo, J. A. 1990. Cat in the human cradle. *Natural History*, Feb., 53-60.

Cavallo, J. A., and R. Blumenschine. 1989. Tree stored leopard kills: Expanding the hominid scavenging niche. *Journal of Human Evolution* 18:393-99.

Cetron, M., and O. Davies. 1989. *American renaissance: Our life at the turn of the 21st century.* New York: St. Martin's Press.

Chagnon, N. 1982. Sociodemographic attributes of nepotism in tribal populations: Man the rule breaker. In *Current Problems in Sociobiology,* ed. B. Bertram. Cambridge, UK: Cambridge Univ. Press.

Chance, M. R. A. 1962. Social behavior and primate evolution. In *Culture and the evolution of man,* ed. M. F. A. Montagu. New York: Oxford Univ. Press.

Chance, N. A. 1966. *The Eskimo of North Alaska.* New York: Holt, Rinehart and Winston.

Chase, P. G., and H. L. Dibble. 1987. Middle Paleolithic symbolism: A review of current evidence and interpretations. *Journal of Anthropological Archaeology* 6:263-96.

Cherlin, A. J. 1978. Women's changing roles at home and on the job. *Proceedings of a conference on the national longitudinal surveys of mature women in cooperation with the employment and training administration.* Department of Labor Special Report, no. 26.

—. 1981. *Marriage, divorce, remarriage.* Cambridge, MA: Harvard Univ. Press.

—. 1987. Women and the family. In *The American woman, 1987-88,* ed. S. E. Rix. New York: Norton.

—. 2009. The marriage go-round: The state of marriage and the family in America today. New York: Knopf.

Chesters, K. I. M. 1957. The Miocene flora of Rusinga Island, Lake Victoria, Kenya. *Palaeontographica* 101B:30-67.

Chin, P. 1978. *The family.* Trans. S. Shapiro. Peking: Foreign Languages Press.

Chivers, D. J. 1978. Sexual behavior of the wild siamang. In *Recent advances in primatology.* Vol. 1, *Behavior,* ed. D. J. Chivers and J. Herbert. New York: Academic Press.

Chute, M. 1949. *Shakespeare of London.* New York: E. P. Dutton.

Ciochon, R. L., and J. G. Fleagle. 1987. Part V: *Ramapithecus* and human origins. In *Primate evolution and human origins,* ed. R. L. Ciochon and J. G. Fleagle. New York: Aldine de Gruyter.

Clark, G. 1980. *Mesolithic prelude.* Edinburgh: Edinburgh Univ. Press.

Cohen, M. N. 1977. *The Food crisis in prehistory: Overpopulation and the origins of agriculture.* New Haven: Yale Univ. Press.

—. 1980. Speculations on the evolution of density measurement and population regulation in *Homo sapiens.* In *Biosocial mechanisms of population regulation,* ed. M. N. Cohen, R. S. Malpass, and H. G. Klein. New Haven: Yale Univ. Press.

—. 1989. *Health and the rise of civilization.* New Haven: Yale Univ. Press.

Cohen, R. 1971. *Dominance and defiance: A study of marital instability in an Islamic African society.* Washington, DC: American Anthropological Association.

Cohen, Y. A. 1964. *The transition from childhood to adolescence: Cross-cultural studies of initiation ceremonies, legal systems, and incest taboos.* Chicago: Aldine.

Collier, J. F. 1988. *Marriage and inequality in classless societies.* Stanford, CA: Stanford Univ. Press.

Conkey, M. W. 1983. On the origins of Paleolithic art: A review and some critical thoughts. In *The Mousterian legacy,* ed. E. Trinkaus. Oxford: British Archaeological Reports.

—. 1984. To find ourselves: Art and social geography of prehistoric hunter gatherers. In *Past and present in hunter gatherer societies,* ed. C. Schrire. New York: Academic Press.

Conoway, C. H., and C. B. Koford. 1964. Estrous cycles and mating behavior in a free-ranging band of rhesus monkeys. *Journal of Mammalogy* 45:577-88.

Conroy, G. E., M. W. Vannier, and P. V. Tobias. 1990. Endocranial features of *Australopithecus africanus* revealed by 2 and 3-D computed tomography. *Science* 247:838-41.

Constantine, L. L., and J. N. Constantine. 1973. *Group marriage: A study of contemporary multilateral marriage.* New York: Macmillan.

Coolidge, H. J. 1933. *Pan paniscus,* pygmy chimpanzee from south of the Congo River. *American Journal of Physical Anthropology* 18:1-59.

Coontz, S. 2005. *Marriage: A history.* New York: Viking.

Cooper, J. C., S. Dunne, T. Furey, and J. P. O'Doherty. 2012. Dorsomedial prefrontal cortex mediates rapid evaluations predicting the outcome of romantic interactions. *Journal of Neuroscience* 32(45):15647-56.

Copeland S. R., M. Sponheimer, D. J. de Ruiter, et al. 2011. Strontium isotope evidence for landscape use by early hominins. *Nature* 474:76-78.

Corruccini, R. S., R. L. Ciochon, and H. M. McHenry. 1976. The postcranium of Miocene hominoids: Were Dryopithecines merely "dental apes"? *Primates* 17:205-23.

Corruccini, R. S., and H. M. McHenry. 1979. Morphological affinities of *Pan paniscus. Science* 204:1341-42.

Cowan, A. L. 1989. Women's gains on the job: Not without a heavy toll. *New York Times,* Aug. 2.

Cronin, J. E. 1983. Apes, humans and molecular clocks: A reappraisal. In *New Interpretations of Ape and Human Ancestry,* ed. R. L. Ciochon and R. S. Corruccini. New York: Plenum Press.

Crook, J. H., and S. J. Crook. 1988. Tibetan polyandry: Problems of adaptation and fitness. In *Human Reproductive Behaviour,* ed. L. Betzig, M. B. Mulder, and P. Turke.

Cambridge, UK: Cambridge Univ. Press.

Cutler, W. B., G. Preti, A. Krieger, et al. 1986. Human axillary secretions influence women's menstrual cycles: The role of donor extract from men. *Hormones and Behavior* 20: 463-73.

Dahlberg, F., ed. 1981. *Woman the gatherer.* New Haven: Yale Univ. Press.

Daly, M. 1978. The cost of mating. *American Naturalist* 112:771-74.

Daly, M., and M. Wilson, 1978. *Sex, evolution, and behavior: Adaptations for reproduction.* North Scituate, MA: Duxbury Press.

—. 1983. *Sex, evolution, and behavior.* Boston: Willard Grant Press.

—. 1988. *Homicide.* New York: Aldine de Gruyter.

Damasio, H., T. Grabowski, R. Frank, et al. 1994. The Return of Phineas Gage: Clues about the brain from the skull of a famous patient. *Science, New Series,* 264 (5162): 1102-5.

Damon, W. 1988. *The moral child: Nurturing children's natural moral growth.* New York: Free Press.

Daniels, D. 1983. The evolution of concealed ovulation and self-deception. *Ethology and Sociobiology* 4:69-87.

Darwin, C. 1859. *The Origin of Species.* New York: Modern Library.

—. 1871. *The descent of man and selection in relation to sex.* New York: Modern Library.

—. [1872] 1965. *The expression of the emotions in man and animals.* Chicago: Univ. of Chicago Press.

—. 1911. Letter to Asa Gray, 3 April 1860. In *The life and letters of Charles Darwin,* ed. F. Darwin, Vol. 2, 90-91. New York and London: D. Appleton.

Davidson, R. J. 1994. Complexities in the search for emotion-specific physiology. In *The nature of emotion: Fundamental questions,* ed. P. Ekman and R. J. Davidson. New York: Oxford Univ. Press.

Davis, D. E. 1964. The physiological analysis of aggressive behavior. In *Social behavior and organization among vertebrates,* ed. W. Etkin. Chicago: Univ. of Chicago Press.

Davis, E. 1971. *The first sex.* Harmondsworth, UK: Penguin.

Dawkins, R. 1976. *The Selfish Gene.* Oxford: Oxford Univ. Press.

De Castro, J. M. B., M. Martinon-Torres, L. Prado, et al. 2010. New immature hominin fossil from European Lower Pleistocene shows the earliest evidence of a modern human dental development pattern. *Proceedings of the National Academy of Sciences* 107: 11739-44.

De Castro, J. M. B., A. Rosas, E. Carbonell, et al. 1999. A modern human pattern of dental development in lower pleistocene hominids from Atapuerca-TD6 (Spain). *Proceedings of the National Academy of Sciences* 96: 4210-13.

Dediu, D., and S. C. Levinson. 2013. On the antiquity of language: the reinterpretation of Neanderthal linguistic capacities and its consequences. *Frontiers in Psychology* 4 (397): 1-16.

Degler, C. N. 1991. *In search of human nature: The decline and revival of Darwinism in American social thought.* New York: Oxford Univ. Press.

de Lacoste-Utamsing, C., and R. L. Holloway. 1982. Sexual dimorphism in the human corpus callosum. *Science* 216:1431-32.

Delgado, M. R., L. E. Nystrom, C. Fissel, et al. 2000. Tracking the hemodynamic responses to reward and punishment in the striatum. *Journal of Neurophysiology* 84: 3072-77.

Delson, E., ed. 1985. *Ancestors: The hard evidence.* New York: Alan R. Liss.

De Rougemont, D. 1983. *Love in the Western world.* New York: Schocken.

d'Errico, F., C. Henshilwood, G. Lawson, et al. 2003. Archaeological evidence for the emergence of language, symbolism, and music—an alternative multidisciplinary perspective. *Journal of World Prehistory* 17: 1-70.

d'Errico, F., M. Vanhaeren, C. Henshilwood, et al. 2009. From the origin of language to the diversification of languages: What can archaeology and palaeoanthropology say? In *Becoming eloquent: Advances in the emergence of language, human cognition, and modern cultures*, ed. F. d'Errico & J.-M. Hombert, 13-68. Amsterdam: John Benjamins.

De Vos, G. J. 1983. Social behavior of black grouse: An observational and experimental field study. *Ardea* 71:1-103.

De Waal, F. 1982. *Chimpanzee politics: Power and sex among apes.* New York: Harper and Row.

—. 1987. Tension regulation and nonreproductive functions of sex in captive bonobos *(Pan paniscus). National Geographic Research* 3:318-35.

—. 1989. *Peacemaking among primates.* Cambridge, MA: Harvard Univ. Press.

—. 1996. *Good natured: The origins of right and wrong in humans and other animals.* Cambridge, MA: Harvard Univ. Press.

Diamond, L. M. 2008. *Sexual fluidity.* Cambridge, MA: Harvard Univ. Press.

Diamond, M. 1980. The biosocial evolution of human sexuality. Reply to precis of *The evolution of human sexuality,* by Donald Symons. *Behavioral and Brain Sciences* 3:171-214.

Diana, L. n.d. Extra-marital sex in Italy: A family responsibility. Social Science Program, Virginia Commonwealth Univ.

Diana, M. 2013. The addicted brain. *Frontiers in Psychiatry* 4:40.

Dickemann, M. 1979. The ecology of mating systems in hypergynous dowry societies. *Social Science Information* 18:63-95.

Dionne, E. J. 1989. Struggle for work and family fueling women's movement. *New York Times,* Aug. 22.

Dissanayake, E. 1988. *What is art for?* Seattle: Univ. of Washington Press.

Dixson, A. F. 1999. *Primate sexuality.* New York: Oxford Univ. Press.

—. 2009. *Sexual selection and the origins of human mating systems.* New York: Oxford Univ. Press.

Dobs, A. S., A. M. Matsumoto, C. Wang, and M. S. Kipnes. 2004. Short-term pharmacokinetic comparison of a novel testosterone buccal system and a testosterone gel in testosterone deficient men. *Current Medical Research and Opinion* 5:729-38.

Domes, G., M. Heinrichs, A. Michel, et al. 2007. Oxytocin improves "mind-reading" in humans. *Biological Psychiatry* 61: 731-33.

Donaldson, F. 1971. Emotion as an accessory vital system. *Perspectives in Biology and Medicine* 15:46-71.

Dougherty, E. G. 1955. Comparative evolution and the origin of sexuality. *Systematic Zoology* 4:145-69.

Douglas, C. 1987. The beat goes on. *Psychology Today,* Nov., 37-42.

Dozier, R. W. 2002. *Why we hate: Understanding, curbing, and eliminating hate in ourselves and our world.* New York: Contemporary Books.

Draper, P. 1985. Two views of sex differences in socialization. In *Male-female differences: A bio-cultural perspective,* ed. R. L. Hall, et al. New York: Praeger.

Dupaquier, J., E. Helin, P. Laslett, et al. 1981. *Marriage and remarriage in populations of the past.* New York: Academic Press.

Durden-Smith, J., and D. Desimone. 1983. *Sex and the brain.* New York: Arbor House.

Dychtwald, K., and J. Flower. 1989. *Age wave: The challenges and opportunities of an aging america.* Los Angeles: Jeremy P. Tarcher.

Earp, B. D., A. Snadberg and J. Savulescu. Forthcoming. The medicalization of love. *Cambridge Quarterly of Health Care Ethics.*

East, R. 1939. *Akiga's story: The Tiv tribe as seen by one of its members.* London: Oxford Univ. Press.

Easterlin, R. A. 1980. *Birth and fortune: The impact of numbers on personal welfare.* New York: Basic Books.

Eberhard, W. G. 1985. *Sexual selection and animal genitalia.* Cambridge, MA: Harvard Univ. Press.

—. 1987. Runaway sexual selection. *Natural History,* Dec., 4-8.

—. 1990. Animal genitalia and female choice. *American Scientist* 87:134-41.

Eibl-Eibesfeldt, I. 1970. *Ethology: The biology of behavior.* New York: Holt, Rinehart and Winston.

—. 1989. *Human ethology.* New York: Aldine de Gruyter.

Eisenberger, N. I., M. D. Lieberman, and K. D. Williams. 2003. Does rejection hurt? An FMRI study of social exclusion. *Science* 302:290-92.

Ekman, P. 1980. *The face of man.* New York: Garland STPM Press.

—. 1985. *Telling lies: Clues to deceit in the marketplace, politics, and marriage.* New York: W. W. Norton.

Ekman, P. E., R. Sorenson, and W. V. Friesen. 1969. Pan-cultural elements in facial displays of emotion. *Science* 164:86-88.

Elkin, A. P. 1939. Introduction to *Aboriginal woman: Sacred and profane,* by P. M. Kaberry. London: Routledge and Kegan Paul.

Elliott, R., J. L. Newman, O. A. Longe, and J. F. W. Deakin. 2003. Differential response patterns in the striatum and orbitofrontal cortex to financial reward in humans: A parametric functional magnetic resonance imaging study. *Journal of Neuroscience* 23(1): 303-7.

Ellis, B., and D. Symons. 1990. Sex differences in sexual fantasy: An evolutionary psychological approach. Paper presented at the annual meeting of the Human Behavior and Evolution Society, Los Angeles.

Ellison, P. 2001. *On fertile ground.* Cambridge, MA: Harvard Univ. Press.

Ember, M., and C. R. Ember. 1979. Male–female bonding: A cross-species study of mammals and birds. *Behavior Science Research* 14:37-56.

Emlen, S. T., and L. W. Oring. 1977. Ecology, sexual selection and the evolution of mating systems. *Science* 197:215-23.

Engels, F. [1884] 1954. *Origin of the family, private property, and the state.* Trans. Ernest Untermann. Moscow: Foreign Languages Publishing House.

Epstein, C. 1988. *Deceptive Distinctions: Sex, gender and the social order.* New York: Russell Sage.

Espenshade, T. J. 1985. Marriage trends in America: Estimates, implications, and underlying causes. *Population and Development Review* 11 (2): 193-245.

Etienne, M., and E. Leacock, eds. 1980. *Women and colonization:*

Anthropological perspectives. New York: Praeger.

Evans, M. S. 1987. Women in twentieth-century America: An overview. In *The American Woman: 1987-88*, ed. S. E. Rix. New York: W. W. Norton.

Eveleth, P. B. 1986. Timing of menarche: Secular trend and population differences. In *School-age pregnancy and parenthood: Biosocial dimensions,* ed. J. B. Lancaster and B. A. Hamburg. New York: Aldine de Gruyter.

Fabre-Nys, C. 1997. Male faces and odors evoke differential patterns of neurochemical release in the mediobasal hypothalamus of the ewe during estrus: an insight into sexual motivation. *European Journal of Neuroscience* 9:1666-77.

—. 1998. Steroid control of monoamines in relation to sexual behavior. *Reviews of Reproduction* 3(1): 31-41.

Farah, M. 1984. *Marriage and sexuality in Islam: A translation of al-Ghaz ̄ali*'s Book on the Etiquette of Marriage from the Ihy ̄a. Salt Lake City: Univ. of Utah Press.

Fedigan, L. M. 1982. *Primate paradigms: Sex roles and social bonds.* Montreal: Eden Press.

Fehrenbacker, G. 1988. Moose courts cows, and disaster. *Standard-Times* (New Bedford, MA), Jan. 23.

Feinman, S., and G. W. Gill. 1978. Sex differences in physical attractiveness preferences. *Journal of Social Psychology* 105:43-52.

Feld, A., ed. 1990. How to stay married in the 90s. *Bride's*, Dec., 126.

Fennema, E. 1990. Justice, equity and mathematics education. In *Mathematics and gender,* ed. E. Fennema and G. C. Leder. New York: Teachers College Press.

Fennema, E. and G. C. Leder, eds. 1990. *Mathematics and gender.* New York: Teachers College Press.

Field, T. M., R. Woodson, R. Greenberg, et al. 1982. Discrimination and imitation of facial expressions by neonates. *Science* 218:179-81.

Finkel, E. J., P. W. Eastwick, B. R. Karney, et al. 2012. Online Dating: A critical analysis from the perspective of psychological science. *Psychological Science in the Public Interest.* 13: 3-66.

Finn, M. V., and B. S. Low. 1986. Resource distribution, social competition and mating patterns in human societies. In *Ecological Aspects of Social Evolution,* ed. D. I. Rubenstein and R. W. Wrangham. Princeton: Princeton Univ. Press.

Fisher, H. E. 1975. The loss of estrous periodicity in hominid evolution. PhD diss., Univ. of Colorado, Boulder.

—. 1982. *The sex contract: The evolution of human behavior.* New York: William Morrow.

—. 1987. The four-year itch. *Natural History,* Oct., 22-33.

—. 1989. Evolution of human serial pairbonding. *American Journal of Physical Anthropology* 78:331-54.

—. 1991. Monogamy, adultery and divorce in cross-species perspective. In *Man and Beast Revisited*, ed. M. H. Robinson and L. Tiger. Washington, DC: Smithsonian Institution Press.

—. 1992. *Anatomy of love: The natural history of monogamy, adultery, and divorce.* New York: Norton.

—. 1998. Lust, attraction, and attachment in mammalian reproduction. *Human Nature,* 9(1): 23-52.

—. 1999. *The first sex: The natural talents of women and how they are changing the world.* New York: Random House.

—. 2004. *Why we love: The nature and chemistry of romantic love.* New York: Henry Holt.

—. 2006. The drive to love: The neural mechanism for mate choice. In *The Psychology of Love*, 2nd edition, ed. J. R. Sternberg and M. L. Barnes. New Haven: Yale Univ. Press.

—. 2009. *Why him? Why her?* New York: Henry Holt.

—. 2012. We have chemistry! The role of four primary temperament dimensions in mate choice and partner compatibility. *The*

Psychotherapist 52 (Autumn 2012): 8-9.

—. 2014. The Tyranny of love: Love addiction—an anthropologist's view. In *Behavioral addictions: Criteria, evidence and treatment.* K. P. Rosenberg and L. C.

Feder, eds. 237-60. New York: Elsevier.

—. 2015. Slow love: How casual sex may be improving America's marriages. *Nautilus*, March 5.

—. In preparation. Human divorce patterns: An update.

Fisher, H. E., A. Aron, and L. L. Brown. 2005. Romantic love: An fMRI study of a neural mechanism for mate choice. *Journal of Comparative Neurology* 493:58-62.

—. 2006. Romantic love: A mammalian brain system for mate choice. In "The Neurobiology of Social Recognition, Attraction and Bonding, ed. Keith Kendrick, *Philosophical Transactions of the Royal Society: Biological Sciences* 361:2173-86.

Fisher, H. E., A. Aron, D. Mashek, H. Li, G. Strong, and L. L. Brown. 2002. The neural mechanisms of mate choice: A hypothesis. *Neuroendocrinology Letters* Suppl 4, 23:92-97.

Fisher, H. E., A. Aron, D. Mashek, et al. 2003. Early stage intense romantic love activates cortical-basal-ganglia reward/motivation, emotion and attention systems: an fMRI study of a dynamic network that varies with relationship length, passion intensity and gender. Poster presented at the Annual Meeting of the *Society For Neuroscience*, New Orleans, November 11.

Fisher, H. E., and J. A. Thomson, Jr. 2007. Lust, romance, attachment: Do the side-effects of serotonin-enhancing antidepressants jeopardize romantic love, marriage and fertility? In *Evolutionary Cognitive Neuroscience*, ed. S. M. Platek, J. P. Keenan, and T. K. Shakelford, 245-83. Cambridge, MA: MIT Press.

Fisher, H. E., L. L. Brown, A. Aron, et al. 2010. Reward, addiction, and emotion regulation systems associated with rejection in love. *J.*

Neurophysiology 104:51-60.

Fisher, H. E., H. D. Island, J. Rich, D. Marchalik, and L. L. Brown. 2015. Four broad temperament dimensions: Description, convergent validation correlations, and comparison with the Big Five. *Frontiers in Psychology: Personality and Social Psychology* 6:1098.

Fisher, H. E., J. Rich, H. D. Island, and D. Marchalik. 2010. The second to fourth digit ratio: A measure of two hormonally-based temperament dimensions. *Journal of Personality and individual differences* 49 (7):773-77.

Fishman, S. M., and D. V. Sheehan. 1985. Anxiety and panic: Their cause and treatment. *Psychology Today,* April, 26-32.

Flinn, M. V., and B. S. Low. 1986. Resource distribution, social competition and mating patterns in human societies. In *Ecological aspects of social evolution,* ed. D. I. Rubenstein and R. W. Wrangham. Princeton: Princeton Univ. Press.

Foley, R. A., and P. C. Lee. 1989. Finite social space, evolutionary pathways, and reconstructing hominid behavior. *Science* 243:901-6.

Ford, C. S., and F. A. Beach. 1951. *Patterns of sexual behavior.* New York: Harper and Brothers.

Forsyth, A. 1985. Good scents and bad. *Natural History*, Nov., 25-32.

Fortune, R. 1963. *Sorcerers of Dobu.* New York: Dutton.

Fossey, D. 1979. Development of the mountain gorilla *(Gorilla gorilla beringei):* The first thirty-six months. In *The great apes*, ed. D. A. Hamburg and E. R. McCown. Menlo Park, CA: Benjamin/Cummings.

—. 1983. *Gorillas in the mist.* Boston: Houghton Mifflin.

Foucault, M. 1985. *The History of sexuality.* Vol. 2, *The use of pleasure.* Trans. R. Hurley. New York: Pantheon.

Fouts, D. 1983. Louis tries his hand at surgery. *Friends of Washoe* 3(4).

Fox, R. 1972. Alliance and constraint: Sexual selection in the evolution of human kinship systems. In *Sexual selection and the descent of man,* ed. B. Campbell. Chicago: Aldine.

—. 1980. *The Red lamp of incest.* New York: E. P. Dutton.

Fraley, R. C., and P. R. Shaver. 2000. Adult romantic attachment: Theoretical developments, emerging controversies, and unanswered questions. *Review of General Psychology* 4:132-54.

Frank, R. 1985. *Choosing the right pond: Human behavior and the quest for status.* New York: Oxford Univ. Press.

Frascella, J., M. N. Potenza, L. L. Brown, and A. R. Childress. 2010. Shared brain vulnerabilities open the way for nonsubstance addictions: Carving addiction at a new joint? *Annals of the New York Academy of Sciences,* 1187:294-315.

Frayer, D. W., and M. H. Wolpoff. 1985. Sexual Dimorphism. *Annual Review of Anthropology* 14:429-73.

Frayser, S. 1985. *Varieties of sexual experience: An anthropological perspective on human sexuality.* New Haven: HRAF Press.

Frazer, J. G. [1922] 1963. *The golden bough.* New York: Macmillan.

Freud, S. 1918. *Totem and taboo.* Trans. A. A. Brill. New York: Moffat, Yard.

Friedl, E. 1975. *Women and men: An anthropologist's view.* New York: Holt, Rinehart and Winston.

Frisch, R. E. 1978. Population, food intake and fertility. *Science* 199:22-30.

—. 1984. Body fat, puberty, and fertility. *Biological Reviews* 59:161-88.

Frisch, R. E., and R. Revelle. 1970. Height and weight at menarche and a hypothesis of critical weights and adolescent events. *Science* 169:397-99.

Fuller, C. J. 1976. *The Nayars today.* Cambridge, UK: Cambridge Univ. Press.

Furstenberg, F. F., Jr. 1981. Remarriage and intergenerational relations. In *Aging: Stability and changes in the family.* ed. R. W. Fogel et al. New York: Academic Press.

Furstenberg, F. F., Jr., and G. B. Spanier. 1984. *Recycling the family: Remarriage after divorce.* Beverly Hills, CA: Sage Publications.

Gage, R. L. 1979. *Fox family.* New York: Weatherhill/Heibonsha.

Galdikas, B. M. F. 1979. Orangutan adaptation at Tanjung Putting Reserve: Mating and ecology. In *The Great Apes,* ed. D. A. Hamburg and E. R. McCown. Menlo Park, CA: Benjamin/Cummings.

—. 1989. Body weight and reproduction. *Science* 246:432.

—. 1995. *Reflections of Eden: My years with Orangutans of Borneo.* Boston: Little Brown. 144-45.

Galdikas, B. M. F., and J. W. Wood. 1990. Birth spacing patterns in humans and apes. *American Journal of Physical Anthropology* 83:185-91.

Gallup, G. G. 1982. Permanent breast enlargement in human females: A socio-biological analysis. *Journal of Human Evolution* 11:597-601.

Gangestad, S. W., and R. Thornhill. 1997. The evolutionary psychology of extra-pair sex: the role of fluctuating asymmetry. *Evolution and Human Behavior* 18(2): 69-88.

Gangestad, S. W., R. Thornhill, and R. A. Yeo. 1994. Facial attractiveness, developmental stability, and fluctuating asymmetry. *Ethology and Sociobiology* 15:73-85.

Garcia, J. R., and H. E. Fisher. 2015. Why we hook up: Searching for sex or looking for love. In *Gender, sex, and politics: In the streets and between the sheets in the 21st century*, ed. S. Tarrant. New York: Routledge.

Garcia, J. R., J. MacKillop, E. L. Aller, et al. 2010. Associations between the dopamine D4 receptor gene variation with both infidelity and sexual promiscuity. PLoS ONE 5:e14162.

Garcia, J. R., and C. Reiber. 2008. Hook-up behavior: A biopsychosocial perspective. *Journal of Social, Evolutionary and Cultural Psychology* 2(4): 192-208.

Garcia, J. R., C. Reiber, S. G. Massey, and A. M. Merriwether. 2012. Sexual hook-up culture: A review. *Review of General Psychology* 16:161-76.

Gargett, R. H. 1989. Grave shortcomings: The evidence for Neanderthal burial. *Current Anthropology* 30:157-90.

Garver-Apgar, C. E., S. W. Gangestad, R. Thornhill, et al. 2006.

"Major histocompatibility complex alleles, sexual responsivity, and unfaithfulness in romantic couples." *Psychological Science* 17 (10): 830-35.

Gaulin, S. J., and J. Boster. 1985. Cross-cultural differences in sexual dimorphism: Is there any variance to be explained? *Ethology and Sociobiology* 6:219-25.

Gaulin, S. J., and R. W. FitzGerald. 1989. Sexual selection for spatial-learning ability. *Animal Behavior* 37:322-31.

Gaulin, S. J., and M. J. Konner. 1977. On the natural diet of primates, including humans. In *Nutrition and the brain.* Vol. 1, ed. R. and J. Wurtman. New York: Raven Press.

Gehlback, F. R. 1986. Odd couples of suburbia. *Natural History,* July, 56-66.

Geschwind, N. 1974. The anatomical basis of hemispheric differentiation. In *Hemispheric function of the human brain*, ed. S. J. Dimond and J. G. Beaumont. New York: John Wiley.

Geschwind, N. G., and A. M. Galaburda. 1985. Cerebral lateralization. Biological mechanisms, associations and pathology: A hypothesis and a program for research. *Archives of Neurology* 42: 428-59.

Gibbons, A. 1990a. Our chimp cousins get that much closer. *Science* 250:376.

—. 1990b. Paleontology by bulldozer. *Science* 247:1407-9.

—. 1991. First hominid finds from Ethiopia in a decade. *Science* 251:1428.

—. 2010. Close encounters of a prehistoric kind. *Science* 328:680-84.

—. 2011. Who were the Denisovans? *Science* 333:1084-87.

Gibbs, H. L., P. J. Weatherhead, P. T. Boag, et al. 1990. Realized reproductive success of polygynous redwinged blackbirds revealed by DNA markers. *Science* 250:1394-97.

Gibson, K. R. 1981. Comparative neuroontogeny, its implications for the development of human intelligence. In *Infancy and epistemology,* ed. G. Butterworth. Brighton, UK: Harvester Press.

Gies, F., and J. Gies. 1978. *Women in the Middle Ages*. New York: Barnes and Noble.

Giese, J. 1990. A communal type of life, and dinner's for everyone. *New York Times*, Sept. 27.

Gilligan, C. 1982a. *In a different voice*. Cambridge, MA: Harvard Univ. Press.

—. 1982b. Why should a woman be more like a man? *Psychology Today,* June, 70-71.

Gilligan, C., and G. Wiggins. 1988. The origins of morality in early childhood relationships. In *Mapping the moral domain*, ed. C. Gilligan, et al. Cambridge, MA: Harvard Univ. Press.

Gingrich, B., Y. Liu, C. Cascio, et al. 2000. D2 receptors in the nucleus accumbens are important for social attachment in female prairie voles (Microtus ochrogaster). *Behavioral Neuroscience* 114(1): 173-83.

Givens, D. B. 1983. *Love signals: How to attract a mate*. New York: Crown.

—. 1986. The big and the small: Toward a paleontology of gesture. *Sign Language Studies* 51:145-70.

Gladkih, M. I., N. L. Kornieta, and O. Soffer. 1984. Mammoth-bone dwellings on the Russian plain. *Scientific American* 251 (5): 164-75.

Glass, S., and T. Wright. 1985. Sex differences in type of extramarital involvement and marital dissatisfaction. *Sex Roles* 12:1101-20.

—. 1992. Justifications for extramarital relationships: The association between attitudes, behaviors, and gender. *Journal of Sex Research* 29:361-87.

Glenn, N., and M. Supancic. 1984. The social and demographic correlates of divorce and separation in the United States: An update and reconsideration. *Journal of Marriage and the Family* 46:563-75.

Glick, P. C. 1975. Some recent changes in American families. *Current Population Reports*, Social Studies Series P-23, no. 52. Washington, DC: U.S. Bureau of the Census.

Goldberg, S. 1973. *The inevitability of patriarchy*. New York: William

Morrow.

Goldin, C. 1990. *Understanding the gender gap: An economic history of American women.* New York: Oxford Univ. Press.

—. 1991. A conversation with Claudia Goldin. *Harvard Gazette,* Feb. 1, 5-6.

Goldizen, A. W. 1987. Tamarins and marmosets: Communal care of offspring. In *Primate Societies,* ed. B. B. Smuts et al. Chicago: Univ. of Chicago Press.

Goldstein, B. 1976. *Human sexuality.* New York: McGraw-Hill.

Goldstein, M. C. 1976. Fraternal polyandry and fertility in a high Himalayan village in N. W. Nepal. *Human Ecology* 4 (3): 223-33.

—. 1987. When brothers share a wife. *Natural History,* March, 39-49.

Goleman, D. 1981. The 7,000 faces of Dr. Ekman. *Psychology Today,* Feb., 43-49.

—. 1986. Two views of marriage explored: His and hers. *New York Times,* April 1.

—. 1989. Subtle but intriguing differences found in the brain anatomy of men and women. *New York Times,* April 11.

Golombok, S., and F. Tasker. 1996. Do parents influence the sexual orientation of their children. *Developmental Psychology* 32 (1): 3-11.

Goodale, J. C. 1971. *Tiwi wives: A study of the women of Melville Island, North Australia.* Seattle: Univ. of Washington Press.

Goodall, J. 1968. The behavior of free-ranging chimpanzees in the Gombe Stream Reserve. *Animal Behavior Monographs* 1:161-311.

—. 1970. Tool-using in primates and other vertebrates. *Advanced Studies of Behavior* 3:195-249.

—. 1977. Watching, watching, watching. *New York Times,* Sept. 15.

—. 1986. *The chimpanzees of Gombe: Patterns of behavior.* Cambridge, MA: Belknap Press/Harvard Univ. Press.

—. 1988. *In the shadow of man.* Rev. ed. Boston: Houghton Mifflin.

Goodall, J., A. Bandora, E. Bergmann, et al. 1979. Intercommunity interactions in the chimpanzee population of the Gombe National Park.

In *The great apes,* ed. D. A. Hamburg and E. R. McCown. Menlo Park, CA: Benjamin/Cummings.

Goodenough, W. H. 1970. *Description and comparison in cultural anthropology.* Chicago: Aldine.

Goody, J. 1969. Inheritance, property, and marriage in Africa and Eurasia. *Sociology* 3:55-76.

—. 1983. *The Development of the family and marriage in Europe.* Cambridge, UK: Cambridge Univ. Press.

Gordon, A. D. 2006. Scaling of size and dimorphism in primates II: Macroevolution. *International Journal of Primatology* 27: 63-105.

Gorer, G. 1938. *Himalayan village: An account of the Lepchas of Sikkim.* London: Michael Joseph.

Gough, E. K. 1968. The Nayars and the definition of marriage. In *Marriage, family, and residence,* ed. P. Bohannan and J. Middleton. Garden City, NY: Natural History Press.

Gould, J. L. 1982. *Ethology: The mechanisms and evolution of behavior.* New York: W. W. Norton.

Gould, J. L., and C. G. Gould. 1989. *The ecology of attraction: Sexual selection.* New York: W. H. Freeman.

Gould, S. J. 1977. *Ontogeny and phylogeny.* Cambridge, MA: Harvard Univ. Press.

—. 1981. *The mismeasure of man.* New York: W. W. Norton.

—. 1987a. Freudian slip. *Natural History,* Feb., 14-19.

—. 1987b. Steven Jay Gould replies to John Alcock's "Ardent Adaptationism." *Natural History,* April, 4.

Gove, C. M. 1989. Wife lending: Sexual pathways to transcendence in Eskimo culture. In *Enlightened Sexuality,* ed. G. Feuerstein. Freedom, CA: Crossing Press.

Graham, C. A., and W. C. McGrew. 1980. Menstrual synchrony in female undergraduates living on a coeducational campus. *Psychoneuroendocrinology* 5:245-52.

Gray, J. P., and L. D. Wolfe. 1983. Human female sexual cycles and the concealment of ovulation problem. *Journal of Social and Biological Structures* 6:345-52.

Gray, P. B., and J. R. Garcia. 2013. *Evolution and human sexual behavior.* Cambridge, MA: Harvard Univ. Press.

Greeley, A. 1994. Marital infidelity. *Society* 31: 9-13.

Green, R. E., J. Krause, A. Briggs, et al. 2010. A draft sequence of the Neanderthal genome. *Science* 328: 710-26.

Greenfield, L. O. 1980. A late-divergence hypothesis. *American Journal of Physical Anthropology* 52:351-66.

—. 1983. Toward the resolution of discrepancies between phenetic and paleontological data bearing on the question of human origins. In *New Interpretations of Ape and Human Ancestry,* ed. R. L. Ciochon and R. S. Corruccini. New York: Plenum Press.

Gregersen, E. 1982. *Sexual practices: The story of human sexuality.* London: Mitchell Beazley.

Gregg, S. A. 1988. *Foragers and farmers: Population interaction and agricultural expansion in prehistoric Europe.* Chicago: Univ. of Chicago Press.

Gregor, T. 1985. *Anxious pleasures: The sexual lives of an Amazonian people.* Chicago: Univ. of Chicago Press.

Griffin, D. R. 1984. *Animal thinking.* Cambridge, MA: Harvard Univ. Press.

Griffin-Shelley, E. 1991. Sex and love: Addiction, treatment and recovery. Westport, CT: Praeger.

Grine, F. E. 1989. *Evolutionary history of the robust Australopithecines.* New York: Aldine de Gruyter.

Gubernick, D. J. Forthcoming. Biparental care and male-female relations in mammals. In *Infanticide and Parental Care*, ed. S. Parmigiana and F. S. vom Saal. London: Harwood Academic.

Guttentag, M., and P. F. Secord. 1983. *Too many women? The sex ratio question.* Beverly Hills, CA: Sage Publications.

Hagen, E. H. 2011. Evolutionary theories of depression: A critical review. *Canadian Journal of Psychiatry* 56:716-26.

Haidt, J. 2012. The righteous mind: Why good people are divided by politics and religion. New York: Pantheon.

Hall, E. T. 1959. *The silent language*. New York: Doubleday.

——. 1966. *The hidden dimension*. New York: Anchor.

——. 1976. *Beyond Culture*. New York: Doubleday/Anchor.

Hall, J. A. 1984. *Nonverbal sex differences*. Baltimore: Johns Hopkins Univ. Press.

——. 1978. Decoding wordless messages. *Human Nature*, May, 68-75.

Hall, J. A., R. Rosenthal, D. Archer, et al. 1977. The profile of nonverbal sensitivity. In *Advances in Psychological Assessment*. Vol. 4, ed. P. McReynolds. San Francisco: Jossey-Bass.

Hall, R. L. 1982. *Sexual dimorphism in Homo Sapiens: A question of size*. New York: Praeger.

Hall, T. 1987. Infidelity and women: Shifting patterns. *New York Times*, June 1.

Halpern, H. M. 1982. How to break your addiction to a person. New York: McGraw-Hill.

Hamer, D. H., S. Hu, V. L. Magnuson, et al. 1993. A Linkage between DNA markers on the X chromosome and male sexual orientation. *Science* 261: 321-27.

Hames, R. B. 1988. The allocation of parental care among the Ye'kwana. In *Human reproductive behavior: A Darwinian perspective*, ed. L. Betzig, M. Borgerhoff Mulder, and P. Turke. New York: Cambridge Univ. Press.

Hamilton, W. D. 1964. The genetical evolution of social behaviour: I. and II. *Journal of Theoretical Biology* 7:1-52.

——. 1980. Sex versus non-sex versus parasite. *Oikos* 35:282-90.

Hamilton, W. D., P. A. Henderson, and N. A. Moran. 1981. Fluctuation of environment and coevolved antagonist polymorphism as factors in the maintenance of sex. In *Natural Selection and Social Behavior*, ed. R. D.

Alexander and D. W. Tinkle. New York: Chiron Press.

Hamilton, W. D., and M. Zuk. 1982. Heritable true fitness and bright birds: A role for parasites? *Science* 218:384-87.

Hammock, E. A., and L. J. Young. 2002. Variation in the vasopressin V1a receptor promoter and expression: Implications for inter- and intraspecfiic variation in social behaviour. *European Journal of Neuroscience* 16:399-402.

Harcourt, A. H. 1979a. Social relationships between adult male and female mountain gorillas in the wild. *Animal Behavior* 27:325-42.

—. 1979b. The social relations and group structure of wild mountain gorillas. In *The Great Apes*, ed. D. A. Hamburg and E. R. McCown. Menlo Park, CA: Benjamin/ Cummings.

Harris, H. 1995. Rethinking Heterosexual Relationships in Polynesia: A Case Study of Mangaia, Cook Island. In *Romantic Passion: A Universal Experience?* ed. W. Jankowiak. New York: Columbia Univ. Press.

Harris, John M. Rutgers University. Personal communication.

Harris, M. 1977. Why men dominate women. *New York Times Magazine,* Nov. 13, 46, 115-23.

—. 1981. *America now: The anthropology of a changing culture.* New York: Simon and Schuster.

Harrison, R. J. 1969. Reproduction and reproductive organs. In *The biology of marine mammals,* ed. H. T. Andersen. New York: Academic Press.

Harrison, T. 2010. Apes among the tangled branches of human origins. *Science* 327:532-533.

Hart, C. W. M., and A. R. Pilling. 1960. *The Tiwi of North Australia.* New York: Holt, Rinehart and Winston.

Harwood, D. M. 1985. Late Neogene climate fluctuations in the southern high-latitudes: Implications of a warm Pliocene and deglaciated Antarctic continent. *South African Journal of Science* 81:239-41.

Hassan, F. 1980. The growth and regulation of human population in prehistoric times. In *Biosocial Mechanism of Population Regulation,* ed.

M. N. Cohen et al. New Haven: Yale Univ. Press.

Hatfield, E. 1988. Passionate and companionate love. In *The Psychology of Love*, ed. R. J. Sternberg and M. L. Barnes, 191. New Haven: Yale Univ. Press.

Hatfield, E., and R. Rapson. 1987. Passionate love/sexual desire: Can the same paradigm explain both? *Archives of Sexual Behavior* 16:259-78.

—. 1996. *Love and sex: Cross-cultural perspectives*. Needham Heights, MA: Allyn and Bacon.

Hatfield, E. and S. Sprecher. 1986. Measuring passionate love in intimate relationships. *Journal of Adolescence* 9:383-410.

Hausfater, G., and S. B. Hrdy. 1984. *Infanticide: Comparative and evolutionary perspectives*. New York: Aldine.

Hawkes, K., K. Hill, and J. F. O'Connell. 1982. Why hunters gather: Optimal foraging and the Ache of eastern Paraguay. *American Ethnologist* 9:379-98.

Hawkes, K., J. F. O'Connell, N. G. Blurton Jones, et al. 1998. Grandmothering, menopause, and the evolution of human life histories. *Proceedings of the National Academy of Sciences* 95 (3): 1336-39.

Hay, R. L., and M. D. Leakey. 1982. The fossil footprints of Laetoli. *Scientific American,* Feb., 50-57.

Hazan, C., and L. M. Diamond. 2000. "The place of attachment in human mating." *Review of General Psychology* 4:186-204.

Hazan, C., and P. R. Shaver. 1987. Romantic love conceptualized as an attachment process. *Journal of Personality and Social Psychology* 52:511-24.

Heider, K. G. 1976. Dani sexuality: A low energy system. *Man* 11:188-201.

Henley, N. 1977. *Body politics: Power, sex and nonverbal communication.* Englewood Cliffs, NJ: Prentice-Hall.

Henrich, J., R. Boyd, and P. J. Richerson. 2012. The puzzle of monogamous marriage. *Philosophical Transactions of the Royal Society, B: Biological Sciences*, 367ff.

Henry, D. J. 1985. The little foxes. *Natural History,* Jan., 46-56.

Henry, J. 1941. *Jungle people.* New York: J. J. Augustine.

Hess, E. H. 1975. *The tell-tale eye.* New York: Van Nostrand Reinhold.

Hewlett, B. S. 1991. Demography and childcare in preindustrial societies. *Journal of Anthropological Research* 47:1-37.

—. ed. 1992. *Father child relations.* New York: Aldine de Gruyter.

Hiatt, L. R. 1989. On cuckoldry. *Journal of Social and Biological Structures* 12:53-72.

Hill, K. R., R. S. Walter, M. Bozicevic, et al. 2011. Co-residence patterns in hunter-gatherer societies show unique human social structure. *Science* 331:1286-89.

Hite, S. 1981. *The Hite report on male sexuality.* New York: Ballantine.

Hochschild, A., with A. Machung. 1989. *The second shift.* New York: Viking.

Holloway, R. L. 1985. The poor brain of *Homo sapiens neanderthalensis:* See what you please. . . . In *Ancestors: The hard evidence*, ed. E. Delson. New York: Alan R. Liss.

Hopson, J. L. 1979. *Scent signals: The silent language of sex.* New York: William Morrow.

—. 1980. Scent: Our hot-blooded sense. *Science Digest Special,* Summer, 52-53, 110.

Howell, J. M. 1987. Early farming in northwestern Europe. *Scientific American* 257:118-24, 126.

Howell, N. 1979. *Demography of the Dobe !Kung.* New York: Academic Press.

Hrdy, S. B. 1981. *The woman that never evolved.* Cambridge, MA: Harvard Univ. Press.

—. 1983. Heat loss. *Science* 83, Aug., 73-78.

—. 1986. Empathy, polyandry, and the myth of the coy female. In *Feminist approaches to science*, ed. R. Bleier. New York: Pergamon Press.

Hughes, S. M., F. Dispenza, and G. G. Gallup. 2004. Ratings of voice attractiveness predict sexual behavior and body configuration. *Evolution and Human Behavior* 25:295-304.

Hughes, S. M., M. A. Harrison, and G. G. Gallup. 2007. Sex differences in romantic kissing among college students: An evolutionary perspective. *Evolutionary Psychology* 5 (3): 617-31.

Human Genome Project. 2014.

Hunt, M. M. 1959. *The natural history of love*. New York: Alfred A. Knopf.

—. 1974. *Sexual behavior in the 1970s*. Chicago: Playboy Press.

Hunter, M. S., C. Nitschke, and L. Hogan. 1981. A scale to measure love addiction. *Psychological Reports* 48:582.

Ingalhalikar, M., A. Smith, D. Parker, et al. 2014. Sex differences in the structural connectome of the human brain. *Proceedings of the National Academy of Sciences* 111(2):823-28.

Ingmanson, Ellen, anthropologist, personal communication.

Ipsos Poll. 2014.

Isaac, B. L., and W. E. Feinberg. 1982. Marital form and infant survival among the Mende of rural upper Bambara chiefdom, Sierra Leone. *Human Biology* 54:627-34.

James, S. R. 1989. Hominid use of fire in the Lower and Middle Pleistocene: A review of the evidence. *Current Anthropology* 30:1-26.

Jankowiak, W. R. 1992. *Sex, death and hierarchy in a Chinese city: An anthropological account.* New York: Columbia Univ. Press.

Jankowiak, W. R., and E. F. Fischer. 1992. A cross-cultural perspective on romantic love. *Ethnology* 31 (2): 149-55.

Jankowiak, W. R., and M. D. Hardgrave. 2007. Individual and societal responses to sexual betrayal: A view from around the world. *Electronic Journal of Human Sexuality* 10.

Jankowiak, W. R., S. L. Volsche and J. R. Garcia. 2015. In press. Is the romantic/sexual kiss a near human universal? *American Anthropologist* 117 (3): 535-39.

Jarman, M. V. 1979. Impala social behavior: Territory, hierarchy, mating and use of space. *Fortschritte Verhaltensforschung* 21:1-92.

Jenni, D. A. 1974. Evolution of polyandry in birds. *American Zoology* 14:129-44.

Jespersen, O. [1922] 1950. *Language: Its nature, development and origin.* London: George Allen and Unwin.

Jia, L., and H. Weiwen. 1990. *The story of Peking Man: From archaeology to mystery.* New York: Oxford Univ. Press.

Johanson, D. C., ed. 1982. Pliocene hominid fossils from Hadar, Ethiopia. *American Journal of Physical Anthropology* 57:373-402.

Johanson, D. C., and M. Edey. 1981. *Lucy: The beginnings of humankind.* New York: Simon and Schuster.

Johanson, D. C., and J. Shreeve. 1989. *Lucy's child: The discovery of a human ancestor.* New York: William Morrow.

Johanson, D. C., and T. D. White. 1979. A systematic assessment of early African hominids. *Science* 203:321-30.

Johansson, S. 2013. The talking Neanderthals: What do fossils, genetics, and archeology say? *Biolinguistics* 7:35-74.

Johnson, A. W., and T. Earle. 1987. *The evolution of human societies: From foraging group to agrarian state.* Stanford, CA: Stanford Univ. Press.

Johnson, L. L. 1989. The Neanderthals and population as prime mover. *Current Anthropology* 30:534-35.

Johnson, R. A. 1983. *We: Understanding the psychology of romantic love.* San Francisco: Harper and Row.

Johnson, S. C. 1981. Bonobos: Generalized hominid prototypes or specialized insular dwarfs? *Current Anthropology* 22:363-75.

Jones, E., and K. Hill. 1993. Criteria of facial attractiveness in five populations. *Human Nature* 4:271-96.

Jorgensen, W. 1980. *Western Indians.* San Francisco: W. H. Freeman.

Jost, A. 1972. A new look at the mechanisms controlling sex differentiation in mammals. *Johns Hopkins Medical Journal* 130:38-53.

Jungers, W. 1988. Relative joint size and hominoid locomotor adaptations.

Journal of Human Evolution 17:247.

Kaberry, P. M. 1939. *Aboriginal woman: Sacred and profane*. London: Routledge and Kegan Paul.

Kagan, J., and S. Lamb, eds. 1987. *The emergence of morality in young children*. Chicago: Univ. of Chicago Press.

Kagan, J., J. S. Reznick, and N. Snidman. 1988. Biological Bases of Childhood Shyness. *Science* 240:167-71.

Kano, T. 1979. A pilot study on the ecology of pygmy chimpanzees, *Pan paniscus*. In *The great apes,* ed. D. A. Hamburg and E. R. McCown. Menlo Park, CA: Benjamin/ Cummings.

—. 1980. Social behavior of wild pygmy chimpanzees *(Pan paniscus)* of Wamba: A preliminary report. *Journal of Human Evolution* 9:243-60.

Kano, T., and M. Mulavwa. 1984. Feeding ecology of the pygmy chimpanzees *(Pan paniscus)* of Wamba. In *The pygmy chimpanzee,* ed. R. L. Susman. New York: Plenum Press.

Kantrowitz, B., and P. Wingert. 1990. Step by step. *Newsweek Special Edition,* Winter/ Spring, 24-34.

Kapit, W., R. I. Macey, and E. Meisami. 2000. *The physiology coloring book*. New York: Addison Wesley Longman.

Kay, R. F. 1981. The nut-crackers: A new theory of the adaptations of the Ramapithecinae. *American Journal of Physical Anthropology* 55:141-51.

Kelly, R. 1995. *The foraging spectrum*. Washington, DC: Smithsonian Press.

Kimura, D. 1983. Sex differences in cerebral organization for speech and praxic functions. *Canadian Journal of Psychology* 37:19-35.

—. 1989. How sex hormones boost or cut intellectual ability. *Psychology Today,* Nov., 63-66.

Kinsey, A. C., W. B. Pomeroy, and C. E. Martin. 1948. *Sexual behavior in the human male*. Philadelphia: W. B. Saunders.

Kinsey, A. C., W. B. Pomeroy, C. E. Martin, and P. H. Gebhard. 1953.

Sexual behavior in the human female. Philadelphia: W. B. Saunders.

Kinzey, W. G. 1987. Monogamous primates: A primate model for human mating systems. In *The Evolution of Human Behavior,* ed. W. G. Kinzey. Albany: State Univ. of New York Press.

Kirkendall, L. A., and A. E. Gravatt. 1984. Marriage and family: Styles and forms. In *Marriage and the family in the year 2000,* ed. L. A. Kirkendall and A. E. Gravatt. Buffalo, NY: Prometheus.

Kleiman, D. G. 1977. Monogamy in mammals. *Quarterly Review of Biology* 52:39-69.

Kleiman, D. G., and J. F. Eisenberg. 1973. Comparisons of child and felid social systems from an evolutionary perspective. *Animal Behavior* 21:637-59.

Kleiman, D. G., and J. R. Malcolm. 1981. The evolution of male parental investment in mammals. In *Parental care in mammals,* ed. D. J. Gubernick and P. H. Klopfer. New York: Plenum Press.

Klein, L. 1980. Contending with colonization: Tlingit men and women in change. In *Woman and colonization,* ed. M. Etienne and E. Leacock. New York: Praeger.

Klein, Laura. Pacific University. Personal communication.

Klein, R. G. 1999. *The human career: Human biological and cultural origins,* 2nd edition. Chicago: Univ. of Chicago Press.

Klinenberg, E. 2012. *Going solo: The extraordinary rise and surprising appeal of living alone.* New York: Penguin.

Knickmeyer, R., S. Baron-Cohen, P. Raggatt, et al. 2006. Fetal testosterone and empathy. *Hormones and Behavior* 49: 282-92.

Kohlberg, L. 1969. Stage and sequence: The cognitive-developmental approach to socialization. In *Handbook of socialization theory and research,* ed. D. A. Goslin. Chicago: Rand McNally.

Kohler, W. 1925. *The mentality of apes.* London: Routledge and Kegan Paul. Reprint, New York: Liveright, 1976.

Konner, M. J. 1982. *The tangled wing: Biological constraints on the human spirit.* New York: Harper and Row.

—. 1988. Is orgasm essential? *Sciences,* March–April, 4-7.

Konner, M. J. 2015. *Women after all: Sex, evolution and the end of male supremacy.* New York: W. W. Norton.

Konner, M. J., and C. Worthman. 1980. Nursing frequency, gonadal function, and birth spacing among !Kung hunter-gatherers. *Science* 207:788-91.

Koob, G. F., and N. D. Volkow. 2010. Neurocircuitry of addiction. *Neuropsychopharmacology* 35:217-38.

Kramer, K. L., and R. D. Greaves. 2011. Postmarital residence and bilateral kin associations among hunter-gatherers: Pume foragers living in the best of both worlds. *Hum Nat* 22:41-63.

Kreider, R. 2006. *Remarriage in the United States.* Poster presented at the annual meeting of the American Sociological Association, Montreal, August 10-14.

Krier, B. A. 1988. Why so many singles? *Los Angeles Times,* June 26.

Kristof, N. D. 1991. Love, the starry-eyed kind, casts spell on China. *New York Times,* March 6.

Kruuk, H. 1972. *The spotted hyena: A study of predation and social behavior.* Chicago: Univ. of Chicago Press.

Kummer, H. 1968. *Social organization of Hamadryas baboons.* Chicago: Univ. of Chicago Press.

Kuroda, S. 1984. Interaction over food among pygmy chimpanzees. In *The pygmy chimpanzee,* ed. R. L. Susman. New York: Plenum Press.

Lacey, W. K. 1973. Women in democratic Athens. In *Women: From the Greeks to the French Revolution.* ed. S. G. Bell. Stanford, CA: Stanford Univ. Press.

Lack, D. 1968. *Ecological adaptations for breeding in birds.* London: Methuen.

Laitman, J. T. 1984. The anatomy of human speech. *Natural History,* Aug., 20-27.

Laitman, J. T., R. C. Heimbuch, and E. S. Crelin. 1979. The basicranium of fossils hominids as an indicator of their upper respiratory system. *American Journal of Physical Anthropology* 51:15-34.

Lampe, P. E., ed. 1987. *Adultery in the United States: Close encounters of the sixth (or seventh) kind.* Buffalo: Prometheus.

Lancaster, J. B. 1979. Sex and gender in evolutionary perspective. In *Human sexuality*, ed. M. Katchadourian. Berkeley: Univ. of California Press.

—. 1986. Human adolescence and reproduction: An evolutionary perspective. In *School-age pregnancy and parenthood,* ed. J. B. Lancaster and B. A. Hamburg. New York: Aldine de Gruyter.

—. 1992. Parental investment and the evolution of the juvenile phase of the human life course. In *The Origins of Humanness,* ed. A. Brooks. Washington, DC: Smithsonian Institution Press.

Lancaster, J. B., and C. S. Lancaster. 1983. Parental investment: The hominid adaptation. In *How humans adapt: A biocultural odyssey*, ed. D. J. Ortner. Washington, DC: Smithsonian Institution Press.

Langlois, J. H., L. A. Roggman, R. J. Casey, et al. 1987. Infant preferences for attractive faces: Rudiments of a stereotype. *Developmental Psychology* 23:363-69.

Latimer, B. M., T. D. White, W. H. Kimbel, et al. 1981. The pygmy chimpanzee is not a living missing link in human evolution. *Journal of Human Evolution* 10:475-88.

Laumann, E. O., J. H. Gagnon, R. T. Michael, and S. Michaels. 1994. *The social organization of sexuality: Sexual practices in the United States.* Chicago: Univ. of Chicago Press.

Lawrence, R. J. 1989. *The poisoning of eros: Sexual values in conflict.* New York: Augustine Moore Press.

Lawson, A. 1988. *Adultery: An analysis of love and betrayal.* New York: Basic Books.

Leacock, E. B. 1980. Montagnais women and the Jesuit program for colonization. In *Women and colonization*, ed. M. Etienne and E. Leacock. New York: Praeger.

——. 1981. *Myths of male dominance*. New York: Monthly Review Press.

——. ed. 1972. *The origins of the family, private property and the state, by Frederick Engels with an introduction by Eleanor Burke Leacock*. New York: International Publishers.

Leakey, M. D. 1971. *Olduvai Gorge*. Vol. 3. London: Cambridge Univ. Press.

Leakey, M. D., and R. L. Hay. 1979. Pliocene footprints in the Laetolil beds at Laetoli, northern Tanzania. *Nature* 278:317-23.

Leakey, M. D., R. L. Hay, G. H. Curtis, et al. 1976. Fossil hominids from the Laetolil Beds. *Nature* 262:460-66.

Lebel, S., E. Trinkaus, M. Faure, et al. 2001. Comparative morphology and paleo biology of Middle Pleistocene human remains from the Bau del l'Aubesier, Vaucluse, France. *Proceedings of the National Academy of Sciences* 98, 11097-102.

LeBoeuf, B. J. 1974. Male–male competition and reproductive success in elephant seals. *American Zoologist* 14:163-76.

Le Clercq, C. 1910. *New relation of Gaspesia*, ed. W. F. Ganong. Toronto: Champlain Society.

Leder, G. C. 1990. Gender differences in mathematics: An overview. In *Mathematics and gender*, ed. E. Fennema and G. C. Leder. New York: Teachers College Press.

Lee, R. B. 1968. What hunters do for a living, or, How to make out on scarce resources. In *Man the hunter*, ed. R. B. Lee and I. DeVore. New York: Aldine.

——. 1980. Lactation, ovulation, infanticide, and women's work: A study of huntergatherer population regulation. In *Biosocial mechanisms of population regulation*, ed. M. N. Cohen et al. New Haven: Yale Univ. Press.

Lehrman, N. S. 1962. Some origins of contemporary sexual standards.

Journal of Religion and Health 1:362-86.

—. 1963. Moses, monotheism and marital fidelity. *Journal of Religion and Health* 3:70-89.

Leroi-Gourhan, A. 1975. The flowers found with Shanidar IV: A Neanderthal burial in Iraq. *Science* 190:562-64.

LeVay, S. 1991. A difference in hypothalamic structure between heterosexual and homosexual men. *Science* 253:1034-37.

Levinger, G. 1968. Marital cohesiveness and dissolution: An integrative review. In *Selected studies in marriage and the family,* ed. R. R. Winch and L. L. Goodman. 3rd ed. New York: Holt, Rinehart and Winston.

Levi-Strauss, C. 1985. *The view from afar*. New York: Basic Books.

Levitan, S. A., R. S. Belous, and F. Gallo. 1988. *What's happening to the American family?* Baltimore: Johns Hopkins Univ. Press.

Lewin, R. 1982. How did humans evolve big brains? *Science* 216:840-41.

—. 1983a. Fossil Lucy grows younger, again. *Science* 219:43-44.

—. 1983b. Is the orangutan a living fossil? *Science* 222:1222-23.

—. 1985. Surprise findings in the Taung child's face. *Science* 228:42-44.

—. 1987a. Africa: Cradle of modern humans. *Science* 237:1292-95.

—. 1987b. Four legs bad, two legs good. *Science* 235:969-71.

—. 1988a. A revolution of ideas in agricultural origins. *Science* 240:984-86.

—. 1988b. Conflict over DNA clock results. *Science* 241:1598-1600.

—. 1988c. DNA clock conflict continues. *Science* 241:1756-59.

—. 1988d. Subtleties of mating competition. *Science* 242:668.

—. 1989. Species questions in modern human origins. *Science* 243:1666-67.

Lewis, H. T. 1989. Reply to Hominid use of fire in the Lower and Middle Pleistocene: A review of the evidence, by S. R. James. *Current Anthropology* 30:1-26.

Lewis, R. A., and G. B. Spanier. 1979. Theorizing about the quality and stability of marriage. In *Contemporary theories about the family,* ed. W. Burr, R. Hill, F. Nye, and I. Reiss. New York: Free Press.

Lewis, T., F. Amini, and R. Lannon. 2000. *A general theory of love*. New

York: Random House.

Lieberman, P. 1984. *The biology and evolution of language.* Cambridge, MA: Harvard Univ. Press.

Liebowitz, M. R. 1983. *The chemistry of love.* Boston: Little, Brown.

Lim, M. M., A. Z. Murphy, and L. J. Young. 2004. Ventral striatopallidal oxytocin and vasopressin V1a receptors in the monogamous prairie vole *(Microtus ochrogaster). Journal of Comparative Neurology* 468: 555-70.

Lim, M. M., and L. J. Young. 2004. "Vasopressin-dependent neural circuits underlying pair bond formation in the monogamous prairie vole." *Neuroscience,* 125: 35-45.

Lindburg, D. G. 1982. Primate obstetrics: The biology of birth. *American Journal of Primatology*, Supplement 1:193-99.

Lloyd, E. A. 2005. *The case of the female orgasm.* Cambridge, MA: Harvard Univ. Press.

Lloyd, H. G. 1980. *The red fox.* London: Batsford.

Lloyd, P. 1968. Divorce among the Yoruba. *American Anthropologist* 70:67-81.

London, K. A., and B. Foley Wilson. 1988. D-i-v-o-r-c-e. *American Demographics,* Oct., 22-26.

Lovejoy, C. O. 1981. The origin of man. *Science* 211:341-50.

—. 2009. Re-examining human origins in light of *Ardipithecus ramidus* and the paleobiology of early hominins. *Science* 326:74-8, 85-93.

—. 2010. An enlarged postcranial sample confirms *Australopithecus afarensis* dimorphism was similar to modern humans. *Philosophical Transactions of the Royal Society B*, 365: 3355-63.

Low, B. S. 1979. Sexual selection and human ornamentation. In *Evolutionary biology and human social behavior,* ed. N. A. Chagnon and W. Irons. North Scituate, MA: Duxbury Press.

Low, B. S., R. D. Alexander, and K. M. Noonan. 1987. Human hips, breasts and buttocks: Is fat deceptive? *Ethology and Sociobiology* 8 (4): 249-58.

Lucretius. 1965. *On the nature of the universe.* New York: Frederick Ungar.

Lupyan, G., and R. Dale. 2010. Language structure is partly determined by social structure. *PLoS ONE* 5 (1): e8559. doi:10.1371/journal.pone.0008559.

Maccoby, E. E., and C. N. Jacklin. 1974. *The psychology of sex differences.* Stanford, CA: Stanford Univ. Press.

MacDonald, G., and M. R. Leary. 2005. Why does social exclusion hurt? The relationship between social and physical pain. *Psychological Bulletin* 131(2): 202-23.

Mace, D., and V. Mace. 1959. *Marriage: East and West.* Garden City, NY: Doubleday/ Dolphin.

MacKinnon, J. 1979. Reproductive behavior in wild orangutan populations. In *The great apes,* ed. D. A. Hamburg and E. R. McCown. Menlo Park, CA: Benjamin/ Cummings.

MacLean, P. D. 1973. *A triune concept of the brain and behaviour.* Toronto: Toronto Univ. Press.

Maglio, V. J. 1978. Patterns of faunal evolution. In *Evolution of African mammals*, ed. V. J. Maglio and H. B. S. Cooke. Cambridge, MA: Harvard Univ. Press.

Mah, K., and Y. M. Binik. 2002. Do all orgasms feel alike? Evaluating a two-dimensional model of the orgasm experience across gender and sexual context. *Journal of Sex Research* 39: 104-13.

Malinowski, B. 1965. *Sex and repression in savage society.* New York: World.

Manning, J. T. 2002. *Digit ratio: A pointer to fertility, behavior, and health.* New Brunswick, NJ: Rutgers Univ. Press.

Manning, J. T., S. Baron-Cohen, S. Wheelwright, and G. Sanders. 2001. The 2nd to 4th digit ratio and autism. *Developmental Medicine and Child Neurology* 43: 160-64.

Manning, J. T. and D. Scutt. 1996. Symmetry and ovulation in women. *Human Reproduction* 11:2477-80.

Manning J. T., D. Scutt, G. H. Whitehouse, et al. 1996. Asymmetry and menstrual cycle in women. *Ethology and Sociobiology* 17:129-43.

Mansperger, M. C. 1990. The precultural human mating system. *Journal of Human Evolution* 5:245-59.

Marazziti, D., H. S. Akiskal, A. Rossi and G. B. Cassano. 1999. Alteration of the platelet serotonin transporter in romantic love. *Psychological Medicine* 29:741-45.

Marks, J. 1989. The hominin clad. *Science* 246:1645.

Marlowe, F. 1998. The nobility hypothesis: The human breast as an honest signal of residual reproductive value. *Human Nature* 9:263-71.

—. 2000. Paternal investment and the human mating system. *Behavioural Processes* 51: 45-61.

—. 2004. Marital residence among foragers. *Current Anthropology* 45:277-84.

—. 2005. Hunter-gatherers and human evolution. *Evolutionary Anthropology* 14:54-67.

—. 2010. The Hadza: Hunter-gatherers of Tanzania. Berkeley: Univ. of California Press.

Marriage and Divorce Today. 1987. The hidden meaning: An analysis of different types of affairs. June 1, 1-2.

—. 1986. May 12, 1.

Martin, M. K., and B. Voorhies. 1975. *Female of the species.* New York: Columbia Univ. Press.

Martin, R. D. 1982. Human brain evolution in an ecological context. 52nd James Arthur Lecture on the Evolution of the Human Brain, American Museum of Natural History, New York.

Martinez, I., J. L. Arsuaga, R. Quam, et al. 2008. Human hyoid bones from the Middle Pleistocene site of the Sima de los Huesos (Sierra de Atapuerca, Spain). *Journal of Human Evolution* 54: 118-24.

Mascia-Lees, F. E., J. H. Relethford, and T. Sorger. 1986. Evolutionary perspectives on permanent breast enlargement in human females.

American Anthropologist 88:423-29.

Maxwell, M. 1984. *Human evolution: A philosophical anthropology.* New York: Columbia Univ. Press.

Maynard Smith, J. 1978. *The evolution of sex.* Cambridge, UK: Cambridge Univ. Press.

Mazur, A., Susman, E. J., and S. Edelbrock. 1997. Sex differences in testosterone response to a video game contest. *Evolution and Human Behavior* 18(5): 317-26.

McClintock, M. K. 1971. Menstrual synchrony and suppression. *Nature* 229:244-45.

McCorriston, J., and F. Hole. 1991. The ecology of seasonal stress and the origins of agriculture in the Near East. *American Anthropologist* 93:46-69.

McCullough, D. 2001. *John Adams.* New York: Simon and Schuster.

McGinnis, P. R. 1979. Sexual behavior in free-living chimpanzees: Consort relationships. In *The great apes,* ed. D. A. Hamburg and E. R. McCown. Menlo Park, CA: Benjamin/Cummings.

McGrew, W. C. 1974. Tool use by wild chimpanzees in feeding upon driver ants. *Journal of Human Evolution* 3:501-8.

—. 1979. Evolutionary implications of sex differences in chimpanzee predation and tool use. In *The great apes,* ed. D. A. Hamburg and E. R. McCown. Menlo Park, CA: Benjamin/Cummings.

—. 1981. The female chimpanzee as a human evolutionary prototype. In *Woman the gatherer,* ed. F. Dahlberg. New Haven: Yale Univ. Press.

McGuinness, D. 1976. Perceptual and cognitive differences between the sexes. In *Explorations in Sex Differences,* ed. B. Lloyd and J. Archer. New York: Academic Press.

—. 1979. How schools discriminate against boys. *Human Nature,* Feb., 82-88.

—. 1985. Sensory biases in cognitive development. In *Male-female differences: A bio-cultural perspective.* ed. R. L. Hall, et al. New York:

Praeger.

McGuinness, D., and K. H. Pribram. 1979. The origin of sensory bias in the development of gender differences in perception and cognition. In *Cognitive growth and development,* ed. M. Bortner. New York: Brunner/ Mazel.

McGuire, M., M. Raleigh, and G. Brammer. 1982. Sociopharmacology. *Annual Review of Pharmacology and Toxicology* 22:643-61.

McHenry, H. M. 1986. The first bipeds. *Journal of Human Evolution* 15:177.

McHenry, H. M., and C. J. O'Brien. 1986. Comment on H. T. Bunn and E. M. Kroll, Systematic butchery by Plio/Pleistocene hominids at Olduvai Gorge, Tanzania. *Current Anthropology* 27:431-53.

McMillan, V. 1984. Dragonfly monopoly. *Natural History,* July, 33-38.

McWhirter, N., and R. McWhirter. 1975. *Guinness book of world records.* New York: Sterling.

Mead, M. 1935. *Sex and temperament in three primitive societies.* New York: William Morrow.

—. 1949. *Male and female.* New York: William Morrow.

—. 1966. Marriage in two steps. *Redbook*, July, 47-49, 84, 86.

Mealey, L. 1985. The relationship between social status and biological success: A case study of the Mormon religious hierarchy. *Ethology and Sociobiology* 6:249-57.

Mearns, J. 1991. Coping with a breakup: Negative mood regulation expectancies and depression following the end of a romantic relationship. *Journal of Personality and Social Psychology* 60:327-34.

Meggitt, M. J. 1962. *Desert people: A study of the Walbiri aborigines of central Australia.* Chicago: Univ. of Chicago Press.

Melis, M., S. Spiga, and M. Diana. 2005. The dopamine hypothesis of drug addiction: hypodopaminergic state. *International Review of Neurobiology.* 63:101-54.

Mellars, P. 1989. Major issues in the emergence of modern humans. *Current*

Anthropology 30:349-85.

Mellen, S. L. W. 1981. *The evolution of love.* San Francisco: W. H. Freeman.

Mellody, P., A. W. Miller, and J. K. Miller. 1992. *Facing love addiction.* New York: HarperCollins.

Meloy, J. R., ed. 1998. The psychology of stalking: Clinical and forensic perspectives. San Diego, CA: Academic Press.

Meloy, J. R., B. Davis, and J. Lovette. 2001. Risk factors for violence among stalkers. *Journal of Threat Assessment* 1:1-16.

Meloy, J. R., and H. E. Fisher. 2005. Some thoughts on the neurobiology of stalking. *Journal of Forensic Sciences* 50(6):1472-80.

Meston, C. M., and D. M. Buss. 2007. *Why women have sex: Understanding sexual motivations from adventure to revenge (and everything in between).* New York: Henry Holt.

Meston, C. M., and P. F. Frohlic. 2000. "The Neurobiology of Sexual Function." *Archives of General Psychiatry* 57:1012-30.

Michod, R. E. 1989. What's love got to do with it? *The Sciences,* May–June, 22-28.

Michod, R. E., and B. R. Levin, eds. 1987. *The evolution of sex: An examination of current ideas.* Sunderland, MA: Sinauer.

Miller, A. J., S. Sassler, and D. Kusi-Appouh. 2011. The specter of divorce: Views from working- and middle-class cohabitors. *Family Relations* 60:602-16.

Miller, G. F. 2000. *The mating mind: How sexual choice shaped the evolution of human nature.* New York: Doubleday.

Miller, J. A. 1983. Masculine/feminine behavior: New views. *Science News* 124:326.

Mitterauer, M., and R. Sieder. 1982. *The European family: Patriarchy to partnership from the Middle Ages to the present.* Chicago: Univ. of Chicago Press.

Miyamoto, M. M., J. L. Slightom, and M. Goodman. 1987. Phylogenetic relations of humans and African apes from DNA sequences in the ψηglobin region. *Science* 238:369-72.

Mock, D. W., and M. Fujioka. 1990. Monogamy and long-term pair bonding in vertebrates. *Trends in Ecology and Evolution* 5 (2): 39-43.

Moir, A., and D. Jessel. 1989. *Brain sex: The real differences between men and women.* London: Michael Joseph.

Moller, A. P. 1988. Ejaculate quality, testes size and sperm competition in primates. *Journal of Human Evolution* 17:479.

Money, J. 1980. *Love and love sickness: The science of sex, gender difference, and pair-bonding.* Baltimore: Johns Hopkins Univ. Press.

—. 1986. *Lovemaps: Clinical concepts of sexual/erotic health and pathology, paraphilia, and gender transposition in childhood, adolescence and maturity.* New York: Irvington.

Money, J., and A. A. Ehrhardt. 1972. *Man and woman, boy and girl: The differentiation and dimorphism of gender identity from conception to maturity.* Baltimore: Johns Hopkins Univ. Press.

Montagu, A. 1937. *Coming into being among the Australian aborigines.* London: Routledge.

—. 1961. Neonatal and infant immaturity in man. *Journal of the American Medical Association* 178:56-57.

—. 1971. *Touching: The human significance of the skin.* New York: Columbia Univ. Press.

—. 1981. *Growing young.* New York: McGraw-Hill.

Montejo, A. L., G. Llorca, J. A. Izquierdo, and F. Rico-Vallademoros. 2001. Incidence of sexual dysfunction associated with antidepressant agents: A prospective multicenter study of 1022 outpatients. *Journal of Clinical Psychiatry* 62 (3): 1020.

Monto, M., and A. Carey. 2013. A New Standard of Sexual Behavior? Are Claims Associated with the "Hookup Culture" supported by Nationally Representative Data? Paper presented at the American Sociological Association 108th Annual Meeting, Aug. 13.

Morais, R. C. 2004. Prozac Nation: Is the party over? *Forbes*, Sept. 6, 119-

24.

Morgan, L. H. 1877. *Ancient society.* New York: World.

Morris, D. 1967. *The naked ape.* New York: McGraw-Hill.

—. 1971. *Intimate behavior.* New York: Bantam.

Morrison, P. 1987. Review of *Dark caves, bright visions: Life in Ice Age Europe* by Randall White. *Scientific American* 256 (3): 26-27.

Morton, Eugene. Dept. of Ornithology, Smithsonian Institution. Personal communication.

Moss, C. 1988. *Elephant memories: Thirteen years in the life of an elephant family.* New York: William Morrow.

Murdock, G. P. 1949. *Social structure.* New York: Free Press.

—. 1965. Family stability in non-European culture. In *Culture and society,* ed. G. P. Murdock. Pittsburgh: Univ. of Pittsburgh Press.

—. 1967. *Ethnographic Atlas.* Pittsburgh: Univ. of Pittsburgh Press.

Murdock, G. P., and D. R. White. 1969. Standard cross-cultural sample. *Ethnology* 8:329-69.

Nadel, S. F. 1942. *A black Byzantium: The kingdom of Nupe in Nigeria.* London: Oxford Univ. Press.

Nadler, R. D. 1975. Sexual cyclicity in captive lowland gorillas. *Science* 189:813-14.

—. 1988. Sexual aggression in the great apes. In *Human sexual aggression,* ed. R. A. Prentky and V. L. Quinsey. *Annals of the New York Academy of Sciences* 528:154-61.

Najib, A., J. P. Lorberbaum, S. Kose, et al. 2004. Regional brain activity in women grieving a romantic relationship breakup. *American Journal of Psychiatry* 161(12): 2245-56.

Nemeroff, C. B. 1998. The neurobiology of depression. *Scientific American* 278:42-49.

Nimuendaju, C. 1946. *The eastern Timbira.* Trans. R. H. Lowie. Univ. of California Publications in American Archaeology and Ethnology, vol.

41. Berkeley: Univ. of California Press.

Nishida, T. 1979. The social structure of chimpanzees of the Mahali Mountains. In *The great apes,* ed. D. A. Hamburg and E. R. McCown. Menlo Park, CA: Benjamin/ Cummings.

Nissen, H. J. 1988. *The early history of the ancient Near East, 9000-2000* b.c. Chicago: Univ. of Chicago Press.

Nolen-Hoeksema, S., J. Larson, and C. Grayson. 1999. Explaining the gender difference in depressive symptoms. *Journal of Personality and Social Psychology* 77:1061-72.

Oakley, K. P. 1956. Fire as a Paleolithic tool and weapon. *Proceedings of the Prehistoric Society* 21:36-48.

O'Brien, E. M. 1984. What was the acheulean hand ax? *Natural History,* July, 20-4.

Okonjo, K. 1976. The dual-sex political system in operation: Igbo women and community politics in Midwestern Nigeria. In *Women in Africa: Studies in social and economic change,* ed. N. J. Hafkin and E. G. Bay. Stanford, CA: Stanford Univ. Press.

O'Leary, K. D., B. P. Acevedo, A. Aron, et al. 2011. Is long-term love more than a rare phenomenon?: If so,what are its correlates? *Social Psychological and Personality Science*, 3(2):241-49.

Ophir, A. G., J. O. Wolff, and S. M. Phelps. 2008. Variation in the neural V1aR predicts sexual fidelity and space use among male prairie voles in semi-natural settings. *Proceedings of the National Academy of Sciences* 105:1249-54.

Orians, G. H. 1969. On the evolution of mating systems in birds and mammals. *American Naturalist* 103:589-603.

Ortigue, S., F. Bianchi-Demichelli, S. T. Grafton, et al. 2007. The neural basis of love as a subliminal prime: An event-related functional magnetic resonance imaging study. *Journal of Cognitive Neuroscience* 19:1218-30.

Ortner, S. B., and H. Whitehead. 1981. Introduction: Accounting for sexual meanings. In *Sexual meanings,* ed. S. B. Ortner and H. Whitehead. Cambridge, UK: Cambridge Univ. Press.

Orzeck, T., and E. Lung. 2005. Big-five personality differences of cheaters and non-cheaters. *Current Psychology* 24: 274-86.

Otten, C. M. 1985. Genetic effects on male and female development and on the sex ratio. In *Male–female differences: A bio-cultural perspective*, ed. R. H. Hall et al. New York: Praeger.

Pagels, E. 1988. *Adam, Eve and the Serpent.* New York: Vintage.

Palombit, R. A., R. M. Seyfarth, and D. L. Cheney. 1997. The adaptive value of "friendships" to female baboons: Experimental and observational evidence. *Animal Behavior* 54:599-614.

Panksepp, J. 1998. *Affective neuroscience: The foundations of human and animal emotions*. New York: Oxford Univ. Press.

—. 2003. Neuroscience: Feeling the pain of social loss. *Science* 302:237-9.

Parker, G. A., R. R. Baker, and V. G. F. Smith. 1972. The origin and evolution of gamete dimorphism and the male–female phenomenon. *Journal of Theoretical Biology* 36:529-53.

Pavelka, M. S., and L. M. Fedigan. 1991. Menopause: A comparative life history perspective. *Yearbook of Physical Anthropology* 34:13-38.

Peck, J. R., and M. W. Feldman. 1988. Kin selection and the evolution of monogamy. *Science* 240:1672-74.

Pedersen, C. A., J. D. Caldwell, G. F. Jirikowsk, and T. R. Insel, eds. 1992. *Oxytocin in maternal, sexual and social behaviors*. New York: New York Academy of Sciences.

Peele, S. 1975. Love and addiction. New York: Taplinger.

People. 1986. Unfaithfully yours: Adultery in America. Aug. 18, 85-95.

Perper, T. 1985. *Sex signals: The biology of love.* Philadelphia: ISI Press.

Pew Research Center: Social and Demographic Trends. 2010. The decline of marriage and rise of new families. Nov. 18 http://pewsocialtrends. org/2010/11/18.

—. 2013. Love and Marriage. Feb. 13. http://pewsocialtrends.org/2013/2/13.

Pfaff, D. W., and H. E. Fisher. 2012. Generalized brain arousal mechanisms and other biological, environmental and psychological mechanisms that contribute to libido. In *From the couch to the lab: Trends in Neuropsychoanalysis*, ed. A. Fotopoulou et al. 65-84. Cambridge, UK: Cambridge Univ. Press.

Pfeiffer, J. E. 1982. *The creative explosion: An inquiry into the origins of art and religion.* New York: Harper and Row.

Phillips, R. 1988. *Putting asunder: A history of divorce in Western society.* Cambridge, UK: Cambridge Univ. Press.

Pilbeam, D. 1985. Patterns of hominoid evolution. In *Ancestors: The hard evidence*, ed. E. Delson. New York: Alan R. Liss.

Pinker, S. 2014. The village effect. New York: Spiegel and Grau.

Pitkow, L. J., C. A. Sharer, X. Ren, et al. 2001. Facilitation of affiliation and pair-bond formation by vasopressin receptor gene transfer into the ventral forebrain of a monogamous vole. *Journal of Neuroscience* 21:7392-96.

Pittman, F. 1989. *Private lies: Infidelity and the betrayal of intimacy.* New York: W. W. Norton.

Plavcan, J. M. 2012. Sexual size dimorphism, canine dimorphism and male–male competition in primates. Where do humans fit in? *Human Nature* 23:45-67.

Plooij, F. X. 1978. Tool-use during chimpanzee's bushpig hunt. *Carnivore* 1:103-6.

Posner, R. A. 1992. *Sex and reason.* Cambridge, MA: Harvard Univ. Press.

Potts, R. 1984. Home bases and early hominids. *American Scientist* 72:338-47.

—. 1988. *Early hominid activities at Olduvai.* New York: Aldine de Gruyter.

—. 1991. Untying the knot: Evolution of early human behavior. In *Man and beast revisited,* ed. M. H. Robinson and L. Tiger. Washington, DC: Smithsonian Institution Press.

Power, E. 1973. The position of women. In *Women: From the Greeks to the*

French Revolution. ed. S. G. Bell. Stanford, CA: Stanford Univ. Press.

Preti, G., W. B. Cutler, C. R. Garcia, et al. 1986. Human axillary secretions influence women's menstrual cycles: The role of donor extract of females. *Hormones and Behavior* 20:474-82.

Price, D., and J. A. Brown, eds. 1985. *Prehistoric hunter-gatherers: The emergence of cultural complexity.* New York: Academic Press.

Pruetz, J. D. and T. C. LaDuke. 2010. Brief communication: reaction to fire by savanna chimpanzees (*Pan troglodytes verus*) at Fongoli, Senegal: conceptualization of "Fire Behavior" and the case for a chimpanzee model. *American Journal of Physical Anthropology* 141:646-50.

Pusey, A. E. 1979. Intercommunity transfer of chimpanzees in Gombe National Park. In *The great apes,* ed. D. A. Hamburg and E. R. McCown. Menlo Park, CA: Benjamin/ Cummings.

—. 1980. Inbreeding avoidance in chimpanzees. *Animal Behavior* 28:543-52.

Quadagno, D. M., H. E. Shubeita, J. Deck, and D. Francoeur. 1981. Influence of male social contacts, exercise and all-female living conditions on the menstrual cycle. *Psychoneuroendocrinology* 6:239-44.

Queen, S. A., and R. W. Habenstein. 1974. *The family in various cultures.* Philadelphia: J. B. Lippincott.

Quinlan, R., and M. Quinlan. 2008. Human lactation, pair-bonds and alloparents: A cross-cultural analysis. *Human Nature* 19:87-102.

Radcliffe-Brown, A. R. 1922. *The Andaman Islanders.* Cambridge, UK: Cambridge Univ. Press.

Raleigh, M., M. T. McGuire, G. L. Brammer, et al. Forthcoming. Serotonergic mechanisms promote dominance acquisition in adult male vervet monkeys. *Brain Research.*

Rancourt-Laferriere, D. 1983. Four adaptive aspects of the female orgasm. *Journal of Social and Biological Structures* 6:319-33.

Rawson, B., ed. 1986. *The family in ancient Rome: New perspectives.* Ithaca, NY: Cornell Univ. Press.

Rebhun, L. A. 1995. Language of love in northeast Brazil. In *Romantic Passion: A Universal Experience?* ed. W. Jankowiak, 252. New York: Columbia Univ. Press.

Reich, D., R. E. Green, M. Kircher, et al. 2010. Genetic history of an archaic hominin group from Denisova Cave in Siberia. *Nature* 468: 1053-60.

Reichard, G. S. 1950. *Navaho Religion.* New York: Bollingen Foundation.

Reik, T. 1964. *The need to be loved.* New York: Bantam.

Reiter, R. R. 1975. Introduction to *Toward an anthropology of women,* ed. R. R. Reiter. New York: Monthly Review Press.

—, ed. 1975. *Toward an Anthropology of Women.* New York: Monthly Review Press.

Reno, P. L., R. S. Meindl, M. A. McCollum, and C. O. Lovejoy. 2003. Sexual dimorphism in *Australopithecus afarensis* was similar to that of modern humans. *Proceedings of the National Academy of Sciences USA* 100: 9404-09.

Repenning, C. A., and O. Fejfar. 1982. Evidence for early date of Ubeidiya, Israel, hominid site. *Nature* 299:344-47.

Retallack, G. J., D. P. Dugas, and E. A. Bestland. 1990. Fossil soils and grasses of the Middle Miocene East African grassland. *Science* 247:1325.

Reynaud, M., L. Karila, L. Blecha, and A. Benyamina. 2010. Is love passion an addictive disorder? *American Journal of Drug and Alcohol Abuse* 36(5): 261-67.

Roberts, L. 1988. Zeroing in on the sex switch. *Science* 239:21-23.

Rodman, P. S. 1988. Orangutans. *Institute of Human Origins Newsletter* 6 (1): 5.

Rogers, S. C. 1975. Female forms of power and the myth of male dominance: A model of female/male interaction in peasant society. *American Ethnologist* 2:727-56.

Rohrlich-Leavitt, R., B. Sykes, and E. Weatherford. 1975. Aboriginal woman: Male and female, anthropological perspectives. In *Toward an*

anthropology of women, ed. R. R.
Reiter. New York: Monthly Review Press.

Rosaldo, M. Z. 1974. Woman, culture, and society: A theoretical overview. In *Woman, culture, and society,* ed. M. Z. Rosaldo and L. Lamphere. Stanford: Stanford Univ. Press.

Rosaldo, M. Z., and L. Lamphere, eds. 1974. *Women, Culture, and Society.* Stanford, CA: Stanford Univ. Press.

Rose, M., and R. M. Kreider. 2006. *Remarriage in the United States.* Poster presented at the annual meeting of the American Sociological Association, Montreal, Aug. 10-14, by the U.S. Bureau of the Census.

Rose, M. D. 1983. Miocene hominoid postcranial morphology: monkey-like, ape-like, neither, or both? In *New interpretations of ape and human ancestry,* ed. R. L. Ciochon and R. S. Corruccini. New York: Plenum Press.

Rose, R. M., I. S. Bernstein, T. P. Gordon, and S. F. Catlin. 1974. Androgens and aggression: A review and recent findings in primates. In *Primate aggression, territoriality, and xenophobia,* ed. R. L. Holloway. New York: Academic Press.

Rose, R. M., J. W. Holaday, and I. S. Bernstein. 1971. Plasma testosterone, dominance rank and aggressive behavior in male rhesus monkeys. *Nature* 231:366-68.

Rosenberg, L. P., and S. Park. 2002. Verbal and spatial functions across the menstrual cycle in healthy young women. *Psychoneuroendocrinology* 27: 835-41.

Rosenblum, A. 1976. *The natural birth control book.* Philadelphia: Aquarian Research Foundation.

Rosenthal, N. E. 2002. The emotional revolution: How the new science of feelings can transform your life. New York: Citadel Press.

Rossi, A. 1984. Gender and parenthood. *American Sociological Review* 49:1-19.

Rowell, T. E. 1972. Female reproductive cycles and social behavior in primates. In *Advances in the study of behavior.* Vol. 4, ed. D. S. Lehrman et al. New York: Academic Press.

Rudder, C. 2014. *Dataclysm: Who we are when we think no one's looking.* New York: Crown.

Rue, L. L. 1969. *The world of the red fox.* Philadelphia: J. B. Lippincott.

Ruse, M. 1988. *Homosexuality: A philosophical inquiry.* Oxford: Basil Blackwell.

Russell, M. J. 1976. Human olfactory communication. *Nature* 260:520-22.

Russett, C. E. 1989. *Sexual science: The Victorian construction of womanhood.* Cambridge, MA: Harvard Univ. Press.

Rutberg, A. T. 1983. The evolution of monogamy in primates. *Journal of Theoretical Biology* 104:93-112.

Ryan, A. S., and D. C. Johanson. 1989. Anterior dental microwear in *Australopithecus afarensis:* Comparisons with human and nonhuman primates. *Journal of Human Evolution* 18:235-68.

Ryder, N. B. 1974. The family in developed countries. *Scientific American,* March, 123-32.

Sabelli, H. C. 1991. Rapid treatment of depression with selegiline–phenylalanine combination. Letter to the editor. *Journal of Clinical Psychiatry* 52:3.

Sabelli, H. C., L. Carlson-Sabelli, and J. I. Javaid. 1990. The thermodynamics of bipolarity: A bifurcation model of bipolar illness and bipolar character and its psychotherapeutic applications. *Psychiatry* 53:346-68.

Sacks, K. 1971. Comparative notes on the position of women. Paper delivered at the annual meeting of the American Anthropological Association, Washington, DC.

—. 1979. *Sisters and wives: The past and future of sexual equality.* Urbana: Univ. of Illinois Press.

Sade, D. S. 1968. Inhibition of son–mother mating among free-ranging rhesus monkeys. *Science and Psychoanalysis* 12:18-37.

Sahlins, M. 1972. *Stone Age economics*. New York: Aldine.

Sanday, P. R. 1974. Female status in the public domain. In *Woman, culture, and society,* ed. M. Z. Rosaldo and L. Lamphere. Stanford, CA: Stanford Univ. Press.

—. 1981. *Female power and male dominance: On the origins of sexual inequality.* Cambridge, UK: Cambridge Univ. Press.

Sanders, A. R., E. R. Martin, G. W. Beecham, et al. 2015. Genome-wide scan demon strates significant linkage for male sexual orientation. *Psychological Medicine* 45 (7): 1379-88.

Sapolsky, R. M. 1983. Endocrine aspects of social instability in the olive baboon. *American Journal of Primatology* 5:365-76.

Sarich, V. M., and J. E. Cronin. 1976. Molecular systematics of the primates. In *Molecular anthropology*, ed. M. Goodman and R. E. Tashian. New York: Plenum Press.

Sarich, V. M., and A. C. Wilson. 1967a. Immunological time scale for hominid evolution. *Science* 158:1200-3.

—. 1967b. Rates of albumin evolution in primates. *Proceedings of the National Academy of Sciences* 58:142-48.

Savage-Rumbaugh, E. S., and B. J. Wilkerson. 1978. Socio-sexual behavior in *Pan paniscus* and *Pan troglodytes*: A comparative study. *Journal of Human Evolution* 7:327-44.

Schaef, A. W. 1989. *Escape from intimacy: The pseudo-relationship addictions.* San Francisco: Harper and Row.

Schaller, G. B. 1972. *The Serengeti lion: A study of predator–prey relations.* Chicago: Univ. of Chicago Press.

Schaller, G. B., and G. R. Lowther. 1969. The relevance of carnivore behavior to the study of early hominids. *Southwestern Journal of Anthropology* 25:307-41.

Schlegel, A. 1972. *Male dominance and female autonomy: Domestic authority in matrilineal societies.* New Haven: HRAF Press.

Schmitt, D. P. 2004a. The big five related to risky sexual behavior across

10 world regions: Differential personality associations of sexual promiscuity and relationship infidelity. *European Journal of Personality* 18:301-19.

—. 2004b. Patterns and universals of mate poaching across 53 nations: The effects of sex, culture and personality on romantically attracting another person's partner. *Journal of Personality and Social Psychology* 86:560-84.

Schmitt, D. P., and D. M. Buss. 2001. Human mate poaching: Tactics and temptations for infiltrating existing mateships." *Journal of Personality and Social Psychology* 80: 894-917.

Schneider, H. K. 1971. Romantic love among the Turu. In *Human sexual behavior,* ed. D. S. Marshall and R. C. Suggs. Englewood Cliffs, NJ: Prentice-Hall.

Schrire, C., ed. 1984. *Past and present in hunter-gatherer societies.* New York: Academic Press.

Schultz, W. 2000. Multiple Reward Signals in the Brain. Nature Reviews. *Neuroscience* 1 (Dec. 2000): 199-207.

Sefcek, J. A., B. H. Brumbach, G. Vasquez, and G. F. Miller. 2006. The evolutionary psychology of human mate choice: How ecology, genes, fertility, and fashion influence mating behavior. In *Handbook of the evolution of human sexuality,* ed. M. Knauth, 125-82. Philadelphia: Haworth Press.

Seligman, J. 1990. Variations on a theme. *Newsweek Special Edition,* Winter/Spring, 38-46.

Service, E. R. 1978. The Arunta of Australia. In *Profiles in ethnology,* ed. E. R. Service. 3rd ed. New York: Harper and Row.

Sexuality Today. 1988. Approaching the male of the species. March 7, 5.

Shackelford, T. K., Besser, A., and A.T. Goetz. 2008. Personality, marital satisfaction, and probability of marital infidelity. *Individual Differences Research* 6 (1): 13-25.

Shepher, J. 1971. Mate selection among second generation kibbutz adolescents and adults: Incest avoidance and negative imprinting. *Archives of Sexual Behavior* 1:293-307.

—. 1983. *Incest—A biosocial view.* New York: Academic Press.

Sherfey, M. J. 1972. *The nature and evolution of female sexuality.* New York: Vintage.

Sherman, J. 1978. *Sex-related cognitive differences: An essay on theory and evidence.* Springfield, IL: Charles C. Thomas.

Shipman, P. 1984. Scavenger Hunt. *Natural History,* April, 20-27.

—. 1986. Scavenging or hunting in early hominids: Theoretical framework and test. *American Anthropologist* 88:27-43.

—. 1987. Studies of hominid–faunal interaction at Olduvai Gorge. *Journal of Human Evolution* 15:691-706.

Shorey, H. H. 1976. *Animal communication by pheromones.* New York: Academic Press.

Short, R. V. 1976. The evolution of human reproduction. *Proceedings of the Royal Society* B, 195:3-24.

—. 1977. Sexual selection and descent of man. In *Reproduction and evolution,* ed. J. H. Calaby and C. Tyndale-Biscoe. Canberra: Australian Academy of Science.

—. 1984. Breast-feeding. *Scientific American,* April, 35-41.

Shostak, M. 1981. *Nisa: The life and words of a !Kung woman.* New York: Random House.

Sibley, C., and J. Ahlquist. 1984. The phylogeny of hominoid primates, as indicated by DNA–DNA hybridization. *Journal of Molecular Evolution* 20:2-11.

Silverman, I., and M. Beals. 1990. Sex differences in spatial abilities: Evolutionary theory and data. Paper delivered at the annual meeting of the Human Behavior and Evolution Society, Los Angeles.

Silverstein, C. 1981. *Man to man: Gay couples in America.* New York: William Morrow.

Simons, E. L. 1985. Origins and characteristics of the first hominoids. In

Ancestors: The hard evidence. ed. E. Delson. New York: Alan R. Liss.

—. 1989. Human origins. *Science* 245:1343-50.

Simpson-Hebert, M., and S. L. Huffman. 1981. The contraceptive effect of breastfeeding. In *Breastfeeding*, ed. E. C. Baer and B. Winikoff. Special Issue of *Studies in Family Planning* 12 (4): 125-33.

Sinclair, A. R. E., M. D. Leakey, and M. Norton-Griffiths. 1986. Migration and hominid bipedalism. *Nature* 324:307.

Singh, D. 1993. Adaptive significance of waist-to-hip ratio and female physical attractiveness. *Journal of Personality and Social Psychology* 65:293-307.

—. 2002. Female mate value at a glance: Relationship of waist-to-hip ratio to health, fecundity and attractiveness. *Neuroendocrinology Letters* Suppl. 4, 23:81-91.

Singles in America. 2010, 2011, 2012, 2013, 2014. Attitudes and Behaviors of Singles in America collected annually between 2010-14, using a representative sample based on the U.S. Census (Total 25,000+ singles). Data courtesy of Match.com and Helen Fisher.

Slocum, S. 1975. Woman the gatherer: Male bias in anthropology. In *Toward an anthropology of women,* ed. R. R. Reiter. New York: Monthly Review Press.

Small, M. F. 1988. Female primate sexual behavior and conception: Are there really sperm to spare? *Current Anthropology* 29:81-100.

Smith, B. H. 1986. Dental development in *Australopithecus* and early *Homo. Nature* 323:327.

Smith, R. L. 1984. Human sperm competition. In *Sperm competition and the evolution of mating systems*, ed. R. L. Smith. New York: Academic Press.

Smuts, Barbara B. 1985. *Sex and friendship in baboons.* New York: Aldine de Gruyter.

—. 1987. What are friends for? *Natural History,* Feb., 36-44.

—. 1992. Male–infant relationships in nonhuman primates: Parental investment or mating effort? In *Father–child relations,* ed. B. Hewlett. New York: Aldine de Gruyter.

Solar, C., M. Nunez, R. Gutierrez, et al. 2003. Facial attractiveness in men provides clues to semen quality. *Evolution and Human Behavior* 24:199-207.

Solecki, R. S. 1971. *Shanidar: The first flower people.* New York: Knopf.

—. 1989. On the evidence for Neanderthal burial. *Current Anthropology* 30:324.

Solway, J. S., and R. B. Lee. 1990. Foragers, genuine or spurious? *Current Anthropology* 31:109-46.

Sostek, A. J., and R. J. Wyatt. 1981. The chemistry of crankiness. *Psychology Today,* Oct., 120.

Spencer, R. F. 1959. *The North Alaskan Eskimo: A study in ecology and society.* Washington, DC: Smithsonian Institution Press.

Spiro, M. E. 1958. *Children of the kibbutz.* Cambridge, MA: Harvard Univ. Press.

Springer, S. P., and G. Deutsch. 1985. *Left brain, right brain.* Rev. ed. San Francisco: W. H. Freeman.

Steele, J., and N. Uomini. 2009. Can the archaeology of manual specialization tell us anything about language evolution? A survey of the state of play. *Cambridge Archaeological Journal* 19: 97-110.

Stendhal. [1822] 1975. *Love.* Trans. G. Sale and S. Sale. Harmondsworth, UK: Penguin.

Stephens, W. N. 1963. *The family in cross-cultural perspective.* New York: Holt, Rinehart and Winston.

Stoehr, T., ed. 1979. *Free love in America: A documentary history.* New York: AMS Press.

Stone, L. 1990. *Road to divorce: England, 1530-1987.* New York: Oxford Univ. Press.

Strassman, B. I. 1981. Sexual selection, parental care, and concealed ovulation in humans. *Ethology and Sociobiology* 2:31-40.

Straus, L. G. 1989. On early hominid use of fire. *Current Anthropology* 30:488-89.

Stringer, C. B., and P. Andrews. 1988. Genetic and fossil evidence for the origin of modern humans. *Science* 239:1263-68.

Strum, S. 1990. *Almost human: A journey into the world of baboons.* New York: W. W. Norton.

Suggs, R. C., and D. S. Marshall. 1971. Anthropological perspectives on human sexual behavior. In *Human sexual behavior,* ed. D. S. Marshall and R. C. Suggs. Englewood Cliffs, NJ: Prentice-Hall.

Susman, R. L. 1984. The locomotor behavior of *Pan paniscus* in the Lomako Forest. In *The pygmy chimpanzee,* ed. R. L. Susman. New York: Plenum Press.

——. 1989. New hominid fossils from the Swartkrans formation excavations (1979-1986): Postcranial specimens. *American Journal of Physical Anthropology* 79:451-74.

——. 1990. Evidence for tool behavior in the earliest hominids. Paper delivered at the Anthropology Section of the New York Academy of Sciences, Nov. 19.

Susman, R. L., J. T. Stern, Jr., and W. L. Jungers. 1985. Locomotor adaptations in the Hadar hominids. In *Ancestors: The hard evidence,* ed. E. Delson. New York: Alan R. Liss.

Swami, V., and A. W. Furnham. 2008. The psychology of human attraction. New York: Routledge.

Symons, D. 1979. *The evolution of human sexuality.* New York: Oxford Univ. Press.

——. 1982. Another woman that never existed. *Quarterly Review of Biology* 57:297-300.

Symons, D., and B. Ellis. 1989. Human male–female differences in sexual desire. In *The sociobiology of sexual and reproductive strategies,* ed. A. E. Rasa, C. Vogel, and E. Voland. New York: Chapman and Hall.

Tafoya, M. A., and B. H. Spitzberg. 2007. The dark side of infidelity: Its nature, prevalence, and communicative functions. In *The dark side of interpersonal communication*. 2nd edition, ed. B. H. Spitzberg and W. R. Cupach, 201-42. Mahwah, NJ: Lawrence Erlbaum Associates.

Tanner, N. M. 1981. *On becoming human.* Cambridge, UK: Cambridge Univ. Press.

Tanner, N. M., and A. L. Zihlman. 1976. Women in evolution. Part I: Innovation and selection in human origins. *Signs: Journal of Women in Culture and Society* 1:585-608.

Tavris, C., and S. Sadd. 1977. *The Redbook report on female sexuality.* New York: Delacorte.

Taylor, S. E., L. C. Klein, B. P. Lewis, T. L. Gruenewald, R. A. R. Gurung, and J. A. Updegraff. 2000. Biobehavioral responses to stress in females: Tend-and-befriend, not fight-or-flight. *Psychological Review* 107:751-53.

Teleki, G. 1973a. *The predatory behavior of wild chimpanzees.* Lewisburg, PA: Bucknell Univ. Press.

—. 1973b. The omnivorous chimpanzee. *Scientific American,* Jan., 3-12.

Tennov, D. 1979. *Love and limerence: The experience of being in love.* New York: Stein and Day.

Textor, R. B. 1967. *A cross-cultural summary.* New Haven: HRAF Press.

Thomas, E. M. 1993. *The hidden life of dogs.* New York: Houghton Mifflin.

Thomas, H. 1985. The Early and Middle Miocene land connection of the Afro-Arabian plate and Asia: A major event for hominoid dispersal? In *Ancestors: The hard evidence,* ed. E. Delson. New York: Alan R. Liss.

Thompson, A. P. 1983. Extramarital sex: A review of the research literature. *Journal of Sex Research* 19:1-22.

Thompson-Handler, N., R. K. Malenky, and N. Badrian. 1984. Sexual behavior of *Pan paniscus* under natural conditions in the Lomako Forest, Equateur, Zaire. In *The pygmy chimpanzee*, ed. R. L. Susman. New York: Plenum Press.

Thornhill, R., and J. Alcock. 1983. *The evolution of insect mating systems.*

Cambridge, MA: Harvard Univ. Press.

Thornhill, R., and S. W. Gangestad. 1993. Human facial beauty. *Human Nature* 4 (3): 237-69.

Thornhill, R., S. W. Gangestad, and R. Comer. 1995. Human female orgasm and mate fluctuating asymmetry. *Animal Behavior* 50:1601-15.

Tiger, L. 1992. *The pursuit of pleasure.* Boston: Little, Brown.

Tobias, P. V. 1991. *Olduvai Gorge.* Vol. 4, *The skulls, endocasts and teeth of Homo habilis.* New York: Cambridge Univ. Press.

Tofler, A. 1980. *The third wave.* New York: William Morrow.

Torrence, R., ed. 1989. *Time, energy and stone tools.* New York: Cambridge Univ. Press.

Townsend, J. M. 1998. *What women want, what men want.* New York: Oxford Univ. Press.

Trevathan, W. R. 1987. *Human birth: An evolutionary perspective.* New York: Aldine de Gruyter.

Trinkaus, E., and P. Shipman. 1993. *The Neandertals.* London: Pimlico.

Trivers, R. L. 1972. Parental investment and sexual selection. In *Sexual selection and the descent of man, 1871-1971*, ed. B. Campbell. Chicago: Aldine.

—. 1985. *Social evolution.* Menlo Park, CA: Benjamin/Cummings.

Tsapelas, I., H. E. Fisher, and A. Aron. 2010. Infidelity: who, when, why. In *The dark side of close relationships,* Vol. 2, ed. W. R. Cupach and B. H. Spitzberg, 175-96. New York: Routledge.

Tucker, D. M., P. Luu, and D. Derryberry. 2005. Love hurts: The evolution of empathic concern through the encephalization of nociceptive capacity. *Development and Psychopathology* 17:699-713.

Tunnell, G. G. 1990. Systematic scavenging: Minimal energy expenditure at Olare Orok in the Serengeti ecosystem. In *Problem solving in taphonomy,* ed. S. Solomon, I. Davidson, and D. Watson. Santa Lucia, Australia: Univ. of Queensland Press.

Turke, P. W. 1984. Effects of ovulatory concealment and synchrony on protohominid mating systems and parental roles. *Ethology and Sociobiology* 5:33-44.

Turnbull, C. M. 1981. Mbuti womanhood. In *Woman the gatherer,* ed. F. Dahlberg. New Haven: Yale Univ. Press.

Tutin, C. E. G. 1979. Mating patterns and reproductive strategies in a community of wild chimpanzees *(Pan troglodytes schweinfurthii).* *Behavioral Ecology and Sociobiology* 6:39-48.

Tutin, C. E. G., and R. McGinnis. 1981. Chimpanzee reproduction in the wild. In *Reproductive biology of the great apes,* ed. C. E. Graham. New York: Academic Press.

Tuttle, R. H. 1990. The pitted pattern of Laetoli feet. *Natural History,* March, 61-64.

Tylor, E. B. 1889. On a method of investigating the development of institutions: Applied to laws of marriage and descent. *Journal of the Royal Anthropological Institute* 18:245-69.

Udry, J. R., and N. M. Morris. 1977. The distribution of events in the human menstrual cycle. *Journal of Reproductive Fertility* 51:419-25.

United Nations Statistical Office, Department of Economic and Social Affairs. 1955. Divorce rates per 1000 married couples, 1935-53. *Demographic Yearbook: 1954.* Chart 35. New York: United Nations.

—. 1958. Technical Notes. *Demographic Yearbook: 1954.* New York: United Nations.

—. 1984. *Demographic Yearbook: 1982.* New York: United Nations.

—. 2012a. *Demographic Yearbook: 2012.* New York: United Nations.

—. 2012b. Fertility and family planning section, Table: The World Marriage Data. New York: United Nations.

U.S. Bureau of the Census. 1986. *Statistical Abstract of the United States.* 1985, Chart 124. Washington DC.

Van Allen, J. 1976. "Aba Riots" or Igbo Women's War? Ideology, stratification, and the invisibility of women. In *Women in Africa,* ed. N. J. Hafkin and E. G. Bay. Stanford, CA: Stanford Univ. Press.

Van Couvering, J. A., and J. A. H. Van Couvering. 1975. African isolation and the Tethys seaway. In *Proceedings of the VI Congress of the Regional Committee on Mediterranean Neogene Stratigraphy.* Bratislava: Slovak Academy of Science.

Van Couvering, J. A. H. 1980. Community evolution and succession in East Africa during the Late Cenozoic. In *Bones in the making,* ed. A. Hill and K. Berensmeyer. Chicago: Univ. of Chicago Press.

van den Berghe, P. L. 1979. *Human family systems: An evolutionary view.* Westport, CT: Greenwood Press.

Vandiver, P., O. Soffer, B. Klima, and J. Svoboda. 1989. The origins of ceramic technology at Dolni Vestonice, Czechoslovakia. *Science* 246:1002-8.

Van Gulik, R. 1974. *Sexual life in Ancient China: A preliminary survey of Chinese sex and society from ca. 1500 BC until 1644 AD.* Leiden: E. J. Brill.

Van Hooff, J. A. R. A. M. 1971. *Aspects of the social behavior and communication in human and higher non-human primates.* Rotterdam: Bronder-Offset.

Van Steenberger, H., S. J. E. Langeslag, G. P. H. Band, and B. Hommel. 2013. Reduced cognitive control in passionate lovers. doi 10.1007/s11031-013-9380-3.

Van Valen, L. 1973. A new evolutionary law. *Evolutionary Theory* 1:1-30.

Veit, P. G. 1982. Gorilla society. *Natural History,* March, 48-58.

Velle, W. 1982. Sex, hormones and behavior in animals and man. *Perspectives in Biology and Medicine* 25:295-315.

Verner, J., and M. F. Willson. 1966. The influence of habitats on mating systems of North American passerine birds. *Ecology* 47:143-47.

Villmoare, B., W. H. Kimbel, C. Seyoum, et al. 2015. Early Homo at 2.8 Ma from Ledi-Geraru, Afar, Ethiopia. *Science* 347 (6228): 1352-55.

Vital Statistics of the United States, 1960. 1964. Vol. 3. Table 4-7. Washington, DC: National Center for Health Statistics.

—, *1970*. 1974. Vol. 3. Table 2-4. Rockville, MD: National Center for Health Statistics.

—, *1977*. 1981. Vol. 3. Table 2-17. Hyattsville, MD: National Center for Health Statistics.

—, *1979*. 1984. Vol. 3. Table 2-22. Hyattsville, MD: National Center for Health Statistics.

—, *1981*. 1985. Vol. 3. Table 2-13. Hyattsville, MD: National Center for Health Statistics.

—, *1983*. 1987. Vol. 3. Table 2-10. Hyattsville, MD: National Center for Health Statistics.

—, *1986*. 1990. Vol. 3. Table 2-29. Hyattsville, MD: National Center for Health Statistics.

Vrba, E. S. 1985. African Bovidae: Evolutionary events since the Miocene. *South African Journal of Science* 81:263-66.

Wagner, J., ed. 1982. *Sex roles in contemporary American communes.* Bloomington: Indiana Univ. Press.

Walum, H., L. Westberg, S. Henningsson, et al. 2008. Genetic variation in the vasopressin receptor 1a gene (AVPR1A) associates with pair-bonding behavior in humans. *Proceedings of the National Academy of Sciences* 105 (37): 14153-56.

Wang, Z. X., C. F. Ferris, and G. J. De Vries. 1994. The role of septal vasopressin innervation in paternal behavior in prairie voles (*Microtus ochrogaster*). *Proceedings of the National Academy of Sciences* 91, no. 1: 400-4.

Wang, Z., D. Toloczko, L. J. Young, et al. 1997. Vasopressin in the forebrain of common marmosets (*Calithrix jacchus*): Studies with in situ hybridization, immunocytochemistry and receptor autoradiography. *Brain Research* 768:147-56.

Washburn, S. L., and C. S. Lancaster, 1968. The evolution of hunting. In *Man the hunter,* ed. R. B. Lee and I. DeVore. New York: Aldine.

Washburn, S. L., and R. Moore. 1974. *Ape into man: A study of human evolution.* Boston: Little, Brown.

Watanabe, H. 1985. *Why did man stand up?: An ethnoarchaeological model for hominization.* Tokyo: Univ. of Tokyo Press.

Watson, P. J. and P. W. Andrews. 2002. Toward a revised evolutionary adaptationist analysis of depression: The social navigation hypothesis. *Journal of Affective Disorders* 72:1-14.

Watson, J. C., R. C. Payne, A. T. Chamberlain, et al. 2008. The energetic costs of load-carrying and the evolution of bipedalism. *Journal of Human Evolution* 54:675-83.

Wedekind, C., T. Seebeck, F. Bettens, et al. 1995. MHC-dependent mate preferences in humans. *Proceedings of the Royal Society of London,* 260:245-9.

Weiner, A. B. 1976. *Women of value, men of renown: New perspective in Trobriand exchange.* Austin: Univ. of Texas Press.

Weisman, S. R. 1988. Broken marriage and brawl test a cohesive cast. *New York Times,* Feb. 21.

Weiss, R. 1987. How dare we? Scientists seek the sources of risk-taking behavior. *Science News* 132:57-59.

—. 1988. Women's skills linked to estrogen levels. *Science News* 134:341.

Weiss, R. S. 1975. *Marital separation.* New York: Basic Books.

Werner, D. 1984. Paid sex specialists among the Mekranoti. *Journal of Anthropological Research* 40:394-405.

Westermarck, E. 1922. *The history of human marriage.* 5th ed. New York: Allerton.

—. 1934. Recent theories of exogamy. *Sociological Review* 26:22-44.

Westneat, D. F., P. W. Sherman, and M. L. Morton. 1990. The ecology and evolution of extra-pair copulations in birds. In *Current ornithology.* Vol. 7, ed. D. M. Power. New York: Plenum Press.

White, J. M. 1987. Premarital cohabitation and marital stability in Canada. *Journal of Marriage and the Family* 49:641-47.

White, R. 1986. *Dark caves, bright visions: Life in Ice Age Europe.* New

York: American Museum of Natural History.

—. 1989a. Visual thinking in the Ice Age. *Scientific American,* July, 92-99.

—. 1989b. Production complexity and standardization in Early Aurignacian bead and pendant manufacture: Evolutionary implications. In *The human revolution,* ed. P. Mellars and C. B. Stringer. Vol. 1. Edinburgh: Edinburgh Univ. Press.

White, T. D. 1977. New fossil hominids from Laetoli, Tanzania. *American Journal of Physical Anthropology* 46:197-229.

—. 1980. Additional fossil hominids from Laetoli, Tanzania: 1976-1979 specimens. *American Journal of Physical Anthropology* 53:487-504.

—. 1985. The hominids of Hadar and Laetoli: An element-by-element comparison of the dental samples. In *Ancestors: The hard evidence.* ed. E. Delson. New York: Alan R. Liss.

White, T. D., B. Asfaw, Y. Beyene, et al. 2009. *Ardipithecus ramidus* and the paleobiology of early hominids. *Science* 326 (5949): 64, 75-86.

Whiting, B. B. 1965. Sex identity conflict and physical violence: A comparative study. *American Anthropologist* 67:123-40.

Whiting, B. B., and J. W. M. Whiting. 1975. *Children in six cultures.* Cambridge, MA: Harvard Univ. Press.

Whitten, R. G. 1982. Hominid promiscuity and the sexual life of proto-savages: Did *Australopithecus* swing? *Current Anthropology* 23:99-101.

Whyte, M. K. 1978. *The status of women in preindustrial societies.* Princeton: Princeton Univ. Press.

—. 1990. *Dating, mating, and marriage.* New York: Aldine de Gruyter.

Wickler, W. 1976. *The ethological analysis of attachment.* Berlin: Verlag Paul Parey.

Wiederman, M. W. 1997. Extramarital sex: Prevalence and correlates in a national survey. *Journal of Sex Research,* 34: 167-74.

Williams, G. C. 1975. *Sex and evolution.* Princeton: Princeton Univ. Press.

Wilmsen. E. N. 1989. *Land filled with flies: A political economy of the Kalahari.* Chicago: Univ. of Chicago Press.

Wilmsen, E. N., and J. R. Denbow. 1990. Paradigmatic history of San-speaking peoples and current attempts at revision. *Current Anthropology* 31:489-524.

Wilson, E. O. 1975. *Sociobiology: The new synthesis.* Cambridge, MA: Belknap Press/Harvard Univ. Press.

Wilson, H. C. 1988. Male axillary secretions influence women's menstrual cycles: A critique. *Hormones and Behavior* 22:266-71.

Wilson, M., and M. Daly. 1991. The man who mistook his wife for a chattel. In *The adapted mind: Evolutionary psychology and the generation of culture,* ed. J. H. Barkow, L. Cosmides, and J. Tooby. New York: Oxford Univ. Press.

Wittenberger, J. F., and R. L. Tilson. 1980. The evolution of monogamy: Hypotheses and evidence. *Annual Review of Ecology and Systematics* 11:197-232.

Wlodarski, R. 2014. What's in a kiss? The effect of romantic kissing on mate desirability. *Evolutionary Psychology* 12 (1): 178-99.

Wlodarski, R., and R. I. M. Dunbar. 2013. Examining the possible functions of kissing in romantic relationships. *Archives of Sexual Behavior* 42(8): 1415-23.

Wolfe, L. 1981. *Women and sex in the 80s: The Cosmo report.* New York: Arbor House.

Wolpoff, M. H. 1980. *Paleo-anthropology.* New York: Alfred A. Knopf.

—. 1982. *Ramapithecus* and hominid origins. *Current Anthropology* 23:501-22.

—. 1984. Evolution of *Homo erectus:* The question of stasis. *Paleobiology* 10: 389-406.

—. 1989. Multiregional evolution: The fossil alternative to Eden. In *The human revolution,* ed. P. Mellars and C. B. Stringer. Vol. 1. Edinburgh: Edinburgh Univ. Press.

Wolpoff, M. H., J. N. Spuhler, F. H. Smith, et al. 1988. Modern human origins. *Science* 241:772-74.

Wood, B. M., and F. W. Marlowe. 2011. Dynamics of post-marital residence among the Hadza: A kin investment model. *Human Nature* 22:128-38.

Woodburn, J. 1968. An introduction to Hadza ecology. In *Man the hunter,* ed. R. B. Lee and I. DeVore. New York: Aldine.

Wrangham, R. W. 1977. Feeding behavior of chimpanzees in Gombe National Park, Tanzania. In *Primate ecology,* ed. T. H. Clutton-Brock. London: Academic Press.

—. 1979a. On the evolution of ape social systems. *Social Science Information* 18:335-68.

—. 1979b. Sex differences in chimpanzee dispersion. In *The great apes,* ed. D. A. Hamburg and E. R. McCown. Menlo Park, CA: Benjamin/ Cummings.

—. 2009. *Catching fire: How cooking made us human.* New York: Basic Books.

WuDunn, S. 1991. Romance, a novel idea, rocks marriages in China. *New York Times,* April 17.

Xu, X., A. Aron, L. L. Brown, et al. 2011. Reward and motivation systems: A brain mapping study of early-stage intense romantic love in Chinese participants. *Human Brain Mapping* 32(2): 249-57.

Yerkes, R. M., and J. H. Elder. 1936. Oestrus, receptivity and mating in the chimpanzee. *Comparative Psychology Monographs* 13:1-39.

Young, L. J. 1999. Oxytocin and vasopressin receptors and species-typical social behaviors. *Journal of Hormones and Behavior* 36:212-21.

—. 2009. Love: Neuroscience reveals all. *Nature* 457:148.

Young, L. J., Z. Wang, and T. R. Insel. 1998. Neuroendocrine bases of monogamy. *Trends in Neuroscience* 21:71-5.

Young, L. J., J. T. Winslow, R. Nilsen, and T. R. Insel. 1997. Species differences in V1a receptor gene expression in monogamous and nonmonogamous voles: Behavioral consequences. *Behavioral Neuroscience* 111:599-605.

Zak, P. J. 2008. The neurobiology of trust. *Scientific American* 298 (6): 88-

95.

—. 2012. *The moral molecule: The source of love and prosperity.* New York: Dutton.

Zak, P. J., R. Kurzban and W. T. Matzner. 2005. The neurobiology of trust. *Annals of the New York Academy of Sciences* 1032:224-27.

Zak, P. J., A. A. Stanton, and S. Sahmadi. 2007. Oxytocin increases generosity in humans. *PLoS ONE* 2:54-71.

Zeki, S., and J. P. Romaya. 2010. The brain reaction to viewing faces of opposite- and same-sex romantic partners. *PLoS ONE* 5(12): e15802. doi:10.1371.

Zentner, M. R. 2005. Ideal mate personality concepts and compatibility in close relationships: A longitudinal analysis. *Journal of Personality and Social Psychology* 89 (2): 242-56.

Zietsch, B. P., and P. Santtila. 2013. No direct relationship between human female orgasm rate and number of offspring. *Animal Behavior* 89:253-55.

Zihlman, A. L. 1979. Pygmy chimpanzee morphology and the interpretation of early hominids. *South African Journal of Science* 75:165-68.

—. 1981. Women as shapers of the human adaptation. In *Woman the gatherer,* ed. F. Dahlberg. New Haven: Yale Univ. Press.

Zihlman, A. L., J. E. Cronin, D. L. Cramer, and V. M. Sarich. 1987. Pygmy chimpanzee as a possible prototype for the common ancestor of humans, chimpanzees and gorillas. In *Interpretations of ape and human ancestry,* ed. R. L. Ciochon and R. S. Corruccini. New York: Plenum Press.

Zihlman, A. L., and N. Tanner. 1978. Gathering and hominid adaptation. In *Female hierarchies,* ed. L. Tiger and H. Fowler. Chicago: Beresford Book Service.

Zilhao, J. 2010. Neanderthals are us: Genes and culture. *Radical Anthropology* 2010 (4): 5-15.

Zimen, E., ed. 1980. *The red fox: Symposium on behavior and ecology.* The Hague: Junk.

Zuckerman, M. 1971. Dimensions of sensation seeking. *Journal of Consulting and Clinical Psychology* 36:45-52.

Zuckerman, M., M. S. Buchsbaum, and D. L. Murphy. 1980. Sensation seeking and its biological correlates. *Psychological Bulletin* 88:187-214.

Zuckerman, M., J. A. Hall, S. W. DeFrank, and R. Rosenthal. 1976. Encoding and decoding of spontaneous and posed facial expressions. *Journal of Personality and Social Psychology* 34:966-77.

Zuckerman, Sir S. 1932. *The social life of monkeys and apes.* London: Butler and Turner.

索引

人物

0～5畫

醫學名詞

心理學名詞

ANATOMY OF LOVE: A Natural History of Mating, Marriage, and Why We Stray
by Helen E. Fisher
Copyright © 2016, 1992 by Helen E. Fisher
Published by arrangement with W. W. Norton through Bardon-Chinese Media Agency
Complex Chinese translation copyright © 2019 by Owl Publishing House, a division of
Cité Publishing Ltd.
All Rights Reserved.

貓頭鷹書房 264

解構愛情：性愛、婚姻與外遇的自然史

作　　　者	海倫·費雪
譯　　　者	何修瑜
選 書 人	張瑞芳
責任編輯	王正緯
校　　　對	魏秋綢
版面構成	張靜怡
封面設計	羅心梅

總 編 輯	謝宜英
行銷業務	鄭詠文、陳昱甄
出 版 者	貓頭鷹出版

發 行 人　涂玉雲
發　　　行　英屬蓋曼群島商家庭傳媒股份有限公司城邦分公司
　　　　　　104 台北市中山區民生東路二段 141 號 11 樓
　　　　　　畫撥帳號：19863813；戶名：書虫股份有限公司
城邦讀書花園：www.cite.com.tw　購書服務信箱：service@readingclub.com.tw
購書服務專線：02-2500-7718~9（周一至周五上午 09:30-12:00；下午 13:30-17:00）
24 小時傳真專線：02-2500-1990；2500-1991
香港發行所　城邦（香港）出版集團／電話：852-2877-8606／傳真：852-2578-9337
馬新發行所　城邦（馬新）出版集團／電話：603-9056-3833／傳真：603-9057-6622
印 製 廠　中原造像股份有限公司
初　　　版　2019 年 9 月
定　　　價　新台幣 690 元／港幣 230 元
I S B N　978-986-262-397-8

有著作權·侵害必究
缺頁或破損請寄回更換

讀者意見信箱　owl@cph.com.tw
投稿信箱　owl.book@gmail.com
貓頭鷹知識網　www.owls.tw
貓頭鷹臉書　facebook.com/owlpublishing

【大量採購，請洽專線】(02) 2500-1919

城邦讀書花園
w w w . c i t e . c o m . t w

國家圖書館出版品預行編目資料

解構愛情：性愛、婚姻與外遇的自然史／海倫·費雪
(Helen E. Fisher) 著；何修瑜譯. -- 初版. -- 臺北市：
貓頭鷹出版：家庭傳媒城邦分公司發行，2019.09
面；　公分.
譯自：Anatomy of love : a natural history of mating,
　　　marriage, and why we stray
ISBN 978-986-262-397-8（平裝）

1. 婚姻

544.3　　　　　　　　　　　　　　　　108012512

費雪浪漫愛情量表

　　這份問卷是測量「戀愛的感覺」；也就是熱戀、痴戀或依戀等感覺。如果你目前沒有談戀愛，但是以前曾經很愛某個人，請你在心中想著那個人，回答問題。

1. 我因為想著＿＿＿＿而睡不著。

1	2	3	4	5	6	7
非常不同意						非常同意

2. 某人跟我說了某件好笑的事，我想和＿＿＿＿分享。

1	2	3	4	5	6	7
非常不同意						非常同意

3. ＿＿＿＿有缺點，但我不太介意。

1	2	3	4	5	6	7
非常不同意						非常同意

4. 和＿＿＿＿幾天沒聯絡時，感覺總是很差。

1	2	3	4	5	6	7
非常不同意						非常同意

5. _____的聲音很特別。

1	2	3	4	5	6	7
非常不同意						非常同意

6. 和_____的感情觸礁時，我會更努力修正關係。

1	2	3	4	5	6	7
非常不同意						非常同意

7. 我試著在_____面前呈現自己最好的一面。

1	2	3	4	5	6	7
非常不同意						非常同意

8. 和_____在一起時，我的心思絕對不會放在舊情人身上。

1	2	3	4	5	6	7
非常不同意						非常同意

9. 在電話裡聽到_____的聲音，我會心跳加速。

1	2	3	4	5	6	7
非常不同意						非常同意

10. 我喜愛_____的一切。

1	2	3	4	5	6	7
非常不同意						非常同意

11. _____高興我就高興，_____難過我就難過。

1	2	3	4	5	6	7
非常不同意						非常同意

12. 我全心全意專注在對_____的感覺中。

1	2	3	4	5	6	7
非常不同意						非常同意

13. 和_____說話時，我很害怕自己說錯話。

1	2	3	4	5	6	7
非常不同意						非常同意

14. 每天睡著前我總是想到_____。

1	2	3	4	5	6	7
非常不同意						非常同意

15. 在我和_____的戀情中，性不是最重要的。

1	2	3	4	5	6	7
非常不同意						非常同意

16. 如果有人沒有好好對待_____，我會很難過。

1	2	3	4	5	6	7
非常不同意						非常同意

17. 我和_____在一起時更有活力。

1	2	3	4	5	6	7
非常不同意						非常同意

18. _____當天過得不順利時我會很在意。

1	2	3	4	5	6	7
非常不同意						非常同意

19. 如果_____沒空，我不會和其他男人／女人約會。

1	2	3	4	5	6	7
非常不同意						非常同意

20. _____是我生活的重心。

1	2	3	4	5	6	7
非常不同意						非常同意

21. 我解讀_____的一舉一動，尋找他／她喜歡我的線索。

1	2	3	4	5	6	7
非常不同意						非常同意

22. 我對其他人的熱情絕對不會超過我對_____的感覺。

1	2	3	4	5	6	7
非常不同意						非常同意

23. 我一輩子也望不了我們的初吻。

1	2	3	4	5	6	7
非常不同意						非常同意

24. 上課／上班時，我的心都在_____身上。

1	2	3	4	5	6	7
非常不同意						非常同意

25. 愛情最美妙的部分永遠不會是性。

1	2	3	4	5	6	7
非常不同意						非常同意

26. 我從來沒有放棄愛_____，即使事情沒什麼進展。

1	2	3	4	5	6	7
非常不同意						非常同意

27. 我常常猜想_____對我的感情是否像我對他／她那樣熱切。

1	2	3	4	5	6	7
非常不同意						非常同意

28. 有時候我會尋找_____的話語和動作的另一個意義。

1	2	3	4	5	6	7
非常不同意						非常同意

29. 在＿＿＿＿身邊時，有時候我會很感到害羞、拘謹和笨手笨腳。

| 1 | 2 | 3 | 4 | 5 | 6 | 7 |
非常不同意　　　　　　　　　　　　　　　　　　非常同意

30. 我好希望＿＿＿＿深深被我吸引，就好像我深深被他／她吸引一樣。

| 1 | 2 | 3 | 4 | 5 | 6 | 7 |
非常不同意　　　　　　　　　　　　　　　　　　非常同意

31. 我在熱戀中吃得較少。

| 1 | 2 | 3 | 4 | 5 | 6 | 7 |
非常不同意　　　　　　　　　　　　　　　　　　非常同意

32. 當我很肯定＿＿＿＿也很愛我時，我全身輕飄飄的。

| 1 | 2 | 3 | 4 | 5 | 6 | 7 |
非常不同意　　　　　　　　　　　　　　　　　　非常同意

33. 和＿＿＿＿感情順遂，對我而言比和家人有良好關係更重要。

| 1 | 2 | 3 | 4 | 5 | 6 | 7 |
非常不同意　　　　　　　　　　　　　　　　　　非常同意

34. 我的白日夢中包括和＿＿＿＿做愛／有性方面的接觸。

| 1 | 2 | 3 | 4 | 5 | 6 | 7 |
非常不同意　　　　　　　　　　　　　　　　　　非常同意

35. 和_____在一起時，我從來不覺得有百分之百的自信。

1	2	3	4	5	6	7
非常不同意						非常同意

36. 不管一開始心裡在想什麼，最後都變成在想_____。

1	2	3	4	5	6	7
非常不同意						非常同意

37. 我的情緒取決於_____對我的感覺。

1	2	3	4	5	6	7
非常不同意						非常同意

38. 我和最親近的朋友的友誼，不如我和_____的戀情重要。

1	2	3	4	5	6	7
非常不同意						非常同意

39. _____身上有種特殊的味道，我在哪裡都聞得出來。

1	2	3	4	5	6	7
非常不同意						非常同意

40. 我留著_____寄給我的所有信和卡片。

1	2	3	4	5	6	7
非常不同意						非常同意

41. _____的行為似乎總是影響我的情緒好壞。

      1   2   3   4   5   6   7

非常不同意   非常同意

42. 談戀愛時性的忠誠很重要。

      1   2   3   4   5   6   7

非常不同意   非常同意

43. 當_____表現好時，我替他／她感到高興。

      1   2   3   4   5   6   7

非常不同意   非常同意

44. 熱戀幾乎讓我無法專心工作。

      1   2   3   4   5   6   7

非常不同意   非常同意

45. 想到_____時我很興奮，而不是冷靜自持。

      1   2   3   4   5   6   7

非常不同意   非常同意

46. 我記得_____說的和做的每一件瑣碎的小事。

      1   2   3   4   5   6   7

非常不同意   非常同意

47. 我喜歡空出行程表上的時間，所以如果_____有空，
我們就能見面。

1	2	3	4	5	6	7
非常不同意						非常同意

48. _____的眼睛是獨一無二的。

1	2	3	4	5	6	7
非常不同意						非常同意

49. 墜入愛情不算是一種選擇；愛情就這樣來到我身邊
了。

1	2	3	4	5	6	7
非常不同意						非常同意

50. 知道_____和我相愛，比和我的伴侶做愛還重要。

1	2	3	4	5	6	7
非常不同意						非常同意

51. 我對_____的熱情能克服任何障礙。

1	2	3	4	5	6	7
非常不同意						非常同意

52. 我喜歡想著和_____度過的每個微不足道的時刻。

1	2	3	4	5	6	7
非常不同意						非常同意

53. 當我想到＿＿＿＿或許不愛我時，我有過一段絕望的時期。

| 1 | 2 | 3 | 4 | 5 | 6 | 7 |

非常不同意　　　　　　　　　　　　　　　　非常同意

54. 我會花好幾小時想像著與＿＿＿＿在一起的浪漫情節。

| 1 | 2 | 3 | 4 | 5 | 6 | 7 |

非常不同意　　　　　　　　　　　　　　　　非常同意

計分：分數愈高，代表你愈在熱戀中（滿分是三百七十八分）。在我的書《我們為何相愛》（暫譯）以及我們的網站 TheAnatomyOfLove.com 上，也都有這份問卷。

注：為證實這份問卷的有效性，我們進行了兩項腦部電腦斷層掃描實驗（數據未發表）。我們一開始先讓兩組參加者填寫這份問卷：十七名參加者才剛陷入熱戀，十四名參加者現在依然與長期伴侶相愛。在兩項實驗中，「費雪浪漫愛情量表」得分很高的參加者腦部呈現特殊活動，表示這些男女展現「正向錯覺」——忽略伴侶身上他們不喜歡的缺點，專注於他們喜歡的特質。

費雪氣質量表

在問題後方圈選答案：

SD ＝非常不同意　　　　D ＝不同意

A ＝同意　　　　　　　SA ＝非常同意

計分方式請見表四後。

量表一

1. 不可預料的狀況令我感到興奮。　SD　D　A　SA

2. 我做事都是心血來潮。　SD　D　A　SA

3. 必須做熟悉的事情時我覺得無聊。　SD　D　A　SA

4. 我的興趣廣泛。　SD　D　A　SA

5. 我比大多數人都樂觀。　SD　D　A　SA

6. 我比大多數人都有創意。　SD　D　A　SA

7. 我總是尋找新經驗。　SD　D　A　SA

8. 我總是在做新的事情。　SD　D　A　SA

9. 我比大多數人都熱心。　SD　D　A　SA

10. 我願意冒險去做我想做的事情。　SD　D　A　SA

11. 不管在家時間短或長，我都待不住。　SD　D　A　SA

12. 我的朋友會說我是個好奇心很強的人。
    SD D A SA

13. 我比大多數人都精力充沛。 SD D A SA

14. 放假時，我喜歡有空去做看起來有趣的任何事情。
    SD D A SA

總分＿＿＿＿＿＿

量表二

1. 我認為持續的例行事物能讓日常生活有條不紊，讓人放鬆。 SD D A SA

2. 在做計畫時，我徹底考慮（而且再三考慮）所有選項。 SD D A SA

3. 人們的行事會根據恰當領導之下的既定標準。
SD D A SA

4. 我喜歡事先做計畫。 SD D A SA

5. 一般而言，我認為遵守規定很重要。 SD D A SA

6. 照顧好身邊的東西，對我來說是第一要務。
SD D A SA

7. 我的朋友和家人說我有傳統的價值觀。
SD D A SA

8. 我往往會小心翼翼做我職責內的事情。
SD D A SA

9. 我往往小心謹慎，但不害怕。 SD D A SA

10. 人們應該做出符合道德的事。 SD D A SA

11. 尊敬權威很重要。 SD D A SA

12. 我寧可擁有忠誠的朋友，而不是有趣的朋友。
SD D A SA

13. 長久以來的習俗必須加以尊重和保存。
SD D A SA

14. 我喜歡用直接了當的方式完成任務。 SD D A SA

總分＿＿＿＿＿＿

量表三

1. 我可以輕鬆瞭解複雜的機械。 SD D A SA

2. 我喜歡有競爭性的對話。 SD D A SA

3. 我對於管理系統的規則與模式很著迷。
   SD D A SA

4. 我比大部分人擅長分析和邏輯。 SD D A SA

5. 我徹底並經常性追求知識性主題。 SD D A SA

6. 我解決問題時不會受到情緒干擾。 SD D A SA

7. 我喜歡搞懂事物如何運作。 SD D A SA

8. 我是個強悍的人。 SD D A SA

9. 辯論是讓我的機智符合他人的好方法。
   SD D A SA

10. 我做選擇時毫無困難，即使是一開始時有好幾個選項
    看起來都一樣好。 SD D A SA

11. 買一個新機器時（像是相機、電腦或車子），我想知
    道它所有功能。 SD D A SA

12. 我喜歡避免弦外之音，直接說出我想表達的意思。
    SD D A SA

13. 我認為直接了當很重要。 SD D A SA

14. 我喜歡根據事實做決定，而不是搖擺於人們的感受之
    間。 SD D A SA

總分＿＿＿＿＿＿

量表四

1. 我想設法知道朋友最深的需要和感受。
   SD　D　A　SA

2. 我極度重視愛情中深刻的親密感。　SD　D　A　SA

3. 無論是否合乎邏輯，做重要決定時我大致上會傾聽內心的聲音。　SD　D　A　SA

4. 我發現自己常做白日夢。　SD　D　A　SA

5. 我可以輕易改變心意。　SD　D　A　SA

6. 看完一部很動人的電影，我往往在好幾小時後還深受感動。　SD　D　A　SA

7. 發生在我身上的事，無論美好或可怕，我都能歷歷在目。　SD　D　A　SA

8. 我能敏銳察覺對朋友的感受和需要。　SD　D　A　SA

9. 白天我常發現自己會陷入沈思。　SD　D　A　SA

10. 我的情緒感受比大多數人都深刻。　SD　D　A　SA

11. 我的想像力很豐富。　SD　D　A　SA

12. 從生動的夢中醒來時，我要花幾秒鐘才能回到現實。
    SD　D　A　SA

13. 讀書時，我喜歡作者暫時轉移話題，說些美好或有意義的話。　SD　D　A　SA

14. 我很有同理心。　SD　D　A　SA

總分＿＿＿＿＿＿

計分：「非常不同意」為 0 分

　　　　「不同意」為 1 分

　　　　「同意」為 2 分

　　　　「非常同意」為 3 分

請分別計算四個量表的得分；不要計算四個量表的總分。

量表一：測量受試者表現出與多巴胺系統有關特質的程度
　　　　（探險者：好奇心與創造力）。

量表二：測量受試者表現出與血清素系統有關特質的程度
　　　　（建設者：謹慎與符合規範）

量表三：測量受試者表現出與睪固酮系統有關特質的程度
　　　　（指揮者：善於分析且意志堅定）

量表四：測量受試者表現出與雌激素系統有關特質的程度
　　　　（協商者：親近社會，富有同理心）

注：每個人的個性都是由這四種不同特質組合而成，但是
　　我們表現出的某些特質比另一些特質明顯。兩個量表
　　（或三個量表）得分相同的情形也不少見。當一個人
　　有兩個以上的大腦系統表現出等量特質時，就會有這
　　種情形出現。也請注意不是你主要表現出的大腦系
　　統，因為知道你是這樣的人，與知道你不是這樣的
　　人，兩者同樣重要。關於這四種人格面向的詳細介
　　紹，請見我的書《我們為何相愛》（2009）。